왜 IB인가?
IB교육과 철학의 주름

Why IB?
The Fold of IB Education and Philosophy

곽영순 저

교육과학사

머리말

실천과 사유 사이, 징검다리를 놓다

오늘날 IB 교육을 실천하는 교사들에게는 방대한 실천 지침이 제공된다. 유닛 플랜을 어떻게 설계할지, 루브릭을 어떻게 구성할지, 탐구기반 수업을 어떤 절차로 진행할지에 대한 안내서는 넘쳐난다. 그러나 정작 그 모든 실천의 기저에 놓인 질문, "왜 그렇게 해야 하는가?", "그 실천은 어떤 철학적 기반 위에 놓여 있는가?"에 대해 깊이 성찰할 기회는 드물다.

IB 교육은 '국제교육', '탐구기반 학습', '개념 중심 교육', '세계 시민성'과 같은 고유한 표현으로 교육의 방향을 제시해 왔다. 그러나 이 언어들이 어디에서 비롯되었는지, 어떤 철학적 사유의 흐름과 연관되어 있는지에 대한 질문은 여전히 교육 현장에서 공백으로 남아 있다. "왜 개념인가?", "왜 탐구인가?", "왜 학습자 행위주체성을 말하는가?"라는 물음은 교사들이 수업을 구성하고 학생과 만나는 순간마다 자연스럽게 떠오르지만, 그 물음에 대한 철학적 연원은 실천의 언어 바깥으로 밀려나 있다.

이 책은 바로 그 철학적 공백에 대한 응답이고자 한다. IB 교육을 실천하는 교사와 IBEN 전문가, 예비 IB 교육자들이 자신들의 실천이 어떤 철학적 토대 위에 서 있으며, 어떤 사유의 계보 속에서 태어나고 확장해 왔는지를 함께 성찰할 장을 마련하고자 한다.

IB 교육은 단순히 수업의 기술이나 평가 양식을 제공하는 프로그램이 아니라, 세계를 이해하는 방식, 학습자와 교사를 바라보는 관점, 그리고 교육을 통해 인간과 사회를 변화시키려는 철학적 사유가 내재된 실천의 장이다. '개념 중심 교육', '탐구기반 수업', '학습자 행위주체성', '세계 시민성'과 같은 핵심 개념은 중립적 지침이 아니라, 들뢰즈(G. Deleuze)의 생성철학, 리쾨르(P. Ricoeur)의 해석학, 푸코(M. Foucault)의 권력-주체 이론, 바라드(K. Barad)의 신물질주의, 낭시(J.-L. Nancy)의 무위(無爲)의 공동체, 아감벤(G. Agamben)의 잠재성의 정치학 등 현대 철학의 사유와 긴밀히 얽혀 있다. 우리는 흔히 '개념기반 교육'이나 '행위주체성'과 같은 용어를 자명한 교육적 전제로 받아들이지만, 이 용어들은 각기 다른 철학적 선택과 가치 판단의 결과이다.

책 제목의 "주름(le pli)"은 들뢰즈의 철학 개념을 차용한 것이다. 주름은 단순한 굴곡이 아니라, 사유와 존재가 접히고 펼쳐지며 끊임없이 새로운 의미를 생성하는 운동이다. 이는 고정된 안과 밖의 경계를 허물고, 관계 속에서 늘 새롭게 태어나는 장을 드러낸다. 이러한 역동성은 바라드가 말하는 "내적 작용"과도 맞닿아 있으며, 존재와 의미가 차이와 생성, 연속과 복수성 속에서 끊임없이 재구성됨을 보여준다.

IB 교육을 "철학의 주름"과 연결하는 것은 지식 · 탐구 · 성찰 · 실천이 서로 고립되지 않고 주름처럼 맞물리며 확장되는 과정을 드러내기 위함이다. 이러한 과정 속에서 교육은 존재론적 전환, 윤리적 실천, 창조적 생성이 끊임없이 접히고 펼쳐지며, 새로운 의미와 가능성을 낳는 운동으로 나타난다. 즉, 교육과 철학은 분리된 두 영역이 아니라, 하나의 "공재면(共在面)" 위에서 끊임없이 접히고 펼쳐지고 다시 생성되는 흐름으로 드러난다.

이 책은 철학을 따로 소개하려는 것이 아니라, IB 교육의 핵심 개념들 속에 이미 내재해 있는 철학적 사유를 드러내기 위한 출발점이다. 여기서 철학은 실천을 바깥에서 판단하거나 비판하는 이론이 아니라, 실천을 더 깊이 이해하고, 풍부하게 확장하는 내적 언어로 작동한다.

따라서 이 책은 IB 교육의 다섯 가지 핵심 화두 — 왜 개념인가, 왜 행위주체성인가, 왜 탐구인가, 왜 논술형 평가인가, 그리고 이 모든 것의 토대가 되는 왜 학습공동체인가 — 를 중심으로 구성하였다. 각 장의 전반부는 IB 교육의 이론과 실천을 살피고, 후반부는 이를 뒷받침하는 철학적 기반을 '철학의 주름'이라는 섹션에서 탐구한다.

교육 실천이 철학적 성찰과 단절될 때, 그것은 기술적 매뉴얼로 축소되기 쉽다. 반대로 실천 속의 철학을 자각할 때, 교사는 자신이 행하는 교육이 어떤 사유의 계보 속에 위치하는지를 인식하며, 보다 주체적이고 성찰적인 실천의 가능성을 열 수 있다. 이 책은 '실천을 위한 철학'이 아니라, '실천 속에 이미 내재한 철학'을 함께 읽고 해석하려는 시도이다. IB 교육이 구현하는 철학적 지향을 분명히 밝힘으로써, 교육이 단순한 미메시스가 아닌 신념과 이해에 기반한 행위가 되기를 바란다.

나아가 이 책은 IB 교사 양성과 연수, IBEN 워크숍, 대학의 IB 교사교육의 교육과정 속에서 실천과 사유를 잇는 징검다리가 되기를 희망한다. 교육을 단지 '전달'이나 '관리'의 기술로 환원하지 않고, 존재와 관계, 감응과 의미, 시간과 권력을 가로지르는 사유의 행위로 다시 사유할 수 있도록 돕는 철학적 동반자가 되고자 한다.

IB 교육은 현대 교육 담론 속에서 보기 드물게, 자기 실천의 철학적 토대에 대해 정직하게 고민하려는 시도를 담고 있다. 이 책은 그 연장선 위에서 교사, 예비 교원, 양성과정 교수자, 그리고 교육을 더 깊이 이해하고자 하는 이들을 위한 하나의 이정표가 될 수 있을 것이다.

교육은 단순히 '무엇을 가르칠 것인가'에 머물지 않는다. 우리는 어떤 존재로 살아가고자 하는지, 학습자는 어떤 방식으로 세계와 관계 맺는지, 그리고 어떤 세계를 함께 꿈꾸고자 하는지를 교육이라는 이름으로 끊임없이 물어야 한다. 이 책이 그러한 근본적인 물음을 다시 던지는 여정의 출발점이 되기를 바란다.

차례

제1장

왜 개념인가?

1. IB 교육과정-교수학습-평가의 정렬
2. 개념기반 교육에서 IB 교육으로

[철학의 주름]

3. '개념'은 실재하는가?
4. 언어는 어떻게 세계를 구성하는가: 언어의 물질성과 수행성
5. 언어는 어떻게 권력이 되는가: 담론적 · 비담론적 실천의 장
6. 개념은 어떻게 사회적으로 작동하는가?

제1장 개념인가?

"나랏말싸미 듕귁에 달아 문자와로 서르 사맛디 아니할세

"우리나라 말은 중국 말과 달라서 한자어와는 서로 통하지 않는다.

이런 전차로 어린 백셩이 니르고져 홀베이셔도 마참네 제 뜨들 시러펴디

몯할 노미하니아

그러므로 백성들이 하고 싶은 말이 있어도 끝내 자신의 뜻을 글로 표현하지 못하는 사람이 많다.

내 이랄 윙하야 어엿비너겨 새로 스믈 여듧 짜랄 맹가노니 사람마다 해여 수비니겨

날로 쑤메 뻔한킈 하고져 할따라미니라."

내가 이를 딱하게 여겨 새로 28자를 만드니 사람마다 쉽게 익혀 일상에서 편하게 쓰도록 하고자 할 따름이다."

출처:『훈민정음 해례본』서문, 1446.

오늘날 교육은 단순한 사실의 암기와 기술 습득만으로는 학습자의 삶을 변화시키지 못한다. 학습자가 빠르게 변화하는 세계 속에서 의미 있게 사고하고 행동하기 위해서는, 지식의 축적을 넘어서는 더 깊은 학습이 요구된다. 국제 바칼로레아(International Baccalaureate, 이하 IB) 교육은 이러한 문제의식을 바탕으로 '개념 중심 학습(concept-based learning)'을 핵심 원리로 삼고 있다. 개념 학습은 단순한 정보의 나열이 아니라, 지식의 구조와 의미를 이해하고 그것을 삶의 다양한 맥락에서 연결·전이할 수 있도록 돕는다(IBO, 2014).

IB 교육에서 언어는 개념 학습의 토대를 형성한다. IB는 학습자의 사고력과 정체성을 위해 모국어(Language A) 교육을 필수로 하며, 모든 학생이 자신의 언어로 사고하고 개념을 형성할 수 있도록 지원한다(IBO, 2015). 이는 언어가 단순한 표현 수단을 넘어, 사고의 깊이와 문화적 주체성을 구성하는 기반이 되기 때문이다. 비고

츠키(Vygotsky, 1986)는 "사고는 언어를 통해 존재"한다고 보았으며, 언어는 개념 형성의 내적 구조를 형성한다고 강조하였다. 따라서 학생은 모국어를 통해 개념을 정교하게 다루어야만, 이후 다른 언어에서도 그 개념을 전이하고 재구성할 수 있다. IB가 다(多)언어주의와 모국어 교육을 강조하는 것은 곧 개념적 이해와 전이를 가능하게 하는 존재론적 조건을 보장하려는 노력이라 할 수 있다.

이러한 교육적 지향은 IB의 핵심 구호 속에 잘 드러난다. "개념은 사고와 실천을 위한 도구(Concepts are tools for thinking and acting)"라는 구호처럼, 개념은 단순히 아는 것을 넘어서 행동으로 옮길 수 있는 힘을 제공한다. 또 "정보의 양이 아니라 깊이 있는 이해와 전이를 목표로 한다(Teach less, learn more through concepts)"라는 구호는 IB 교육이 지향하는 바를 압축적으로 보여준다. 결국 "개념에서 실천으로(From concepts to action)"이라는 표현은 IB 교육의 본질을 보여준다(IBO, 2014; Medwell et al., 2019).

달리 말해서, 학생은 개념을 통해 세계를 이해하고, 그 이해를 바탕으로 새로운 상황에 적용하며, 더 나아가 실제 삶 속에서 의미 있는 행동으로 연결할 수 있어야 한다. 구체적으로 살펴보면, 첫째, 개념은 세계를 바라보는 렌즈이다. 단순한 지식 항목이 아니라 현상을 해석하고 질문을 이끌어내는 사고의 도구로서 기능한다. 예컨대 MYP에서는 핵심개념(key concepts)과 관련개념(related concepts)을 통해 학생들이 복잡한 세계를 통합적으로 이해하고, 다양한 관점에서 탐구하도록 돕는다(IBO, 2014; 2015). 이는 지식의 목록이 아니라 지식의 구조와 실천적 의미를 가르치려는 IB 교육의 핵심 취지다(IBO, 2015).

둘째, 개념은 전이를 가능하게 한다. 전이(transfer)는 IB 교육의 핵심 목표 중 하나이다. 개념은 전이 가능성이 높은 고차적 추상으로, 단원 간 · 교과 간 · 삶과 교육 간 연결을 가능하게 하는 연결고리다. 이는 단편적 사실 학습을 넘어서, 학습자가 삶 속에서 지식을 실천할 힘을 기르도록 한다(IBO, 2015; OECD, 2019).

셋째, 개념은 탐구를 실천으로 이끄는 동력이다. IB는 개념을 중심으로 질문을 생성하고 실제 문제에 접근하도록 유도한다. 개념 주도 탐구(concept-driven inquiry)는 단순 지식 전달을 넘어 학습자가 아는 것을 삶의 맥락 속에서 실천으로 옮길 수 있도록 이끈다. IB가 강조하는 탐구기반 교육(inquiry-based learning)은 개념을 중심으로 전개되며, 학습자가 개념을 바탕으로 스스로 질문을 만들고 비판적으로 사고할 수 있도록 한다(IBO, 2015).

넷째, 개념은 이해를 넘어 실천을 지향한다. IB 학습자 프로필은 단순히 아는 것을 넘어서 행동하는 인간상을 강조한다. 예컨대 균형 잡힌 사람(Balanced)은 삶의 여러 측면에서 조화를 이루며 웰빙을 실천하는 인간상을 보여준다. 원칙을 지키는 사람(Principled)은 도덕적 판단과 책임감 있는 실천을 강조한다(IBO, 2017). 개념 학습은 이러한 프로필과 연결되어, 윤리적 판단과 책임 있는 행동을 이끄는 기초가 된다. 예를 들어 '글로벌 상호의존성'이라는 개념은 학생이 기후 정의나 공정 무역 같은 실제 행동으로 연결될 수 있는 기반을 제공한다(IBO, 2017).

다섯째, 개념은 윤리적이고 지적인 실천을 가능하게 한다. IB 교육은 학생이 글로벌 시민으로서 사회적 책임과 연대를 인식하고, 이를 개념기반으로 실천하도록 이끈다. 듀이(Dewey, 1938)는 개념을 단순한 사고의 틀이 아니라 행동을 조직하는 도구로 보았으며, 이해는 실천과 분리될 수 없다고 주장하였다. 이러한 관점은 IB의 탐구기반 학습, 경험 교육, 성찰 중심 수업 구조에 반영되어 있다(IBO, 2015).

IB 교육과정에서 개념은 사실을 단순히 분류하는 항목이 아니라, 현상을 바라보는 사고의 렌즈이자 질문을 이끌어내는 틀이다(IBO, 2015). 동시에 개념은 교과와 단원 간 연결을 촉진하는 고차적 추상으로 작동하여, 학교 학습과 실제 삶을 이어주는 매개가 된다. 덕분에 학습자는 지식을 고립된 지식 덩어리에 머물게 하지 않고, 새로운 맥락에서 활용 가능한 살아 있는 이해로 전환할 수 있다(OECD, 2019).

나아가 개념 학습은 IB 학습자 프로필과 긴밀히 연결된다. 예를 들어 원칙을 지키는 사람(principled)은 윤리적 판단과 책임 있는 실천을 핵심으로 삼는데, 이는 개념적 이해를 행동으로 옮길 수 있을 때 가능하다(IBO, 2017). 균형 잡힌 사람(balanced) 역시 삶의 여러 영역에서 조화를 이루고 웰빙을 실천하는 인간상을 제시하는데, 이러한 성장은 개념적 사고를 기반으로 한다.

결국 개념은 지식의 표면을 넘어 이해를 심화하고, 전이를 가능하게 하며, 학습자가 자기 주도적으로 질문하고 행동하도록 이끄는 핵심 매개다. 다시 말해, 개념은 지식 · 이해 · 행동을 연결하는 다리이자, IB 교육이 지향하는 "더 나은 세상을 위한 교육(educating for a better world)"의 중심축에 해당한다(IBO, 2015).

앞서 살펴본 바와 같이, 개념은 단순한 지식 항목을 넘어 사고와 실천을 매개하는 힘을 가진다. 그렇다면 이러한 개념적 학습을 구체적으로 어떻게 교육과정, 교수학습, 평가 체계 속에서 구현할 수 있을까? IB 교육은 개념을 중심으로 교육과정-수업-평가를 긴밀히 정렬하여, 학습자가 이해와 전이를 경험하고 실제 행동으로 이어질 수 있도록 설계한다. IB 교육의 핵심 특징을 구체적으로 살펴보면 다음과 같다.

1. IB 교육과정-교수학습-평가의 정렬

우리나라 교육과정의 경우, '광의의 교육과정 연구 · 개발'은 단순히 교육과정 문서를 작성하는 것에 그치지 않는다. 교육과정의 개발은 교과서 개발, 교수 · 학습, 평가, 교사 연수까지 포괄하는 일련의 과정이며, 각 요소가 서로 분리된 것이 아니라 순환적으로 연결해야 한다. 다시 말해, 교육과정은 교실 수업과 평가, 그리고 피드백 과정 속에서 지속적으로 검증 · 보완해야 한다. 이러한 맥락에서 교육과정과 교수학습, 평가의 정렬(alignment)은 현대 교육과정 논의에서 지속적으로 강조해 온 핵심 원리라 할 수 있다.

실제로 2015 개정 교육과정에서도 '교육과정-교수 · 학습-교육평가-기록 일체화'라는 개념이 확산하였다. 이는 교육과정 문서에 제시된 목표와 성취기준이 단순히 선언적 차원에 머무르지 않고, 교과서 집필, 수업 운영, 성취기준 기반 평가, 과정중심 피드백, 학업성취 기록까지의 전 과정을 관통해야 함을 의미한다. 즉, 교육과정 개발, 교사 전문성 지원, 교육평가가 하나의 체계적 선순환 구조를 형성할 때, 학교 현장은 안정적으로 뿌리내릴 수 있다.

이와 같은 흐름은 국제 바칼로레아(IB) 교육과정에서도 더욱 체계적으로 구현된다. IB는 개념기반 교육과정(Concept-Based Curriculum, CbC), 이해중심 교육과정

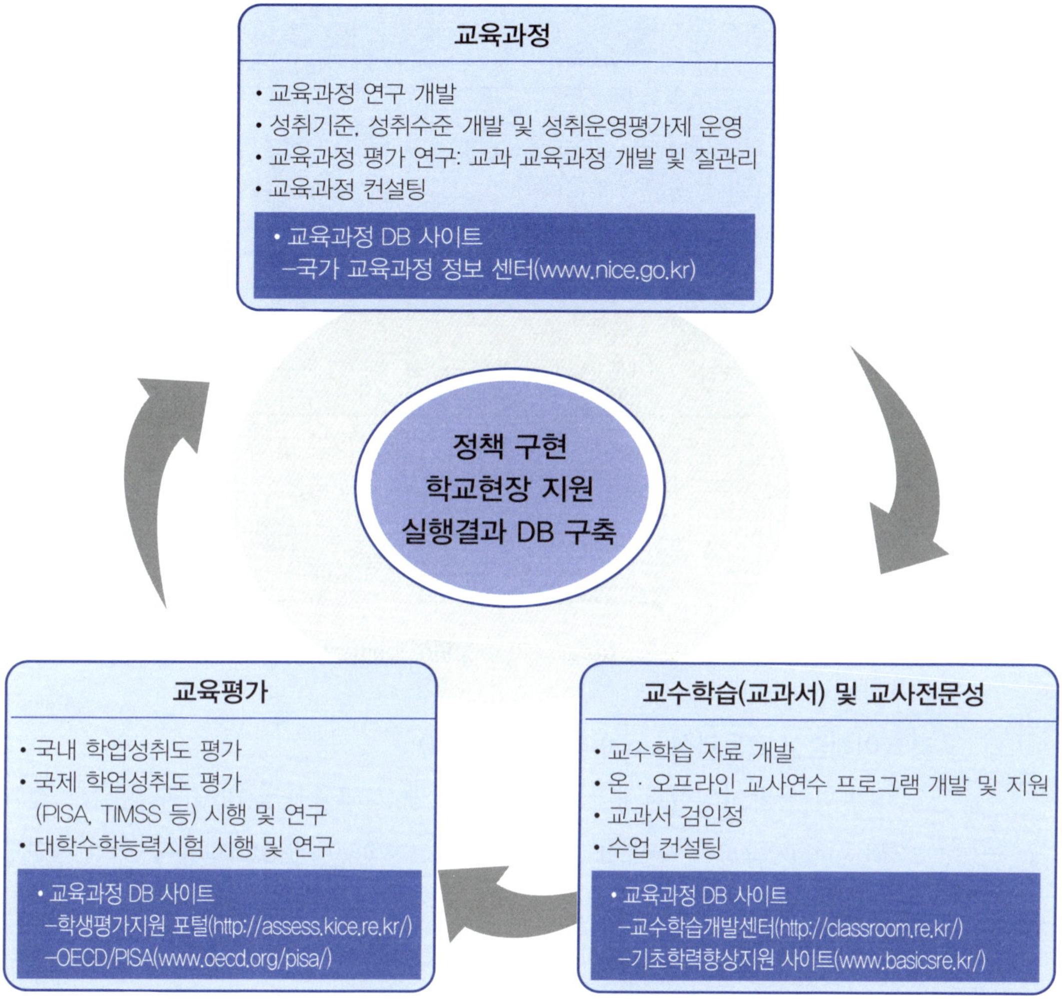

〈교육과정, 교수 · 학습 및 교육평가의 연계〉

(Understanding by Design, UbD), 백워드 설계(Backward Design), 그리고 탐구기반 수업(Inquiry-Based Learning)을 유기적으로 통합하여 설계한다. 그 목적은 단순한 지식 전달이 아니라, 학생이 깊은 이해(Deep Understanding)를 형성하고, 이를 새로운 맥락으로 전이(transfer)하여 실제 문제해결로 연결할 수 있도록 돕는 것이다. 따라서 IB 교육은 개념적 이해, 비판적 사고, 전이 가능한 학습을 중심으로 학습자의 삶과 학문적 성취를 동시에 지향하는 교육과정 모델이라 할 수 있다.

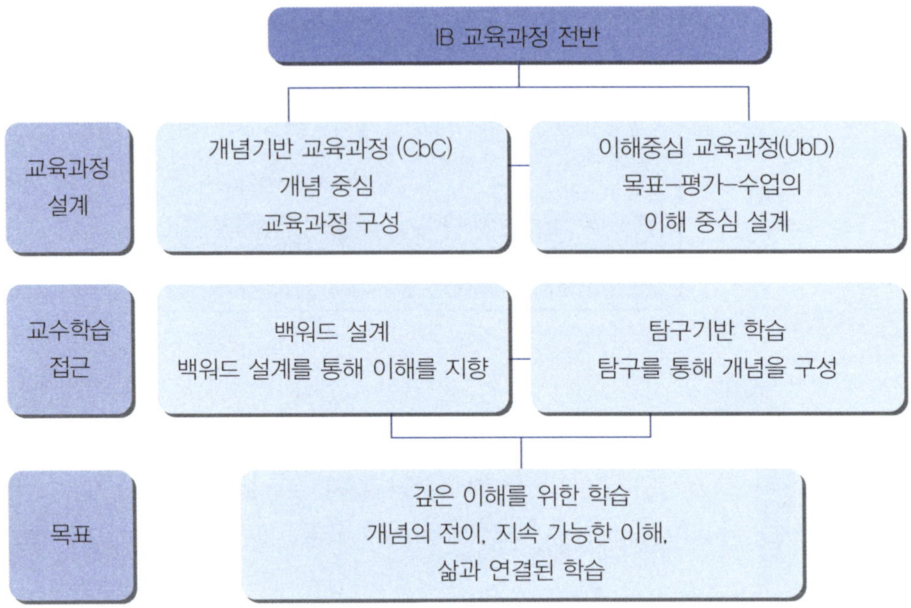

〈IB 교육과정 정렬(Alignment)〉

〈이해중심 교육과정(UbD)과 백워드 설계〉

정렬의 철학적 · 실천적 기초에는 이해중심 교육과정(UbD)과 백워드 설계(Backward Design)가 자리 잡고 있다. UbD는 Wiggins와 McTighe(2005)가 제안한 교육과정 개발 모형으로, 전통적인 '내용을 먼저 정한 뒤 수업을 구성하는 방식'을 뒤집는다. 즉, 학습자가 도달해야 할 최종 성취(desired results)를 먼저 설정하고, 이를 입증할 수 있는 평가 증거(evidence)를 설계한 뒤, 마지막으로 학습 활동(activity)과 수업 전략을 계획하는 세 단계 구조를 따른다.

이러한 접근은 단순히 "학생이 무엇을 아는지"에 머물지 않고, "그 지식을 어떻게 이해하고 설명하며 새로운 맥락에 전이할 수 있는지"에 초점을 둔다. 따라서 학습은 단기적 암기에서 벗어나, 다양한 상황에서 적용 가능한 지속가능한 이해(enduring understanding)를 지향한다. 이때 핵심 도구가 되는 것이 본질적 질문(Essential Questions)이다. 예컨대 "정의란 무엇인가?", "에너지는 어떻게 변환되는가?"와 같은 질문은 단일 정답을 요구하지 않고, 학생이 개념을 심화하고 비판적으로 사고하며 스스로 의미를 구성하도록 유도한다.

UbD와 백워드 설계의 철학은 IB 교육에서 정렬(alignment)의 원리로 구체화된다. 정렬이란 교육과정(curriculum), 교수학습(teaching & learning), 평가(assessment)의 세 요소가 단절되지 않고 유기적으로 연결되어, 학습자의 개념적 이해와 전이로 이어지도록 설계하는 것을 의미한다(IBO, 2015).

먼저, 교육과정 차원에서 IB는 핵심 개념, 관련 개념, 세계 맥락의 세 축을 통해 단원의 학습 방향을 명확히 제시한다. 특히 탐구 진술문(Statement of Inquiry)은 개념·맥락·적용을 연결하는 종합적 언어로, 학습자가 지식을 단순히 습득하는 것이 아니라 실제적 맥락 속에서 이해하고 전이할 수 있도록 돕는다(IBO, 2014; 2022). 예컨대 "문화는 정체성 형성에 영향을 준다"라는 진술문은 학문적 개념을 학생의 삶과 사회적 현실과 연결하는 장치다.

교수학습 차원에서는 탐구기반 학습(Inquiry-Based Learning)이 핵심 원리로 작동한다. IB 수업은 교사의 일방적 지식 전달이 아니라, 학생이 질문을 던지고 탐구를 전개하며, 스스로 의미를 구성하는 과정을 중심에 둔다. 이때 교사의 역할은 지식 제공자가 아니라 탐구 촉진자로 전환된다(IBO, 2019). 교사는 학습자가 탐구를 통해 개념을 재구성하고 다양한 맥락에 적용할 수 있도록 질문을 제시하고, 협력적 활동과 성찰의 기회를 제공한다(IBO, 2015; 2019).

IB는 이를 위해 탐구 사이클(Inquiry Cycle), 탐구 질문(Inquiry Questions), 학습자 프로필(Learner Profile), 학습 접근법(Approaches to Learning, ATL) 등 다양한 도구를 활용한다. 예컨대 탐구 질문은 사실적(Factual), 개념적(Conceptual), 논쟁적(Debatable) 질문으로 구성되어, 학습자가 지식의 재생을 넘어 비판적이고 창의적인 사고를 발휘하도록 이끈다. 이러한 수업 구조는 학생이 개념적 사고를 심화하는 동시에, 실제 맥락 속에서 지식을 전이할 수 있는 능력을 기르는 데 목적을 둔다(Bransford et al., 2000; IBO, 2015).

평가는 학습자가 얼마나 개념적 이해를 달성했는지, 그리고 이를 새로운 맥락에서 적용할 수 있는지를 확인하는 과정이다. IB는 절대평가 대신 기준 중심 평가(criteria-based assessment)를 채택한다(IBO, 2018a). 명확한 루브릭에 따라 학생의 수행이 평가되며, 수행 과제, 프로젝트, 보고서, 자기 성찰 등 다양한 형식이 활용된다. 평가는 성취 확인에 머물지 않고, 개념적 사고의 확장과 반성적 사고를 촉진하는 기회로 기능한다.

결국 백워드 설계는 IB 교육과정의 철학적 기반을 제공하고, 정렬은 그 기반을 실천적으로 연결하는 구조적 원리이다. IB 교육은 이 두 원리를 결합하여, 개념 중심 교육과 탐구 중심 학습을 효과적으로 구현한다. 그 결과 학생은 단순 지식 암기를 넘어, 깊이 있는 이해와 전이 가능한 학습을 경험하며, 실제 삶 속 문제를 해결할 수 있는 자기 주도적 탐구자로 성장하게 된다(Erickson, Lanning, & French, 2017; IBO, 2015; OECD, 2019).

〈IB 교육과정의 구체적 구현: 개념과 맥락〉

이러한 철학적 기반은 IB 교육과정의 구체적인 구조 속에서 실현된다. IB는 핵심 개념, 관련 개념, 세계 맥락이라는 세 가지 축을 중심으로 단원의 학습 방향을 설정한다(IBO, 2015).

예컨대 MYP 단원 설계에서 교사는 탐구 진술문을 작성하는데, 이는 개념, 맥락, 적용을 통합하여 학습 방향을 제시하는 종합적 진술이다(IBO, 2014). 탐구 진술문은 단순한 주제 요약이 아니라, 학습자가 개념적 이해를 실제 삶과 사회적 맥락 속에서 적용할 수 있도록 안내한다. 예를 들어 "문화는 정체성 형성에 영향을 준다"라는 진술문은 핵심 개념(문화), 관련 개념(정체성), 세계 맥락(개인적 경험과 사회적 관계)을 통합하여 학생이 학문적 이해를 사회·문화적 현실과 연결 짓도록 이끈다.

이처럼 IB 교육과정은 개념기반 교육(CbC)의 원리를 충실히 반영한다(IBO, 2015). CbC는 단순한 지식의 나열을 넘어, 개념-일반화-전이의 구조를 중심에 둔다(Erickson, Lanning, & French, 2017). 학습자는 사실적 지식을 고립된 정보로만 받아들이는 것이 아니라, 개념을 통해 그것을 조직화하고, 다양한 맥락에 전이하며, 새로운 문제를 해결하는 살아 있는 이해로 전환할 수 있다.

또한 IB는 이러한 철학을 제도화하여 유닛(Unit)을 개념·맥락·탐구·평가가 통합된 최소 학습 단위로 설계한다. 즉, 각 유닛은 단순한 교과 지식의 집합이 아니라, 학습자가 주어진 개념을 탐구하고 적용하면서 비판적 사고와 창의적 문제해결 능력을 기르는 과정으로 구성된다(IBO, 2014; 2022).

따라서 IB 교육과정의 구체적 구현은 단원 설계를 넘어, 학생이 개념적 이해를 기반으로 자기 주도적 탐구자로 성장하도록 돕는 교육 구조로 작동한다. 이는 곧 IB 교육이 지향하는 "더 나은 세상을 위한 교육"의 실천적 토대라 할 수 있다(IBO, 2015; 2019; OECD, 2019).

한편, IB에서 말하는 유닛(unit)은 단순한 교과 내용 단위가 아니다. 유닛은 개념, 맥락, 탐구 활동, 평가가 통합된 최소 학습 단위로, 수행 과제와 형성 · 총괄 평가를 포함한다(IBO, 2014; 2022). 반면 한국의 단원은 주로 교과서 중심의 지식 전달 단위로서, 개념적 전이나 탐구 요소가 상대적으로 약하다. 따라서 국내에서는 IB의 유닛을 '탐구 중심 학습 단위' 또는 '개념기반 유닛'으로 번역하기도 한다.

〈IB 교육의 유닛 vs. 우리나라 교육과정의 단원〉

IB 교육의 유닛(Unit)	한국 교육과정의 단원
• 총괄 평가를 포함한 수업 설계의 최소 단위로, 개념, 맥락, 탐구, 활동, 평가 등이 통합된 구조화된 학습 단위 • Global Context(맥락), Key & Related Concepts(개념), Inquiry Questions(질문), ATL Skills(학습 접근법), Learning Experiences(탐구 및 활동), Assessment(평가)로 구성 • 탐구기반 학습(Inquiry-Based Learning), 개념기반 교육(Concept-Based Learning), 전이(Transfer) 중심 설계에 기초함 • 맥락 → 개념 → 탐구 → 적용 → 평가의 단계로 학습 진행	• 교과서나 교육과정에서 제시하는 교과 내용 단위로, 교사나 교재 중심으로 운영되는 수업 구성 단위 • 학습 목표, 주요 내용, 교수 · 학습 활동(교사용 지도서 기반), 평가 문항 등으로 구성 • 국가 교육과정 성취기준에 따른 교수 중심 전달, 위계적 내용 조직 • 목표 → 내용 → 활동 → 평가의 단계로 진행, 적용과 맥락 연결이 부족함

출처: IBO(2015; 2017; 2018b)

따라서 IB의 유닛(Unit)은 단순한 교과 단원이 아니라, 교육과정 · 교수학습 · 평가가 통합적으로 설계되는 최소 단위라 할 수 있다(IBO, 2014; 2022). 이는 교과서 중심으로 내용 전달과 평가가 분리되어 운영되는 한국식 '단원'과는 근본적으로 다르다. 즉, IB의 유닛은 개념, 맥락, 탐구, 평가가 긴밀히 얽힌 구조 속에서 학습자가 지식을 단순히 습득하는 것을 넘어, 실제 맥락에서 의미를 구성하고 전이할 수 있도록 돕는다(IBO, 2018a; 2020). 이러한 차이는 곧 IB 교육의 정렬(alignment) 철학으로 이어지며, 학습자가 왜, 무엇을, 어떻게 배우고 평가받는지를 일관된 흐름 속에서 경험하도록 하는 기초가 된다(IBO, 2019).

결국 IB 교육에서의 교육과정, 교수학습, 평가 간 정렬은 학생이 자신의 학습 경험을 하나의 일관된 맥락으로 이해하고, 그 과정 속에서 자기 주도적 탐구자(agency)로 성장할 수 있도록 돕는 중요한 설계 철학이다. 이러한 정렬은 개념기반 교육과 탐구 중심 학습의 효과적인 실현을 가능하게 하며, IB 교육을 뒷받침하는 핵심 원리이기도 하다(Erickson et al., 2017; Wiggins & McTighe, 2005).

2. 개념기반 교육에서 IB 교육으로

개념기반 교육과 IB 교육은 모두 깊은 이해(Deep Understanding)와 개념적 전이(Transfer of Learning)를 강조한다는 점에서 공통점을 가진다. 그러나 구체적 구성요소와 용어, 강조점에서는 차이가 있다. 구체적으로 살펴보면 다음과 같다(Erickson, 2016).

〈개념기반 vs. IB 교육〉

개념기반 교육	IB 교육(MYP 기준)
• 거시 개념(Macro-concepts): 교과를 넘나드는 보편적 개념으로 전이가 가능한 사고를 유도함(예: 변화, 관계, 시스템 등)	• 핵심 개념: 단원(unit)의 중심 개념으로 사용되며, 개념 전이와 학문 간 연결을 강조함

• 미시 개념(Micro-concepts): 각 교과 고유의 특수 개념(예: '증식', '서사', '대기압' 등)	• 관련 개념: 교과별로 정해진 개념으로, 핵심 개념을 심화하거나 확장함
• 개념 렌즈(Conceptual Lens): 하나 또는 두 개의 거시 개념을 중심으로 단원을 설계하여 개념적 통찰과 전이를 유도	• 핵심 개념 중심 수업 설계: 단원별로 핵심 개념(s)을 선정하여 수업의 방향성을 설정
• 일반화/원리(Generalizations/Principles): 개념 간 관계를 통합하여 다양한 상황에 적용 가능한 보편적 이해 도출	• 탐구 진술문(Statement of Inquiry): 핵심 개념, 관련 개념, 글로벌 맥락을 통합하여 단원의 개념적 목표를 진술(예: "문화는 정체성에 영향을 준다")
• 유도 질문(Guiding Questions): 사실적(Factual), 개념적(Conceptual), 논쟁적(Debatable) 질문으로 사고의 깊이를 유도	• 교사 질문(Teacher Questions): IB는 동일한 3유형의 질문을 활용하여 탐구기반 수업을 구조화함
• 시너지 사고(Synergistic Thinking): 사실과 개념 간의 지적 상호작용을 통해 학습자의 고차사고 및 지적 발달을 촉진	• IB 공식 용어는 아니지만, IB의 수업 설계는 자연스럽게 시너지 사고를 유도하는 구조를 지향
• 2D vs 3D 교육 모델: 2D는 지식과 기술 중심, 3D는 개념적 이해와 전이를 중시하는 교육 설계	• 공식 용어는 아니지만 IB는 본질적으로 3차원적(지식+기술+개념) 교육과정과 수업 모델을 따름

출처: Erickson (2016), Erickson 등(2017: 34-35)

첫째, 개념기반 교육에서는 학습의 전이를 가능케 하는 거시 개념(Macro-concepts)과 교과 특수적 성격을 갖는 미시 개념(Micro-concepts)을 구분한다(Erickson et al., 2017). 거시 개념은 "변화", "관계", "시스템"과 같이 여러 교과를 아우르는 보편적 개념으로, 학습 전이와 통합적 사고를 가능하게 한다. 반면 미시 개념은 화학의 공유 결합, 역사학의 제국주의처럼 특정 교과나 맥락에 한정된 개념이다(Erickson et al., 2017).

IB 교육에서도 유사한 구조가 존재한다. 핵심 개념은 거시 개념과 기능적으로 유사하며, 관련 개념은 특정 과목 내에서 핵심 개념을 심화·확장하는 역할을 하여 미시 개념과 일맥상통한다(Erickson et al., 2017). 다만 IB는 거시/미시라는 구분 대신, 과목별로 정해진 개념 목록을 제시한다(IBO, 2015). 최근 2024년 개정된 강화된

MYP(Enhanced MYP)에서는 핵심 개념과 관련 개념을 명시 개념(specified concepts)으로 통합해 과목별 개념 목록을 새롭게 제공하였다(IBO, 2024). 또한 교사가 단원 설계 시 보조 개념을 자유롭게 추가할 수 있도록 하여, 기존의 경직된 틀을 넘어 질문 · 활동 중심의 단원 설계로 전환하려는 의도를 반영하였다(IBO, 2024).

한편, 탐구 진술문과 연결하여, IB와 개념기반 교육에서 사용하는 용어인 빅아이디어, 핵심 아이디어, 일반화 등을 구분할 필요가 있다.

〈빅아이디어, 핵심 아이디어, 일반화〉

빅아이디어 (Big Idea)	• 광범위, 교과 간 통합을 특징으로 하며 철학적, 추상적임. • 탐구 및 전이 촉진을 목적으로 하며, 교육철학, 교육과정 설계, 교사 연수 등에 활용	• 지구 시스템의 변화와 인간 활동은 지구 온난화에 중대한 영향을 미치며, 이는 전 지구적 지속 가능성의 핵심 과제이다. • 기후변화와 환경 문제는 과학 · 사회 · 수학 · 윤리 등 다양한 교과와 통합적으로 연결되며, 학생들에게 글로벌 시민의 책임과 사고를 촉진한다. • 지구 온난화는 단지 과학적 현상이 아니라, 사회 · 경제 · 문화적 맥락이 결합된 복합적 글로벌 문제이다.
핵심 아이디어 (Essential Idea)	• 단원 수준에서 핵심 개념을 구체화한 문장으로, 교사가 단원 내 핵심 개념을 명료하게 요약하고, 수업의 질문과 활동을 연결하는 데 사용하며, 구체적, 실천적임.	• 온실가스의 증가가 지구 평균 기온 상승을 유발하며, 이는 기후 패턴의 변화를 가져온다. • 인간 활동(에너지 소비, 산업화, 삼림 파괴 등)은 지구온난화의 주요 원인으로 작용한다. • 지구온난화는 빙하 감소, 해수면 상승, 이상기후 등 구체적이고 관찰 가능한 결과를 낳는다.
일반화 (Generalization)	• 탐구의 결과물로서, 학생이 다양한 사례를 통해 도출하는 개념화된 보편적 규칙을 가리킴.	• 지구 시스템은 상호 연결되어 있으며, 한 영역의 변화는 다른 영역에 연쇄적으로 영향을 미친다. • 인간 활동은 자연환경에 지속적이고 장기적인 변화를 일으키며, 이는 미래 세대에 영향을 준다. • 기후변화 문제는 지역적 행동이 전 지구적 결과로 이어질 수 있음을 보여준다.

출처: Erickson et al. (2017), IBO(2014; 2022)

빅아이디어는 가장 포괄적이고 철학적인 수준의 개념으로, 교육과정 설계의 뼈대를 형성한다. 핵심 아이디어는 단원 수준에서 핵심 개념을 구체화하여 교사가 수업의 방향성을 잡는 문장으로 기능한다. 마지막으로 일반화는 학습자가 다양한 사례를 탐구하며 도출하는 보편적 규칙으로, 전이 가능한 이해를 상징한다(Erickson et al., 2017; IBO, 2022; Wiggins & McTighe, 2005). 이 세 요소는 개념기반 수업 설계를 구조화하고, IB에서는 탐구 진술문 · 탐구 질문과 연계되어 실제 수업에서 구현된다(Erickson et al., 2017; IBO, 2022; Wiggins & McTighe, 2005). 이 세 요소는 개념기반 교육의 설계를 구조화하는 동시에, IB에서는 탐구 진술문 · 탐구 질문과 연결되어 실제 수업 맥락 속에서 구현된다. 즉, 개념기반 교육의 이론적 언어가 IB 교육에서는 교육과정-교수학습-평가를 아우르는 실천적 프레임워크로 변환된다고 볼 수 있다.

둘째, 개념기반 교육에서는 특정 단원이나 수업을 설계할 때, 한두 개의 거시 개념을 선택하여 이를 개념 렌즈(Conceptual Lens)로 삼는데, 이때 개념 렌즈는 학생이 현상이나 문제를 일정한 개념적 틀 속에서 해석하도록 하며, 개념적 전이를 경험하게 만든다(Erickson et al., 2017).

IB 교육에서는 이러한 역할을 탐구 진술문(Statement of Inquiry)이 수행한다. 모든 MYP 단원에는 핵심 개념, 관련 개념, 세계 맥락을 연결하는 탐구 진술문이 요구된다(IBO, 2014; 2022). 2024년 MYP 개정에서는 탐구 진술문을 더욱 간결한 탐구 진술(Inquiry Statement)이나 탐구 질문(Inquiry Question)으로 대체하도록 권장하였는데, 이는 학습자가 추상적 개념에 머무르지 않고, 자신의 삶 · 지역 사회 · 세계적 맥락을 넘나드는 실제적 탐구 경험을 설계할 수 있도록 하려는 것이다(IBO, 2024).

셋째, 개념기반 교육은 개념 간 관계를 통합하여 다양한 상황에 적용 가능한 일반화(Generalizations)를 도출하는 것을 목표로 한다(Wiggins & McTighe, 2005). 예컨대 "모든 정부는 국민의 권리와 의무의 균형을 조정해야 한다"라는 진술은 특정 사례를 넘어서는 개념적 이해를 제공한다. IB 교육은 이러한 일반화를 탐구 진술문 속에 구조화한다. 즉, 개념(핵심 · 관련 개념), 맥락, 적용을 결합한 문장을 통해 학습자의 사고를 심화하고 확장한다. 이 역시 2024년 개정판에서 질문 중심 접근으로 보완되어, 학생이 스스로 탐구 질문을 통해 보편적 이해에 도달하도록 유도한다(IBO, 2024).

넷째, 개념기반 교육에서는 사실적(Factual), 개념적(Conceptual), 논쟁적(Debatable) 질문의 세 유형으로 탐구 유도 질문(Guiding Questions)을 구분한다(Erickson et al., 2017). 이 구조는 학생이 지식을 확인하고 개념을 심화하며, 나아가 비판적 사고에 도달할 수 있도록 돕는다. IB 교육에서도 동일한 질문 구조를 활용해 왔으나, 최근 개정된 MP에서는 형식적 분류를 없애고 의미 있는 탐구와 현실 세계 연결을 촉발하는 '탐구 질문'으로 단순화하였다. 이는 질문을 '분류'하기보다, 학생의 사고를 실제적이고 맥락적인 문제로 이끌어가는 '가이드'로 기능하게 하려는 것이다(IBO, 2024).

다섯째, 개념기반 교육의 핵심 요소 중 하나는 시너지 사고(Synergistic Thinking)이다. 이는 사실과 개념이 서로 작용하여 학습자의 고차사고를 촉진하는 방식으로, 단순 암기를 넘어 맥락 속 이해를 가능하게 한다. IB는 '시너지 사고'라는 용어를 공식적으로 사용하지는 않지만, 실제 단원 설계는 개념 · 기술 · 태도 · 맥락을 통합하여 운영되므로 본질적으로 시너지 사고를 지향한다(Erickson et al., 2017). 특히 MYP와 DP의 탐구기반 수업은 사실적 지식과 개념적 이해를 연결하는 구조를 강조한다(IBO, 2014; 2022).

또한 개념기반 교육은 2차원적 교육(2D: 지식 · 기술 중심)을 넘어 3차원 교육(3D: 지식 · 기술 · 개념 중심)을 제안한다(Erickson et al., 2017). IB 역시 이러한 접근을 공식 용어로 사용하지는 않지만, PYP에서 DP에 이르는 전 과정에서 지식(content), 개념(concepts), 탐구 능력(skills), 태도(attitudes), 행동(action)을 함께 고려하는 다차원 교육 모델을 지향한다(IBO, 2019).

요컨대 개념기반 교육과 IB 교육은 모두 단편적 지식 전달을 넘어, 개념 중심 이해와 전이 가능한 사고력을 기르는 것을 지향한다. 개념기반 교육은 이론적 구조와 용어(거시 · 미시 개념, 개념 렌즈, 시너지 사고 등)를 통해 설계 원리를 제시한다면, IB는 이를 교육과정 · 수업 · 평가의 실제 프레임워크로 구현한다(IBO, 2014; Wiggins

& McTighe, 2005). 두 접근 모두 '생각하는 힘'을 길러내는 데 초점을 두고 있다는 점에서 지향점을 공유한다.

〈IB 교육과정 vs. 프레임워크〉

IB Curriculum(교육과정 모델: 프로그램 전체의 철학과 구조)
- Framework(학습 설계 틀) 과목군별 학습구조 설계
  (예) MYP Sciences Framework
- Subject Group(과목군)
  (예) Language Acquisition, Sciences 등
- Syllabus/Subject Guide(과목별 학습, 평가 등 세부 기준)
  (예) DP Physics Syllabus 2025

- IB에서 교육과정(IB Curriculum)은 IB 전체 교육 철학과 원리를 반영하는 포괄적 프로그램 모델을 뜻한다. 예컨대 PYP, MYP, DP, CP와 같은 프로그램 구조와 관련 철학(탐구, 개념기반, 국제적 소양 등)을 포함하며, 특정 교과 내용보다는 교육 목적, 교수학습 방식, 학습자상 등 거시 구조를 포괄한다.
- 프레임워크(Framework)는 각 IB 프로그램별로 교과군별 학습을 설계할 수 있도록 제공하는 '학습 설계 틀'이다. 예컨대 MYP 과학과 프레임워크는 MYP 과학 학습이 어떤 개념과 구조, 평가 방식을 통해 운영되는지를 안내한다. 여기서 프레임워크는 무엇을 가르칠지를 처방하기보다는 어떻게 설계하고 가르칠지에 대한 구조와 원칙을 제공한다. 달리 말해서, IB는 우리나라의 국가 수준 교육과정처럼 '무엇을 언제 가르칠 것인지'를 확정하여 처방하기보다는, 교사가 지역 맥락과 학습자 특성에 맞게 설계하도록 유연한 구조를 제공한다.
- IB는 전 세계 수많은 학교에서 운영되며, 각 학교는 해당 국가의 교육과정을 기반으로 IB 프로그램을 설계 · 운영하도록 하여, 국가 교육과정과의 정렬(Alignment with National Curricula)을 강조한다. 즉, IB는 하나의 고정된 교과 내용을 강요하기보다는, 기준과 원칙을 제시한 프레임워크(설계 틀)의 형태로 각국의 교육과정과 융합이 가능한 구조를 제공한다. 예컨대 국내 IB 학교에서는 우리나라 2022 개정 교육과정과 MYP 프로그램을 통합하여, '무엇을 가르칠지'보다는 '어떻게 설계하고 사고할지'를 중심으로 교육과정을 운영해야 한다.
- IB는 학습 영역을 6~8개의 과목군으로 나누어 구조화하는데(예: Sciences, Language and Literature, Individuals and Societies 등), 이는 교과 단위가 아니라 학습 목적 중심으로 범주화한 영역이다. 각 과목군 아래에 개별 교과가 배치되며, 이 구조는 융합적 · 통합적 학습 설계를 가능하게 한다.

- 실라버스는 특정 교과(예: DP Physics)에 대해 학습 내용, 평가 기준, 학습 목표, 주제 범위 등을 상세하게 규정한 문서이다. 주로 DP나 CP에서 제시되며, 시험 기준을 포함한다. 즉, 실라버스는 '무엇을 가르칠 것인가'에 가까운 문서이지만, 여전히 교사 자율성과 탐구기반 접근을 포함한다.

출처: IBO(2016; 2018; 2024)

[철학의 주름]

3. '개념'은 실재하는가?

4. 언어는 어떻게 세계를 구성하는가: 언어의 물질성과 수행성

5. 언어는 어떻게 권력이 되는가: 담론적 · 비담론적 실천의 장

6. 개념은 어떻게 사회적으로 작동하는가?

오늘날 교육에서 '개념'은 더 이상 단순히 지식의 추상적 분류에 머물지 않는다. 개념은 탐구의 출발점이자 사고의 틀이며, 학문과 삶, 교과와 현실을 연결하는 존재론적 매개로 부상하고 있다. 특히 국제 바칼로레아(IB) 교육과정은 개념을 중심으로 다양한 지식 영역을 횡단하면서, 학습자가 세계를 다면적으로 해석하고 주체적으로 구성할 수 있도록 돕는다. 다시 말해, 개념은 이해(understanding)와 전이(transfer), 그리고 실천(action)이라는 IB 교육의 핵심 원리를 가능케 하는 중심축이다.

IB 교육에서 '개념'은 교육과정과 교수학습, 평가를 관통하는 핵심 축으로 작동한다. 교과 내용은 개념을 통해 연결되고, 교수학습은 개념을 중심으로 설계되며, 평가는 개념적 이해와 전이를 측정하는 방향으로 정렬된다. 이처럼 개념은 교실 수업을 조직하는 실천적 장치이자, 학습자의 사고를 확장하는 인지적 도구다. 그러나 '왜 개념인가?'라는 질문은 단순히 교육과정 설계의 문제를 넘어선다.

'왜 개념인가?'라는 물음은 곧 '어떻게 가르칠 것인가?', '어떤 사고를 기를 것인가?', '어떤 세계를 만들 것인가?'에 대한 철학적 물음이다. 개념을 교육의 중심에 두는 순간, 우리는 필연적으로 개념 그 자체의 철학적 성격을 묻게 된다. 과연 개념은 실재하는가, 아니면 언어적 구성물에 불과한가? 개념은 어떻게 언어와 결합하여 세계를 구성하고, 사회적 권력관계 속에서 작동하는가?

이러한 물음들은 교육학적 차원을 넘어 철학적 탐구의 장으로 우리를 이끈다. 플라톤의 이데아론에서 출발한 보편 개념의 실재성 논의, 구조주의와 후기구조주의를 거치며 전개된 언어와 실재의 문제, 그리고 데리다(J. Derrida)의 해체 방법론은 모두 개념을 둘러싼 사유의 궤적을 드러낸다. 더 나아가 언어가 단순한 기호체계가 아니라 수행성과 물질성을 지니며, 사회적 · 정치적 맥락 속에서 권력으로 작동한다는 논의는 교육에서 개념을 어떻게 다루어야 하는지에 근본적 통찰을 제공한다.

따라서 1장의 후반부인 철학의 주름에서는 개념을 존재론적, 언어철학적, 사회철학적 차원에서 탐구한다. 개념의 실재 여부에 관한 고전적 물음에서부터, 언어가 세계를 구성하는 방식, 권력 담론 속에서 개념이 수행하는 역할, 그리고 개념이 사회적 실천을 요청하는 성격에 이르기까지, 교육에서 '개념'이 지닌 심층적 의미를 조망하고자 한다. 이는 단순한 교육학적 정의를 넘어, 개념을 통해 사고하고 살아가는 인간존재 자체를 성찰해 나가는 여정이 될 것이다.

3. '개념'은 실재하는가?

고대 철학에서 개념은 보편적인 진리와 이데아의 이름이었다. 플라톤의 철학은 현실 세계의 변화와 혼란을 넘어서는 영원불변한 개념의 세계를 상정함으로써, 교육의 목표를 '기억'과 '회상'으로 설정했다. 그러나 근대 이후, 특히 20세기 철학에서는 개념이 언어, 맥락, 관계 속에서 구성된다는 새로운 통찰이 등장한다. 언어적 전회(linguistic turn)라 불리는 이 흐름은, 개념을 단지 반영하거나 지시하는 도구가 아니라, 행위와 실천의 일부로서 이해한다.

바로 이 전환에 주목할 필요가 있다. 개념은 존재하는 것이 아니라 생성되는 것, 주어지는 것이 아니라 형성되는 것으로 파악할 필요가 있다. 오스틴, 버틀러, 비트겐슈타인, 퍼스 등은 언어가 행위이며, 개념이 담론과 실천 속에서 만들어진다고 보았다. 이는 개념 중심 교육의 핵심과도 맞닿는다. 개념은 '가르쳐지는' 것이 아니라, '함께 탐구되고 작동하는' 것이다.

먼저, 플라톤 철학과 구조주의를 통해 '개념은 실재하는지'를 살펴본다.

3-1. 플라톤의 이데아와 보편 개념의 실재성

플라톤의 이데아론(Idealism)에 따르면 개념은 단순한 말이나 인간의 심리적 표상이 아니라, 그 자체로 실재(reality)한다. 현대의 관념론(idealism)과 구분하기 위해 플라톤의 이데아론을 이데얼리즘(Idealism)이라 부르기도 한다(이정우, 2012). 플라톤에게 있어 '이데아(Idea)'란 각 사물의 보편적 본질이며, 감각적으로 파악되는 구체적 사물들은 그 이데아의 불완전한 모상에 불과하다. 예컨대, 우리가 현실에서 마주하는 다양한 '의자'들은 '의자다움'이라는 보편적 본질, 즉 이데아의 복제물일 뿐이다(이정우, 2012).

이러한 이데아는 시간과 공간의 제약을 받지 않으며, 항상 고정된 영원한 실재로 간주된다. 플라톤 이데아론의 가장 중요한 특징은, 그가 용기의 이데아, 아름다움의 이데아, 정의의 이데아, 궁극적으로는 선(善)의 이데아가 존재한다고 보았다는 점이다. 플라톤이 설정한 이데아의 위계에 따르면 가장 높은 위치에 있는 것은 바로 '선의 이데아'로, 이는 모든 존재와 인식의 궁극적 근거로 작용한다(이정우, 2012).

플라톤에 따르면, '인간', '정의', '선'과 같은 개념들은 단순한 언어적 명명이 아니라, 감각 세계 너머의 이데아계(界)에 초월적 실재로 존재하는 보편적 본질들이다. 즉, 개념은 단순히 우리가 사용하는 이름이 아니라, 존재론적 기반을 지닌 실체이며, 현실에 대한 평가와 이상 설정의 기준점이 된다. 플라톤의 이데아론에 따르면, '인간'이라는 개념은 각 개인의 특성을 초월하는 인간다움(humanness)의 보편적 형상이다. 이와 마찬가지로, '정의', '선', '아버지다움', '교사다움' 또한 이데아계에 존재하는 변하지 않는 본질로 간주된다(이정우, 2012).

이러한 개념들은 단순히 인간이 만들어낸 언어적 구성물이 아니라, 감각 세계보다 더 진정한 실재를 이룬다. 따라서 플라톤은 "진정한 교사"나 "진정한 아버지"라는 존재의 본질적 형상이 이데아 세계에 실재한다고 보았고, 이를 통해 현실의 존재를 평가할 수 있다고 보았다. 이러한 관점은 플라톤의 이데얼리즘은 목적론적(teleological) 세계관으로, 존재하는 모든 것은 이상적 목적과 본질을 향해 나아가야 하며, 현실 세계는 이데아를 모방함으로써 완성되어 간다(이정우, 2012). 이러한 관점에서 볼 때, 건물은 설계도를, 탁자는 탁자의 이데아를, 인간은 인간의 이데아를 모방해야 한다. 무엇이 좋은 삶인지, 어떤 것이 가장 아름다운지, 어떤 폴리스(polis)가 가장 정의로운지에 대한 대답은 이데아계에 실재하는 형상을 기준으로 삼아야 한다. 즉, '~다움'의 실현이 곧 존재의 목적을 이루는 것으로 간주된다. 현실은 이데아를 참조함으로써 더 나은 상태로 개선될 수 있다는 것이다.

그리스의 철학 전통, 특히 플라톤에게 있어서 이러한 세계관은 덧없는 현상계를 넘어 고정불변의 이데아적 실체, 즉 영원한 것을 추구하는 목적론적 경향과 결합한다. 이와는 반대로, 니체(F. Nietzsche) 이후의 철학에서는 고정된 형상으로서의 존재보다 생성(becoming)에 더욱 중요한 의미를 부여하였다.

플라톤이 개념의 실재를 언어 바깥, 즉 이데아라는 초월적 영역에 두었다면, 현대철학은 이와는 정반대로 언어 그 자체가 개념을 생산하고, 현실을 조직하며, 나아가 물질적 효과를 낳는다는 점에 주목한다(이정우, 2012). 플라톤의 개념 실재론은 언어 이전의 보편적 실체를 전제하지만, 현대 사유는 오히려 실재를 구성하는 작동의 장으로 언어를 이해하며, 언어의 수행성과 물질성에 주목한다. 이러한 전환은 단순한 인식론적 전회에 그치지 않고, 개념의 존재론에서 언어의 행위성과 물질성으로 나아가는 사유의 지형 변화이기도 하다.

3-2. 언어적 전회

20세기 철학의 중요한 전환점 중 하나는 의식 중심의 철학에서 언어 중심의 철학으로의 이행, 즉 이른바 '언어적 전회(linguistic turn)'였다. 이는 단순히 언어를 사유의 도구로 간주하던 입장을 넘어서, 언어가 사유 그 자체의 구조를 구성한다는 통찰로 나아갔다. 다시 말해 인간의 인식은 개별 주체의 의식에 의해 주도되는 것이 아니라, 사회적이고 역사적으로 구성된 언어적 질서, 즉 담론체계에 의해 매개된다는 것이다(이정우, 2012).

언어적 전회를 대표하는 철학자들 가운데 비트겐슈타인은 "의미는 사용 속에 있다"라는 언어게임 이론을 통해, 언어가 삶의 형식과 결합된 행위 체계임을 보여주었다. 하이데거는 언어를 존재가 드러나는 방식으로 사유하며, 존재의 인식은 언어적 사건을 통해 성립된다고 보았다. 퍼스는 언어의 기호 작용과 해석 과정을 통해, 의미는 고정된 대상이 아니라 해석 행위와 습관의 반복 속에서 생성되는 실천적 구조물임을 강조하였다. 메를로퐁티의 몸의 현상학은 사유가 추상적 이성이 아니라 육체적 감각과 언어 행위를 통해 형성된다는 점을 부각하였다. 이러한 흐름은 오늘날 포스트 현상학과 신유물론에까지 이어진다.

이러한 관점에서 언어는 단순한 의미 전달 수단이 아니라, 의미를 생산하고 현실에 개입하는 실천적 구조가 된다. 우리는 객관적 실재를 있는 그대로 인식할 수 없으며, 오직 언어를 통해서만 세계를 해석하고 구성할 수 있다. 같은 사물을 보더라도 언어적 틀에 따라 전혀 다른 인식이 발생하는 것은 이 때문이다(이정우, 2003). 이러한 전회를 통해 현대철학은 언어를 존재의 장(場)이며 인식의 무대, 그리고 실제의 효과를 낳는 실천적 행위로 파악한다(윤유석, 2016).

하지만 언어적 전회가 가져온 성과는 동시에 철학적 한계와 반작용을 낳았다. 언어 중심주의가 극단으로 치달을 경우, 언어 바깥의 실재(the real)나 감각적 경험, 물질적 조건들은 소외되거나 상징계로 환원될 위험이 있다. 이에 대한 반작용으로 등장한 그것이 바로 '물질적 전회(material turn)'이다. 페미니즘, 과학기술학(STS), 인류학, 신유물론(neo-materialism) 등은 모두 형상(form) 이전의 물질(matter), 비인간 행위자, 존재의 접힘과 구성 가능성을 재조명한다(김환석, 2016; 박준영, 2021). 이러한 흐름은 언어를 인간 중심의 지시 기호가 아닌, 물질과 얽혀 있는 수행의 장으로 이해하는 철학적 기반을 마련하였다.

요컨대 언어적 전회는 개념의 일체성을 해체하고, 의미의 생성 과정을 사회적·실천적 구조 속에서 파악하도록 만든 결정적 계기였다. 이 전회를 통해 우리는 개념을 단지 존재의 반영이 아니라, 언어의 작동을 통해 구성되는 담론적 실천으로 이해하게 되었다. 이로부터 구조주의는 언어를 하나의 객관적 구조로 간주하며, 주체와 의미를 설명하려는 새로운 이론 틀로 출현하게 된다. 이에 구조주의가 언어적 전회의 철학적 성과를 어떻게 체계화했는지를 살펴보고자 한다.

3-3. 구조주의: 언어의 무의식을 찾아서

구조주의는 근대철학이 전제한 주체-객체 이분법을 해체하고, 이 둘 사이를 매개하는 제3의 차원인 '구조', 특히 언어적 구조(상징계)의 우선성을 강조하며 등장했다. 전통 철학은 주체와 객체, 표상과 실재 사이의 관계를 통해 세계를 해석해 왔다. 그러나 구조주의는 인간이 세계를 이해하고 구성하는 방식이 무의식적인 언어의 구조에 따라 이미 결정되어 있다고 보았다.

이러한 사유의 출발점은 소쉬르의 언어학이다. 그는 언어의 의미가 고정된 실체에 있는 그것이 아니라, 기호 간의 차이(difference)에 의해 구성된다고 보았다. 이로써 의미는 고정되지 않으며, 의식적으로 조작될 수 없는 기표의 구조적 관계 안에서만 생성될 수 있게 되었다. 라캉은 이 언어적 구조를 '상징계(the symbolic)'로 개념화하면서, 주체조차 상징계 속에서 구성되는 존재로 설명하였다. 푸코 역시 초기에는 인간의 지식과 담론이 역사적 · 사회적 구조 안에서 어떻게 형성되는지를 탐구하면서, 인간 주체를 지식-권력의 산물로 파악했다.

구조주의는 이처럼 주체 이전에 구조가 존재한다는 전복적 사유를 통해 데카르트 이래의 이성 중심적 주체철학에 도전장을 던졌다(이정우, 2004). 인간은 자율적 존재가 아니라, 특정 담론과 기호 구조에 의해 구성되며, 그 의미 작용 또한 언어 구조의 차이와 규칙에 의해 생산된다는 것이 구조주의의 핵심 주장이다.

〈전통철학 vs. 구조주의〉

전통철학 관점	구조주의 관점
• 두 가지 차원: 대상과 주체 ① 실재적인 것: 물질, 사물, 대상 등 외부 세계(the real) → 객체(객관적 존재) ② 상상적인 것: 자아, 정신, 의식, 관념, 주체 등(the imaginary) → 주체(자기 인식적 존재) • 전통철학은 주체(의식)와 객체(실재)의 직접적 관계를 통해 인식을 설명한다.	• 세 가지 차원: 대상, 주체, 구조 ① 실재계(the real): 물리적 현실, 기호 이전의 물질성 ② 상상계(the imaginary): 주체의 심리적 이미지와 자기동일성 ③ 상징계(the symbolic): 언어와 기호의 무의식적 구조가 주체와 의미를 형성함 • 구조주의는 주체와 객체 사이에 언어적·상징적 구조가 존재하며, 우리는 이 무의식적 구조를 통해서만 세계를 인식할 수 있다고 본다.

하지만 이러한 구조주의는 곧 철학적 한계에 직면한다. 구조주의가 강조한 구조의 규칙성은 자칫 역사성과 주체성, 시간성을 제거한 채, 언어 구조만을 절대화하는 오류로 이어질 수 있다. 또한 문화와 주체를 구조의 산물로만 파악할 경우, 인간의 행위 가능성과 창조성을 설명하기 어려워진다. 이에 대한 반발과 전환으로 후기 구조주의가 등장하게 된다.

3-4. 후기구조주의: 구조 너머의 실재와 생성

후기구조주의는 구조주의가 언어 구조의 자율성과 법칙성을 지나치게 강조한 나머지, 구조를 또 하나의 초월적 실체처럼 절대화하고 있다는 점을 비판하며 출발한다(이정우, 2008). 후기구조주의자들은 구조를 해체하거나 전환의 가능성을 내포한 역동적 장(場)으로 재구성하고자 했다. 푸코, 들뢰즈, 데리다 등은 모두 구조에 대한 사유를 비판하면서, 차이, 생성, 권력, 실재, 욕망, 텍스트 등의 개념을 통해 새로운 철학적 장을 열어갔다.

푸코는 구조가 단순한 기호체계가 아니라, 역사적 맥락 속에서 권력에 의해 구성된 인위적 질서임을 강조했다. 그는 우리가 당연하게 여기는 담론, 제도, 진리조차 권력과 통치의 산물이라는 점을 보여주며, 구조는 '주어진 것'이 아니라 '만들어진 것'이라고 주장했다.

들뢰즈는 구조주의가 무의식, 문화, 욕망 등을 영원불변의 질서로 환원하는 위험을 경계하며, '생성'과 '차이'의 사유를 제안한다. 그는 모든 구조를 하나의 고정된 중심으로 환원하기보다는, 욕망과 신체가 만들어내는 리좀적 흐름으로 이해할 것을 주장한다. 들뢰즈에게 실재는 상징계의 논리로 완전히 포섭될 수 없는 탈코드화된 흐름이며, 탈기관적 신체의 운동이다. 이러한 실재는 상징계의 기표 체계를 뚫고 나타나며, 그것이 바로 욕망, 충동, 시간, 감각과 같은 요소들이다.

데리다는 구조주의가 전제하는 중심(로고스)을 문제 삼으며, 모든 의미는 끊임없이 미뤄지는 차연(différance)의 과정을 거친다고 주장했다. 그는 '텍스트 바깥은 없다'라는 선언을 통해 어떤 진리나 기원의 개념도 해체의 대상이 될 수 있다는 급진적 인식을 제시했다. 이로써 후기구조주의는 해체를 통해 의미의 중심을 탈중심화하고, 텍스트의 해석 가능성과 다의성을 강조하게 된다.

후기구조주의는 구조를 해체하면서도, 그것이 만들어지는 방식, 관계, 접속의 가능성에 주목한다. 후기구조주의에서 구조는 고정된 실체가 아니라, 탈코드화된 흐름 속에서 끊임없이 재배치되고 재조합되는 역동적인 장이다. 이들은 인간이 그 흐름 속에서 차이를 창조하고 새로운 의미를 구성하는 존재임을 강조한다.

후기구조주의는 구조의 억압적 위계와 동일성의 논리를 넘어서면서, 언어로 환원되지 않는 실재(the real)의 차원을 복원하려는 시도를 병행했다. 구조주의가 세계를 언어의 상징계로 환원시키는 한계를 지적하면서, 실재는 상징계로 온전히 포획되지 않는 차원이며, 그 실재는 감각, 충동, 주이상스(jouissance), 그리고 비인간적 물질성과 같은 이름으로 언뜻언뜻 출현한다고 본다.

이러한 맥락에서 라캉의 실재계(the Real), 들뢰즈의 욕망과 리좀, 데리다의 차연 개념은 모두 상징계 너머의 실재를 사유하는 철학적 실험들이다. 이는 결국, 구조를 초월하거나 해체함으로써 새로운 삶의 양식, 새로운 존재 방식, 새로운 교육의 가능성을 여는 사유로 이어진다.

요컨대 구조주의는 인간 인식을 구성하는 무의식적 언어 구조의 중요성을 밝혔지만, 후기구조주의는 그 구조가 고정적이지 않으며, 끊임없이 변형되고 해체되는 역동적 장임을 주장한다. 구조는 필연적인 것이 아니라 권력, 역사, 실천에 의해 생성된 임의적 질서이며, 인간은 그 질서를 넘어서 차이와 생성의 주체로 나아갈 수 있다. 이는 교육에서 개념을 실체가 아니라 구성 과정으로 이해하고, 학습자 주체를 수동적 수용자가 아닌 능동적 창조자로 사유하게 하는 철학적 기반이 된다.

3-5. 데리다의 해체: 후기구조주의 방법론

데리다(J. Derrida)는 전통 형이상학이 지닌 근본 전제를 비판하면서, 기존 사유틀의 해체를 철학적 과제로 제시한다. 그가 말하는 해체(deconstruction)는 흔히 파괴(destruction)가 아니라, 오히려 사유와 텍스트의 내적 모순과 균열을 드러내어 구조 자체가 붕괴하도록 유도하는 내파(implosion)에 가깝다. 데리다는 어떠한 의미체계도 완결되거나 자명하지 않으며, 모든 개념은 그 자체 안에 흔들림과 이중성, 그리고 배제의 흔적을 내포하고 있다고 본다. 이런 의미에서 해체는 외부로부터의 공격이 아니라, 사유의 내부에서 발생하는 자기부정의 운동이다(전경갑, 1993).

데리다의 해체 전략은 특히 서구 형이상학의 근간을 이루는 음성 중심주의(logocentrism)에 대한 비판에서 두드러진다. 서구철학은 전통적으로 말을 진리의 즉각적 전달자, 정신과의 직접적인 연결 매체로 특권화해 온 반면, 글쓰기는 왜곡되고 이차적인 의미 전달 수단으로 폄하해 왔다. 데리다는 이 위계 자체를 전복하기 위해 말과 글의 이분법을 역전시키고, 나아가 그 대립 구조 자체를 무력화하려 한다.

그는 단순히 글쓰기를 우위에 두는 데 그치지 않고, 말과 글의 구분이 유지될 수 없다는 점, 더 나아가 모든 언어적 기호는 끊임없는 차이(difference)와 지연(deferment)의 운동 속에서 의미를 미루고 흔적을 남긴다는 점을 강조한다(전경갑, 1993). 이때 글쓰기는 더 이상 의미의 보조적 수단이 아니라, 차이와 흔적의 장(場), 즉 언어가 결코 완결될 수 없다는 사실을 드러내는 실천의 공간으로 이해된다.

이러한 논리를 시각적이면서도 철학적으로 표현한 것이 바로 데리다의 '삭제 하의 쓰기(sous rature, under erasure)' 개념이다(전경갑, 1993). 이는 어떤 개념이나 용어가 완전히 폐기될 수는 없지만, 동시에 신뢰할 수도 없는 불안정한 상태임을 드러내기 위한 전략이다. 데리다는 특정 단어를 취소선으로 긋되 완전히 지우지 않고 남겨두는 방식을 통해, 개념을 사용하되 그것이 지닌 불충분성과 한계를 동시에 드러내는 이중의 의미화를 실현한다. 여기서 핵심은 개념을 제거하거나 대체하는 것이 아니라, 그 개념이 불가피하게 사용되면서도 항상 균열과 결핍을 내포하고 있음을 드러내는 것이다.

데리다의 이 전략은 하이데거의 존재 개념, 프로이트의 의식 개념, 니체의 진리와 앎에 대한 회의와 철학적으로 연결된다. 예컨대 하이데거는 '존재'라는 말을 사용하는 것이 불가피하지만, 그것을 명확히 정의할 수 없다고 보았기에 '존재'를 취소선 아래에 두면서도 그대로 남겨두는 방식을 택했다. 이는 언어가 필요하지만, 그것이 지시하고자 하는 실재를 결코 완전히 포착하지 못한다는 인식에 기초한 것이다. 데리다는 이러한 철학적 계보 속에서 '삭제 하의 쓰기'를 언어의 자기 부정성에 대한 사유의 형식으로 발전시킨다.

궁극적으로 데리다의 해체는 개념을 없애는 것이 아니라, 그 개념이 어떻게 작동하고, 어디서 균열이 발생하며, 어떻게 의미가 미끄러지는지를 드러내는 철학적 실천이다. '삭제 하의 쓰기'는 우리가 언어를 사용해야만 사유할 수 있는 조건 속에서,

동시에 그 언어가 항상 미끄러지고 배신하는 조건에 놓여 있다는 긴장 상태를 시각화하는 장치이자 방법론이다. 후기구조주의에서 해체적 실천은 더 이상 유일한 진리나 중심을 상정하지 않고, 의미의 생성 과정 자체를 탐색하고 노출하는 비판적 사유의 방식으로 작동한다.

구조주의 언어학은 언어를 기표와 기의가 이루는 자족적 체계로 파악하며, 그 내적 규칙과 구조를 탐구하는 데 주력하였다. 그러나 데리다의 후기구조주의적 해체는 이러한 안정성의 전제를 흔들며, 언어가 끊임없이 미끄러지고 의미가 지연되는 차연(différance)의 장을 드러낸다. 해체는 개념을 폐기하는 것이 아니라, 그것이 어떤 지점에서 균열을 일으키고 어떤 방식으로 새로운 의미를 생성·변형하는지를 탐색하는 비판적 사유 방식이다.

이 지점에서 화용론은 구조주의와 후기구조주의의 대립을 넘어서는 또 다른 전환을 제시한다. 화용론은 언어의 의미를 고정된 내적 구조에서 찾기보다, 언어가

〈구조주의 언어학 vs. 화용론〉

구조주의	화용론
• 언어는 기호체계이며, 내적 구조와 규칙을 통해 의미가 생성된다. • 언어의 의미는 기표와 기의 사이의 자의적 관계 속에서 구조적으로 파악된다. • 언어는 자율적이고 폐쇄된 기호체계로서, 외부 맥락과는 무관하게 분석할 수 있다고 본다. • 언어의 화행적 기능은 부차적이며, 언어의 본질은 문법적 체계에 있다고 본다.	• 화용론은 언어를 사회적 행위의 체계로 간주하며, 언어와 언어 사용자 간의 상호작용, 맥락, 목적에 주목한다. • 언어는 맥락 의존적인 행위이며, 사회적 관계 속에서 수행되는 실천(practice)으로 이해된다. • 화용론은 언어의 핵심 기능이 화행(speech act) 수행에 있으며, 언어는 발화자의 의도와 청자의 해석에 따라 기능적으로 작용한다고 본다. • 발화 상황, 청자 반응, 문화적 맥락 등 언어 외적 요소를 포함한 총체적 의사소통 상황을 분석한다. • 발화는 단순한 의미 전달이 아니라, 특정한 목적을 위한 사회적 행위로 이해되며, 해석은 관습적 규범과 맥락에 따라 달라진다. • 퍼스의 화행론에서 의미는 반복과 사회적 사용을 통해 점차 행위의 규칙이자 습관(habit)으로 자리 잡는다. • 들뢰즈는 언어를 자율적 의미 구조로 파악하는 것을 거부하고, 언어를 행위의 흐름과 사건의 생성으로 해석한다.

출처: 최문수(2009) 발췌, 재구성

실제 사회적 맥락 속에서 어떻게 사용되고 수행되는지를 분석한다. 즉, 언어를 단순한 기호 체계가 아니라, 사회적 상호작용 속에서 의미가 생산되고 협상되는 수행적(pragmatic) 행위로 파악하는 것이다(최문수, 2009). 요컨대, 구조주의가 '언어의 구조'를 강조했다면, 데리다의 해체는 그 구조의 균열과 불가능성을 드러냈고, 화용론은 언어가 구체적 맥락 속에서 살아 움직이는 실천임을 보여준다.

개념이란 단지 머릿속에 존재하는 추상적 표상이 아니라, 세계를 이해하고 구조화하기 위한 인식의 틀이며, 때로는 실재 자체를 구성하는 원리로 작용해 왔다. 지금까지 플라톤의 이데아론에서부터 언어적 전회, 구조주의, 후기구조주의, 그리고 데리다의 해체론에 이르기까지 개념의 변천을 철학적 계보를 따라 살펴보았다. 이러한 흐름은 개념을 더 이상 고정된 실체나 절대적인 의미로 파악할 수 없게 만들며, 오히려 개념이 언어, 담론, 권력, 그리고 수행적 맥락 속에서 유동적이고 관계적으로 구성된다는 통찰을 가능하게 한다.

이러한 관점에서 볼 때, 언어는 단순한 표상의 매개가 아니라, 세계와 주체를 구성하는 능동적인 실천이자 물질적 행위로 간주할 수 있다. 이에 언어의 물질성과 수행성에 주목하며, 언어가 어떻게 의미를 생성하고 세계를 구성하며, 나아가 주체를 형성하는지를 살펴보고자 한다.

4. 언어는 어떻게 세계를 구성하는가: 언어의 물질성과 수행성

현대철학에서 '언어의 물질성(materiality of language)'이란, 언어가 단순히 사유나 개념을 전달하는 중립적인 도구가 아니라, 물리적 · 신체적 · 사회적 수준에서 현실을 구성하는 수행적 실천이라는 관점이다. 즉 언어는 공기 진동, 성대의 떨림, 음성의 청각적 자극, 종이에 인쇄된 잉크와 같은 물리적 구현을 통해 감각적으로 작동할 뿐 아니라, 사회적 규범과 제도, 교육체계, 권력 구조 속에서 물질적 효과를 생산한다(Barad, 2003; Foucault, 1972).

예컨대 '인간'이라는 단어는 단순한 호칭이나 표상이 아니라, 사용될 때마다 특정한 존재 방식을 정립하며, 제도적 맥락 안에서 의미 작용과 신체적 실천을 유도하는 규범적 명명 행위가 된다. 이는 언어가 현실을 '묘사'하거나 '이름 붙이는' 도구를 넘어서, 현실을 구성하는 능동적이고 물질적인 행위임을 시사한다. 개념은 이처럼 실재를 반영하는 것이 아니라 실재를 구성하며, 개념을 매개하는 언어는 현실에 영향을 미치는 실체적 힘을 지닌다(Althusser, 1971; Butler, 1993).

플라톤에게 개념은 언어 이전에 존재하는 이데아로서 초월적 실체였다. 하지만, 현대철학자들은 오히려 언어가 개념을 산출하고, 사회적 실재를 조직하며, 현실을 작동시키는 행위라고 본다. 언어는 더 이상 단지 개념의 그림자가 아니라, 사회적 실천과 권력관계 속에서 의미와 물질성을 동시적으로 작동시키는 생산 장치인 것이다(Foucault, 1977).

언어는 음성기관의 진동, 기류의 흐름, 청각적 수용을 포함하는 생리적 작동일 뿐 아니라, 병원, 법률, 교과서, 시간표, 시험지, 교육과정 등의 제도적 장치와 얽혀 사회적 실천을 조직한다. 예컨대, '정신병자'라는 진단명은 단지 언어적 명칭이 아니라, 특정한 의료 제도, 법적 절차, 행정적 기준, 치료 행위 등을 촉발하고 정당화하는 물질적 장치의 일부로 작동한다(Foucault, 1977). 다시 말해 언어는 물질적 · 기호적 네트워크를 통해 현실을 수행하고 규율하며 통제하는 기능을 수행한다. 언어의 물질성 개념은 푸코(M. Foucault), 들뢰즈(G. Deleuze), 알튀세르(L. Althusser), 바라드(K. Barad) 등 다양한 사상가들에 의해 이론화되었다.

푸코는 언어가 제도적 권력과 결합하여 사회적 규범을 형성하고, 현실을 분류하며, 말해질 수 있는 것과 없는 것의 경계를 정한다는 점에서 언어의 실질적 작용에 주목하였다(Foucault, 1972). 알튀세르는 이데올로기가 언어를 통해 주체를 '호명'하고, 사회적 위치를 내면화시키는 실천적 과정에 주목하였다(Althusser, 1971). 바라드는 양자물리학의 인식론을 도입하여, 언어와 물질, 담론과 비담론이 상호작용하는 복합적 구성 과정을 '물질-담론적(material-discursive)' 실천으로 제시하였다(Barad, 2003).

버틀러(J. Butler)는 언어의 수행성(performativity) 개념을 통해 물질성과 수행성의 결합 가능성을 탐색하였다. 버틀러는 언어가 신체에 "각인되고 감염되는"(Butler, 1993) 과정을 통해, 의미가 추상적 층위를 넘어서 현실적인 물질 효과를 낳는다고 보았다. 수행성은 언어가 "무엇을 하게 만드는가"라는 측면에 초점을 두는 반면에, 물질성은 "언어가 어떻게 실질적 현실을 조직하는가"에 주목한다. 둘은 결국 언어가 단지 의미를 전달하는 매개가 아니라, 물리적 현실을 구성하고, 사회적 규범을 강화하거나 전복하는 핵심 작용임을 드러낸다.

이러한 언어의 물질성과 수행성은 특히 교육 담론에서 더욱 분명하게 드러난다. 예를 들어, '교사다움'이라는 표현은 단순한 수사의 문제가 아니라, 특정한 말투, 제스처, 윤리적 태도, 외모, 규율 등을 '정상'으로 규정하고, 그에 부합하지 않는 정체성을 '비정상적'으로 배제하는 규범적 실천이다(Foucault, 1977; Butler, 1993). 이때 '교사다움'은 개념이 아니라 수행적 현실이며, 말하는 순간 현실을 구성하는 명령이 된다. 언어는 이렇게 실천을 규정하고, 규범을 재생산하며, 몸과 제도를 통해 실재를 형성하는 매개로 작용한다.

요컨대, 현대철학에서 언어의 물질성은 언어가 단지 사유의 전달 수단이 아니라, 제도와 신체, 권력과 기술, 기호와 행위의 얽힘 속에서 실재를 조직하는 복합적이고 구체적인 실천임을 강조한다. 이러한 관점은 IB 교육에서 '개념'이 단순한 명칭이 아니라 '세계를 구성하는 실천의 틀'이라는 점을 이해하는 데 핵심적인 철학적 기반이 된다.

〈언어의 수행성(Performativity of Language)〉

언어의 수행성은 단순히 세계를 기술하는 도구로서의 언어관을 넘어서, 언어가 세계에 개입하고 현실을 구성하는 행위적 기능을 지닌다는 점을 강조하는 것으로, 오스틴(J. L. Austin), 서얼(J. Searle), 버틀러(J. Butler) 등에 의해 발전해 왔다.

오스틴(1962)은 '말하기는 곧 행하기(Saying is doing)'라는 명제로 대표되는 발화행위 이론(speech act theory)을 통해 언어의 수행적 기능을 정식화하였다. 그는 "결혼한다, 유죄이다, 사퇴한다"와 같은 발화가 그 자체로 하나의 사회적 행위를 수행한다는 점을 밝혔다. 이러한 발화는 현실의 상태를 변화시키며, 말하는 순간에 행위가 동시에 일어나는 '수행적 언어(performatives)'이다.

서얼(Searle, 1969)은 오스틴의 이론을 이어받아 발화행위를 더 정교한 체계로 확장하였으며, 특히 언어 규칙과 사회적 제도 사이의 관계에 주목하면서, 언어가 사회적 실천의 규범을 따르고 형성하는 방식을 설명하였다.

버틀러(1990)는 이러한 수행성 개념을 젠더 이론으로 확장하여, 젠더는 선험적 본질이 아니라 언어와 반복적 행위를 통해 구성되는 사회적 실천임을 주장하였다. 그에 따르면 "여성"이나 "남성"이라는 정체성은 고정된 실체가 아니라, 언어적 행위와 문화적 규범의 반복을 통해 끊임없이 형성되고 재구성되는 담론적 효과이며, 이 수행은 언제나 불완전하며 전복 가능성을 내포한다. 즉, 젠더는 주어진 것이 아니라, 지속적으로 반복되고 수행되는 '하기(doing)'의 과정에 놓인 존재다(Butler, 1993).

이처럼 언어의 수행성은 단지 발화의 내용이 아니라, 언어가 행사되는 방식, 문맥, 반복 가능성, 그리고 수용의 조건에 의해 현실을 구성하며, 담론과 권력, 주체 형성의 문제에 이르기까지 그 영향력을 확장하고 있다.

출처: Butler(1993, 1997)

언어의 수행성과 물질성은 모두 언어가 단지 의미 전달의 수단이 아니라 현실을 형성하는 매개임을 드러낸다. 수행성은 언어의 행위로서의 힘을, 물질성은 언어가 제도, 신체, 기술 등과 얽혀 현실을 조직하는 방식을 탐구한다.

4-1. 버틀러의 수행성과 젠더 정체성

수행성(performativity)은 언어학자 오스틴(J. L. Austin)의 발화행위이론(speech act theory)에서 출발하여, 데리다(J. Derrida), 버틀러(J. Butler) 등에 의해 언어학, 문화 연구, 페미니즘, 연극, 동성애 이론 등 다양한 분야에서 중심 개념으로 논의되었다. 오스틴(1962)은 진술문(constative)과 수행문(performative)을 구분하며, 언어가 단지 사실을 서술하는 것이 아니라, 특정한 조건에서 실제로 행위를 수행하는 기능을 지닌다고 주장했다. 예컨대 "피고에게 무기징역을 선고한다"라는 발화는 적절한 제도적 권위와 문맥 속에서 단순한 말이 아닌 현실적 효력을 갖는 하나의 행위가 된다. 이처럼 수행문은 단순한 전달이 아니라, 발화 그 자체가 사건이 되는 것이다. 즉, "무엇을 말하는 것은 무엇을 행하는 것(to say something is to do something)"이라는 관점이 가능해진다(Butler, 1993).

오스틴 자신도 진술문과 수행문의 구분이 명확하지 않음을 인정하였다. 진술문조차도 맥락에 따라 수행적 기능을 가지며, 모든 발화는 잠재적으로 어떤 행위를 유발할 수 있다(Olesen, 2005). 예를 들어, 경멸적인 언어는 단순한 표현이 아니라 실제적인 폭력의 효과를 지니며, 사실상 수행적인 기능을 한다. 따라서 모든 진술문은 명령이 생략된 수행문이라 볼 수도 있고, 진위 판단에 앞서 어떤 상황과 행위 속에서 의미가 정립된다. 결국 진술은 수행의 과정을 통해 진술로 성립하며, 발화의 효과는 내용보다도 사회적 위치, 권력관계, 그리고 이데올로기적 맥락에 따라 결정된다.

이러한 관점은 언어가 단순히 존재를 명명하는 수단이 아니라, 존재를 구성하는 수행이라는 점을 드러낸다. 예컨대 "나는 교사다." 또는 "나는 아버지다"라고 선언하는 것만으로 해당 정체성이 형성되는 것은 아니다. 그에 걸맞은 행동을 반복적으로 수행할 때 비로소 교사나 아버지라는 정체성이 성립한다. 다시 말해, 진술문은 그것을 실현하는 수행을 통해서만 의미를 획득하며, 그 자체로는 진위를 갖지 못하는 텅 빈 기표에 불과하다.

기표(signifier)는 고정된 의미를 갖지 않으며, 그것을 해석하고 채우는 주체에 따라 기의(signified)는 달라진다. '사랑', '민주주의', '수업'과 같은 동일한 기표도 누가, 어떤 맥락에서 사용하는가에 따라 서로 다른 의미를 지닌다. 이때 특정 기표가 일정한 기의를 갖는 것처럼 보이게 만드는 것은 이데올로기의 역할이다. 이데올로기는 본래 유동적인 기의에 진리의 외양을 덧씌워 기표를 고정하며, 그 의미를 자연스러운 것으로 보이게 만든다(김상환, 2008).

이러한 관점에서 발화행위이론(speech act theory)은 발화의 형식과 효과가 단순한 언어적 구조를 넘어서, 권력과 이데올로기의 구조 속에서 어떻게 작동하는지를 설명한다. 발화는 언제나 특정한 사회적 맥락과 제도적 권위 속에서 기능하며, 수행적 실천을 통해 의미를 생산한다. 특히 우리는 일상에서 권위적인 실습체계에 길들여져, 각자의 사회적 위치나 직업에 걸맞은 언어적 규범과 역할을 반복적으로 인용하고 수행한다(Olesen, 2005).

결국 수행성(performativity)은 언어의 구조적 유동성과 사회적 권력관계를 매개로 하여, 발화가 현실을 구성하는 방식과 주체 형성의 과정을 드러내는 개념이다. 수행을 통해 기표에 의미가 부여되고, 그 과정은 늘 반복적이며 권력적으로 조직되어 있다.

〈오스틴(J. L. Austin)의 발화행위이론, 화행론〉

- 언어는 단순한 정보 전달의 도구가 아니라, 세계에 개입하고 변화를 일으키는 실천적 매체다. 오스틴은 "말하기는 일종의 행하기"라고 주장하며, 언어가 현실을 구성하는 힘을 지닌다는 점을 강조한다.
- 이는 야콥슨(R. Jakobson)이 언급한 언어의 '마법적' 기능과도 개념적으로 맞닿아 있다. 야콥슨에 따르면, 언어는 단지 지시적 기능에 머물지 않고, 그 자체로 세계에 영향을 미치는 상징적이고 주문적인 기능을 수행할 수 있다.
- 오스틴(J. L. Austin)은 언어의 수행적 기능을 발화행위, 발화수반행위, 발화효과행위라는 세 가지 유형의 발화행위로 제시한다.
- 발화행위(locutionary act)는 일반적으로 문장을 말하거나 쓰는 '언표적 행위'로, 문법적 구조와 의미를 중심으로 작동한다. 이 단계에서 메시지는 랑그(langue)의 구조 속에서 생성된 의미의 전달을 담당한다.

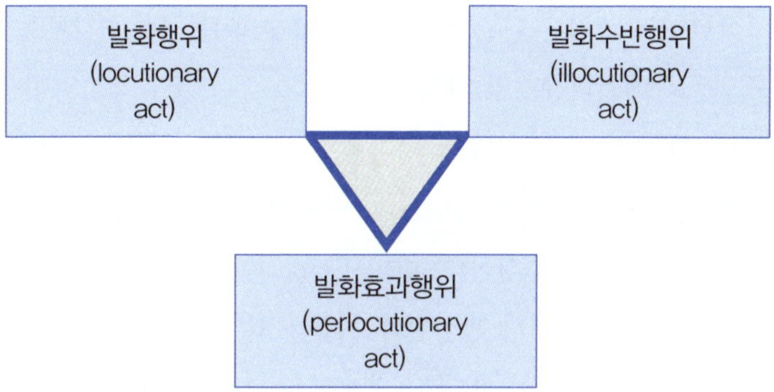

- 발화수반행위(illocutionary act)는 발화 속에서 화자가 수행하고자 하는 의도적 행위를 가리킨다. 예컨대 "약속한다"라는 발화는 그 자체로 약속이라는 행위를 성립시키며, 이는 단지 의미 전달이 아닌 '수행'이 된다. 이 기능은 말이라는 행위를 통해 특정한 사회적 현실을 구성하는 핵심으로 작용한다.
- 발화효과행위(perlocutionary act)는 청자에게 유발된 반응이나 행동으로, 발화가 어떻게 타인의 심리나 행위에 영향을 미치는지를 설명한다. 이는 언어가 화자와 청자 간의 상호작용을 통해 사회적 행위를 매개하는 방식에 주목한 것이다.
- 오스틴은 발화수반행위(B)와 발화효과행위(C)를 구별하며, "B를 함으로써 그는 C 했다"라는 구조를 통해 두 개념을 명확히 한다. 특히 발화수반행위는 말을 함으로써 청자가 수행하는 행위를 강조하는데, 특히 오스틴은 발화수반행위와 발화효과행위를 구분하며, "B를 함으로써 그는 C를 하였다"라는 구조로 이를 표현한다. 여기서 B는 의도적 수행 행위(illocution), C는 그 결과로 나타나는 효과(perlocution)다. 이는 해석 행위에서 저자의 의도와 독자의 반응 사이의 관계를 재조명하게 만들며, 텍스트를 둘러싼 의미 생산의 수행적 맥락을 드러낸다(Vanhoozer, 1998).

출처: 문장수(2002: 70)

〈젠더는 어떻게 구성되는가〉

기표와 기의의 관계가 본질적으로 유동적이며, 의미는 권력과 이데올로기 속에서 구성된다는 논의는 버틀러(J. Butler)의 젠더 수행성 개념에서 구체적인 방식으로 전개된다. 버틀러는 젠더 정체성이 본질이나 자연에 기초한 실체가 아니라, 사회적으로 구성된 언어적 규범과 담론의 반복을 통해 형성된다는 점을 통해, 앞서 살펴본 기표-기의 유동성과 발화행위이론의 수행 개념을 정체성 형성의 핵심 구조로 재해석한다. 이로써 수행성은 단순한 언어행위의 효과를 넘어, 인간 주체성과 사회적 현실을 구성하는 메커니즘으로 확장된다.

버틀러에 따르면, '여성다움'이나 '남성다움'은 특정한 신체적 조건에서 자연스럽게 도출되는 것이 아니라, 사회적 규범을 따라 반복적으로 말하고 행동하는 수행을 통해 구성된다. 즉, 젠더를 수행한다(doing gender)는 것은 젠더가 본래 존재하는 것이 아니라 반복적 실천 속에서 생성된다는 것을 의미한다. 언어는 이미 존재하는 정체성에 이름을 붙이는 수단이 아니라, 정체성을 구성하는 명명 행위로 기능하며, 이때 젠더는 명사가 아니라 '행동하는 동사'로 이해된다.

이러한 관점에서 수행성은 단순한 언어적 효과를 넘어서, 인간 주체성과 사회적 현실을 구성하는 메커니즘으로 작동한다. 젠더 수행은 곧 정체성 형성의 반복적 실천이며, 이는 개인의 자유로운 선택이 아니라, 사회구조와 권위적인 실습체계에 의해 규율된 언어와 행위의 반복 속에서 이루어진다. 우리는 일상 속에서 자신이 속한 제도와 문화가 요구하는 역할을 수행함으로써 특정한 정체성을 내면화하게 된다. 버틀러는 알튀세르(L. Althusser)의 '이데올로기적 국가기구' 개념을 차용하여, 주체가 담론의 외부에 자율적으로 존재하는 것이 아니라, 담론 속에서 호명(interpellation)되고 형성된다고 본다(Olesen, 2005).

이처럼 젠더 정체성은 고정된 실체가 아니라, 반복되는 언어적 · 신체적 실천을 통해 사회적으로 구성된다. 성, 젠더, 섹슈얼리티는 본질적인 속성이 아니라 불안정하고 유동적인 수행의 결과이며, 이성애 규범 사회에서 주어진 젠더 정체성은 지배담론의 반복적 인용과 각인에 의해 형성된다. 예컨대 여성이라는 정체성은 '여자다움'을 지속적으로 수행하는 일상적 행위들을 통해 만들어진 것이다.

수행성은 이러한 정체성 형성의 방식을 설명하는 데 그치지 않고, 기존의 규범적 정체성을 전복할 수 있는 전략으로도 작동한다. 반복은 규범을 내면화하게 만들지만, 그 반복이 언제나 동일한 방식으로 재현되는 것은 아니다. 반복의 양식을 다르게 수행함으로써, 기존 정체성의 경계를 흔들고 새로운 의미와 주체성을 구성할 수 있는 여지가 생긴다. 이때 자아는 주어진 정체성을 수동적으로 받아들이는 존재가 아니라, 반복의 변형을 통해 스스로를 재구성할 수 있는 열린 가능성의 장으로 존재하게 된다.

버틀러는 이러한 수행의 장으로서 '몸'에 주목한다. 여성의 몸이나 성적 소수자의 몸은 고정된 생물학적 실체가 아니라, 사회적 규범과 언어의 반복을 통해 구성되며, 동시에 기존 규범을 비틀고 전복할 수 있는 실천의 공간이기도 하다. 젠더 수행은 무대 위의 연기처럼 일시적이고 가변적이며, 원본과 모방의 경계를 흐리게 만든다. 이처럼 젠더 이데올로기가 부여한 몸의 의미로부터 벗어나, 몸 자체가 새로운 소통과 표현의 가능성을 열어젖히는 수행의 장이 될 수 있다.

이러한 수행의 반복 가능성과 전복 가능성은 데리다(J. Derrida)의 언어관에서 단초를 찾을 수 있다. 데리다는 오스틴의 발화행위이론을 비판적으로 계승하며, 모든 언어는 근본적으로 인용(citation)되고 반복(iteration)된다고 보았다. 언어는 한 번의 고정된 의미 전달로 끝나지 않으며, 반복되는 과정 속에서 언제나 새로운 맥락과 의미를 생성할 가능성을 지닌다. 발화된 말은 발화자의 의도를 넘어서며, 특정한 맥락을 떠나 반복 인용되면서 우발적인 의미의 전환을 초래한다(Olesen, 2005; Butler, 1993). 이로 인해 언어는 단일하고 고정된 대상을 지칭하지 않으며, 의미는 항상 미끄러지고, 확대 재생산된다.

이러한 반복성과 우발성은 정체성 구성에도 깊이 관련된다. 기표의 의미는 그것을 사용하는 주체에 따라 계속 변주되며, 지배담론이 형성한 정체성조차도 반복과 오용의 가능성에 끊임없이 노출된다. 예컨대 교사라는 정체성도 더 이상 지식 전달자의 역할에 머무르지 않고, 새로운 교육환경 속에서 '학습 촉진자'나 '멘토'로 재구성되고 있다(곽영순, 2008).

요컨대 언어는 사물이나 주체를 단순히 표현하거나 재현하는 것이 아니라, 그 자체로 사건을 발생시키는 수행적 실천이다. 데리다의 주장에 따르면, 모든 언어는 기존 텍스트의 반복이며, 반복된 인용 속에서 의미는 사건으로서 실현된다. 언어는 현실을 묘사하는 도구가 아니라, 현실을 구성하고 주체를 생성하는 힘을 지닌다. 우리가 반복적으로 특정 언어를 사용하고 그것을 수행할 때, 그 언어는 점차 실체화되며, 주체는 그 언어의 효과로서 등장하게 된다(Olesen, 2005).

〈인용과 반복을 통한 수행성의 효과 생산〉

- '되뇌임성(iteration)'이라는 개념에서 핵심이 되는 iter는 산스크리트어 itara(다른, other)에서 유래된 말이다. 이 어원은 되뇌임성이 단순한 반복이 아니라, 반드시 '같지 않음'을 내포한 반복, 즉 반복을 통한 차이의 생산이라는 의미를 내장하고 있음을 시사한다.
- 데리다는 오스틴의 수행성 개념을 확장하면서, 모든 언어 행위는 본질적으로 반복되고 인용되는 것임을 강조한다. 언어는 관습적인 발화 형식을 따르기 때문에 언제나 '인용(citation)'의 성격을 지닌다. 이러한 인용 가능성은 어떤 발화든지 고유한 문맥에서 떼어내어, 새로운 문맥에 재배치할 수 있으며, 그 과정에서 의미의 확대, 재생산, 그리고 전복의 가능성을 만들어낸다.
- 이처럼 인용된 발화는 처음 발화된 맥락이나 의도에 고정되지 않고, 예측할 수 없는 새로운 맥락들 속에서 재인용되며, 그때마다 새로운 수행적 효과를 산출할 수 있다(Butler, 1993). 의미는 하나의 고정된 체계나 발화자의 의도, 맥락에 의해 결정되지 않으며, 언제나 침입하는 우발적 조건들과 상호작용하면서 재구성된다. 데리다가 말하듯, 언어는 언제나 '의미의 연쇄(signifying chain)' 속에 놓여 있으며, 그 의미는 닫힌 것이 아니라 열려 있는 구조다.
- 이러한 반복성과 우발성은 기표의 의미가 결코 고정될 수 없다는 점을 드러낸다. 특정 기표가 지시하는 의미는 시대와 문화, 권력의 조건에 따라 끊임없이 변화하며 재구성된다. 예컨대 '남성다움'이라는 기표는 한때 강인한 체력과 기사도 정신으로 의미화되었으나, 어느 시기에는 근육질의 몸과 복근으로, 또 다른 시기에는 섬세한 아름다움으로 표상되기도 한다. 이처럼 기표는 수행하는 주체와 사회적 맥락에 따라 지속적으로 재의미화된다.
- 요컨대, 언어는 대상을 단순히 표현하거나 재현하는 것이 아니라, 언어가 어떤 '일'을 수행하는 과정 자체를 통해 사건이 구성되는 것이다. 데리다의 주장에 따르면, 모든 언어는 이미 존재하는 텍스트의 반복이자 인용이며, 그 반복의 과정 속에서 사건은 생성된다. 이는 곧 언어가 주체를 구성하고, 현실을 만들어내며, '존재'를 생산하는 수행적 힘을 갖는다는 것을 의미한다. 발화는 더 이상 단순한 전달 행위가 아니라, 세계를 구성하는 사건으로서 기능하는 것이다.

출처: Olesen(2005)

〈지배담론 전복의 가능성으로서의 수행성〉

데리다의 인용에 대한 논의를 기초로, 반복적인 표현을 통해 수행적으로 정체성을 구성하는 것이 결코 하나의 맥락과 의도 등에 고정될 수 없다고 버틀러는 주장한다. 지배담론에 의해 구성된 정체성들은 언제나 인용, 나아가 오용의 가능성에 노출되어 있다. 이는 젠더 규범의 반복적 규약과 호명에 복종하면서도, 내적 저항의 가능성을 안고 있다는 것이다. 요컨대 수행성이란 바로 담론이 명명하는 것을 생산해 낼 수 있는 담론의 기능이라고 할 수 있다. 언어란 단지 이미 존재하는 몸을 명명하는 것이 아니라, 바로 그러한 명명을 통해 몸을 구성한다.

결국 언어 바깥에 '나'는 있을 수 없다. 정체성이란 무엇보다 의미화 작용이기 때문이다. 성 정체성을 포함하여 문화적으로 인지가능한 주체들이란 담론의 원인이기보다는 담론의 '효과'인 셈이다. 이러한 버틀러의 논의는 일차적으로 성 정체성이 자연적으로 주어지는 것이라고 전제하는 생물학적 결정론들을 비판하고, 나아가 지배담론 전복의 가능성으로서 수행성을 활용할 수 있음을 보여준다.

버틀러는 데리다의 인용에 대한 논의를 기반으로, 수행성이 단일한 맥락이나 의도에 고정되지 않음을 강조한다. 반복되는 언어적 표현은 그 자체로 정체성을 구성하지만, 그 반복이 항상 동일한 방식으로 작동하는 것은 아니다. 동일한 수행이라도 맥락이나 방식의 차이에 따라 의미가 달라질 수 있으며, 이에 따라 기존의 규범적 정체성은 언제나 전복과 재구성의 가능성에 열려 있다.

지배담론에 의해 구성된 정체성은 반복을 통해 강화되지만, 동시에 반복 속에서 오용(misuse)이나 전유(reappropriation)의 가능성 또한 발생한다. 이는 젠더 규범의 반복적 인용과 호명에 복종하는 동시에, 그 질서에 균열을 내는 수행적 저항이 가능함을 의미한다. 요컨대 수행성은 담론이 명명하는 대상을 그대로 재현하는 것이 아니라, 그 명명 행위를 통해 새로운 의미를 산출하는 담론적 실천이다.

결국 주체란 이미 담론에 의해 호명되고, 반복적 실천 속에서 구성되는 효과일 뿐이다. 성 정체성을 비롯한 문화적으로 인지 가능한 모든 정체성은 담론의 원인이 아니라, 의미화 과정에서 형성된 담론의 산물이다. 이러한 수행성 개념은 생물학적 결정론에 기반한 정체성 개념을 비판하고, 더 나아가 반복을 다르게 수행함으로써 지배담론을 전복할 수 있는 실천 가능성을 시사한다.

수행의 결과로 젠더를 비롯한 정체성이 규정된다고 하면, 대안적인 수행성이 가능해진다. 대안적인 수행성의 관점에서 본다면, 버틀러의 퀴어 수행성(queer performativity)은 단순히 동성애 수행성만을 가리키는 것이 아니라, 대안적인 수행을 통한 기존 지배담론 전복의 전략을 의미한다.

정체성이 수행의 결과라면, 수행 방식을 달리하는 것은 곧 정체성의 재구성으로 이어질 수 있다. 이러한 관점에서 보면, 젠더나 성적 취향 역시 고정된 본질이 아니라 반복 가능한 실천이며, 그 반복을 다르게 수행함으로써 새로운 정체성과 관계 양식을 창출할 수 있다(Olesen, 2005). 예컨대 규범적 젠더 수행에서 벗어난 대안적 실천은, 기존 사회질서에 저항하고 지배담론이 구성한 정체성의 경계를 흔드는 효과를 낳는다.

이러한 수행의 가능성은 젠더에만 국한되지 않는다. '여성의 본질', '교사의 본질', '한국인의 본질'과 같이 정체성이 본질화되어 있다고 하더라도, 우리는 매 순간 다른 방식으로 말하고 행동함으로써 자신을 새롭게 구성할 수 있다. 인간은 고정된 본질에 따라 존재하는 것이 아니라, 자유로운 선택과 자발적인 실천을 통해 자신을 형성해 가는 존재이며, 그 결과에 대해 스스로 책임을 져야 한다. 이러한 자유와 선택, 그리고 책임의 주체를 실존이라 부른다(박정자, 1991).

'실존이 본질에 선행한다'라는 말은, 인간이 미리 주어진 보편적 속성에 따라 결정되는 존재가 아니라, 실천을 통해 스스로를 끊임없이 구성해 나가는 존재임을 의미한다. 실존적 자아는 정해진 정체성에 고착된 존재가 아니라, 자기의식을 바탕으로 무한한 가능성을 향해 열려 있는 존재다. 우리는 수행을 통해 자신을 새롭게 정립할 수 있으며, 반복을 통해 형성된 기존의 규범과 정체성마저도 다시 수행적으로 변형할 수 있다. 그런 점에서 인간존재는 '무(無)'–아직 규정되지 않은 열림으로서의 가능성–으로 이해될 수 있다.

한편, 이러한 실존은 축복이 아니라 저주일 수도 있다. 그래서 사르트르는 "우리는 자유롭도록 처단되어 있다."라고 표현한 건지도 모른다(강신주, 2006). 자유롭게 선택할 수 있다는 것은 동시에, 그 선택에 대한 전적인 책임을 지도록 운명지어진 존재라는 뜻이기도 하다. 하지만 이러한 실존적 조건은 인간이 자유로운 선택을 통해 끊임없이 현재의 자신을 초월할 수 있는 능력과도 연결된다. 요컨대 수행성은 자기 자신으로부터의 탈존과, 지배담론을 넘어서려는 초월의 전략으로 작동할 수 있다.

4-2. 비트겐슈타인의 화용론

비트겐슈타인(L. Wittgenstein)은 언어와 삶은 분리될 수 없다고 보았다. 인간 주체는 언어와의 연루 속에서 형성되며, 우리는 자신을 언어를 통해 인식할 수밖에 없다(김성우, 2011). 비트겐슈타인은 초기에 언어란 세계를 정확히 반영하는 '그림'으로 보았지만, 후기로 갈수록 언어는 그 자체로 하나의 실천이며, 사용 속에서 의미를 획득한다고 주장하였다. 즉, 언어는 더 이상 고정된 의미를 담는 투명한 그릇이 아니라, 삶 속에서 실천되는 행위이며, 의미는 그 쓰임과 맥락 속에서 결정된다는 것이다. 이러한 관점은 현대 언어철학의 핵심인 화용론(pragmatics)의 기반을 이룬다. 구체적으로 살펴보면 다음과 같다.

〈그림이론에서 언어게임 이론으로〉

비트겐슈타인의 초기 철학은 '그림 이론'으로, 언어가 세계를 일대일로 대응하는 모사 체계로 기능한다고 보았다. 비트겐슈타인은 언어의 구조와 실재의 구조가 유사하다는 것에 기반을 두고 언어가 세계를 표상한다고 보았다. 즉 언어의 대상은 외부에 실재하며, 낱말의 의미는 그 낱말이 '지시하는 대상'이라고 보았다(전경갑, 1998). 따라서 그림 이론에 따르면, 언어의 의미는 언어와 그 언어로 표현된 사실이 유사한지 아닌지에 따라 결정된다. 요컨대 인식과 실재, 언어와 사실 사이의 구조적 대응을 전제하고 언어를 실재의 모사로 파악하였다.

그러나 비트겐슈타인은 이러한 모사적 사고가 현실의 언어사용을 충분히 설명하지 못한다고 판단하고, 후기 철학에서는 '언어의 의미는 그것의 사용에 있다'라는 주장으로 전환한다(전경갑, 1998). 이른바 '언어게임' 이론으로, 언어를 특정한 규칙이 존재하는 실천적 활동으로 간주하며, 언어의 의미는 그것이 사용되는 생활양식(life form) 속에서 결정된다는 것이다. 즉, 언어의 의미는 고정된 것이 아니라, 그것이 사용되는 실제상황과 관계 속에서 의미를 얻는다는 뜻이다. 따라서 같은 언어를 사용한다는 것은 삶의 형식(life form)을 공유하는 것이라고 보았다. 이는 언어를 끊임없이 변화하는 맥락과 상호작용 속에서 실현되는 화용적(pragmatic) 실천으로 보는 관점이다.

〈가족유사성과 열린 개념〉

비트겐슈타인은 언어에 단 하나의 고정된 본질이 존재하지 않으며, 언어의 의미는 그것이 사용되는 맥락 속에서 드러나는 다양한 유사성을 통해 구성된다고 보았다. 그는 이를 '가족유사성(family resemblances)'이라 명명하며, 언어는 공통된 본질적 속성보다는 서로 겹치고 교차하는 특징들의 그물망으로 연결되어 있다고 설명한다(전경갑, 1998). 이 개념은 가족 구성원들 간의 닮은 점이 일정하지 않음에도 서로 가족으로 분류되는 방식에서 유래한다. 예를 들어, 줄넘기, 술래잡기, 가위바위보와 같은 '놀이'들은 모두 '놀이'라 불리지만, 그들 사이에 모든 예에 공통된 단일한 속성은 존재하지 않는다. 그 대신 일정한 특징들이 부분적으로 겹치며 느슨하게 연결된 유사성만이 존재할 뿐이다(신상규, 2004).

비트겐슈타인은 언어의 의미가 고정된 본질에 의해 결정되지 않으며, 개념은 상호 겹치고 교차하는 유사성들의 그물망 속에서 구성된다고 주장한다. 그는 이를 '가족유사성(family resemblances)'이라 명명하였다. 예컨대, 우리가 '게임'이라고 부르는 것들—체스, 카드놀이, 축구, 올림픽 등—은 모두 하나의 개념으로 묶이지만, 이들 사이에는 모든 사례에 공통되는 단일한 속성이 존재하지 않는다. 대신 어떤 항목은 규칙을, 다른 것은 경쟁을, 또 다른 것은 신체 활동을 강조하는 식으로, 서로 겹치고 교차하는 속성들을 갖는다(신상규, 2004).

비트겐슈타인은 이 구조를 가족 구성원들의 특징에 비유한다. 아버지는 A, B, C의 속성을, 어머니는 B, C, D를, 자녀들은 각기 C, D, E 또는 A, B, E를 공유하는 식이다. 이처럼 모든 구성원이 공통으로 가진 본질은 없지만, 특정 속성들이 여러 방식으로 중첩되며 하나의 가족 범주를 형성한다. 개념도 마찬가지로 공통 본질 없이 유사한 속성들의 중첩에 의해 구성되며, 새로운 사례나 특성이 더해질수록 그 개념의 외연과 의미도 함께 확장되고 유동적으로 변화한다.

이러한 구조는 교육에서 사용하는 개념들—예컨대 '교사', '과학', '학력'—을 설명하는 데 매우 유용하다. 이들은 모두 하나의 고정된 본질로 규정될 수 없는 '열린 개념(open concept)'이며, 시대와 문화, 사회적 요구에 따라 새로운 속성과 역할이 지속적으로 추가된다. 기존 '교사' 개념과 유사한 일부 특성을 지닌 새로운 실천 양식도, 충분한 유사성이 확보된다면 그 개념의 새로운 구성원으로 포섭될 수 있다. 따라서 가족유사성은 개념이 정적인 정의가 아니라, 동적인 실천과 맥락 속에서 구성되는 의미 네트워크임을 시사한다.

비트겐슈타인은 이러한 언어의 유사성이 공동체의 관심사와 삶의 방식(life form)에 따라 형성된다고 본다. 언어는 특정한 규칙과 관습에 의해 운영되는 하나의 언어게임(language game)이며, 그 의미는 사용자의 문화적 맥락과 사회적 실천에 따라 달라진다. 즉, 언어의 의미는 고정된 실체가 아니라, 언어가 실제로 사용되는 공동체 내의 규범, 관습, 상황 속에서 유동적으로 구성되는 것이다(전경갑, 1998).

결국, 비트겐슈타인의 '가족유사성' 개념은 언어가 고정된 본질을 지시하는 도구가 아니라, 사회적 맥락 속에서 의미가 형성되고 변화하는 열린 체계임을 보여준다. 언어는 다양한 사용 맥락 속에서 서로 겹치고 교차하는 유사성들에 의해 구성되며, 개념의 의미는 그 사용 방식에 따라 달라진다. 이는 개념의 본질을 추적하기보다는, 그것이 어떻게 쓰이고 이해되는지에 주목하는 화용론적(pragmatic) 접근의 철학적 기반이 된다.

비트겐슈타인에게 언어는 단지 개별적 표현이 아니라, 공동체 안에서 실천되고 공유되는 규칙 체계이다. 언어는 특정한 문맥, 문화적 규범, 상황에 따라 의미를 갖게 되며, 이는 그 공동체의 삶의 형식(life form)과 긴밀히 연결된다(김성우, 2011). 따라서 언어의 의미는 보편적 본질에 의해 결정되는 것이 아니라, 상호주관성과 실천을 통해 사회적으로 협상되고 구성되는 것이다. 언어는 곧 '삶의 드러남'이며, 언어게임은 의미가 생성되고 변화하는 실천의 장이 된다.

나아가, 비트겐슈타인은 철학이란 "언어라는 마법에서 우리를 해방하는 전투"라고 말한다(Wittgenstein, 2009). 그는 언어에 갇히는 것이 아니라, 언어를 통해 삶의 진리를 조명해야 한다고 주장한다. 이는 곧 앎이란 고정된 명제를 받아들이는 것이 아니라, 세계를 바꾸기 위한 실천적 행위라는 입장과 통한다. 이러한 관점은 미국 실용주의 철학, 특히 퍼스와 듀이, 프레이리 등의 실천 기반 교육 철학과도 맞닿아 있다. 비트겐슈타인의 후기 철학은 언어를 단순한 전달 도구가 아닌, 세계 변화를 위한 실천의 장으로 바라보게 한다. 이는 오늘날 교육에서 강조하는 프락시스(praxis), 개념기반 학습, 행동으로 이어지는 이해 등과 밀접하게 연결된다.

〈언어는 존재의 집: 하이데거의 존재론적 해석학〉

- 하이데거는 언어를 단순히 인간이 사용하는 음성적 도구로 보지 않는다. 그는 "우리가 언어를 말하는 것이 아니라, 언어가 우리를 말한다"라고 역설하며, 언어란 고요한 울림 속에서 존재를 드러내는 힘이라고 보았다(Heidegger, 1959/2001). 이때 언어는 발화나 소리 이전의 어떤 존재론적 차원에서, 존재 진리를 밝히는 매개로 작용한다.
- 그는 "언어는 존재의 집"이라 표현하며, 인간은 언어를 통해서만 자신의 존재 근거를 형성하고, 그 안에서 삶을 영위할 수 있는 존재임을 강조한다. 인간은 단순히 세계를 해석하는 존재가 아니라, 자신의 관점에서 세계를 언어로 투영하며 존재하려는 존재이다. 언어는 단지 소통의 수단이 아니라, 인간이 존재의 진리를 증언하며 사는 삶의 방식이다.
- 하이데거는 "인간은 시적인 방식으로 이 땅 위에 거주한다"라고 말한다. 여기서 '시적 거주'란, 언어를 통해 삼라만상의 본래적 모습을 직관하고, 그 고유한 진리를 증언하고 간직하는 사명을 뜻한다. 언어는 단지 대상을 지시하는 것이 아니라, 존재가 자신을 드러내도록 여는 시작(poiesis)의 통로이며, 이는 곧 시적 사유로 연결된다.
- 그에 따르면 인간은 언어를 통해 존재의 진정성에 다가갈 수 있는 존재이지만, 동시에 언어와 사유는 역사적 운명성에 결속된 실존의 장에 놓여 있다. 언어는 특정 시대와 문화의 문맥 속에서 존재를 언명하고, 그 맥락 안에서 숨겨진 진리를 밝히는 역할을 수행한다. 다시 말해, 언어는 존재의 운명을 말하며, 인간은 그 운명을 시적 사유와 언어를 통해 증언하는 존재다.
- 하이데거에 따르면, 존재는 실천적 관계 속에서 드러난다. 즉, 존재의 임(being)은 되기(doing)에의 참여 결과로 나타나는 기투된 양상(being in the world)이다.

출처: 이도흠(2007b) 발췌, 재구성

4-3. 퍼스의 기호작용, 화행론, 귀추법: 탐구와 습관 형성

퍼스(C. S. Peirce)의 기호작용(semiosis)은 사고와 인식을, 기호를 통해 매개하는 과정을 설명한다. 퍼스는 기호를 대상(Object), 표상체(Representamen), 해석체(Interpretant)의 삼원구조로 보며, 이 세 요소 간의 상호작용을 통해 의미가 생성된다고 주장한다(전경갑 & 오창호, 2003).

기호는 단일 구조가 아닌 해석의 연쇄 속에 존재한다. 어떤 표상체가 해석체를 일으키고, 그 해석체는 또 다른 표상체로 전환되어 다음 해석을 낳는 무한한 구조로 기능한다. 퍼스는 이를 무한기호작용(endless semiosis)이라 불렀다(이병주, 2003). 의미는 단일한 기의가 아니라 끝없는 재해석 과정 안에 놓인다.

퍼스의 기호학은 소쉬르의 구조주의 언어학과 대조된다. 소쉬르는 기표(signifier)와 기의(signified)라는 이원론적 구조를 제시하며 기호를 자의적 약속으로 보았다. 의미는 기표 간의 차이에서 생성되며, 외부 현실과의 직접적 연결은 고려되지 않는다(이정우, 2003). 반면에, 퍼스는 기호가 반드시 현실의 대상과 연결되어야 한다고 주장하였다. 표상체는 대상을 지시하며, 해석체는 공동체적 코드에 따라 의미를 구성한다. 즉, 해석체란 존재나 주체(subject)에 해당하는 것으로, 해석체는 기호와 대상과의 관계와 의미를 인지할 뿐만 아니라 행위까지 수행한다(백선기, 2007). 요컨대 특정 사회나 공동체의 코드(=해석체)를 통해 대상체는 표상체(=기표)와 연결된다.

〈기호학: 소쉬르 vs. 퍼스〉

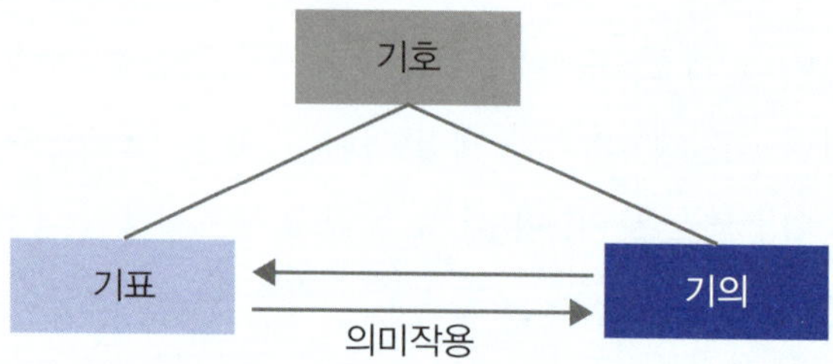

- 소쉬르(F. de Saussure)의 기호학은 기표와 기의의 이원체계를 기반으로 한다.
- 기호는 현실의 대상을 직접 지시하지 않으며, 기표와 기의 사이의 의미작용(signification)을 통해 성립된다.
- 기표와 기의의 결합은 자의적(arbitrary)이며, 말과 사물 간에는 필연적 관계가 존재하지 않는다. 이 자의성은 언어의 의미가 사회적 합의에 의해 결정된다는 점을 시사한다.
- 의미는 기호 자체에 고정된 것이 아니라, 기호들 간의 차이에 의해 생성된다.
- 결국 의미는 기표들 사이의 변별적 관계, 즉 '차이의 놀이' 속에서 구성된다(이정우, 2003).

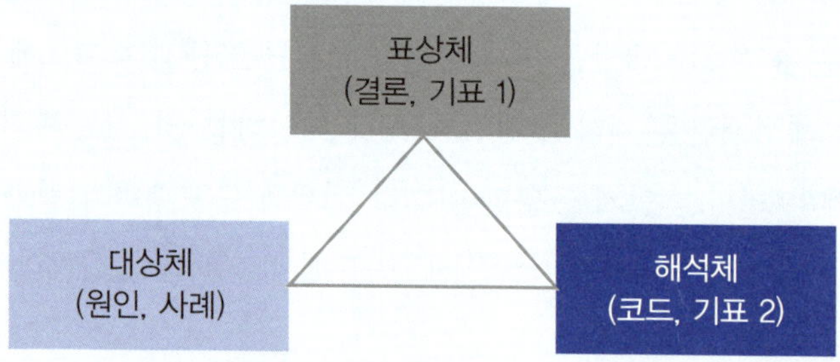

- 퍼스의 기호작용(semiosis)은 이 세 요소 간의 상호작용을 통해 의미를 생성하는 과정으로 정의된다.
- 해석체란 단순한 반응이 아닌, 느낌, 사고, 행위 등으로 구성된 의미의 지각과 반응이며, 특정 사회나 공동체의 문화적 코드에 따라 작동한다.
- 해석체는 대상과 표상체를 연결하는 매개자로서 기능하며, 단지 결과물이 아닌, 새로운 기호의 출발점이 된다. 즉, 해석체는 그 자체로 또 다른 기호가 되어 새로운 해석을 유발하며, 이에 따라 기호작용은 무한히 연속된다(endless semiosis).
- 퍼스에 따르면 기호는 결코 대상을 완전하게 재현할 수 없으며, 항상 또 다른 기호로 미끄러지는 지연된 재현의 연쇄만을 형성한다(이병주, 2003).

퍼스는 이 세 구성요소 사이의 관계를 분석함으로써, 의미가 고정된 실체가 아니라 끝없는 해석과 재구성을 통해 형성되는 과정임을 강조하였다. 그는 기호의 유형을 도상(icon), 지표(index), 상징(symbol)으로 구분한다. 도상은 대상과의 유사성에 기반하며(예: 지도, 도표), 지표는 물리적 인접성이나 인과적 관계에 따라 의미를 발생시키고(예: 연기와 불), 상징은 공동체적 합의에 기반한 자의적 기호(예: 언어)이다(강미정, 2009).

기호는 해석의 고리를 통해 대상의 진리를 점진적으로 탐구하는 수단으로 기능한다. 해석체는 새로운 기호를 낳고, 그 기호는 다시 해석체를 낳는 식의 순환은 무한기호작용(endless semiosis)이라 불린다(이병주, 2003). 이는 곧 사고의 과정이 기호의 자기 증식과 같으며, 해석체 자체도 또 다른 기호가 되어 해석의 흐름을 유도하게 된다.

퍼스에게 있어 해석체의 역할은 인식론적으로 중요하다. 해석체는 단지 사유의 결과물이 아닌, 또 다른 사유의 촉매로 기능하며, 이에 따라 사유와 언어, 기호의 관계는 비선형적이고 역동적인 체계로 파악된다. 이 과정에서 대상에 대한 인식은 결코 완전한 재현이 아니라, 보다 참된 인식을 향해 점진적으로 다가가는 과정으로 이해된다(전경갑 & 오창호, 2003).

결국 퍼스의 기호작용은 사고의 흐름, 의미의 생성, 인식의 진화가 하나의 체계 안에서 통합적으로 작동함을 보여주는 이론이다. 해석체는 단순히 결과가 아니라, 다음 해석의 출발점이 되며, 이는 귀추법(abduction)의 논리와도 긴밀히 연결된다. 즉, 하나의 해석은 또 다른 추론의 출발점이 되며, 이로부터 새로운 가설과 습관이 형성된다.

기호는 대상을 완전히 재현하지 못하며, 모든 해석은 다른 기호로의 전이로 이어질 수밖에 없다. 퍼스는 이처럼 의미의 확정 가능성을 부정하면서도, 무한한 해석의 과정이 실재에 다가가는 점진적 진보가 될 수 있다는 실용주의적 낙관론을 유지하였다(이병주, 2003; 김혜숙, 2006).

〈퍼스의 기호작용과 은유〉

- 퍼스의 기호작용 이론은 메시지 전달의 세 구성요소, 즉 대상체(1차적 주제), 이를 나타내는 표상체(2차적 주제), 그리고 해석자가 이해하는 메시지인 해석체로 구성된다. 이 세 항은 각각 사물, 그것의 표현, 그리고 표현을 통해 형성된 인식을 나타낸다.

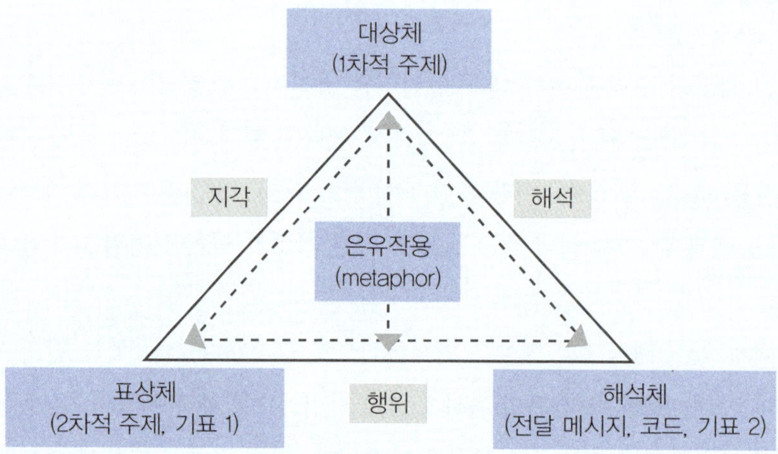

- 표상체와 대상체 사이에는 '지각'의 과정이 개입되는데, 이는 인간의 주관적 해석 이전에 일어나는 자극-반응 관계를 의미한다. 퍼스는 이 과정에서 인간보다 사물이 인간에게 미치는 효과가 더 크다고 보았다. 반면, 대상체와 해석체 사이의 '행위' 과정에서는 해석자가 정보를 더하거나 빼거나 무시함으로써 의미를 구성하며, 이러한 변형 작용은 습관으로 축적된다.
- 퍼스에 따르면, 사고의 본질은 은유적이다. 즉, 사물이나 사건을 이해하는 방식은 다른 사물이나 사건과의 유사성을 통해 가능하다. 표현체(기표)는 대상을 지시하고, 해석체는 그 기표를 통해 형성된 관념이나 개념이다. 이때 해석은 단순한 전달이 아니라 문화적 맥락 속에서 공유된 규칙에 따라 구조화된다(박정순, 1997: 215).
- 은유는 서로 다른 범주 간의 닮음을 기반으로 작동하며, 하나의 은유는 또 다른 은유를 낳는다. 이러한 은유의 연쇄는 의미 생성의 끝없는 사슬을 형성하고, 그 사이에는 근접성을 바탕으로 한 환유의 고리가 작동한다. 예를 들어, 도상은 대상과의 유사성에 기반한 기호이며, 지표는 물리적 인접성이나 인과적 관계에 의한 기호이다. 도상이 지표를 매개로 상징으로 이행되듯, 의미는 유사성과 근접성의 반복 속에서 점진적으로 구성된다.

출처: 이선경, 박미연(2005), 남정현(2014) 발췌 재구성

〈실용주의적 전환: 퍼스의 화행론〉

퍼스는 언어를 실천적 행위로 보았고, 이러한 입장은 실용주의 인식론과 연결된다. 퍼스는 언어를 실천적 행위로 보았고, 이러한 입장은 실용주의 인식론과 연결된다. 실용주의는 이론적 사유보다 실천적 행위를 우선시하며, 개별 학문의 탐구 방법을 신체적 행위와 경험 속에서 정립한다(하피터, 2021). 전통 철학이 주어진 이성을 전제로 삼고 사물 인식을 분석해 왔다면, 실용주의는 사고 능력의 기원과 그 형성 조건에 주목한다. 듀이는 인간이 본능을 넘어선 지식을 획득할 수 있는 이유로 미래를 향한 기획 능력, 곧 이성적 사고를 들며, 이성은 타고난 것이 아니라 경험 속에서 형성된다고 주장한다(하피터, 2021). 듀이와 마찬가지로 퍼스는 언어의 본질이 지식의 전달에 있는 것이 아니라, 행위를 유발하고 현실에 개입하는 데 있다고 본다(하피터, 2021).

실용주의는 언어 또한 이론적 도구가 아닌 실천적 행위로 간주한다. 퍼스는 언어의 본질을 의미 형성이라는 해석적 행위에서 찾는다. 이때 언어의 목적은 현실을 이해하는 것이며, 의미는 진리의 재현이 아니라 인간 생활에 유의미한 효과를 지니는 실천적 요소로 이해된다(최문수, 2009). 퍼스는 언어를 특정 목적을 수행하기 위한 행위로 보며, 실용주의를 일종의 화행론으로 재구성한다. 의미는 감정과 욕망의 표현을 통해 사회적 관계를 형성하거나 타인의 행위를 유도하는 데 있다(하피터, 2021).

퍼스의 화행론은 오스틴이나 서얼의 발화행위이론과 같이 언어를 특정 정황에서의 행위로 파악하며, 이는 언어의 실제적 효과를 중시하는 접근이다. 퍼스의 기호학은 화행론과 결합하여 해석자의 인식과 반응을 중심으로 기호의 의미를 설명한다. 기호는 해석자의 정신 속에 새로운 기호를 생성하는데, 이를 해석체라고 부른다. 퍼스의 화행론은 특히 해석자의 관점에서 의미의 효과를 강조하며, 해석체는 또 다른 기호가 되어 새로운 해석을 유도한다. 이와 같은 기호작용의 반복은 결국 특정한 사회적 규범, 즉 습관(habit)으로 귀결된다(최문수, 2009). 즉, 퍼스는 해석체를 단일한 기의로 보지 않고, 계속해서 새로운 해석을 낳는 기호로 보았다. 해석체는 감정적(emotional), 활동적(energetic), 논리적(logical)이라는 세 가지 양태로 분류

된다. 이 중 논리적 해석체는 새로운 기호를 산출하여 사고의 흐름을 무한히 연장한다(최문수, 2009).

해석체는 단순한 이해를 넘어, 또 다른 기호를 유발하는 작용을 하며, 이 과정이 반복되면서 무한한 기호작용이 이루어진다(강미정, 2014; 최문수, 2009). 그러나 이 흐름은 완전히 무한한 것이 아니다. 퍼스에 따르면, 기호작용은 무한히 계속되지만, 일정한 지점에서 종결될 수 있으며, 이는 바로 '최종적 논리적 해석체', 즉 '습관'이다. 습관은 일정한 정황에서 반복적으로 나타나는 행위 경향이며, 의미가 현실에 실질적으로 작용하는 결과이다. 퍼스는 이러한 습관을 통해 개념의 진정한 정의가 형성된다고 본다(최문수, 2009).

퍼스의 무한기호작용은 데리다의 '차연(différance)' 개념과 비교되지만, 퍼스는 무한회귀가 아닌 자기 교정적 진전의 방향성을 강조한다(최문수, 2009). 퍼스에게 의미는 수정 가능하고 잠정적인 진리를 향해 나아가며, 사회적 습관으로 정착된다. 이로써 퍼스는 언어의 추상성을 현실과의 접촉을 통해 규정짓는다.

퍼스의 실용주의는 언어를 지식 전달 수단이기보다 행위의 한 양상으로 본다. 오스틴이나 서얼의 화행론처럼, 퍼스 또한 언어를 "현실을 변화시키는 기호 행위"로 파악하였다(최문수, 2009). 퍼스에게 언어는 감정이나 욕망, 의도 등의 표현을 통해 해석자에게 영향을 미치고 행동을 유발하는 수단이다.

퍼스의 화행론은 특히 해석자 중심의 효과를 강조한다. 해석체는 단순한 이해가 아니라, 실제적 결과를 유도하는 의미이며, 궁극적으로 사회적 습관으로 정착된다. 언어는 현실과의 접촉에서 의미를 형성하고, 그 결과는 해석체를 통한 반복과 축적의 과정으로 사회화된다. 퍼스의 궁극적 해석체는 바로 '습관'이다. 습관이란 일정한 조건하에서 특정한 방식의 행위를 반복적으로 유도하는 경향성으로, 의미의 실천적 정착을 상징한다. 퍼스는 진정한 의미란 이러한 습관의 형태로 실현될 수 있다고 보았다(최문수, 2009). 이러한 습관은 단지 개인의 행동 패턴이 아니라, 특정 공동체가 공유하는 가치, 규범, 사고방식의 표현이기도 하다. 의미가 습관으로 정착된다는 것은, 기호 작용이 결국 문화적 패턴과 연결된다는 점을 시사한다.

〈귀추적 추론과 의미 형성: 실용주의의 탐구 방식〉

퍼스는 탐구의 핵심 방법으로 귀추(abduction)를 제안하였다. 귀추는 어떤 현상을 설명하기 위한 개연적인 가설을 세우는 방식으로, 탐구의 출발점이며 새로운 아이디어의 발생 원천이다(최문수, 2009). 귀추적 사고는 지각과 판단, 해석을 반복하는 과정으로 구성되며, 이 과정을 통해 인간은 현실에 대한 더 나은 이해와 적응 전략을 형성한다. 귀추법은 진리를 단일한 결론으로 도달하는 것이 아니라, 공동체적 합의를 통해 다가가는 것으로 본다. 퍼스는 탐구자 공동체가 무한히 진행되는 탐구 과정을 통해 실재에 수렴한다고 보았으며, 이러한 진리는 정지된 것이 아니라 잠정적인 것이다(김혜숙, 2006).

퍼스의 진리론은 실재와 인식의 일치를 탐구하는 과정으로, 사유의 방법이 바로 진리에 도달하는 경로가 된다고 보았다. 여기서 모든 지식은 오류 가능성을 지니며, 반복과 실험, 공동체적 합의를 통해 의미가 진화한다. 습관은 이러한 진화된 의미의 응축된 형태이며, 실천 속에서 검증된 규칙이다(전경갑 & 오창호, 2003). 퍼스의 기호학은 단순한 기호 놀이가 아니라, 실제 행위로 이어지는 의미의 형성 과정을 탐구한다. 이는 기호와 의미가 현실과 연결된다는 실용주의 철학의 핵심과도 부합한다.

퍼스의 기호작용, 화행론, 귀추법은 모두 탐구기반 학습과 비판적 사고의 철학적 기반을 제공한다. 해석체를 중심으로 한 의미 생성 과정은 학생이 세계와 어떻게 상호작용하며 이해하는지를 설명할 수 있는 틀이 된다. 특히 습관의 형성은 지식이 실천으로 전환되는 교육의 궁극적 목표와도 연결된다.

〈퍼스의 습관으로서의 의미〉

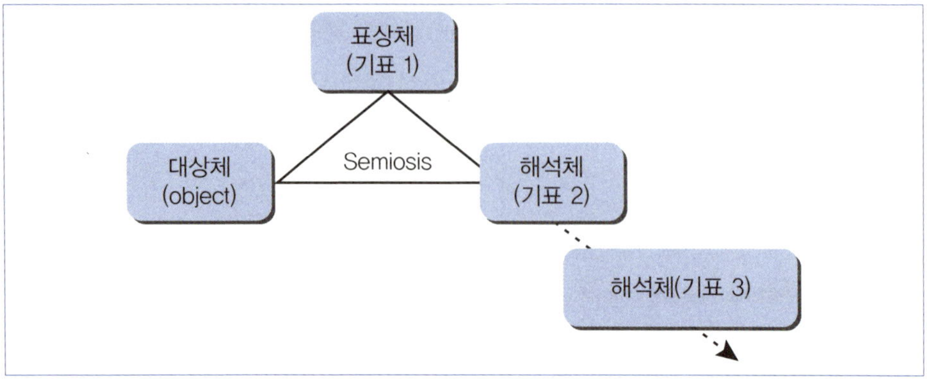

해석체의 3가지 존재 양태	지적 개념 (=불완전한 논리적 해석체)	의미(개념의 진정한 정의): 완전하고 최종적인 논리적 해석체(=습관)
• 감정적(emotional) 해석체 • 활동적(energetic) 해석체 • 논리적(logical) 해석체	• 개념은 형식적인, 지적인 차원에 머물러 있다. • 개념의 차원에 머물러 있는 논리적 해석체는 '의미의 불완전한 추상'일 뿐이며, '의미'의 탐구를 돕는 보조적 기능을 한다. • 개념은 습관에 비해 열등하다.	• 의미는 형식이 아니라, 현실과의 접촉 속에서 발생하는 실제적인 효과이다. • 의미는 특정한 동기와 조건에 따라 행위를 유도하는 잠재적 경향이자 법칙이다. • 지적 개념의 의미는 그것이 낳는 실제적 결과들의 총합으로 구성된다. • 기호의 정당한 의미는 습관으로서의 해석체에 의해 완성된다. • 습관은 진정한 의미이자, 행위를 이끄는 규칙이다. • 의미는 삶의 운영에 영향을 미치며, 의미의 변화는 곧 습관의 전환(habit change)을 뜻한다.

출처: 최문수(2009) 발췌, 재구성

퍼스(C. S. Peirce)의 실용주의에서 습관(habit)은 개연적 추론(abduction, 귀추)을 통해 형성된다. 귀추란 관찰된 현상에 대해 가장 그럴듯한 가설을 도출하고, 그것의 예측력을 경험적으로 검증하는 과정이다(최문수, 2009). 즉, 귀추는 새로운 아이디어를 만들어내는 유일한 논리이자, 탐구의 출발점이다. 특정 개념의 의미를 이해하려면 그 개념이 낳는 실제적 효과를 '습관'이라는 형태로 가정해야 하며, 이 습관이 유도할 행동을 예측하고, 이를 검증함으로써 의미의 진위를 판별한다(최문수, 2009).

퍼스는 지각(perception)과 추론(reasoning)의 범위 내에서 현실에 접근할 수 있다고 보며, 귀추는 현실 정황을 통해 가설을 생성하고 검증하는 과정으로 이해된다. 이는 단정적 진리보다는 개연성과 잠정성을 전제하는 사고의 형식이다(최문수, 2009). 귀추를 통해 확인된 의미는 궁극적 진실이라기보다는, 반복 가능한 상호주관적 결과다. 즉, 진리란 절대적 개념이 아니라, 실험과 경험을 거친 사회적 합의의 결과일 뿐이다(최문수, 2009). 따라서 진실 역시 습관처럼 수정될 수 있으며, 의미란 언제나 현실의 정황과의 접촉 속에서 재구성된다. 퍼스에 따르면 의미란 단지 개념적 형식이 아닌, 특정한 방식의 행위 가능성을 내포하며 현실에 영향을 미치는 실제적 효과다. 의미는 행위를 유도하는 잠재적 경향성이자, 실용적 조건에 반응하는 법칙이다. 퍼스의 화행론에 따르면 이러한 의미는 '습관'이라는 형태로 정착되며, 이는 해석의 최종 결과이자 실천의 규범이 된다(최문수, 2009).

실용주의는 언어의 기원을 추상적 이성보다는 실천적 행위에 둔다. 인간은 신체적 활동을 통해 감각을 구성하고, 감각의 결과로 사고를 수행한다. 즉, "실질적 효용성이 감각의 인식 여부를 결정한다"라는 실용주의의 입장은 인식의 선행 조건으로서 '행위'를 제시한다(하피터, 2021). 이러한 관점은 인식과 개념 형성이 행동의 맥락에 의존한다는 점에서, 언어 역시 행동 유발적 기호로 간주하게 만든다. 이러한 이유로 퍼스에게 언어는 해석적 행위이며, 궁극적으로는 의미의 규범으로 기능하는 습관으로 수렴된다. 이는 단순한 표현이 아닌, 사회적으로 공유되는 의미와 행위의 접점이다.

퍼스는 추상적 의미를 부정하지는 않지만, 그것만으로는 충분하지 않다고 본다. 우리가 일반적으로 '의미'라고 부르는 것은 흔히 추상적인 것이다. 그러나 퍼스에게 진정한 의미는 단지 추상에 머무르지 않고, 현실의 정황에 반응하며 형성 · 수정되는 행위 규칙이다(최문수, 2009). 논리적으로 추상은 필요하지만, 기능적으로는 현실적 효과가 전제되지 않으면 의미로 완성되지 않는다.

이 점에서 퍼스는 데리다의 해체론이나 들뢰즈의 의미론과 차이를 보인다. 들뢰즈는 기표 간의 차이를 강조하는 소쉬르적 기호론보다는 퍼스의 삼원 기호학에 주목했으며, 이는 사물의 관계적 속성에서 의미를 도출하려는 퍼스의 태도와 일맥상통한다(이정우, 2012). 퍼스는 기호를 통한 재현이 무한한 해석을 유도한다고 보았으나, 그 궁극의 종착점은 실재에의 점진적 접근이며, 이를 가능케 하는 것이 바로 해석체의 작용이다(이동성, 2009).

퍼스는 자연과학의 정당화 방법으로 귀추법을 제안하였고, 이 귀추는 기호작용 모델과 함께 탐구의 핵심 논리로 기능한다. 기호학에 대한 퍼스의 관심은 인간과 사회, 자연 전반에 대한 탐구를 위한 철학적 기반을 제공하기 위함이었다(전경갑 & 오창호, 2003). 퍼스에 따르면 탐구는 언제나 언어적, 즉 기호적 중재를 통해 이루어진다. 따라서 사고의 논리는 곧 기호작용의 논리이며, 이는 의미와 행위, 해석의 연쇄적 과정이다. 퍼스는 이러한 과정이 끊임없는 해석을 통해 세계의 실재에 접근할 수 있다고 보았다. 이때 실재란 탐구자 공동체가 무한히 추론과 검증을 반복한 끝에 도달하는 하나의 규제적 이상이다(김혜숙, 2006).

퍼스의 기호학과 귀추법은 단지 철학적 이론이 아니라, 탐구기반 교육에서 핵심적 역할을 수행할 수 있다. 의미는 기호를 통해 점진적으로 형성되며, 이는 교실에서 질문하고, 가설을 세우며, 탐구하는 과정을 설명하는 데 유용하다. 특히 '습관'이라는 개념은 지식이 반복적 실천을 통해 내면화되고 행동화되는 교육의 궁극적 목적과도 맞닿아 있다.

〈퍼스의 진리론과 실용주의적 탐구 방법〉

- 퍼스는 칸트와 유사하게 진리를 "인식과 대상 사이의 일치"로 보았지만, 이 일치를 어떻게 확인할 수 있는지를 설명하기 위해 '사유의 방법'에 집중했다. 칸트가 인식 형식에 관심을 두었다면, 퍼스는 사유 과정을 기호의 변형으로 간주했으며, 이는 모든 인식 행위는 '기호(sign)'로 나타나는 해석적 구조를 통해 이루어진다는 그의 관점에 근거한다.
- 퍼스는 지각 판단이 실재의 요소와 사유의 요소가 혼합된 복합적 활동이라 보았다. 진리가 사유의 방법을 따르는 탐구의 마지막 결과라면, 그 방법은 실재에 대한 접촉을 전제로 해야 하며, 따라서 지각에 기반한 검증주의적 접근이 요구된다. 여기에서 출발해 퍼스는 모든 개념의 명료성을 검증 가능한 경험을 통해 확보하고자 하며, 진리를 탐구 공동체 내에서 도달하는 최종 결과로 본다. 이는 실용주의 의미론과 진리론의 기초가 된다(Peirce, 1878/1992).
- 퍼스는 진리를 탐구자 공동체의 합의로 도출되는 결과이며, 그 대상이 실재라고 보았다. 이로써 그는 과학적 탐구에 대한 객관주의적 입장을 견지하며, 진리를 무한히 지속되는 탐구 과정 속에서 도달 가능한 최종 견해로 정의하였다(Peirce, 1878/1992).
- 지각은 단순한 감각의 수용이 아니라 일반성 포함을 전제로 한다. 예컨대 '붉은 사과'라는 지각은 '붉음'과 '사과'라는 보편 명제를 전제한다. 이러한 지각 판단은 비록 개별적일지라도 일반 명제를 함축하기 때문에, 퍼스는 이를 귀추법(abduction, 개연적 추론)의 한 예로 간주하였다. 귀추법은 개별적인 명제로부터 일반적인 설명을 추론하는 방식이며, 명확한 전제를 갖지 않는 점에서 연역이나 귀납과 구별된다.
- 퍼스에 따르면, 하나의 지각 판단은 그 자체로 진리를 확증할 수 없으며, 모든 인식은 원칙적으로 오류 가능성을 내포한다. 우리는 다만 장기적인 탐구 과정을 통해 진리에 도달하리라는 희망만을 가질 수 있을 뿐이다. 따라서 퍼스의 진리 개념은 확실성보다는 탐구의 지속성과 방향성에 의해 뒷받침된다.
- 퍼스의 실용주의는 귀추적 추론(abduction)을 중심으로 구성된다. 그는 탐구를 확고한 믿음의 상태에 도달하기 위한 과정으로 보았으며, 의심에서 시작되는 고통스러운 상태를 벗어나기 위한 수단으로 추론을 제시한다. 모든 지식과 행동은 경험으로부터 유래하며, 그 유래는 습관의 형성과 관련된다. 그는 "습관이란 추론을 이끄는 힘이며, 그 습관이 일반적으로 참인 결론을 생산할 수 있다면 타당하다."라고 하였다(Peirce, 1903/1998).
- 퍼스는 탐구를 움직이게 하는 규제적 이념(regulative ideal)으로서 '실재'를 설정하였다. 그는 진리가 탐구자 공동체의 무한한 탐구 과정 끝에서 도달할 수 있는 최종 견해이며, 실재는 그 진리에 의해 표상된다고 보았다. 이처럼 퍼스의 실재론은 그의 진리론이면서 동시에 진리에 도달하기 위한 탐구 이론이기도 하다.

출처: Peirce(1903/1998), 김혜숙(2006: 154-155) 발췌, 재구성

요컨대 언어는 단순한 의사소통의 도구를 넘어서 세계를 구성하는 근본적인 매개이다. 버틀러의 수행성 개념은 젠더 정체성이 언어적 실천을 통해 반복적으로 구성된다는 점을 보여주며, 언어가 곧 주체 형성의 핵심적 기제임을 드러낸다. 또한 비트겐슈타인의 후기 철학과 퍼스의 기호작용 이론은 언어가 맥락과 행위, 탐구의 틀 속에서 의미를 생산하고 사회적 규범을 정립하는 방식에 주목함으로써, 언어의 실천적 성격을 강조한다.

한편, 언어의 수행적 차원은 단순히 개인의 정체성을 구성하는 데 그치지 않고, 사회적 장 속에서 권력관계를 재생산하거나 해체하는 핵심적 실천으로 확장된다. 언어는 더 이상 중립적 표현이 아니라, 권력의 흐름과 결합된 실천이며, 통치성과 저항의 양면을 동시에 지닌다. 이러한 맥락에서 푸코의 담론이론을 중심으로, 언어가 어떻게 실천을 넘어 권력의 구조 속에 배치되는지를 살펴보고자 한다. 나아가 언어는 어떻게 '말함으로써' 세계를 조직하고 규율하며, 동시에 그 질서를 교란하고 전복하는 힘이 되는지를 탐색할 것이다.

5. 언어는 어떻게 권력이 되는가: 담론적 · 비담론적 실천의 장

현대철학에서 언어와 권력의 관계를 분석할 때 중심이 되는 개념 중 하나는 담론적 실천(discursive practice)과 비담론적 실천(non-discursive practice)의 구분이다. 이는 언어가 단순한 의미 전달의 기호체계를 넘어서, 물질적 현실에 개입하고, 제도 · 신체 · 공간과 얽혀 권력을 구성하는 방식에 대한 이론적 설명을 가능하게 한다. 다시 말해, 언어는 사회적 규범이나 지식의 구성에 그치지 않고, 제도적 현실의 작동 원리를 매개하며 실천적 효과를 낳는다는 것이다. 특히 푸코(M. Foucault), 들뢰즈(G. Deleuze) 등은 현실을 조직하는 실천 행위로 언어를 이론화하였다. 이들은 언어적 실천뿐 아니라 비언어적이면서도 물질적인 실천들—예를 들어 감옥, 병원, 군대, 교실, 시간표, 규율 기술, 신체 훈련 등—을 포괄적으로 고려하며, 담론이 어떻게 현실 속에서 '물질화'되고 '작동'하는가를 해명한다.

5-1. 푸코: 담론적 구성과 비담론적 기반

푸코(M. Foucault)는 언어가 단순한 의사소통의 도구가 아니라, 현실을 구성하는 실천이라는 점을 강조하면서, 담론(discourse)을 특정한 역사적 · 제도적 · 권력적 조건 속에서만 가능해지는 발화의 체계로 이해한다(Foucault, 1972). 즉, 말은 언제나 가능한 규칙 속에서만 등장할 수 있으며, 그것이 무엇을 말할 수 있는지, 누가 말할 수 있는지, 어떤 방식으로 지식이 구성되는지를 규정하는 담론적 실천(discursive practices)이 존재한다.

예컨대 정신의학 담론에서 '정신병자'라는 용어는 단지 언어적 표현이 아니라, 병리학적 분류 체계, 진단 기준, 치료법, 병원 제도 등과 긴밀히 결합한 담론적 구성물이다. 이때 담론은 특정 시대의 지식이 어떻게 제도화되며, 어떤 규범과 규칙에 따라 구성되는지를 결정짓는 권력-지식(power-knowledge)의 장이 된다(Foucault, 1977).

하지만 푸코는 담론을 언어적 차원에 국한하지 않는다. 그는 언어 외적이면서도 담론과 불가분하게 얽혀 있는 비담론적 실천(non-discursive practices)을 강조하며, 권력이 어떻게 물질적으로 작동하는지를 설명한다. 감옥, 병원, 학교, 군대, 감시 체계, 시간표, 시험제도, 행정 규칙과 같은 제도적 장치들은 단지 담론을 뒷받침하는 배경이 아니라, 담론과 상호작용하며 권력을 구성하는 물질적 기초를 형성한다(이정우, 2004).

푸코에게 담론적 실천과 비담론적 실천은 분리된 두 층위가 아니라, 상호 구성적 관계를 맺으며 하나의 복합적인 권력 장(場)을 형성한다. 담론은 제도 속에서 실현되고, 제도는 담론을 통해 정당화된다. 이처럼 언어는 단지 의미 전달의 매개가 아니라, 현실을 조직하고 규율하며, 권력을 작동시키는 실천으로 기능한다.

푸코의 이론은 우리가 언어를 통해 세계를 인식한다고 여길 때, 그 '인식' 자체가 이미 권력의 구조와 실천적 장치에 의해 구성된 것임을 드러낸다. 담론은 말해진 내용을 넘어서 무엇이 말해질 수 있는지를 규정하는 조건, 그리고 그 말이 어떻게 현실을 형성하는지를 드러내는 권력의 장치다.

〈들뢰즈: 언표적 실천과 기계적 배치〉

들뢰즈(G. Deleuze)는 미셸 푸코의 담론이론을 비판적으로 계승하면서, 권력의 형성과 현실의 구성을 설명하기 위해 배치(assemblage)라는 개념을 중심으로 새로운 분석 틀을 제시한다(Deleuze & Guattari, 1987). 그는 권력이 인간의 의지나 의미를 중심으로 구성되는 것이 아니라, 인간과 비인간, 기호와 물질, 말과 장치의 다차원적 접속 속에서 형성된다고 보며, 이를 두 가지 실천 축으로 나누어 설명한다.

들뢰즈는 이 두 실천 양상을 각각 언표적 실천과 기계적 실천이라 부른다. 언표적(enunciative) 실천은 기호, 명제, 담론 규범 등 기호화된 층위에 해당하며, 헌법, 교과서, 교육 지침, 종교 경전, 법률 문서 등 제도화된 언어체계와 규범이 이에 해당한다. 이는 사회 내에서 의미를 구성하고, 규율을 설정하는 담론적 언설의 장이다. 반면 기계적(machinic) 실천은 감옥, 병원, 군사 장비, 교육 시간표, 감시 장치, 신체 기술 등과 같은 물리적이고 비기호적인 층위를 의미한다. 이는 언표가 실현되고, 사회적 질서가 구체화되는 비담론적 장치의 작동을 가리킨다.

들뢰즈의 핵심 주장은 이 두 실천이 병렬적으로 작동한다는 점이다. 언표적 실천이 사회적 의미와 규범을 설정하는 동시에, 기계적 실천은 그것이 구체적인 물질적 질서로 현실화되는 방식을 제공한다. 예컨대, '학생'이라는 언표는 교과서나 법률을 통해 의미를 부여받지만, 실제로는 출석부, 교실 배치, 시간표, 복장 규정 등의 기계적 실천과 결합하여 하나의 권력 구조를 형성한다(이정우, 2009).

이는 권력이 단지 말과 개념을 통한 통제가 아니라, 기계적 배치와 물질적 장치들에 의해 물리적으로 작동한다는 점을 드러낸다. 말은 그 자체로 현실을 구성하지 않는다. 현실은 언제나 언어와 비언어, 기호와 기술, 사람과 사물 사이의 접속의 장(場) 속에서 구성된다.

따라서 들뢰즈의 배치 이론은 푸코의 담론적 권력 분석을 넘어, 비인간 요소를 포함하는 탈인간중심적 권력론으로 확장된다. 이는 개념과 규범만으로는 설명될 수 없는 현실의 물질적 작동 방식, 곧 권력의 기술적이고 감각적인 측면까지 분석할 수 있는 사유의 확장을 제공한다(이정우, 2008).

결론적으로, 푸코와 들뢰즈는 모두 언어를 단순한 의미 전달 수단이 아니라, 현실을 구성하고 권력을 작동시키는 실천의 장으로 본다. 푸코는 담론적 실천과 비담론적 실천의 구분을 통해, 권력이 어떻게 제도화된 규칙과 발화의 조건 속에서 구성되는지를 분석한다. 그의 관심은 규율과 제도, 지식의 체계화, 그리고 그것이 일상 속에서 어떻게 자연화되는지를 밝히는 데 있다(Foucault, 1977). 권력은 곧 제도적 언어와 실천을 통한 통제의 메커니즘이다(이정우, 2009).

반면에, 들뢰즈는 권력을 다차원적이고 유동적인 배치(assemblage)로 보며, 언표적 실천과 기계적 실천의 병렬적 작동에 주목한다. 그는 개념과 제도, 신체와 장치가 비인간적 요소들까지 포함된 흐름 속에서 접속되고 탈영토화(deterritorialization)되며 생성되는 과정을 분석한다(Deleuze & Guattari, 1987). 이때 권력은 고정된 구조가 아니라, 끊임없이 새롭게 배열되고 구성되는 과정이다(이정우, 2012).

이들은 서로 다른 방식으로 언어와 권력, 실천의 관계를 이론화하지만, 언어를 현실 구성의 핵심 매개로 본다는 점에서는 일치한다. 언어는 단지 사물의 이름을 부여하는 기호가 아니라, 담론, 제도, 기술, 신체를 통합하여 사회적 질서와 정체성을 생산하는 수행적 행위이다. 이러한 담론이론은 교육, 젠더, 법, 기술, 정치 등 다양한 실천 영역에서 권력과 현실 구성의 메커니즘을 비판적으로 탐구할 수 있는 강력한 분석 도구가 된다(이정우, 2011a).

〈페어클러프: 실천 속 담론과 권력의 재생산〉

- 페어클러프(N. Fairclough)는 비판적 담론분석(Critical Discourse Analysis, CDA)을 통해 푸코의 담론 개념을 계승하면서도, 언어의 실제 사용 맥락과 사회적 효과에 보다 중점을 둔다(Fairclough, 1992; 1995). 그는 담론을 단지 구성 규칙의 체계로 보지 않고, 사회적 실천 속에서 구체적으로 수행되는 언어 행위로 정의하며 이를 "실천 속 담론(discourse-in-practice)"이라 명명한다.
- 페어클러프에 따르면, 담론은 사회 제도와 권력관계 안에서 실천적으로 작동하며, 기존 질서를 재생산하거나 도전하는 정치적 가능성의 장이다. 교사가 교실에서 '조용히 하라'고 말하는 행위는 단순한 지시가 아니라, 교사-학생 간 권력관계를 수행하고 정당화하는 실천으로 작용한다. 이러한 언어 사용은 학생을 침묵시키고, 교사의 권위를 자연스러운 것으로 만드는 이데올로기적 수행이다.
- 또한, 언론의 보도 방식, 병원에서의 진단과 명명, 법정에서의 판결문 등도 모두 특정한 언어 실천을 통해 현실을 구성하고 권력관계를 재현하거나 균열을 일으킨다. 페어클러프는 언어가 현실을 반영하는 것이 아니라, 현실을 구성하고 제도와 권력의 구조를 매개한다는 점에서, 담론을 의미 생산의 실천적 장으로 본다.
- 그는 특히 담론분석이 사회구조의 지배와 불평등, 권위와 규범이 어떻게 일상적 언어 실천을 통해 유지되거나 전복되는지를 드러내야 한다고 주장한다. 이처럼 페어클러프의 이론은 담론의 사회적 효과와 권력적 기능을 분석하는 데 초점을 맞추며, 교육, 정치, 언론, 의료 등 제도 전반의 언어 사용을 비판적으로 해체하는 이론적 도구로 작용한다.

요컨대 푸코와 들뢰즈의 이론은 언어가 단순한 소통의 도구를 넘어서 현실을 구성하고, 주체를 형성하며, 권력을 작동시키는 담론적 장치임을 보여준다. 담론적 · 비담론적 실천의 장은 언어가 어떻게 세계를 의미화하고, 주체를 포획하며, 행동을 규정하는지를 설명하는 강력한 분석 틀을 제공한다.

언어가 권력의 장에서 탈주하거나 전유될 수 있다면, 그 언어를 통해 생성되는

'개념'은 과연 어떤 방식으로 사회 속에서 작동하고, 변형되며, 실천으로 나아갈 수 있는지를 성찰할 필요가 있다. 이에 비고츠키와 프레이리의 사유를 통해 개념의 사회적 기원과 교육적 실천 가능성을 모색하고자 한다. 다시 말해, 개념이 인간의 사고와 실천을 어떻게 구성하고 변화시키는지를 탐색하고자 한다.

6. 개념은 어떻게 사회적으로 작동하는가?

구조주의와 후기구조주의, 그리고 언어의 수행성과 물질성에 대한 논의는 개념을 둘러싼 철학적 패러다임의 근본적 전환을 보여준다. 이들은 공통적으로 개념을 고정된 실체가 아니라, 사회적 · 역사적 맥락 속에서 구성되고 변화하는 관계적 구성물로 이해하며, 개념이 단순히 의미를 지시하는 기호가 아니라 언어적 실천 속에서 행위 주체와 함께 형성되는 사건적 장(場)임을 밝힌다.

이러한 철학적 통찰은 단지 인식론의 차원을 넘어서, '무엇을 어떻게 가르치고 배울 것인가'라는 교육적 실천의 물음으로 자연스럽게 이어진다. 특히 사회문화적 구성주의 전통에서 개념은 언어를 통해 사고를 형성하고, 사고를 통해 실천과 사회 변화를 가능케 하는 핵심적 매개로 작동한다. 다시 말해, 개념은 인간의 내면에 주어지는 것이 아니라, 사회적 상호작용 속에서 구성되고 재구성되는 실천의 단위이다.

이러한 관점은 비고츠키와 프레이리의 교육철학에서 뚜렷하게 드러난다. 이들은 개념을 인지적 구조이자 동시에 사회적 실천의 매개로 파악하며, 교육을 단지 지식의 전달이 아닌 의미 구성과 주체 형성의 과정으로 본다. 이들의 통찰은 IB 교육이 지향하는 개념 중심 교육(concept-based learning)과 깊이 맞닿아 있다. IB 교육은 지식을 단순히 축적하거나 암기하는 것이 아니라, 개념을 중심으로 탐구하고 이를 삶과 세계 속에서 적용하며 재구성하는 능력을 기르는 것을 목표로 한다.

결국 IB 교육의 철학은 언어를 통해 사고하고, 사고를 통해 행동하는 주체의 형성 과정과 연결되며, 비고츠키와 프레이리의 사유는 개념기반 교육이란 단지 지식 조직의 원리가 아니라, 인간을 실천적 존재로 구성하는 언어적 · 사회적 기반임을 이론적으로 뒷받침해 준다.

6-1. 비고츠키: 언어에서 사고로; 언어는 사고를 낳는다

'언어'와 '사고'의 관계에 대한 이해는 학습자가 어떻게 지식에 접근하고, 어떻게 개념을 형성하며, 어떻게 자신을 세계 속에서 인식하는지를 결정하는 이론적 기반이다. 언어-사고 발달과 관련하여 피아제(J. Piaget)와 비고츠키(L. Vygotsky)는 대조적인 관점을 제시한다.

피아제는 인지 발달이 생물학적 성숙과 자율적인 환경 탐색을 통해 점진적으로 이루어진다고 보았다. 그는 사고(thought)가 언어(language)를 선도한다고 주장했으며, 아동은 자신의 인지적 구조에 따라 언어를 확장해 나간다고 보았다. 즉, 언어는 이미 발달한 사고를 표현하는 도구에 불과하며, 언어 발달을 사고 발달의 결과로 간주하였다(Piaget, 1959).

반면, 비고츠키는 사고와 언어의 관계를 재정의하면서, 언어야말로 사고를 가능하게 하는 인지적 매개 도구라고 주장한다. 그는 "언어는 사고의 도구이며, 언어가 사고를 낳는다"라고 말하며, 언어가 사고의 구조를 형성하고 조절하는 핵심적 기제로 작동한다고 보았다(Vygotsky, 1986).

〈언어-문화-상호작용의 삼원 구조〉

비고츠키의 이론은 '사회문화적 구성주의(social constructivism)'로 분류된다. 그는 인간의 모든 인지 기능이 생물학적 요인만이 아니라 사회적 상호작용, 문화적 맥락, 그리고 언어를 통한 의미 구성 과정 속에서 형성된다고 보았다(Vygotsky, 1978). 이때 학습은 단순한 지식의 흡수가 아니라, 사회적 의미 구성(social meaning-making)의 능동적 실천이다.

비고츠키는 인지 발달을 언어, 문화, 사회적 상호작용이라는 세 가지 요소의 상호작용적 구조로 설명하였다. 언어는 사고를 매개하는 도구로서 작동하고, 문화는 사고의 내용과 구조를 규정하며, 사회적 상호작용은 이러한 구조를 체득하고 재구성하는 실천의 장이다. 이러한 구조 속에서 아이들은 단지 지식을 '배우는 것'이 아니라, 지식 공동체(knowledge community)의 일원으로 서서히 통합되며 스스로의 정체성과 사고 능력을 형성해 나간다(McLeod, 2007).

먼저, 언어는 사고를 매개하는 핵심 도구로서, 학습자의 개념 형성과 자기 조절 능력을 가능하게 한다. 언어는 타인과의 상호작용을 통해 외화되고, 내면화 과정을 거치면서 사고의 수단으로 작동한다. 학습자는 이러한 언어적 상호작용 속에서 개념을 구성하고, 점차 그것을 자기 내부에서 조절하며 고등 인지 기능으로 발전시킨다. 이는 학습자 중심의 개념기반 교육에서 언어 탐구의 중요성을 정당화하는 철학적 기반이 된다.

둘째, 문화는 단순한 환경적 배경이 아니라, 사고의 구조와 내용을 형성하는 인지적 틀의 근원이 된다. 모든 학습은 특정한 문화적 도구와 상징 체계 안에서 이루어지며, 문화는 인지 발달의 조건을 구성한다. 비고츠키에게 문화는 사고를 둘러싼 외적 배경이 아니라, 사고 그 자체를 구성하는 내적 구조이다(McLeod, 2007).

셋째, 사회적 상호작용은 인지 기능의 기원을 설명하는 핵심 기제로서, 타인과의 언어적 · 정서적 교류를 통해 사고를 심화시키는 실천의 장이다. 아동은 성인이나 유능한 또래(More Knowledgeable Other, MKO)와의 협력적 상호작용을 통해 자신의 근접발달영역(Zone of Proximal Development, ZPD)을 확장하며, 개념을 함께 구성해 나간다. 이 과정에서 중요한 것은 일방적인 지식 전달이 아니라, 언어와 감정을 매개로 한 공동 탐구와 의미 구성이다. 이러한 관점에서 비고츠키는 학습자를 단순한 지식 수용자가 아니라, 언어적 상호작용을 통해 사고를 사회문화적으로 조직해 나가는 능동적 존재로 보았다.

특히 학습자는 타인과의 언어적 상호작용 속에서 개념을 구성하고, 이를 점차 자신의 내면으로 끌어들여 고등 인지 기능을 형성하게 된다. 이러한 관점에서 교육은 단순히 정보를 전달하는 행위가 아니라, 지식 공동체로의 점진적 통합 과정으로 이해된다(McLeod, 2007).

〈언어 발달의 세 단계: 사회적 언어에서 내면 언어로〉

비고츠키는 언어 발달이 단순한 음성적 기능의 확장이 아니라, 사고의 구조를 형성하고 내면화하는 결정적 경로로 보았다. 그는 언어 발달이 사고 발달과 긴밀히 연결되어 있으며, 이를 사회적 언어(social speech)에서 자기중심 언어(egocentric/private speech)를 거쳐 내면 언어(inner speech)로 이행하는 점진적 전이 과정으로 설명하였다.

첫 번째 단계인 사회적, 외적 언어(social or external speech, 0~3세)는 아동이 외부 세계와 상호작용하기 위해 사용하는 초기 언어 형태로, 주로 타인의 행동을 통제하거나 외부 자극에 반응하는 데 목적을 둔다. 비고츠키는 이 시기의 언어가 타자 지향적(other-directed)이며, 언어의 기능이 아동 외부에 집중된 외현적(communal) 도구라고 보았다. 이 시기의 언어는 성인과의 사회적 상호작용 속에서 획득되며, 아동은 주로 주변 성인의 언어를 모방하고 반복하면서 언어 자극에 반응한다. 이 단계에서 언어는 아직 사고를 조직하거나 매개하는 기능을 갖지 않으며, 감각운동 수준의 구체적 행동과 긴밀히 결합한 실용적 수단으로 작용한다. 그러나 이러한 외적 언어 사용은 내면화의 출발점으로서, 이후 사고와 결합하는 언어적 사고 발달의 기반을 형성한다(Vygotsky, 1978).

두 번째 단계는 자기중심 언어 또는 사적 언어(private speech, 3~7세)로, 아동이 자신에게 말하는 방식(self-talk)으로, 사고를 조절하고 문제를 해결하기 위한 초기 단계의 내면화된 언어이다. 이는 단순한 혼잣말이 아니라, 문제해결, 계획 수립, 자기 조절, 반성적 사고를 가능하게 하는 고등 인지 기능의 전 단계로 간주된다(Vygotsky, 1986). 이 언어는 점차 발화되지 않는 내면 언어(inner speech)로 전환되며, 인간만이 사용하는 내적 상징체계(symbol of thought)로 기능한다. 아동은 이를 통해 개념을 조작하고 사고를 조직하며, 스스로 문제를 해결할 수 있게 된다. 비고츠키는 이 전이를 언어가 내면화되어 고등 정신 기능을 형성하는 결정적 과정으로 보았다. 그는 이를 "말이 죽고, 사고가 태어난다(the word dies away and gives birth to thought)"라고 표현하며, 언어의 음성적 형식이 사라지는 대신 의미 중심의 사고 구조가 형성된다고 설명하였다(Vygotsky, 1986). 이 과정은 사고가 언어적 상징을 통해 구성되다가, 일정한 발달 이후에는 오히려 언어가 사고의 재료로 환원되어 비언어적 개념과 내적 의미로 응축되는 심화된 인지 통합의 과정이다.

세 번째 단계는 내면 언어(inner speech)로, 언어가 더 이상 외적으로 발화되지 않고 사고의 내부 구조로 전환되는 단계이다. 이 시점에서 언어는 단순한 소통 수단을 넘어, 사고를 매개하고 조직하는 심층 인지 도구로 기능한다. 내면 언어는 외적 언어에서 자기중심 언어를 거쳐 점차 내면화된 결과로 나타나며, 겉으로는 사라진 듯 보이지만 실제로는 고등 정신 기능의 토대를 구성하는 심층 구조로 내재화된다. 이러한 내면화 과정은 언어가 단지 사고의 표현 도구가 아니라, 개념 형성, 문제해결, 추론, 창의성 등 고등 인지능력을 형성하고 조율하는 핵심 기제임을 보여준다. 다시 말해, 사고는 언어를 통해 구조화되며, 언어는 사고의 재료이자 그 발달의 촉매로 작용한다(Vygotsky, 1986).

출처: Gibbons(2015: 29) 재구성

비고츠키는 이러한 일련의 전환 과정을 "언어가 지하로 내려가는(going underground), 즉 내면화 과정"이라 표현하며, 이는 단순한 음성의 소멸이 아니라 사고의 구조화이자 정교화 과정으로 파악하였다(Vygotsky, 1986). 그는 "말이 사라지고, 사고가 태어난다(the word dies away and gives birth to thought)"라고 묘사하며, 언어가 단지 표현 수단이 아니라 사고 그 자체를 구성하는 매개적 구조임을 강조하였다(Vygotsky, 1986).

〈사회적 구성주의와 학습자 정체성〉

비고츠키에 따르면, 언어와 사고는 초기에는 분리된 체계이지만 생후 약 3세를 기점으로 점차 통합되기 시작하여 언어적 사고(verbal thought)로 발전한다. 이 통합은 언어가 단순히 사고를 표현하는 수단을 넘어서, 사고를 변형하고 조직하는 인지적 도구(cognitive tool)로 작동하게 되는 과정을 의미한다. 이러한 언어의 도구적 기능은 자율적 주의, 기억, 추론, 문제해결, 논리적 사고, 의사결정 등 다양한 고등 정신 기능의 형성과 긴밀하게 연결된다.

비고츠키는 언어가 단지 사고의 외적 표현이 아니라, 사고를 구성하는 재료 그 자체라고 강조하였다. 아동은 자기중심 언어(egocentric/private speech)를 점차 내면화하면서, 언어는 더 이상 발화되지 않아도 사고를 매개하는 도구로 기능한다. 이 전환 과정은 언어가 사고 속에 통합되어 정교한 사고를 가능하게 만드는 과정이며, 이는 곧 자기조절 능력의 발달과도 직결된다. 이러한 내면화는 개념기반 학습에서 추구하는 자기 주도적 사고의 토대를 형성한다형성한다(McLeod, 2007).

비고츠키는 모든 고등 인지 기능이 본질적으로 사회적 기원을 가지며, 아동은 자신의 근접발달영역(ZPD) 안에서 유능한 타자(MKO)와의 언어적 상호작용을 통해 개념을 구성하고 사고를 발전시킨다고 보았다. 그는 "모든 문화적 발달은 처음에는 사회적 관계 속에서, 이후에는 개인 내면으로 나타난다"고 설명하며, 사회적 경험이 인지 발달의 출발점임을 강조하였다(Vygotsky, 1978). 또한, "우리는 타인을 통해 자기 자신이 된다(It is through others that we become ourselves)"고 말하는 비고츠키는 타자와의 언어적 · 문화적 상호작용을 통해 학습자의 정체성이 형성된다고 보았다(Vygotsky, 1978).

물론, 비고츠키 이론은 모든 학습을 사회문화적 상호작용의 산물로 설명하는 까닭에, 개인의 내적 동기나 물리적 · 생태적 환경의 영향, 또는 개인 주체성에 대한 고유한 분석이 상대적으로 부족하다는 비판도 형성한다(McLeod, 2007). 그럼에도 불구하고, 그의 언어-사고 통합 이론은 개념기반 교육, 탐구 중심 학습, 자기 주도적 사고 등의 철학적 기반을 제공한다.

특히 비고츠키의 이론은 IB 교육이 지향하는 핵심 가치들과 밀접하게 연결되어 있다. IB 교육은 학습자가 언어적 탐구를 통해 사고를 조직하고 내면화하며, 이를 고차사고 기능으로 확장하는 것을 목표로 한다(IBO, 2017). 이러한 교육의 과정은 개념 형성, 자기조절, 창의적 문제해결, 그리고 문화 간 이해로 이어지며, 비고츠키의 사회문화적 접근은 이를 뒷받침하는 철학적 토대를 제공한다. 학습자는 언어적 상호작용 속에서 개념을 구성하고 이를 자기 사고의 구조로 내면화함으로써, 단순한 지식 수용자가 아니라 창의적 의미 구성자(meaning-maker)로 성장한다.

"언어가 사고를 낳는다"라는 비고츠키의 명제는 개념기반 학습이 단순한 교수 전략을 넘어, 인지 발달을 구성하는 근본 원리임을 보여준다. 이는 IB 교육이 추구하는 국제적 소양, 문화 간 이해, 자기 주도적 탐구와 같은 핵심 가치들을 뒷받침하며, 언어를 통한 사고 구성과 정체성 형성의 철학적 근거를 제공한다(IBO, 2019b).

비고츠키(Vygotsky, 1962)에 따르면, 언어는 사고 발달을 이끄는 핵심 매개체이며, 개념적 사고는 언어적 상호작용 속에서 형성된다. 특히 초기 언어 발달 단계에서 모국어는 단순한 의사소통 수단을 넘어, 아동이 세계를 인지하고 개념화하며 자기 정체성을 형성하는 인지적 도구로 작동한다. 다시 말해, 인간은 이미 고정된 '나'로 출발하는 것이 아니라, 타자와의 언어적 상호작용 속에서 공동체의 일원으로서 '나'가 되어간다.

따라서 모국어 교육은 단순한 언어 능력 습득을 넘어, 사고 구조와 정체성, 그리고 세계 이해의 근본적 토대를 제공하는 과정이다. 이러한 맥락에서 IB 교육이 지향하는 '모국어 기반 세계시민 교육'은 단순한 국민교육이 아니라, 학습자가 모국어를 통해 자기 정체성을 확립하고, 그 위에서 타 문화를 이해하며, 국제 사회에서 책임 있는 행위주체로 성장하도록 안내한다(IBO, 2015). 실제로 IB는 모든 학습자가 자신의 모국어나 자국의 언어를 학습 과정의 중심에 두기를 권장하며(예: Language A 과목), 이를 통해 사고력과 정체성이 언어와 긴밀히 연관되어 있음을 강조한다(IBO, 2023).

요컨대, IB는 모국어와 자국 문화에 뿌리를 두면서, 동시에 타 문화와 세계와의 소통 능력을 기르는 균형 잡힌 정체성 교육을 추구한다(IBO, 2019b). 이는 자기 이해(self-understanding)를 심화시키고, 다른 언어와 문화를 존중하며, 세계시민으로서 책임을 실천하는 학습자로 나아가도록 한다(IBO, 2013). 요컨대, IB 교육은 학생이 단순히 지식을 습득하는 수준을 넘어, 자신의 언어로 세계를 해석하고, 그 정체성을 기반으로 더 나은 세상을 만드는 데 기여하는 학습자로 성장시키는 데 목적을 둔다(IBO, 2015; IBO, 2023).

6-2. 언어에서 실천으로: 프레이리의 프락시스

프레이리(P. Freire)는 교육을 단순한 지식의 전달이 아니라, 억압받는 이들이 자기 삶의 조건을 인식하고 비판적으로 변화시킬 수 있도록 하는 실천적 장으로 이해하였다. 그는 이러한 교육의 과정을 프락시스(praxis)라고 불렀다. 프락시스란 비판적 사고(reflection)와 변혁적 행동(action)이 결합한 실천으로, 인간이 세계를 단순히 받아들이는 수동적 존재가 아니라, 세계에 개입하고 재구성하는 능동적 주체로 거듭나는 행위이다(Freire, 1970).

프레이리에게 언어는 단지 개념을 전달하는 도구가 아니라, 의식화의 핵심 수단이다. 언어는 현실을 해석하는 프레임을 제공하며, 억압받는 사람들이 자신이 처한 조건을 개념적으로 파악하고, 그것을 실천적으로 변화시킬 수 있는 기초를 제공한다. 이처럼 언어적 개념화와 실천적 전환(praxis)의 결합은 인간이 "존재하는 방식"을 변형시키는 핵심이다(Freire, 1970). 진정한 교육은 개념을 배우는 것이 아니라, 개념을 통해 행동을 일으키는 것이다.

프레이리는 교육의 과정 자체를 자유를 향한 문화적 행위, 즉 인간화의 과정이라고 표현하였다(이은성, 2015). 여기서 인간화(humanization)란 자신의 운명을 다스리는 행위자이면서 나아가 세계를 변화시키는 능동적인 주체로 재탄생하는 것을 가리킨다(이은성, 2015). 프레이리는 "인간이란 세계 속에 단순히 적응만 해가는 것이 아니라, 세계 속에 개입하는 주체이자 객체"이므로, "인간답게 된다는 것은 스스로의 선택을 통해 자신의 운명을 다스리는 행위자가 되는 것이며, 실천을 통해 세계를 변화시키는 능동적인 주체로 재탄생하는 것"이라고 말한다(Freire, 2007: 이은성, 2015 재인용).

이러한 관점에서 볼 때, 신자유주의적 교육체제는 인간화를 억제하는 비인간적 구조이다. 성과 중심의 경쟁체제는 교육을 실존적 성찰의 장이 아닌 산출과 통제의 훈련소로 전락시키고, 학생을 공동체의 구성원이 아닌 시장 중심의 소비자로 전환한다. 프레이리는 이에 저항하며, 교육이란 자기와 세계를 동시에 변화시키는 해방의 실천이어야 하며, 이는 개인적 자각과 사회적 인식을 통해 가능하다고 본다.

그는 의식화 교육(conscientização)을 통해 학습자가 자신의 억압 구조를 인식하고 비판적으로 해석하며, 실천을 통해 이를 전환할 수 있다고 보았다. 이런 점에서 교육은 단지 이해를 위한 도구가 아니라, 존재의 변화를 위한 수단이다(Freire, 1970/2018). 또한, 교육은 개인적 변화를 넘어서 공공성의 회복과 연결되어야 한다. 교육의 기회와 내용이 평등하게 보장될 때 비로소 그것은 해방의 조건이 된다(이은성, 2015).

〈프락시스(Praxis)〉

"To speak a true word is to transform the world."

– Paulo Freire, Pedagogy of the Oppressed(1970: 87)

- 프락시스란 단순한 '행위'가 아니라, 사고와 실천이 끊임없이 상호작용하는 반성적 실천을 의미한다. 즉, 프락시스는 이론과 실천이 분리되지 않고 서로를 변화시키는 순환적 행위를 가리킨다. 이론 없는 실천은 방향을 잃고, 실천 없는 이론은 공허해지는 까닭이다.
- 프락시스는 비판적 사고(critical reflection)와 비판적 실천(critical action)이 만나는 지점이다. 교육에서 프락시스는 교사와 학습자가 생각하면서 행동하고, 행동을 통해 다시 생각하는 실천적 순환을 촉진한다. 실천은 이론을 검증하며, 이론은 실천을 인도한다. 따라서 프락시스는 지속적인 성찰과 변화를 가능하게 하는 실천 형식이다. 이를 통해 반성적 실천가는 이론에 기초해 실천할 뿐 아니라, 실천을 통해 이론을 갱신하고 확장한다(Ginsburg, 1988).
- 나아가 프락시스는 단순한 지식 전달을 넘어, 몸과 감각, 행위를 통한 전승 방식을 내포한다. 말로 개념화할 수 없는 진리의 경우, 학습자는 공감을 통해 그것을 체득하며, 이를 모방(mimesis)과 실천(praxis) 속에서 재현한다. 이러한 실천적 미메시스가 단순한 모방을 넘어선 창조적 전수의 과정이다.

특히, 초중등 교육 시기는 시민의식과 주체적 정체성이 형성되는 결정적 시기이므로, 이 시기의 교육은 인간 가치와 공동체 의식, 사회적 책임, 그리고 교육의 공공성을 중심에 두어야 한다(신인영, 2002; 심성보, 2016). 학생들은 이를 통해 단순히 정보를 내면화하는 존재가 아니라, 실천을 통해 개념을 삶 속에 구현하는 주체로 성장할 수 있다.

6-3. 언어의 수행성과 개념기반 교육

프레이리의 철학은 IB 교육 철학과도 접점을 지닌다. 특히 IB에서 강조하는 '행동(action)'은 학습자가 개념을 이해하는 데 머물지 않고, 이를 실제 삶의 문제에 적용하고 실천하는 전환 과정을 지칭한다. IB는 이러한 실천을 국제적 소양과 연결하며, 학습자가 지역과 세계 속에서 책임 있는 시민으로 행동할 수 있도록 한다(IBO, 2017).

예를 들어 IB는 지속가능성, 정의, 정체성, 관계, 공정성 등의 개념을 중심으로 교육과정을 설계한다. 하지만, 이 개념들은 단지 추상적 사유의 대상이 아니라, 삶과 세계에 개입하기 위한 실천의 출발점으로 간주된다. 학습자는 개념을 이해하는 데서 멈추지 않고, 이를 자신의 경험, 감정, 사회적 관계와 접속시켜 의미 있는 행동으로 확장해야 한다.

IB의 교육 모델은 전인적 성장의 순환 구조를 전제한다. 즉, 개념적 성찰, 감정적 공감, 실천적 행동이라는 학습 사이클은 프레이리의 프락시스 구조와 긴밀하게 맞닿아 있다. 개념은 단지 이해의 대상이 아니라 행동을 요청하는 말이며, 행동은 그 개념을 삶 속에서 다시 써 내려가는 재구성의 실천이다.

〈개념은 실천을 요청한다〉

프레이리와 IB 교육이 공유하는 전제는 진정한 개념 이해는 행동으로 실현되어야 한다는 점이다. 개념은 고정된 지식이 아니라, 정체성과 세계를 재구성하는 실천의 매개다. 언어는 그 개념을 조직하고 실행하는 중심 도구로 작용한다. 학생은 개념을 어떻게 말하고, 질문하며, 해석하느냐에 따라 세계를 보는 방식뿐 아니라 자신의 정체성 또한 구성한다(Hanks, 1991).

특히 언어적 개념화 → 정체성 형성 → 사회적 실천으로 이어지는 일련의 과정은 프레이리의 의식화 이론과 IB의 행동 중심 교육 모두에서 중심축을 이룬다. 언어는 단지 존재를 설명하는 것이 아니라, 존재를 구성하고, 변혁의 가능성을 여는 수행적 힘을 지닌다. 따라서 개념은 언제나 실천, 즉 행동을 요청하는 말이며, 행동은 그 개념을 삶 속에서 다시 쓰는 과정이다. 이러한 관점은 교육이 지식의 내면화에 머물지 않고, 프락시스로 확장되어야 한다는 점을 강조한다. 교사는 단순한 지식 전달자가 아니라, 개념을 해석하고 실천으로 연결하는 촉진자이며, 학생은 이해한 것을 삶으로 구현하고 변형시키는 존재다. 결국 교육은 '말을 배우는 일'이 아니라, '그 말로 세계를 다시 만드는 일'이어야 한다(Freire, 2018).

〈개념기반 교육의 철학적 토대: 언어의 물질성과 수행성〉

개념기반 교육이 단순한 지식 체계의 정리가 아니라, 학습자가 세계를 인식하고 변화시키는 방식의 전환이라는 점에서, 그 철학적 기초는 언어의 물질성과 수행성에 놓여 있다. 플라톤이 언어를 이데아의 그림자로 간주했던 것과 달리, 현대철학은 언어 그 자체가 개념을 구성하고 현실을 조직하며, 물질적 효과를 낳는 실천의 장(場)임을 강조한다.

푸코는 언어를 제도와 권력을 구성하는 담론적 실천의 핵심으로 보았고, 들뢰즈는 언어를 단순한 의미 전달 수단이 아니라, 언표적 실천과 기계적 실천이 교차하는 배치 속에서 작동하는 물질적 흐름으로 파악하였다. 한편, 프레이리는 언어를 의식화와 프락시스를 가능하게 하며 인간을 변화의 주체로 만드는 교육의 핵심 수단으로 제시하였다.

이러한 철학적 전통 위에서, IB 교육의 개념기반 학습은 개념을 단지 명칭이나 정의의 집합으로 다루는 것이 아니라, 학습자의 정체성과 실천을 형성하는 실행의 기반으로 이해한다. 개념은 말해짐으로써 작동하며, 언어적 수행을 통해 학습자는 단순히 정보를 '습득'하는 것이 아니라, 자신과 세계를 다시 조직하고 구성한다. 즉,

개념은 삶과 세계를 다시 쓰는 말이며, 그 말은 결국 비판적 성찰과 개입을 포함한 실천(praxis)으로 귀결된다.

결국, IB에서의 개념 학습은 세계에 대한 새로운 해석 틀을 제공하고, 그 해석이 구체적인 실천으로 연결되는 언어-개념-행동의 연쇄를 구성한다. 학습자는 개념을 말함으로써 세계와 관계를 맺고, 그것을 살아냄으로써 자신을 변화시키며, 나아가 세계 변화에 기여하는 주체가 된다. 이러한 교육은 곧 지식의 내면화가 아니라, 언어적 개입을 통한 세계의 재구성이라는 점에서, 개념기반 교육은 오늘날 교육의 존재론적 · 윤리적 전환을 가능케 하는 강력한 철학적 기획임을 보여준다.

요약하면, '개념'은 단순한 추상이나 명사적 지시어가 아니라, 존재를 구성하고 실천을 유도하며 권력을 배치하고 타자와 관계 맺는 방식을 조직하는 존재론적 장치이자 실천적 매개체이다. 플라톤에서 퍼스, 푸코에서 프레이리에 이르는 철학적 전통은 개념이 단순한 '이해의 대상'을 넘어, 세계에 개입하고 삶을 조직하는 방식임을 일관되게 보여준다. 특히 개념은 의미 파악에 그치지 않고 현실을 구성하며, 우리가 타자와 세계를 인식하고 만나는 존재 방식으로 기능한다. 다시 말해, 개념은 사고의 경계선을 설정하고 삶의 방향을 형성하는 실천의 틀이다. 교육에서 개념은 단순한 학습 도구를 넘어, 학습자가 세계와 어떻게 관계 맺고 존재할 것인가를 규정하는 핵심 원리가 된다.

이러한 통찰은 IB 교육의 핵심 원리와 깊은 관련성을 지닌다. IB는 단지 더 많이 '아는' 학생이 아니라, 더 깊이 '이해하고', '성찰하며', '행동하는' 학습자를 지향한다(IBO, 2017). IB의 핵심 개념 교육, 탐구기반 학습, 전이 중심 평가, 그리고 국제적 소양과 학습자 주체성의 철학은 모두 개념을 '존재의 언어'로, '실천의 지도'로 삼는 접근에서 가능해진다.

결국 개념기반 교육은 하나의 교수법을 넘어, 교육을 구성하는 인식론적 · 존재론적 패러다임의 전환이다. 개념을 어떻게 다루느냐에 따라 학습자는 단순한 정보 수용자가 될 수도, 자신의 존재를 구성하는 주체가 될 수도 있다. 개념 중심의 교육은 학습자에게 지식을 제공하는 데 그치지 않고, 사유의 틀을 부여하며 세계와 관계 맺는 방식을 형성하고, 자기 자신을 생성해 나가는 가능성의 공간을 연다. 요컨대, 교육은 학습자를, 개념을 생성하고 재구성하며 전이하는 주체로 바라볼 때 비로소 완성된다.

제2장

왜 행위주체(agency)인가?

1. OECD Education 2030과 IB 교육의 지향

[철학의 주름]

2. 형상과 질료: 차이나는 반복을 위한 변혁적 역량

3. 인간중심주의에서 탈(脫)인간중심주의 패러다임으로

4. 들뢰즈, 베르그송주의자

5. 푸코: 담론, 권력, 주체의 계보학

6. 푸코에서 바라드로: '장치' 개념의 재구성

7. 리쾨르 해석학과 IB 학습자 프로필: 자기 이해에서 세계 시민성으로

제2장 왜 행위주체(agency)인가?

"세계가 계속 우리 없이 변하지 않도록
그리고 마침내는 우리 없는 세계가 되지 않도록"
- Günther Anders, 1995: 이기상, 2001: 300 재인용

인간의 구체적 '있음'은 시작과 끝을 알 수 없는 무한한 시간과 공간 속에서 잠시 스쳐 지나가는 한 점에 불과하다. 우리의 존재는 실상 없음(텅 빔)과 없음(텅 빔)을 잇는 짧은 순간의 이음으로 경험된다. 한국적, 동양적 '생활세계적 이성'은 오래전부터 이러한 무(無)·공(空)·허(虛)의 차원을 존재(有)보다 더 근원적인 것으로 사유해 왔다. 무·공·허, 곧 태허(太虛)는 단순한 부재가 아니라 절대적이고 궁극적인 실재의 바탕이다(류영모, 이기상, 2001 재인용).

그러나 서구 전통철학은 달랐다. 태양의 빛 아래서만 볼 수 있는 것만을 '존재'라 규정하며, 어둠 속에 놓인 것들은 존재의 장에서 배제하였다(이기상, 2001). 존재하지 않는 것이 아니라, 인간 인식과 이성의 빛으로 파악되지 않는다는 이유만으로 무(無)로 규정하고 '존재'의 장에서 제외하고 배제해 왔다. 그 결과, 서구철학은 존재와 무의 경계를 지나치게 좁게 설정함으로써, 처음부터 수많은 것들을 존재의 지평 바깥으로 밀어내 왔다.

오늘날 우리는 지구 생명과 우주 생명의 파괴, 그리고 심화하는 생태 위기에 직면해 있다. 이러한 위기는 그동안 인간중심적·이성중심적 사유가 배제해 온, 즉 "존재하지 않는다"라고 간주해 온 차원들의 '무(無)의 반란'으로 이해할 수 있다(이기상, 2001). 인간이 "없다"고 간주해 온 것들—즉, 언어와 이성으로 규정할 수 없는

것들—이 되돌아와 인간 중심적 세계를 흔들고 있다.

우주의 약 96%를 차지하면서도 인간 의식으로 직접 파악할 수 없는 암흑물질과 암흑에너지, 그리고 "텅 빔"으로 여겨졌으나 실제로는 끊임없는 생성과 소멸이 일어나는 양자 진공의 요동 등은 인간 인식 바깥에서 작동하는 거대한 무(無)의 힘을 보여준다. 이 무는 결코 단순한 공허가 아니라, 세계를 산출하고 변형시키는 잠재적이고 생산적인 장이다.

신물질주의는 바로 이 지점에서, 존재와 없음의 경계, 그리고 인간 의식 중심의 세계 이해를 근본적으로 다시 묻는다. "무"를 결핍이 아니라 생성적 잠재성의 원천으로 사유하려는 이러한 시도는, 우리가 직면한 생태적 · 존재론적 위기를 새로운 차원에서 이해할 수 있도록 이끈다.

바로 이러한 사유의 전환은 교육의 탐구 개념에도 깊은 울림을 준다. IB 교육이 강조하는 탐구는 지식을 단순히 습득하는 절차가 아니라, 세계와 인간, 인간과 비인간, 사실과 가치가 얽히는 총체적 경험으로 이해된다. 따라서 IB에서의 탐구는 포스트휴먼적 · 탈구조주의적 사유가 제시하는 다성적이고 관계적인 세계 이해와 맞닿아 있으며, 학생들로 하여금 존재와 삶의 방식을 성찰하고 변형하는 실천으로 나아가게 한다.

절대 허공(태허)은 '전체'이며, 그 속에서 나타났다 사라지는 개체적 존재는 생멸하는 사건에 불과하다. 하이데거가 존재를 명사적 실체가 아니라 동시적 사건으로 읽었듯이, 삼라만상은 잡을 수 없는 허공 속에서 끊임없이 생성과 소멸을 반복한다. 이는 무(無)의 현상화이다. 결국 우리가 인간 주체성을 절대화하는 태도에서 벗어나야만, 하늘의 뜻 혹은 '신 즉 자연'의 명을 알 수 있으며, 세계와의 새로운 관계를 열 수 있다. 신물질주의가 주목하는 것은 바로 이러한 "무의 반란"으로, 신물질주의적 사유는 이제 우리에게, 인간의 의식과 이성 중심으로는 결코 포착할 수 없었던 무(無)의 생산성과 그 반란을 직면할 것을 요구한다(이기상, 2011).

1. OECD Education 2030과 IB 교육의 지향

IB 교육의 철학은 “더 나은 세상을 위한 교육(education for a better world)”이라는 비전으로 집약된다(IBO, 2015). 이는 단순히 학문적 성취를 넘어서, 학습자가 지식과 기술을 바탕으로 국제적 소양을 갖추고, 타인과 지구 공동체를 배려하며, 전인적 성장을 이루도록 하는 것을 목표로 한다. IB가 제시하는 학습자상(Learner Profile, 학습자 프로필)은 이러한 철학을 구체화한 도구로서, 학습자가 탐구자(inquirer), 사려 깊은 사고자(thinker), 소통자(communicator), 원칙 있는 사람(principled)으로서 성장하도록 안내한다. IB 교육은 지식의 습득을 출발점으로 삼되, 이를 자기 성찰(reflection)과 실천(action)으로 연결하여, 학습자가 자신의 삶과 세계를 변화시키는 행위주체(agent)로 살아가도록 이끈다.

이러한 지향점은 OECD의 Education 2030 학습 나침반이 제시하는 비전과 맞닿아 있다. OECD는 미래 사회가 요구하는 핵심 목표를 행위주체성(agency)과 웰빙(well-being)으로 제시하면서, 학생이 자기 삶의 방향을 주체적으로 설계하고 공동체와 세계에 의미 있는 기여를 할 수 있어야 한다고 강조한다(OECD, 2019).

또한, 우리나라 2022 개정 교육과정 역시 OECD 및 IB와 맥락을 공유한다. 2022 개정 교육과정은 성취기준을 ‘지식 이해, 과정 기능, 가치 · 태도’의 세 축을 통합적으로 제시하여, 기존 교과지식 중심 교육을 넘어서 학습자의 역량과 주체성을 기르는 데 초점을 맞추었다(교육부, 2022). 이는 IB가 강조하는 교육과정-교수학습-평가의 정렬(alignment) 철학과 상응하며, 학생이 지식의 의미를 깊이 이해하고, 이를 실제 맥락에서 성찰 · 적용할 수 있도록 돕는다.

〈2022 개정 교육과정 내용 체계 예시: 과학과〉

<table>
<tr><td>핵심 아이디어</td><td>• 자연 세계는 시간과 공간을 배경으로 몇 가지 기본량으로 기술할 수 있으며, 양을 측정할 때 사용하는 표준과 단위는 일상생활과 산업기술에서 중요하다.
• 우주 초기 원소 형성, 태양계의 형성과 진화, 별의 진화 등 모든 천문 현상은 천체에서 방출되는 빛의 분석을 통해 이루어진다.
• 자연계에 존재하는 원소에는 규칙성이 있으며, 원소의 결합으로 지각과 생명체를 구성하는 물질들이 구성된다.
• 자연계에서 물체의 운동 변화는 역학적 상호작용으로 설명하며, 일상생활에서 안전하고 편리한 삶에 활용된다. [이하 생략]</td></tr>
<tr><td>구분
범주</td><td>내용 요소</td></tr>
<tr><td>지식 · 이해</td><td rowspan="3">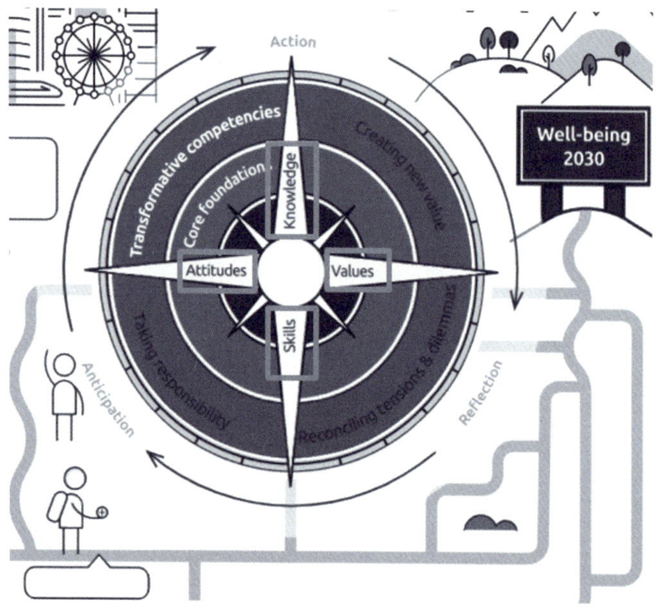
</td></tr>
<tr><td>과정 · 기능</td></tr>
<tr><td>가치 · 태도</td></tr>
</table>

출처: 교육부(2022), OECD(2019) 재구성

결국, IB 교육 철학은 국제적 소양, 전인교육, 그리고 실천적 행위주체성을 중심에 두며, 이는 지식 습득을 넘어 학습자가 자신의 삶을 성찰하고 공동체와 세계를 변화시키는 능동적 주체로 성장하도록 이끈다. 이러한 국제적 · 철학적 기반은 IB 교육의 구체적 특징—개념 중심 설계, 탐구기반 학습, 가치 · 태도 중심 전인교육—

으로 구현되며, 동시에 OECD Education 2030과 우리나라 2022 개정 교육과정 개정의 흐름과도 긴밀히 연결된다.

따라서 IB 교육의 지향은 학습자의 실제적 성장과 사회적 변화를 이끄는 구체적 역량으로 이어져야 한다. 이 지점에서 OECD가 제시하는 변혁적 역량(transformative competencies)과 행위주체성(agency) 개념은 IB 교육 철학과 긴밀히 맞닿아 있으며, 학습자가 지식을 성찰(reflection)과 행동(action, 실천)으로 전환하도록 하는 교육적 실천의 핵심 토대를 제공한다.

1-1. 변혁적 역량과 행위주체성

OECD Education 2030에서 제시하는 변혁적 역량은 단순히 기존 지식을 적용하는 수준을 넘어서, 개인과 공동체가 더 나은 미래를 창조할 수 있도록 하는 고차적이고 통합적인 능력을 뜻한다(OECD, 2019). 변혁적 역량은 새로운 가치를 창출하는 능력, 긴장과 딜레마를 조정하는 능력, 책임을 지는 능력 등 세 가지 핵심 범주로 정의된다(OECD, 2019). 이러한 역량은 학습자가 단순한 '지식 수용자'가 아니라, 미래를 함께 만들어가는 행위주체(agent)로 성장하도록 이끈다(OECD, 2019).

여기서 행위주체성(agency)은 OECD가 강조하는 또 하나의 핵심 개념이다. 이는 단순한 자기 주도 학습을 넘어, 학습자가 자신의 삶과 학습에서 목표를 설정하고 주도적으로 선택하며, 결과에 책임지는 적극적 태도를 뜻한다. 곧 에이전시는 개인적 삶을 넘어 공동체와 지구공동체의 변화를 이끌어가는 주체적 역량으로 이해된다. OECD는 교육과정, 수업, 평가가 모두 학습자의 주도성과 행위주체성을 기르는 방향으로 설계되어야 한다고 강조한다(OECD, 2019).

또한 OECD 학습 나침반은 웰빙을 교육의 최종 지향점으로 제시한다. 웰빙은 단순한 심리적 만족을 넘어, 자율성(autonomy), 관계성(relatedness), 목적의식(purpose)의 세 가지 요소를 포함한다(OECD, 2019). 학생이 자신의 삶을 선택·결정할 수 있고, 타인과 연결감을 느끼며, 삶의 의미와 방향을 자각하는 것이 웰빙의 핵심이다. 학습자 행위주체성은 이 웰빙을 실현하는 조건이자 결과로, 학습자가 스스로 가치와 목적을 성찰하고, 의미 있는 행동을 통해 자신의 삶과 세계를 형성해 가는 능동성을 뜻한다(OECD, 2019). OECD는 이를 "에이전시는 학습자가 자신의 교육, 삶의 경로, 공동체와 세상에 의미 있는 영향을 미치기 위한 의도적이고 의미 있는 행동을 할 수 있는 능력과 의지(OECD, 2019)"로 정의한다.

이러한 OECD의 구조는 IB 교육의 철학과 직접적으로 호응한다. "더 나은 세상을 위한 교육"을 지향하는 IB는 지식은 반드시 성찰과 행동으로 이어져야 한다는 전제 아래 학습자상과 실천하는 봉사(Service as Action, 행동으로서의 봉사) 활동을 운영한다. 이는 학습자가 국제적 소양을 갖춘 주체로서 공동체와 세계에 기여하는 구체적 실천 장치라 할 수 있다(IBO, 2015). IB의 지식-성찰-행동 구조와 실천하는 봉사 활동은 바로 이러한 국제적 교육 담론 속에서 학습자가 능동적 시민이 되도록 설계된 구체적 실천 장치라 할 수 있다(IBO, 2014; IBO, 2015).

요컨대 OECD가 제시한 변혁적 역량과 행위주체성의 비전은 IB 교육의 철학 및 실천 구조와 긴밀히 호응하며, 이는 다시 한국의 2022 개정 교육과정과도 연결된다. 즉, 국제적 담론에서 강조되는 학습자 주도성과 웰빙 지향은 국내 교육과정에도 반영되어, 지식 · 이해, 과정 · 기능, 가치 · 태도가 통합된 성취기준으로 구체화된 것이다.

〈핵심역량 함양을 위한 성취기준: 지식 · 이해, 과정 · 기능, 가치 · 태도〉

우리나라 2022 개정 교육과정은 이해 중심 교육과정과 역량 함양을 지향하며, 학생이 지식의 의미를 깊이 이해하고 문제를 해결하며 가치 있는 삶을 살아가는 태도를 기르도록 설계되었다(교육부, 2022). 이를 위해 모든 성취기준은 지식 · 이해, 과정 · 기능, 가치 · 태도의 세 요소 중 두 가지 이상을 통합하여 진술하였다(교육부, 2022). 이러한 구조는 OECD Education 2030이 제시하는 핵심 축 — 지식, 기능, 태도, 가치 — 및 변혁적 역량과도 긴밀히 호응한다(OECD, 2019).

2022 개정 교육과정에서 성취기준을 통합적으로 설계한 것은 교육과정, 수업, 평가 간 정렬을 위한 토대를 마련하는 동시에, 학생이 깊이 있는 이해를 형성하고 이를 실제 맥락에 적용하며, 배움과 삶의 방향을 스스로 성찰할 수 있도록 지원하려

는 것이다(교육부, 2022). 즉, 한국의 2022 개정 교육과정 역시 국제적 담론과 발맞추어 학습자를 행위주체적 존재로 길러내는 데 주안점을 둔다.

〈역량 빙하 모델〉

- '역량 빙하 모델(Competency Iceberg Model)'은 가시적 역량과 비가시적 역량의 구분을 통해 학습자와 교사의 전문성을 설명한다. 빙산의 수면 위에 드러난 부분은 지식(Knowledge)과 기능(Skills)으로, 비교적 쉽게 관찰 · 측정 가능한 요소들이다. 시험이나 자격증을 통해 평가되는 영역이 여기에 속한다.

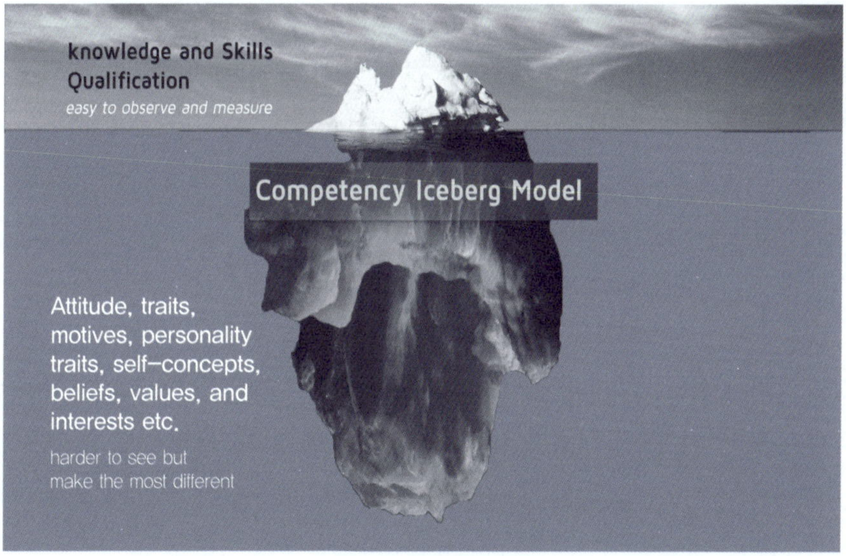

〈Competency Iceberg Model〉
출처: Spencer & Spencer(1993)

- 그러나 빙산의 수면 아래에는 더 크고 중요한 부분이 존재한다. 이는 태도(Attitudes), 성향(Traits), 동기(Motives), 자기개념(Self-concepts), 가치와 신념(Values & Beliefs)과 같은 심층적 역량으로, 쉽게 눈에 보이지 않지만, 개인의 실제 성과와 전문성을 결정짓는 핵심 요인이다.

- 이 모델은 교육적 차원에서 중요한 함의를 갖는다. IB 교육이나 OECD Education 2030이 강조하는 가치 · 태도 기반 전인교육, 그리고 행위주체성(agency)은 바로 이 심층 영역을 기르는 과정과 맞닿아 있다. 단순한 지식 · 기능 습득(수면 위)이 아니라, 학습자의 동기, 태도, 가치관(수면 아래)을 함양할 때 비로소 지속가능한 성취와 사회적 변화를 이끌어낼 수 있다.
- '역량 빙하 모델'은 IB 학습자상, 실천하는 봉사, 그리고 변혁적 역량을 설명하는 데 유용한 은유적 틀을 제공한다. 교육은 표면에 드러난 성취를 넘어, 학습자의 내면을 변화시키는 과정이어야 한다는 점을 강조하기 때문이다.

1-2. 가치 · 태도 기반의 깊은 이해와 전이

IB 교육은 지식 전달을 넘어 학습자의 가치와 태도 형성을 중시하는 전인교육을 지향한다. 이를 가장 잘 보여주는 도구가 바로 IB 학습자상이다. 학습자상은 탐구자, 지식인, 사려 깊은 사람, 원칙 있는 사람, 열린 마음, 배려하는 사람, 위험을 감수하는 사람, 균형 잡힌 사람, 성찰하는 사람 등 10가지 특성을 제시하며, 학습자가 지식과 기능뿐만 아니라 인간으로서의 성품과 태도를 함께 기르도록 이끈다(IBO, 2017). 이러한 맥락에서 가치 · 태도의 위상을 살펴보면 다음과 같다.

첫째, 가치 · 태도는 학습의 토대가 된다.

역량을 빙하로 비유한 그림이 시사하듯이, 지식과 기능(Skills)은 수면 위에 보이는 측면이며, 가치, 태도, 신념, 동기, 자기개념 등은 보이지 않지만, 모든 학습과 행동을 지지하는 내면적 기반이다(Spencer & Spencer, 1993). IB 교육은 이 숨겨진 영역을 단지 정서적 배경으로 보는 것이 아니라, 학습을 이끌고 변화의 방향을 설정하는 핵심 요소로 파악한다. 예컨대 IB의 학습자 프로필의 10가지 속성은 지식 이전에 태도와 성향을 우선하여 다루는데, 이는 단원 설계, 탐구 활동, 평가 기준 전반에 일관되게 반영된다(IBO, 2015).

둘째, 가치 · 태도는 깊은 이해를 가능하게 하는 조건이다.

개념기반 교육(CbC)이나 이해 중심 교육(UbD)에서 핵심 개념이나 일반화를 이해하려면, 지적 구조만으로는 부족하다. 해당 개념이 자신에게 어떤 의미를 갖는지,

왜 중요한지를 느끼고 반응할 수 있는 태도적 감수성이 필요하다. 이러한 감수성은 '깊은 이해(Deep Understanding)'의 본질적 토대가 된다. 달리 말해서, 깊은 이해는 가치에 대한 응답 능력, 즉 '의미 있는 것에 몰입할 수 있는 능력' 없이는 실현되기 어렵다(Erickson et al., 2017). UNESCO(1996)는 학습이란 단지 정보를 습득하는 행위를 넘어, 자기 자신을 표현하고 타인을 경청하며, 체계적으로 의문을 제기하고, 시적 감수성과 과학적 질문 능력을 기르는 과정이라고 보며, 이러한 일련의 과정은 본질적으로 가치와 태도가 작용하는 지적 활동임을 강조한다.

셋째, 가치 · 태도는 전이와 실천의 원동력이다.

전이(Transfer)란 배운 것을 새로운 상황에 적용하는 능력이다. 하지만 이러한 전이는 인지적 능력만으로 작동하기 어렵다. 학생이 배운 개념을 다른 삶의 맥락에 연결하려면, 그 연결에 의미를 부여할 수 있는 내면적 동기와 태도가 전제되어야 한다. 예를 들어 '공정성(fairness)'이라는 개념을 학습하고 그것을 일상에서 실천하려면 공정함을 중요하게 여기는 태도와 윤리적 판단력이 필요하다. 프레이리(P. Freire)는 행동 없는 성찰은 공허하고, 성찰 없는 행동은 무의미하다고 주장하며, 학습은 실천(praxis)을 통해 완성된다고 보았다(Freire, 1970). 즉, 학습은 기존의 질서를 수동적으로 받아들이는 것이 아니라, 세계와 나의 관계를 성찰하고 그것을 바꾸기 위한 행동으로 이어지는 과정이어야 한다는 것이다. 마찬가지로 듀이(J. Dewey)는 학습은 경험을 통해 형성되며, 사고(thought)는 실천(practice)을 위한 도구임을 강조했다(Dewey, 1938). OECD(2019)도 학습자가 스스로 가치를 선택하고 실천할 수 있는 행위주체성(agency)을 중심으로 역량을 정의한다. 이러한 맥락에서, IB 교육에서는 지식이 행동과 실천으로 이어져야 함을 명시한다. IB의 '행동으로 이어지는 학습'은 지식-성찰-행동이 일관되게 연결되는 교육철학의 실천이며, 이는 학습자 행위주체성과 윤리적 실천을 중시하는 IB 전인교육의 지향점과도 맞닿아 있다.

넷째, 가치 기반 학습은 학습자의 행위주체성과 웰빙을 촉진한다.

IB 교육은 학습자를 수동적인 지식 수용자가 아닌, 자신의 삶을 성찰하고 방향을 설정하는 행위주체로 본다(IBO, 2019). 여기서 행위주체성은 단순한 선택의 자유를 넘어서, 무엇을 선택할지에 대한 내면의 기준과 의미를 갖는 존재로서의 주체성을 의미한다. 이러한 주체성은 가치 기반 학습을 통해 길러진다. 학습자는 "왜 이 지식을 배워야 하는지, 이 개념은 나의 삶이나 세계와 어떤 관련이 있는지" 등과 같은 질문을 통해 자신만의 내적 동기와 선택의 방향성을 개발한다. 이러한 성찰은 학습을 단순한 지식 습득이 아니라 개인적 의미와 연결된 삶의 서사로 재구성하며, 이는 자율성, 목적의식, 관계성 등 웰빙의 심리적 요소와 깊이 연결된다(OECD, 2019). 따라서 IB의 가치 기반 학습은 단순한 태도 교육을 넘어, 삶을 주도적으로 살아갈 수 있는 내면의 판단력과 실천력을 길러주는 구조로 작동한다.

끝으로, IB 교육은 '가치 · 태도 기반의 전인교육'을 강조한다.

IB 교육은 가치와 태도를 단지 '정서적 영역'으로 취급하지 않고, 학습의 기반이자 방향이 되는 본질적 영역으로 설계에 통합한다. 예컨대 학습자 프로필에서는 교육과정 전체를 관통하는 가치적 정체성에, 학습 접근법(ATL)에서는 기능 발달과 태도 형성을 통합한 학습 접근에, 평가기준에서는 분석 · 비판 · 창조 · 성찰을 포함한 전이 가능성 평가를 강조한다(IBO, 2015). 결국, IB 교육은 '가치 · 태도'를 수면 아래 감춰진 정서의 문제가 아니라, 학습의 본질이자 출발점으로 삼는다.

요컨대 결국 IB 교육의 최종 지향은 학습자를 행위주체적 존재로 길러내는 데 있다. 이는 단순히 '자기 주도적 학습자'를 넘어서, 자신의 삶을 성찰하고 공동체와 세계를 변화시킬 수 있는 능동적 시민으로 성장하는 것을 뜻한다(IBO, 2019b). 이를 구체적으로 실현하는 장치가 학습자상과 실천하는 봉사이다. 학습자상이 학생에게 요구되는 가치와 태도의 방향성을 제시한다면, 실천하는 봉사는 그것을 실제 행위로 구현하는 실천적 장치다(IBO, 2017; 2019b). 학생들은 지역사회 봉사, 환경 보호, 사회 문제 해결 프로젝트 등 다양한 활동을 통해 배운 지식을 실제 맥락에서 적용하며, 세계시민으로서의 책무성을 기른다(IBO, 2015). 이는 OECD Education 2030이 제시한 변혁적 역량 및 행위주체성 개념과도 호응한다(OECD, 2019).

이처럼 IB 교육의 특징은 국제적 소양, 개념 중심 설계, 탐구기반 교수학습, 기준 중심 평가, 그리고 가치 · 태도 기반 전인교육으로 요약할 수 있다. 이는 단순한 교육기법의 집합이 아니라, 학습자를 자신의 삶과 세계를 성찰하고 변화시킬 수 있는 행위주체로 길러내려는 철학적 지향을 드러낸다. 따라서 다음 절에서는 IB 교육이 전제하는 행위주체성의 개념을 보다 근본적으로 고찰한다. 고전적 형상-질료 도식에서 출발하여, 들뢰즈, 푸코, 바라드에 이르는 현대철학의 사유를 검토함으로써, IB 교육의 구체적 특징이 어떻게 주체의 존재론적 변화를 지향하는지를 철학의 주름 속에서 탐색하고자 한다.

[철학의 주름]

2. 형상과 질문: 차이나는 반복을 위한 변혁적 역량

3. 인간중심주의에서 탈(脫)인간중심주의 패러다임으로

4. 들뢰즈, 베르그송주의자

5. 푸코: 담론, 권력, 주체의 계보학

6. 푸코에서 바라드로: '장치' 개념의 재구성

7. 리쾨르 해석학과 IB 학습자 프로필: 자기 이해에서 세계 시민성으로

행위주체(agency)는 오늘날 교육 담론의 핵심 키워드이자, OECD Education 2030과 IB 교육이 공유하는 중요한 지향점 중 하나이다. 학생을 지식의 수동적 수용자가 아니라 학습의 능동적 설계자이자 변혁적 역량의 주체로 바라보는 관점은, 단순히 교수·학습의 방식만이 아니라 교육을 이해하는 근본적 패러다임을 전환한다. 그러나 여기서 멈출 수는 없다. '왜 행위주체인가?'라는 질문은 곧 '주체란 무엇인가, 주체는 어떻게 구성되는가'라는 철학적 질문으로 이어진다.

철학의 주름에서는 이 물음을 다양한 사유의 결을 따라 탐구하고자 한다. 우선, 행위 주체를 형상과 질료의 차원에서 고찰하면, 개별 주체는 단순히 주어진 틀에 종속된 존재가 아니라 차이를 반복하며 스스로를 형상화하는 변혁적 가능성의 장으로 드러난다. 이는 교육에서 말하는 역량이 고정된 능력치가 아니라, 반복과 변형을 통해 새롭게 생성되는 힘임을 시사한다.

또한, 행위주체 논의는 인간중심주의를 넘어서는 사유로 확장된다. 포스트휴머니즘과 신물질주의는 인간을 세계의 중심으로 놓는 관점 대신, 인간·비인간·물질·환경이 얽혀 있는 탈(脫) 인간중심적 패러다임을 제시한다. 이러한 사유 속에서 행위주체는 더 이상 개인 내부의 의지나 선택으로만 환원되지 않고, 관계적·물질적 장치 속에서 생성되고 재구성되는 힘으로 이해된다.

이 과정에서 들뢰즈(G. Deleuze)와 베르그송(H. Bergson)의 사유는 '잠재성과 생성'이라는 관점을 통해 행위주체를 다시 조명한다. 행위주체는 이미 주어진 속성이 아니라, 사건과 차이의 운동 속에서 드러나는 잠재적 실재이며, '되기(becoming)'의 과정 속에서 끊임없이 형성된다. 푸코의 계보학은 이러한 논의를 권력과 담론의 장으로 확장하여, 주체가 단순히 자유로운 자율적 존재가 아니라, 담론적·비담론적 실천과 장치 속에서 끊임없이 구성되고 재구성된다는 점을 드러낸다. 바라드는 푸코의 '장치' 개념을 신물질주의적으로 재구성하여, 행위주체를 수행적 관계 속에서 발생하는 물질화 과정으로 이해하게 한다.

마지막으로 리쾨르(P. Ricoeur)의 해석학은 행위주체를 내러티브적 자기 이해의 차원에서 재해석한다. 학생은 서사를 통해 자신의 정체성을 구성하고, 타자와의 만남 속에서 관계적 주체로 거듭나며, 이를 통해 세계시민적 주체성으로 나아간다.

이는 IB 학습자 프로필과 직접 연결되며, 행위주체를 단순한 개인의 능동성이 아니라 해석과 전유, 관계와 서사를 통해 형성되는 세계시민적 행위주체성으로 확장해 나간다.

따라서 제2장의 후반부는 행위주체성을 둘러싼 존재론적 · 물질적 · 담론적 · 해석학적 층위를 따라 철학의 주름을 탐색하는 과정이다. 이를 통해 교육에서 행위주체를 말한다는 것은 단순히 학습자의 자기 주도성을 강화하는 차원을 넘어, 새로운 존재 방식과 윤리적 삶의 양식을 사유하는 것임을 밝히고자 한다.

2. 형상과 질료: 차이나는 반복을 위한 변혁적 역량

서양철학 전통에서 형상(form)과 질료(matter)의 이분법은 플라톤에서 시작되어 아리스토텔레스, 중세 기독교 철학, 근대 자연철학에 이르기까지 지속적으로 이어졌다. 플라톤은 이데아(idea)의 세계와 코라(chora)라는 질료적 기반의 세계를 구분하며, 이데아가 질료에 구현됨으로써 개별 존재가 탄생한다고 보았다. 아리스토텔레스는 이 형이상학적 구도를 더욱 체계화하여, 모든 개별 사물을 형상(보편화의 원리)과 질료(개별화의 원리)의 결합으로 이해하였다. 중세 기독교 철학에서는 이러한 형상이 신의 사유 속 이데아로 재해석되었고, 근대과학에 이르러서는 질료가 질량(mass) 개념으로 전환되며, 질량보존과 에너지보존의 법칙을 통해 형상과 질료의 구분이 물리학적으로 재해석되었다.

이러한 서양의 형상질료론은 동양철학의 성리학에서도 유사하게 전개된다. 성리학에서 리(理)는 사물에 질서를 부여하는 형상의 원리이며, 기(氣)는 그것이 구체화되는 물질적 에너지이자 생성의 원천이다. 리는 기를 조직하고 구성함으로써 구체적인 존재를 형성하며, 기는 리에 의해 구조화됨으로써 유기체적 질서를 이루게 된다. 즉, 리와 기는 대립적 이분법이 아니라 상호구성적이며 상호작용하는 존재 원리로 작동한다(이정우, 2004).

성리학은 리(理)를 '그렇게 있도록 만드는 것', 기(氣)를 '그렇게 있는 것'으로 설명하며, 리(理)는 변하지 않는 하늘의 이치로, 기는 끊임없는 변화의 흐름으로 간주한다(김상환, 2011). 그러나 주자(朱子)의 이기론(理氣論)에서는 우주의 존재론적 근거가 기(氣)에 있으며, 리(理)는 그 생성적 운동 속에서 드러나는 형이상학적 잠재태(potentiality)로 이해된다. 다시 말해, 형상은 질료로부터 독립된 초월적 실재가 아니라, 생성의 흐름 속에서 일시적으로 구성되는 질서인 것이다.

'리(理)'의 어원은 '옥을 간다'라는 뜻으로, 이는 질서 없는 바탕 위에 형식을 부여하고 조직하는 행위를 상징한다(이정우, 2004). 이처럼 형상은 기의 가능성 안에서만 실현될 수 있으며, 기가 리에 의해 조직될 때 세계는 유기체적으로 구성된다. 리와 기는 음양처럼 분리되지 않으며, 그 분화 이전의 근원을 태극이라 부른다. 현대 물리학적 관점으로 이를 비유하자면, 태극은 빅뱅 이전의 점 우주, 기는 카오스 상태의 에너지 흐름, 리는 질서화된 코스모스의 구조에 해당한다고 볼 수 있다(김상환, 2011).

이러한 관점은 서양 형이상학의 개념어인 형상(form)의 어원에서도 드러난다. 영어의 'form'은 희랍어 에이도스(eidos) 혹은 라틴어 스피시즈(species)에서 유래하며, 후자는 생물학에서의 종을 뜻한다(Kwak, 2023). 그러나 현대 생물학은 종(species)조차도 고정된 본질이 아닌, 변이와 혼종을 통해 구성되는 유동적 동일성으로 본다. 이는 성리학적 이기론의 시각과도 상응한다. 형상(理)은 기(氣)를 떠나서는 존재할 수 없으며, 기의 생성 변동 속에서 형상이 일시적으로 구성되었다가 다시 해체되기도 하는 생성적 존재이다. 따라서 형상이란 본질이 아니라, 움직이는 질료의 반복과 차이 속에서 일시적으로 구성되는 질서이자, '되기'의 중간상태라 할 수 있다.

이처럼 형상은 고정된 본질이 아니라 끊임없이 변하는 질료 속에서 생성되고 해체되는 되기(becoming)의 과정으로 이해된다. 이러한 철학적 이해는 교육에서의 변혁적 역량 개념과 연결할 수 있다. 변화와 생성의 흐름 속에서 형상이 계속해서 재구성되듯, 교육에서의 변혁적 역량을 학생들이 새로운 형상(form)을 창출하는 능력을 함양하는 과정으로 해석해 볼 수 있다.

OECD는 DeSeCo 프로젝트(OECD, 2006)와 Education 2030을 통해 학교교육의 비전을 '성공(success)'에서 '웰빙(well-being)'으로, 역량의 핵심 개념을 '성찰'에서 학생의 행위주체성으로 이동시켰다. 이 가운데 특히 주목할 것은 변혁적 역량(transformative competence)이다. 변혁(trans-formation)이란 새로운 형상(form)을 창출하는 능력이며, 이는 곧 들뢰즈의 생성(becoming) 개념과 연결된다(Kwak, 2023).

〈OECD Education 2030의 학습 나침반 변혁적 역량〉

형상(理): 서양의 형상, 동일성의 원리	질료(氣): 서양의 질료, 운동과 생성의 흐름
• 아리스토텔레스에 따르면 자연의 개별 사물은 '질료' 위에 '형상'이 부여됨으로써 특정한 존재가 된다. 형상은 보편적이고 불변하는 원리로, 개별 사물에 질서와 목적을 부여하는 근거가 된다. 즉, 형상은 질료를 통해 구체적 현실로 구현되며, 개별은 보편에 참여함으로써 의미를 획득한다. • 교육에서 형상은 '학습자 프로필'이나 '평가기준'처럼 보편적 이상 혹은 규범으로 작용할 수 있다. • 이와 대조되는 질료는 개별성, 다양성, 구체성을 상징하며, 이는 학습자의 실제 경험, 맥락, 감각적 실천과도 연결된다.	• 질료는 단순한 '소재'가 아니라, 형상이 구체화되기 위한 가능성의 장(場)이다. • 아리스토텔레스 철학에서 질료는 형상이 없이는 목적 없는 가능성에 머물지만, 현대철학(특히 들뢰즈, 바라드 등)에서 질료는 형상에 의해 제한되지 않는 생성과 감응의 근원적 흐름으로 간주된다. • 질료는 고정된 형상에 저항하거나, 새로운 형상의 출현을 유도하는 역동적 힘이 될 수 있다. • 교육적으로, 질료는 학습자의 감각, 정서, 우발적 관계, 예기치 않은 탐구 가능성 등을 상징한다. 이는 '되기'의 기반이 된다.

출처: Kwak(2022)

들뢰즈는 존재의 본질을 동일성에서 찾지 않고, 차이의 운동과 반복 속에서 형상이 발생한다고 보았다. 즉, 동일성이 선행하는 것이 아니라 차이의 생성(differentiation)이 반복됨으로써 일정한 형상이 형성된다. 이는 '존재란 끊임없는 생성'이라는 철학적 명제를 지지하며, 생성의 윤리는 시간 속에서 새로움을 창조해 내는 삶의 태도와 직결된다(이정우, 2004; 2012).

이와 같은 존재론은 교육에서도 변혁적 역량의 핵심을 설명해 준다. 변혁적 역량은 반복과 반복 사이에서 차이를 만들어내는 능력이며, 이는 고정된 정체성에 머무르지 않고 스스로를 변화시키고 다시 구성할 수 있는 행위주체적 가능성을 뜻한다. 이러한 주체성은 리쾨르(P. Ricoeur)의 해석학적 자아나 이야기 정체성(narrative identity) 개념과도 맞닿아 있다.

해석학적 인간은 고정된 실체가 아니라 자신을 해석하고 실현해 가는 존재, 즉 가능성의 존재이다. 인간은 끊임없이 스스로를 이해하며 새로운 의미를 부여하는 과정 속에서 자신을 형성해 간다(박남희 외, 2008; 전경갑, 1992). 이러한 존재론적 구조에서 '이해'란 단순한 인식 수단이 아니라, 존재의 형식이자 생성의 운동이 된다.

이러한 변혁적 역량 개념은 형상과 생성의 논리적 관계를 이해하는 데 중요한 통찰을 제공한다. 존재가 끊임없이 변화를 거듭하며 새로운 형상이 생성된다는 이론은 단지 철학적인 차원에만 논의되는 것이 아니라, 교육에서도 중요한 시사점을 제공한다. 들뢰즈는 화가 베이컨의 작품을 형상 탐구라는 관점에서 설명한다(조광제, 2009). 베이컨의 그림에서 형상은 고정된 본질이 아니라, 반복되는 차이와 생성의 운동 속에서 끊임없이 변형되고 발전하는 동적인 존재로서 나타난다.

〈철학자 프랜시스 베이컨과 화가 베이컨의 유사성: 형상의 철학과 형상화의 예술〉

화가 베이컨은 구상화(figurative)의 재현적 방식을 벗어나 형상화(figural)의 감각적 회화를 추구했다. 들뢰즈(2003)는 그의 회화를 '감각의 논리'라며, 그림이 대상을 서술하거나 해석하는 방식이 아니라, 감각적 충격, 신체의 왜곡, 욕망의 리듬 등을 통해 순수한 형상을 폭로한다고 해석하였다(조광제, 2009). 베이컨의 그림은 감각의 강렬한 자극을 통해 존재의 본질을 드러내고자 했다.

동양적 맥락에서 화가 베이컨의 회화는 기(氣)의 세계와 연결될 수 있다. 그의 작품은 형상화된 격자(理)를 파괴하고 솟아오르는 기의 폭발로 해석될 수 있다(이정우, 2004; 2008). 베이컨은 감각을 그리려 했으며, 그의 작품은 시각적일 뿐만 아니라 촉각적 요소까지 포함한다(진중권, 2003). 베이컨의 기괴한 형상들은 관람자에게 신경계에 직접적인 자극을 주며, 들뢰즈(조광제, 2009)는 베이컨이 눈에 보이지 않는 에너지나 감각을 시각화하려 했다고 설명한다(조광제, 2009).

〈기관 없는 신체와 추상기계〉

- 베이컨(F. Bacon)의 회화는 고정된 형상(form)을 해체하고, 동양의 '기(氣)'와 유사한 에너지의 흐름과 감응의 밀도를 시각화한다. 베이컨은 이처럼 형상의 붕괴를 통해, 폐쇄적 정체성과 고정된 육체에 대한 인식 자체를 전복하고자 한다. 들뢰즈(G. Deleuze)는 그의 회화를 감각의 분출을 통해 형상과 기능을 해체하는 '기관 없는 신체'의 시각적 구현으로 해석한다(조광제, 2009).
- 폴록(J. Pollock)의 액션 페인팅은 이러한 흐름을 더욱 극단적으로 밀어붙인다. 그의 작품에서는 전통적 형상이나 구성은 완전히 사라지고, 오직 물감의 낙하, 속도, 중첩, 리듬의 운동성과 흔적만이 남는다. 이는 마치 기(氣)가 형상(理)의 틀을 밀어내며 직접적으로 분출되는 역동적인 장(場)처럼 작용하며, 그 안에서 들뢰즈가 말한 감각의 '강도(intensity)'를 직접적으로 경험하게 한다(조광제 외, 2008).
- 들뢰즈는 베이컨과 폴록의 회화를 통해, '형상에 사로잡히지 않는 생성의 존재론'을 사유한다. 그의 존재론에서 세계는 고정된 실체가 아니라, 끊임없이 흘러가고 접속하는 유동적인 흐름(flux)이다. 이러한 흐름이 일정한 방식으로 구성되고 작동될 때, 그것은 하나의 '기계(machine)'가 된다. 여기서 '기계'란 감각, 의미, 물질이 특정한 질서로 배치되는 생성의 구조를 뜻한다. 베이컨과 폴록의 회화는 이러한 기계적 배치를 해체함으로써, 형상화되기 이전의 에너지와 감각, 접속이 직접적으로 분출되는 시각적 장(場), 즉 하나의 추상기계(abstract machine)를 펼쳐 보인다.

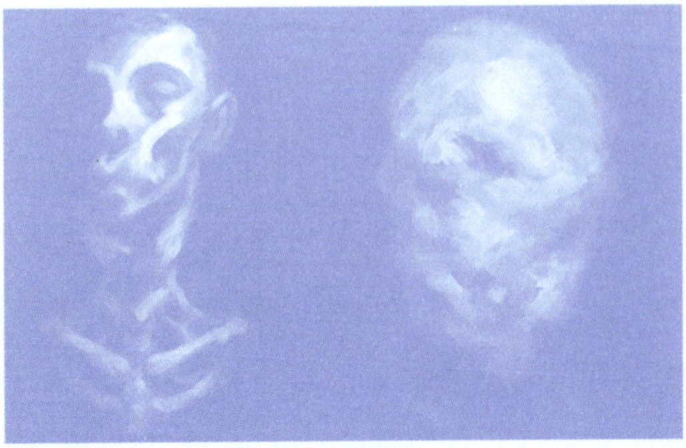

출처: ChatGPT & DALL · E(2025a)

베이컨의 작품 속에는 동물과 인간의 경계를 모호하게 만드는 무정형의 형상들이 등장하며, 이는 형상의 해체를 시도하는 과정이다. 그는 사람의 비명, 얼굴 지우기, 동물-되기 등을 통해 고정된 형상을 무너뜨리고, 그 밑에 숨어 있는 원초적인 신체의 감각을 드러낸다(조광제, 2009). 특히, 얼굴 지우기 작업은 오감을 모은 얼굴을 제거하고, 그것이 지니고 있던 전통적 의미를 해체하는 방식이다. 이는 탈영토화(deterritorialization)라 할 수 있으며, 정체성과 신체의 재구성을 시도하는 방식이다(조광제, 2009).

들뢰즈는 베이컨의 회화를 탈기관체(body without organs)의 상태를 드러내는 방식으로 해석한다(조광제, 2009). 탈기관체는 질료의 형상들이 요동치는 잠재적 상태로, 형상에 얽매이지 않고 변형되며 생성되는 과정을 시각화한 것이다. 베이컨의 그림은 질료가 아직 형상화되지 않은 상태, 즉 유기체로 변하기 전, 응고되지 않은 뼈, 살, 피가 섞인 영역을 그린 것이다. 여기서 형상과 질료는 생성적 흐름을 따라 형상이 생성되고 해체되는 과정을 나타낸다(조광제, 2009).

결국, 베이컨의 그림은 탈기관체의 세계, 즉 존재의 경계가 와해되는 되기(becoming)의 세계를 드러낸다(이정우 외, 2007). 여기서 형상은 고정된 본질이 아니라, 지속적으로 변화하고 생성되는 존재의 일부로서 나타난다. 따라서, 화가 베이컨은 철학자 베이컨과 마찬가지로, 표면에 드러난 현상 너머의 본질을 추구하는 형상 탐구의 태도를 지녔다.

한편, 철학자 베이컨은 귀납법을 단순히 개별 사실의 집합이 아니라, 그 이면의 형상을 탐구하는 논리적 방법이라 정의한다. 그는 자연현상을 통해 반복되는 규칙성, 즉 보편적 형상을 추론함으로써 과학적 진리에 도달하려 하였다. 예컨대 '열'이라는 개념은 다양한 열 현상의 공통점을 밝히는 과정에서 얻어진다. 베이컨의 귀납법은 개별로부터 보편으로 나아가는 탐구이며, 이때의 '보편'은 곧 형상(form)을 의미한다.

칸트(I. Kant)는 형상(form)과 질료(matter)를 각각 개념과 직관에 대응시키며, "개념 없는 직관은 맹목이고, 직관 없는 개념은 공허하다"라는 말로 양자의 상호 의존성을 강조하였다. 이 칸트의 명제는 오늘날 역량기반 교육에서도 중요한 변주를 낳았다. 역량기반 교육과정에서는 "교과 내용 없는 역량은 공허하고, 역량 없는 교과 내용은 맹목적"이라는 표현을 통해, 지식과 역량은 분리될 수 없으며 상호 통합되어야 한다는 점을 강조한다(황규호, 2014; Griffin et al., 2012).

요컨대, 철학자 베이컨과 화가 베이컨은 각각 형상의 논리학과 형상화의 미학이라는 방식으로 동일한 문제의식, 즉 드러난 것 너머의 본질 탐구를 공유한다. 이들은 모두 감각과 개념, 질료와 형상, 개별과 보편이라는 이원론적 구도를 넘어서려는 시도로서, 오늘날 교육이 추구하는 변혁적 역량과 주체성 교육과도 깊은 철학적 연관성을 맺고 있다.

〈이해란 존재생성의 양식이다〉

- 하이데거와 가다머는 이해가 존재를 구성하는 방식을 말한다. 타자에 대한 이해는 물론이고, 타자 이해를 통한 자기 이해까지 '이해란 인간의 존재양식 그 자체'라고 하이데거는 말한다. 우리라는 자기는 생성되는 것으로, 이해를 통해 존재가 생성된다. 즉, 하이데거에게 이해란 존재생성의 양식이다.
- 자기를 이해한다는 것은 언제나 어떤 것에 대한 이해를 통해서만 가능하다고 가다머는 말한다. 가다머에 따르면, 모든 이해란 궁극적으로 자기 이해로 향하는 것이며, 자기를 이해한다는 것은 텍스트의 매개를 통한 이해이다.
- 해석학적 자기 이해란 텍스트와의 문답 놀이를 통해서 텍스트가 말하는 것을 이해함으로써 나를 이해하는 것이다. 텍스트가 말하는 것을 해석자가 자신의 고유한 언어로 표현할 때, 즉 자기 것으로 만들 때라야 비로소 텍스트에 대한 온전한 이해가 이루어진다.

출처: 이기언(2010: 433-435)

오늘날 교육이 지향하는 변혁적 역량은 형상과 질료의 상호작용 속에서 새로운 가능성을 창출하는 능력이며, 이는 고정된 인간 중심의 주체 개념을 넘어서는 인식론적 전환과 깊은 관련을 맺고 있다. 이러한 맥락에서, 형상과 질료의 관계를 재사유하려는 철학적 시도는 '인간'을 중심으로 세계를 조직해 온 근대적 인식틀 자체를 문제 삼는 탈(脫)인간중심주의 사유로 이어진다. 형상을 구성하는 힘이 인간의 의지나 주체성에만 국한되지 않는다면, 우리는 세계를 사유하는 방식은 물론, 주체의 존재론적 위상 자체를 근본적으로 재구성할 수 있게 된다. 이러한 사유의 전환은 포스트휴머니즘과 신물질주의의 대두와 함께 심화하고 있으며, 오늘날 교육이 직면한 존재론적 전환의 철학적 토대를 형성한다.

3. 인간중심주의에서 탈(脫)인간중심주의 패러다임으로

3-1. 포스트휴머니즘과 신물질주의의 대두

질적연구를 포함한 사회과학의 주요 패러다임은 지속적으로 변천해 왔다. 초기 실증주의에서 출발한 사회과학은 1968년 혁명의 영향을 받아 비판적 패러다임과 푸코의 후기 구조주의 등의 이론적 전환을 겪었다. 이 시기의 주요 변화는 언어적 및 문화적 전회를 계기로, 존재와 인식의 틀을 '언어', '의미', '담론', '문화' 등을 중심으로 설명하려는 사회적 구성주의와 후기 구조주의의 확산으로 나타났다(김환석, 2016). 특히 포스트구조주의는 언어와 사고를 동일시하며, 연구 대상들을 '텍스트'로 분석하는 방법론이 주류를 이루게 했다(김환석, 2016).

하지만 이러한 인간중심적인 패러다임들이 인간의 물질적 환경과 관계된 요소들을 간과한다는 비판이 제기되면서, '물질적 전회(material turn)'라는 새로운 논의가 등장하게 되었다. 이 전환은 신물질주의와 같은 탈인간중심주의적(post-humanism) 흐름을 탄생시켰다(김환석, 2018). 서구의 인간중심주의는 역사적으로 신(神)에 대한 도전에서 시작되었으나, 이 과정에서 인간을 중심으로 세상이 구성되었고, 모든 존재가 인간의 필요와 욕구를 충족시키기 위해 존재하는 것으로 이해되었다(조광제, 2022). 이러한 관점은 결국 인간중심주의에 대한 철학적 반성을 촉발하였다.

포스트휴머니즘은 이러한 인간중심주의의 한계를 넘어서려는 철학적 흐름이다. 이 새로운 패러다임은 '물질적 전회'를 특징으로 하며, 물질성과 존재론을 언어적 요소와 대비시키고, 이를 통해 인간중심적 사고를 넘어서는 대안을 모색한다(김환석, 2016). 즉, 인간의 이성의 대표적인 징표인 '언어'보다는 물질성에 대한 관심을 중심으로 인간중심주의에 대한 반작용을 펼치고자 한다. 사회과학에서는 이를 '물질적 전회'로, 과학기술학과 인류학에서는 '존재론적 전회(ontological turn)'라 부르며, 일부 사회학에서는 '사물지향적 사회학(object-oriented sociology)'이라는 새로운 연구 영역이 등장했다(김환석, 2020).

근대의 인간중심주의는 인간만이 이성을 지닌 존재로, 자연을 비롯한 인간 아닌 비인간을 단지 수동적인 대상으로 보았다(신상규, 2020). 이 사고방식에서는 이성이 인간의 본질적인 속성으로 간주되었으며, 인간과 비인간을 구별하는 기준은 바로 이성의 여부였다. 인간은 자기결정권을 행사하는 존재로서, 그 자유와 행위주체성이 가장 중요한 규범적 가치를 지닌다고 여겨졌다(신상규, 2020). 그러나 포스트휴머니즘은 이러한 인간중심적 구분을 넘어서서, 인간과 비인간, 이성과 감성, 기계와 생명 간의 이분법적 경계를 허물려고 시도한다. 특히, 포스트휴머니즘은 4차 산업혁명으로 가능해진 인공지능, 사이보그, 로봇과 같은 기술적 존재들을 포함하여 새로운 행위주체를 정의하려 한다. 이는 단지 인간을 넘어서는 존재론적 이해를 제시하며, 기존의 인간중심주의적 구분을 탈피하려는 철학적 노력이기도 하다.

포스트휴머니즘은 포스트모더니즘과 일정 부분 연속성과 공감대를 공유하지만, 그 핵심적인 차이는 현대의 고도 과학기술과 관련이 있다. 포스트모더니즘은 주로 인터넷 기술의 발달을 배경으로 하였지만, 포스트휴머니즘은 인공지능, 유전공학, 사이보그 기술 등을 배경으로 하여 더욱 실질적인 존재론적 전환을 강조한다(조광제, 2022). 즉, 포스트휴머니즘은 인간과 비인간, 생명과 기계의 경계를 넘어서며, 기술적 진보와 관련된 새로운 행위주체를 재정의하는 데 초점을 맞춘다.

따라서 포스트휴머니즘은 단순히 인간중심주의를 넘어서는 것을 넘어서, 물질성과 기술, 그리고 비인간적 존재들까지 포괄하는 새로운 이해의 패러다임을 제시한다. 이 새로운 패러다임은 과학적, 철학적, 윤리적 차원에서 인간과 자연, 인간과 기술, 인간과 비인간의 관계를 재구성하려는 시도를 포함한다. 포스트휴머니즘은 기존의 이원론적 사고에서 벗어나, 인간을 포함한 모든 존재가 상호작용하고 관계를 맺으며 존재한다는 새로운 세계관을 확립하려는 철학적 도전이다.

3-2. 물질적 전회와 신물질주의

신물질주의는 물질적 전회를 대표하는 철학적 흐름으로, 들뢰즈를 비롯한 여러 철학자들의 이론에서 그 사상적 토대를 찾을 수 있다. 신물질주의는 동일성이나 유사성에 근거한 차이가 아니라, 분화하는 차이를 통해 창조적 첩화를 이루어가는 과정을 강조한다. 들뢰즈는 모든 존재가 '시뮬라크르'로서 잠재적 다양체가 현실화되는 과정에서 개별화된 실재로 등장한다고 주장한다. 즉, 리얼리티는 고정된 실체가 아니라 지속적인 변화와 흐름 속에서 이해되어야 한다.

또한 신물질주의는 수행적 전회, 정동적 전회, 물질적 전회를 특징으로 하며, 이는 언어적 전회, 문화적 전회, 이성 중심의 철학 전통에 대한 근본적 반성으로 해석될 수 있다(Dolphijn & van der Tuin, 2012: 이준석, 2021 재인용). 신물질주의는 기존 인간중심적 '인식론적 전회'를 넘어 존재론적 우위를 주장하며, 물질의 대상화와 인간 중심적 사고를 비판적으로 성찰한다. 이는 물질 자체의 존재론적 지위 회복을 시도하며, 인간과 비인간, 자연과 기술 간의 경계를 허문다.

〈언어적 전회에서 물질적 전회로〉

언어적, 인식론적 전회(인간중심적 전회)	물질적, 존재론적 전회(탈인간중심적 전회)
• 판단과 인식의 주체로서 데카르트적 명석·판명한 이성 중심의 자율적 주체를 강조 • 인식의 중심 과제를 '우리는 무엇을 알 수 있는가'에 둠 • 세계는 언어를 통해 매개되며, 언어는 의미 구성의 전제 조건으로 작용함 • 의미와 진리는 언어 및 기표 체계 속에서 구성된다고 이해함 • 인간 주체는 세계를 해석하고 구성하는 유일한 중심으로 상정됨	• 감각과 감응(affect)을 기반으로 한 몸 중심의 존재 이해로 전환됨 • 인간은 정서적, 감응적 존재로, 타자와의 관계 속에서 공동적으로 존재함 • 이성과 신체의 이분법을 거부하고, 체화된 지식과 실천을 통해 관계적 주체를 모색함 • 존재의 중심 과제가 '우리는 무엇이 될 수 있는가'로 전환됨 • 언어 외부의 물질성, 행위성, 그리고 얽힘에 주목하며 비기호적 실재성을 강조함 • 인간은 물질, 기술, 비인간 존재들과의 상호작용 속에서 구성되는 비분리적 존재로 이해됨

근대 과학혁명은 지구중심설을 태양중심설로 대체한 코페르니쿠스적 전환으로 상징되며, 이에 비견되는 사유의 전환이 바로 칸트의 인식론적 전회이다. 칸트는 인간 이성이 '사물 자체(Ding an sich)'에 직접 도달할 수 없다고 주장하며, 주체가 선천적으로 갖고 있는 감성과 오성의 형식에 따라 경험적 질료를 인식하는 방식을 설명함으로써, 인식론을 주체 중심으로 전환하였다. 그는 인식이 단순히 대상을 수동적으로 반영하는 것이 아니라, 인식 주체가 능동적으로 구성된다는 점을 강조하며, 존재론보다 인식론이 우선한다는 입장을 제시하였다(김상환, 2019). 이러한 전회는 인간을 진리 인식의 중심 주체로 설정함으로써, 근대적 인간중심주의를 정당화하는 철학적 토대를 제공하였다. 인간은 세계를 해석하고 구성하는 주체로 간주되며, 자연은 대상화와 지배의 대상으로 전락하였다(김상환, 2019).

근대철학은 이러한 칸트적 인식론과 더불어 데카르트의 이원론에 기반해 주체와 객체를 엄격히 구분하고, 인간을 이성적 사고의 출발점으로 삼았다. 데카르트의 "나는 생각한다, 고로 존재한다"라는 명제는 인간을 사고의 주체이자 진리 탐구의 출발점으로 설정하였고, 이는 인간 이성의 우월성을 정당화하였다. 이러한 주체 중심의 사유는 자연과 비인간 존재들을 객체화하며, 인간의 지배와 통제의 논리를 강화하였다(이정우, 2004). 결과적으로 이러한 인간중심주의는 산업화, 기술화와 맞물려 환경 파괴와 생태적 위기를 초래하였으며, 현대철학자들에게 존재론적 전환의 필요성을 제기하였다.

이러한 반성과 비판에서 등장한 철학적 흐름이 포스트휴머니즘이다. 포스트휴머니즘은 인간을 이성적 · 자율적 주체로 특권화한 근대 휴머니즘의 사유를 비판하면서, 인간과 기계, 생명과 물질, 인간과 동물 사이의 관계를 재구성하려 한다(신상규, 2020). 이는 단순히 인간 중심 사고를 거부하는 것을 넘어, 비인간 존재들 또한 행위주체로 간주할 수 있다는 존재론적 전환을 포함한다. 정보기술, 인공지능, 사이보그, 로봇과 같은 비인간 존재들이 새로운 존재론적 지위를 획득함에 따라, 인간 이외의 존재들과의 상호작용 속에서 윤리적이고 정치적인 공동체를 새롭게 구성하려는 철학적 시도로 확장된다(조광제, 2022).

이러한 탈인간중심주의적 사유는 이후 '물질적 전회(material turn)'로 구체화된다.

물질적 전회는 언어 중심 구성주의가 물질성과 비인간 존재의 작용성을 충분히 설명하지 못한다는 반성에서 출발하며, 물질의 감응성, 능동성, 그리고 비인간 행위자의 존재론적 위상을 재조명하는 철학적 흐름이다(조광제, 2022). 이는 단지 인간중심주의를 비판하는 데 그치지 않고, 물질 그 자체가 관계망 속에서 감응하고 행위하는 존재임을 인식함으로써, 근대 이후 인식론 중심 철학의 구조를 존재론적 차원에서 재구성하고자 한다.

신물질주의는 포스트휴머니즘의 철학적 전제, 즉 인간과 비인간, 생명과 물질, 기술과 자연의 이분법을 해체하려는 시도를 공유하면서도, 이를 보다 근본적인 존재론의 갱신으로 발전시킨다. 신물질주의는 물질을 단순한 배경이나 대상이 아니라, 생기 있고 감응하며, 능동적으로 세계를 구성하는 행위자로 간주한다. 이는 인간과 비인간 존재 간의 경계를 해체하고, 이들 사이의 얽힘(entanglement)과 상호작용을 기반으로 새로운 존재론적 지평을 재구성한다(김환석, 2020). 이러한 신물질주의는 4차 산업혁명, 기후변화, 생물종 멸종 등 인류세적 위기에 대한 존재론적 응답으로도 읽을 수 있다(김환석, 2016).

결과적으로 포스트휴머니즘과 신물질주의는 인간중심주의를 넘어서는 철학적 전환이라는 공통으로 추구한다. 포스트휴머니즘이 인간-비인간 간의 관계를 재구성하고 윤리적 · 정치적 공동체의 가능성을 모색한다면, 신물질주의는 그 실천을 가능하게 하는 존재론적 기반을 제공한다. 이들은 모두 인간과 비인간, 생명과 기계, 자연과 기술이 상호 얽히고 감응하는 존재로서 함께 구성하는 새로운 행위주체성을 모색한다. 이러한 철학적 전환은 단지 인간과 자연의 관계 재정의에 머물지 않으며, 지속가능한 생태적 공동체 구성, 그리고 '어떻게 함께 존재하고 감응할 것인가'에 대한 미래 윤리로 확장된다.

〈근대화 vs. 생태화〉

- 라투르(2017)는 행위자연결망 이론에서 근대화(to modernize)의 대안으로 생태화(to ecologize)의 과정을 제시한다.
- 근대성의 물질적 배경에는 자연을 통제할 수 있게 한 기술과 과학의 발전이 있으며, 정신적 배경에는 이러한 발전을 정당화하고 촉진한 서구의 주체철학이 자리 잡고 있었다. 그러나 라투르는 근대화라는 잘못된 환상이 결국 환경 파괴와 인간 스스로의 자멸이라는 위기를 초래했다고 주장한다.
- 생태화는 근대화의 이분법을 부정하는 데서 시작된다. 즉, 자연(비인간)과 문화(인간사회)라는 근대적 이원론을 극복하고, '근대화' 대신 '생태화'로의 전환을 통해 우리 사회가 경험하는 지구적 위기를 해결할 가능성이 열릴 것이라고 라투르는 말한다. 이제 인류는 대지의 여신 가이아(Gaia)와 분리될 수 없는 존재임을 인식해야 한다고 주장한다.
- 신물질주의 연구자들은 해러웨이(Haraway, 1985)의 사이보그(cyborg)와 자연문화(natureculture), 라투르(Latour, 2017)의 가이아 2.0(Gaia 2.0), 하이브리드화(hybridization) 개념을 통해 자연과 문화가 불가분의 관계에 있음을 주장한다. 이는 인간과 자연을 구분짓는 기존의 이분법적 사고를 넘어서, 자연과 기술이 상호 의존하는 복합적인 관계망을 인식하는 방향으로 나아가는 이론적 토대를 제공한다.

출처: 신상규(2020), 이준석(2019) 발췌, 재구성

3-3. 포스트휴머니즘과 생태중심주의

탈인간중심주의의 출발점은 인간의 자연 지배에 대한 비판, 즉 인간의 자연에 대한 의존을 비판하는 생태철학에 뿌리를 두고 있다(Hamilton, 2017). 인간중심적 근대화는 지구 생명과 우주 생명의 파괴, 그리고 지구 생태위기를 초래하였다. 이러한 위기를 해결하기 위한 기존의 인간중심적 기후공학적 접근이 한계에 다다른 상황에서, 포스트휴머니즘과 생태중심주의는 인간중심주의 세계관이 초래한 문제의 근본 원인을 파악하고 대안을 모색하고 있다. 기존의 철학적 틀을 넘어서, 포스트휴머니즘은 인간과 비인간 사이의 관계를 재구성하고, 인간 이성과 물질성의 경계를 허물어 새로운 윤리적 틀을 구축하려 한다.

생태주의 철학에서는 이러한 지구생명 파괴와 생태위기를 '무(無)의 반란'으로 해석한다(이기상, 2001). 인간의 욕망으로 일그러진 세계를 바로잡기 위해서는 존재의 기준을 변화시키고, 인간 중심의 이분법적 사고에서 벗어나야 한다는 주장이다(이기상, 2011). 서구적 이분법적 사고는 인간을 우위에 두고, 여성, 비인간, 제3세계와 같은 '덜-인간', '비-인간'을 구별하여 지구생태위기를 초래했다(이준석, 2015). 따라서 탈인간중심적 생태주의는 이 모든 존재들에 대한 재사유를 촉구하며, 인간의 이성이나 언어로 정의할 수 없는 존재들을 다시금 존재의 중심으로 복원하려 한다.

이러한 포스트휴머니즘의 존재론적 전회는 기존의 인간 중심적 사고를 넘어, 인간과 비인간 존재들의 상호작용을 인정하고, 그들 간의 관계를 재정의하려는 시도를 포함한다. 신물질주의의 핵심 주장은 이러한 전환을 이루기 위해, 물질과 그 존재론적 지위가 인간의 인식능력과 언어를 넘어서 있다는 점을 강조한다. 물질은 더 이상 단순한 객체나 수동적 존재가 아니라, 그 자체로 능동적이고 역동적인 존재로 이해되어야 한다는 것이다(김환석, 2020). 신물질주의의 핵심 주장을 구체적으로 살펴보면 다음과 같다.

먼저, 신물질주의는 탈인간중심적 세계관을 특징으로 한다.

신물질주의는 인간 중심의 인식론을 벗어나, 물질 자체의 존재론적 지위를 회복하려고 시도한다. 기존의 인간중심적 철학에서 물질은 인간 의식과 언어에 의해 형성된 의미 안에서만 이해되었으며, 물질의 존재는 인간의 지각을 중심으로 한 틀에 종속되었다. 그러나 신물질주의는 물질을 인간 지성과 인식의 지배에서 벗어난 진정한 존재로 복원하려고 한다(박준영, 2021).

〈인간중심 패러다임과 생태주의 패러다임의 행위 주체성〉

능위(能爲) 철학, 인간중심주의 패러다임	무위(無爲) 철학, 생태주의 패러다임
• 인간중심의 행위주체성(agency): 인간은 세상에서 능동적인 주체로, 자신의 행동과 사고를 통해 세계를 형성하고 변화시킴. • 인간은 물질적 세계와 구별되며, 자연과 인간을 이원화하여 분석. • 인간의 사고와 활동을 통해 세상의 질서를 정의하고, 그 질서 안에서 모든 것이 작동한다고 주장.	• 비인간과 사물의 공동 행위주체성(agency): 인간과 비인간, 자연이 모두 상호작용하며 함께 변화하는 과정으로 행위주체성이 확장됨. • 비이원론: 인간-비인간, 주체-객체 간의 경계를 넘어서며, 존재론적으로 평등한 관계 형성. • 연결망 사고: 인간과 비인간의 경계를 허물며, 모든 존재가 상호작용하고 연결되어 있다는 관점. • 관계의 존재론(불교의 연기설): 실체는 어떠한 것도 그 자체로는 존재 불가능한 것으로, 단지 상호의존적으로 존재할 뿐임. • 인간을 자연과 비인간 존재들과 동등한 존재론적 지위에서 바라보며, 이들을 통해 새로운 사회적, 윤리적 공동체를 형성하려는 노력.

출처: 김형효(2004; 2006; 2007), 전경갑(1998) 발췌, 재구성

물질적 전회는 기존의 인간중심적 사고와 언어 중심의 주체철학을 넘어서, 물질의 고유한 존재론적 지위를 회복하려는 시도로, 물질은 단순히 인간 의식에 의해 해석되고 의미화되는 객체가 아니라, 우주적 질서와 상호작용하는 관계망 속에서 중요한 역할을 하는 생명력 있는 존재로 인식된다(김환석, 2016).

기존의 철학에서는 물질을 '형식화된 내용'으로 간주하고, 의미와 존재를 인간 의식의 틀 안에서만 해석했다(김환석, 2016; 조광제, 2004). 이런 관점에서는 존재가 인간에 의해 의미화되어야만 인정될 수 있으며, 우주는 인간의 의식을 중심으로 조직된 질서라는 전제가 형성된다. 이에 따라 정치, 경제, 사회, 문화는 물론, 자연과 물리적 현상까지 인간의 의미 작용 속에 종속되었다(이정우, 2012). 존재론적 유물론(ontological materialism)은 이러한 관점을 반박하며, 실재는 정신이 아닌 물질에서 출발해야 한다고 주장한다. 즉, 물질적 실재는 인간의 인식 이전에 이미 존재하며, 인간 중심의 인식론은 그 일부만을 반영한다고 봅니다. 이는 물질의 존재론적 지위를 회복하려는 신물질주의의 철학적 출발점이자, 포스트휴머니즘적 존재 이해의

핵심적 관점이라 할 수 있다.

둘째, 언어와 실재의 관계 재정립을 특징으로 한다.

언어와 이성 중심의 철학이 배제한 '무(無)'의 존재를 복권하려는 신물질주의는, 존재론적 관점에서 물질을 '없음'과의 관계 속에서 파악한다(이기상, 2011). 이는 니체가 주장한 "은유로서의 언어" 개념에 대한 비판과 연결된다. 인간의 언어와 사고는 본질을 가리는 은유에 불과하며, 모든 의미 뒤에는 삭제된 무의미가 존재한다고 그는 주장했다(류영모, 이기상, 2001 재인용). 신물질주의는 이 '무(無)'를 존재의 중심으로 복귀시키고, 이를 통해 인간이 인식하지 못한 실재를 드러내려 한다.

언어적 전회 이후, 세계는 '이미 의미화된 텍스트'로 이해되었으며, 인간은 언어로 구성된 세계만을 인식할 수 있다고 전제된다. 이에 따라, 물질은 언어의 외부로 밀려나 부정적인 '비-언어'의 범주로 분류된다(김환석, 2016). 신물질주의는 이러한 이성중심적 사고가 배제한 '없는 것(無)', 즉 인간의 인식이 닿지 않는 부분을 복귀시키려 한다. 이는 실재의 본질적 회복을 목표로 하며, 인간 중심의 인식론에서 벗어나 비언어적 물질성을 인정하는 과정이다. 결국, 신물질주의는 언어와 이성 중심의 인식론이 배제하거나 무시해 온 '없는 것(無)', 감응, 비언어적 물질성 등을 진정한 '있음(being)'으로 복귀시키고, 이를 통해 인간이 인식하지 못한 실재를 드러내려 한다. 이는 물질과 실재에 대한 기존의 왜곡된 이해를 극복하고, 물질 자체의 존재론적 특성을 새롭게 정의하려는 철학적 전환이다.

셋째, 신물질주의는 실체론적 존재론을 해체하고 관계 중심 존재론으로의 전환을 주장한다.

신물질주의는 존재를 고정된 실체로 보지 않고, 상호 의존적이고 지속적으로 생성되는 관계망 속에서 이해하려는 철학적 접근을 제시한다. 이는 고정된 본질을 넘어, 존재가 상호작용과 관계의 흐름 속에서 지속적으로 형성된다고 주장하는 관점이다. 특히, 불교의 연기론(緣起論)은 이러한 관계적 존재론을 뒷받침하는 중요한 사유 체계로, 모든 존재는 독립된 실체가 아니라 타자와의 관계 속에서만 존재할 수 있다는 점을 강조한다(김종욱, 2004; 이도흠, 2010). 연기론에서 '상호의존적인 발생'은, 모든 존재가 서로 관계를 맺고 상호 의지하여 존재한다는 철학적 주장이다.

이 개념은 존재의 근거가 타자에게 있음을 강조하며, 자기 존재의 근거를 타자와의 관계에서 찾는다(이도흠, 2019).

원효의 화쟁사상은 차이와 대립 속에서 존재의 본질을 이해하려는 관점이다. 그는 '불일이불이(不一而不二)'라는 개념을 통해, 주체와 객체, 현상과 본질, 자연과 인간은 하나도 아니고 둘도 아닌, 대립하지도, 통합되지도 않는 중도적 관계 속에서 서로를 조건 짓고 드러낸다고 주장했다(이도흠, 2017). 이는 신물질주의와 밀접하게 연결되며, 모든 존재가 관계적이고 상호의존적이라는 사유로 이어진다. 원효는 연기론을 통해, 차이가 존재를 형성하는 조건임을 강조하며, 대립 속의 공존과 대립 속의 배려라는 관계적 이해를 가능하게 한다. 이분법적 사고를 넘어서, 존재는 대립과 차이 속에서 새로운 방식으로 공존한다는 것이다.

신물질주의와 포스트휴머니즘은 바로 이 '불일이불이'의 연기적 존재론을 현대 철학적 언어로 재해석한 것이다. 주체와 객체는 독립된 실체가 아니라, 상호생성(inter-becoming)의 관계적 존재로 간주한다. 즉, 존재는 고정된 실체가 아니라, 과정, 얽힘, 네트워크 속에서 형성되는 것이다. 중심과 주변, 인간과 자연, 문화와 물질이라는 근대적 이분법을 해체하고, 모든 존재가 상호 의존적이며, 공동행위로 연결되는 생태적 윤리로 나아가는 전환이 필요하다(이도흠, 2019: 94).

결국, 신물질주의에서 존재는 고정된 실체가 아니라 끊임없이 타자와 관계 맺으며 생겨나는 것이다. 이는 원효의 화쟁(和諍), 즉 서로 다른 것들이 조화를 이루되 동일화되지 않는 존재 방식과 철학적으로 상통한다(이도흠, 2019). 신물질주의는 관계적 존재론을 바탕으로, 인간과 자연 간의 이분법적 구분을 해체하고, 새로운 생태적 공동체 윤리를 요청한다. 이는 환경 위기의 근본적인 원인인 인간과 자연의 분리를 극복하려는 시도로, 인간과 비인간, 자연과 문화, 기술과 생명이 상호작용하는 방식에 대한 새로운 윤리적 접근을 제시한다(Hamilton, 2017; 이기상, 2008).

〈원효의 화쟁사상: 차이와 관계의 사유〉

- 신물질주의와 원효의 화쟁사상: 신물질주의는 물질과 실재의 본질적 특성을 관계적 존재론으로 새롭게 정의하며, 이는 원효 화쟁사상의 관계적 특성과 맞닿아 있다.
- 불일이불이(不一而不二): 원효의 화쟁사상은 차이와 관계를 중심으로 한 철학적 접근이다. 그는 자연질서의 본질이 상관적 대립(binary opposition) 또는 상관적 차이(pertinent difference)에 있다고 보았다. 상관적 차이는 불일이불이의 개념을 통해 하나이면서도 둘이 아닌 관계성을 나타낸다(김형효, 2004). 이는 차이 속에서 공존할 수 있다는 주장으로, 화쟁(和諍)의 전환으로 나아가는 핵심 논리이다. 즉, 만물은 타자와의 관계 속에서만 존재할 수 있다고 보는 관계적 존재론이다(김형효, 2007).
- 연기론(緣起論): 원효는 타자와의 관계가 없이는 자기 존재도 성립할 수 없다는 연기론의 원리가 모든 존재에 적용된다고 보았다. 그는 존재론적으로 타자와의 관계망 속에서만 존재가 성립된다고 주장하며, 모든 존재를 관계적 존재로 이해했다(김형효, 2004). 이는 신물질주의에서 강조하는 상호작용적 존재론과 일치하며, 존재가 타자와의 관계 속에서만 의미를 가진다는 점을 시사한다.
- 대대(待對): 원효는 대대라는 개념을 사용하여 대립적 관계를 깨닫고 서로를 포용함으로써 궁극적으로 하나가 되는 과정을 설명한다. 대대는 대립적인 관계를 깨닫고 이를 해소하여, 서로를 섬김으로써 평등의 윤리를 실천하는 방식으로 이해된다. 이는 상호 존중을 기반으로 한 윤리적 실천을 제시하며, 차이와 대립 속에서도 조화로운 관계를 이루는 방법론을 제공한다.
- 변동어이론(辨同於異論): 원효는 변동어이론을 통해 동일성과 차이의 관계를 정교하게 설명한다. 그는 "같다는 것은 '다름'에서 '같음'을 분별한 것이요, 다르다는 것은 같음에서 다름을 밝힌 것"이라고 주장하며, 모든 동일성은 타자성 속에서 구성되고, 모든 차이는 동일성 속에서 드러난다고 보았다. 이는 주체와 객체, 현상과 본질 등의 구분이 본질적으로 분리된 실체가 아니라, 차이와 관계의 얽힘 속에서 드러나는 현상이라는 신물질주의의 주장과 일치한다.
- 상호작용적 존재론: 원효의 사유는 주체-타자, 인간-비인간의 경계를 해체하며, 신물질주의와 생태적 사유에서 요청하는 새로운 관계적 존재론과 깊은 연관이 있다. 원효는 이분법적 사고를 넘어서, 다양한 존재들이 상호 의존과 얽힘 속에서 '함께-되어가는(becoming)' 세계를 구성하는 방식을 제시했다. 화쟁사상과 연기론은 이러한 상호의존적 존재론을 강화하며, 모든 존재가 타자와의 관계 속에서만 존재한다는 관점을 강조한다.
- 관계적 존재론: 신물질주의는 존재를 고정된 실체가 아니라 상호작용과 관계 속에서 형성되는 존재로 이해한다. 이는 기계, 인간, 자연의 관계를 단절된 실체들이 아니라 상호작용적 관계들로 보자는 주장이다. 원효의 화쟁사상과 연기론은 이러한 상호의존적 존재론을 강화하며, 모든 존재가 타자와의 관계 속에서 존재한다고 강조한다. 즉, 화쟁사상의 중도적 존재론

은 신물질주의와 연결되어, 대립과 차이 속에서도 공존이 가능하다는 관계적 철학적 입장을 제시한다.

- 신물질주의는 존재를 고정된 실체가 아니라 상호작용과 관계 속에서 형성되는 존재로 이해한다. 이는 기계, 인간, 자연의 관계를 단절된 실체들이 아니라 상호작용적 관계들로 보는 주장이다. 원효의 화쟁사상과 연기론은 상호의존적 존재론을 강화하며, 모든 존재가 타자와의 관계 속에서만 존재한다고 강조한다. 화쟁사상의 중도적 존재론은 대립과 차이 속에서도 공존이 가능하다는 관계적 존재론을 제시한다. 즉, 존재가 독립적인 실체로 존재하는 것이 아니라, 상호작용과 관계 속에서 형성된다는 철학적 입장을 보여준다.

출처: 김형효(2007), 이도흠(2017)

3-4. 포스트휴머니즘의 윤리적 · 생태철학적 전환

신물질주의와 포스트휴머니즘은 인간 중심의 이원론적 존재론을 넘어, 모든 존재들이 상호 얽힘(entanglement) 속에서 서로 관계를 맺고, 이를 통해 세계를 만들어간다는 철학적 주장을 펼친다. 이러한 관점은 인간과 비인간, 자연과 문화, 기술과 생명 간의 경계를 허물고, 상호 존중과 상호 생성을 바탕으로 한 새로운 공동체를 모색하는 새로운 생태적 윤리를 제시한다(조광제, 2022).

전통적인 인간중심주의 철학에서는 행위성(agency)이 인간에게만 국한된 속성으로 여겨졌으나, 포스트휴머니즘은 기계, 동물, 인공지능 등 비인간 존재들도 행위주체로 간주한다. 예를 들어, 기술은 단순히 인간의 도구로 기능하는 것이 아니라, 인간의 사고와 행동을 변화시키며, 그 자체로 행위주체성을 지닌 존재로서 중요한 역할을 한다(신상규, 2020). 인공지능의 경우, 인간의 결정을 지원하거나 심지어 인간의 사고방식을 변형할 수 있는 능동적인 행위주체로 간주할 수 있다. 따라서 기계와 인간의 관계는 기계적 종속 관계가 아니라, 상호작용적 관계로 이해해야 한다. 기계는 단순한 도구가 아니라 행위의 원천으로서 능동적인 역할을 수행할 수 있음을 인정한다.

결론적으로, 인간과 비인간 존재들은 더 이상 단순한 도구적 관계에 국한되지 않는다. 이들은 서로 영향을 미치는 능동적 존재들로서, 상호작용을 통해 서로를 재구성한다. 이러한 행위자들의 상호작용 속에서 새로운 윤리적 관계가 요구된다. 이는 인간과 자연의 구분을 넘어서서, 기술과 자연, 인간이 상호작용하는 방식에 대한 새로운 윤리적 실천, 특히 생태철학적 차원에서의 근본적 전환을 요청한다.

포스트휴머니즘 생태철학은 존재의 고정된 경계를 해체하고, 다양한 존재들이 상호작용하고 얽히는 과정을 통해 새로운 윤리적 공동체를 구성하려 한다. 이는 단순히 인간과 자연의 관계를 재구성하는 데 그치지 않고, 언어와 이성 중심의 인식론을 넘어 존재의 본질을 사유하는 근본적 전환을 요구한다. 이러한 철학적 전환은 오늘날 우리가 직면한 환경 위기와 생태적 도전에 대한 실천적 해답을 제시할 수 있는 중요한 사유의 기반이 된다.

요컨대 신물질주의와 포스트휴머니즘은 인간 중심의 인식론과 이원론적 존재론을 근본적으로 전복하며, 물질의 생동성과 언어·인식 바깥의 실재, 관계적 존재론, 비인간 행위자까지를 철학적 지평으로 확장하는 포괄적인 전회를 제안한다. 이들은 단순한 이론적 패러다임의 전환이 아니라, 언어와 이성이 억압해 왔던 '무(無)'—여백, 침묵, 카오스—를 다시 '있음'의 중심으로 불러들이고, 그 속에서 존재와 의미의 재구성을 시도한다. 이러한 사유는 연기론적 관계 중심 이해, 원효의 '불일이불이'적 공존 논리, 그리고 비인간 존재자들의 자율적 행위성을 포괄하며, 인간과 비인간, 자연과 기술, 존재와 행위가 얽힌 복합적 네트워크 속에서 상호존중과 상호생성을 가능하게 하는 새로운 생태윤리의 가능성을 열어준다.

〈인간과 존재(발생)사건〉

- 모든 존재하는 것들은 본래 '없음(無, 空, 虛)'에서 비롯되어 잠시 '있음'의 상태에 머무르다가 다시 '없음'으로 되돌아간다. 그러므로 '있음'은 불변의 본질이나 고정된 실체가 아니라, 끊임없는 변화 그 자체이며 생성 그 자체라 할 수 있다. 이 관점에서 존재란 시간 속에서 주어지는 것이며, 시간과 더불어 존재하며, 나아가 시간 그 자체이기도 하다.
- 존재가 시간 속에서 주어지고, 시간 또한 존재 속에서 드러나기에, '존재의 역사'는 곧 '시간의 역사'라고 할 수 있다. 그러나 이러한 역사성을 이해하고 해석하기 위해서는 시간적 · 역사적 존재로서 인간의 출현이 전제되어야 했다.
- 우리가 인식할 수 있는 것은 오직 개별적인 '존재자'일 뿐, 존재 자체는 아니다. 이러한 존재의 방식은 존재자의 있음과는 구별되며, 이를 '없이 있음'이라 부를 수 있다. 존재자의 관점에서 보면 그 존재 방식은 실체가 없는 것처럼 느껴지기에 '없이 있음'이라 표현된다.
- 인간만이 이러한 '없이 있음'의 깊이를 이해하고, 그것과 관계를 맺을 수 있다. 왜냐하면 인간은 자신의 '있음' 안에서 바로 그 '없이 있음'의 강렬한 작용을 실존적으로 체험하기 때문이다. 인간만이 시간 속에 살며, 시간을 통해 주어지는 존재의 의미를 읽어낼 수 있는 존재이다.
- 동서양을 막론하고, 바로 이 '없이 있음'이라는 공허한 존재 앞에서 느낀 놀라움과 경외심에서 철학이 시작되었다. 도(道), 리(理), 성(性), 존재, 실체 등의 개념은 결국 그 '없는 것'을 이름(form) 붙여 붙잡아 보려는 시도였으며, 존재에 대한 이러한 물음들의 궤적이 곧 철학의 역사다.
- 이와 같이 시간 속에서 드러나는 존재를 우리는 '존재 발생 사건', 곧 '존재사건'이라 부를 수 있다. 이 존재사건은 우주의 생성 이래 네 단계의 진화를 거쳐왔다. 첫째는 우주 대폭발로 인한 우주론적 진화, 둘째는 별들 안에서의 물리화학적 진화, 셋째는 유기 생명의 출현과 종의 다양화를 통한 생물학적 진화, 넷째는 인간의 등장으로 시작된 인식론적 진화다.
- 의식을 가진 인간의 출현은 문화와 역사의 시작을 가능하게 했다. 이로써 인간은 단순한 존재자가 아니라, 존재 전체에 능동적으로 개입하는 주체로 부상하였다. 인간은 생명복제와 같은 생물학적 진화는 물론, 인공지능과 같은 인식론적 진화, 더 나아가 우주의 구조와 방향에까지 관여하려 한다.
- 인간의 등장 이후, 우주의 양상은 근본적으로 달라졌다. 인간은 존재하는 모든 것에 관여하고 얽혀있으며, 지금까지 스스로 발생해 오던 존재사건은 인간에 의해 관찰되고, 인식되고, 명명되기에 이르렀다. 이러한 변화는 인간이 단순한 관찰자를 넘어 존재 진화의 주체로 자리 잡게 되었음을 의미한다.

출처: 이기상(2003) 발췌, 재구성

이러한 존재론적 전환은 곧 학습자의 주체성에 대한 정의 자체를 재구성하게 만든다. 학습자는 단지 인지적 존재가 아니라, 비인간 행위주체와의 관계 속에서 형성되고 변형되는 존재다. 학습은 지식의 축적이 아니라, 존재의 얽힘에 감응하고, 그 속에서 윤리적으로 응답하는 실천 행위가 된다.

IB 교육은 이러한 철학적 사유를 실천적으로 수용하고자 한다. '지구 공동체 구성원으로서의 책임', '행동으로 이어지는 학습', '국제적 소양의 내면화'와 같은 개념(IBO, 2017)은 관계적 존재론과 긴밀히 연결되며, 학습자를 고립된 인지적 주체가 아닌, 세계와의 접속 속에서 끊임없이 생성되는 존재로 인식하는 전환을 요구한다. 이처럼 교육은 인간을 넘어서, 인간과 자연, 기술, 타자의 얽힘 속에서 주체를 새롭게 구성하는 장이며, IB 교육은 그 가능성을 실천하는 장으로 기능할 수 있다. '타자에 대한 존중', '국제적 이해', '실천으로 이어지는 학습'은 단순한 교육적 구호가 아니라, 존재론적 전환의 관점에서 그 의미와 실천을 새롭게 구성할 필요가 있다.

이러한 사유의 흐름은 들뢰즈의 철학과 중요한 접속 지점을 형성한다. 실체 중심의 존재론을 전복한 들뢰즈는 '되기(becoming)', '차이의 반복', '기관 없는 신체', '리좀적 배움' 등의 개념을 통해, 고정된 정체성과 이분법적 범주를 넘어서는 생성의 존재론을 사유한다. 특히 들뢰즈는 베르그송의 시간론과 생성철학을 계승하면서, 존재를 고정된 실체가 아니라 흐름과 접속, 차이와 운동으로 파악한다(이정우, 2005). 이러한 맥락에서 베르그송주의자로서의 들뢰즈의 사유를 탐색하고자 한다.

4. 들뢰즈, 베르그송주의자

21세기 철학에서 다시금 들뢰즈의 사상이 주목받고 있는 것은 우연이 아니다. 이는 단지 하나의 철학적 유행이 아니라, 물질적 전회(material turn)와 신물질주의(new materialism), 포스트휴머니즘이라는 지금의 사상적 조류와 관련되기 때문이다. 특히 이들 흐름은 근대철학이 구축해 온 이성적 자율주체라는 신화를 해체하고, 인간-비인간의 관계성을 새롭게 사유하려는 시도를 중심에 둔다(이정우, 2012).

근대적 사유는 '존재'의 바깥에 있는 초월적 원리—플라톤의 이데아, 기독교의 신, 데카르트적 코기토 등—를 전제하며, 고정된 실체로서의 인간 주체를 중심으로 세계를 구성해 왔다. 이는 존재를 실체화하고 차이를 동일성의 틀 안에 포섭하며, 비인간적 존재들을 수동적 객체로 전락시키는 형이상학적 구조였다. 그러나 들뢰즈에게 궁극적 실재는 결코 고정된 실체가 아니라, '카오스모스(chaosmos)', 즉 끊임없이 생성하고 접속하는 무한한 관계의 장으로 사유된다(이정우, 2012).

들뢰즈의 존재론은 이러한 실체중심주의적 사유에 대한 전환이다. 존재는 더 이상 실체로서의 고정된 항이 아니라, 혼효(con-sistence)된 내재적 관계망 속에서 구성되는 과정적 생성으로 이해된다. 이 과정은 예측 불가능한 우발성과 개체 간 상호작용 속에서, 항상 '차이'를 생성해 내는 동적 장을 형성한다. 화이트헤드가 말한 것처럼, 사건은 현실화된 결과로서뿐 아니라 잠재적 사건의 흐름 속에서 존재한다. 들뢰즈는 이 잠재성의 장을 '공재면(plan of immanence)'으로 개념화하며, 그 위에서 모든 존재는 관계의 접속 속에서 생성되고 변화한다.

이러한 존재론은 인간을 중심으로 고정된 인과와 의미 체계를 구성하려는 근대적 사유의 패러다임을 넘어선다. 세계는 이미 주어진 실체들의 총합이 아니라, 관계의 접속을 통해 끊임없이 구성되는 '되기(becoming)'의 장이며, 여기서 인간은 더 이상 중심적 주체가 아니라 관계적 네트워크의 일시적 결절점일 뿐이다. 들뢰즈의 사유는 인간, 동물, 사물, 기계, 기후, 기호들이 모두 동등한 존재론적 지위를 가지며, 우발적이고 비위계적인 접속을 통해 새로운 의미와 존재형태를 만들어낸다는 점에서 비인간 존재론과 존재론적 전회의 중요한 이론적 기반을 제공한다(이정우, 2005).

〈인간중심적 vs. 탈인간중심적 사유〉

인간중심적 사유	탈인간중심적 사유
• 생성(형성), 변화하는 현실세계 배후에 존재의 실체를 전제하고, 그에 따라 세계를 설명함.	• 들뢰즈에게 존재란 궁극적 실체가 아니라 카오스모스(chaosmos)로서 무질서와 질서가 공존하는 생성의 장임.
• '직선적(인과적) 시간'으로, 사건과 존재를 선후관계로 구분하고 평가함.	• '잠재적(비선형) 시간'은 사건과 존재가 항상 현실화되는 중에 있다는 관점. 과거/현재/미래가 분리되지 않고 얽혀 있음.
• 세계는 고정된 실체 간의 관계로 이루어짐. 사물은 본질에 따라 나뉘고, 인간-비인간 구분이 명확함.	• 관계가 먼저이고, 실체는 관계 속에서 구성됨. 존재는 관계적이며 비실체적, 경계는 유동적이고 사건적임.
• 고정된 정체성(identity)을 기준으로 존재를 이해함(예: 이성/감성, 주체/객체, 인간/자연의 이분법).	• 존재는 '되기(becoming)'의 과정에서 끊임없이 변화하고 접속함. 리좀, 생명물질적 구성 등 차이의 생성 강조.
• 데카르트적 주체(코기토, cogito)에 기반한 보편적 이성과 객관적 지식을 추구함.	• 모든 지식 · 의미는 접속과 배치에 따라 형성됨. 즉, 다중적이고 관계적인 배치의 산물임.

출처: 이정우(2019)

4-1. 존재의 일의성과 창조적 첩화

들뢰즈는 자신을 "베르그송주의자"라 선언하며, 베르그송의 철학을 통해 존재를 생성의 흐름으로 사유한다(이정우, 2005). 베르그송에게 진화란 고정된 질서나 목적에 따른 전개가 아니라, 우발성과 창발성(emergence)에 의해 구성되는 창조적 운동이다. 들뢰즈는 이러한 입장을 계승하면서, 진화를 단선적이거나 누적적인 발전 과정이 아닌, 리좀적 접속과 분열, 창조적 첩화의 연쇄로 파악한다(이정우, 2005).

들뢰즈의 존재론은 존재의 일의성(univocity of being) 개념을 중심에 둔다. 이 개념은 중세 철학자 둔스 스코투스(Duns Scotus)로부터 유래한 것으로, 모든 존재자는 형태와 속성에서 다르지만, '존재한다'라는 점에서는 동일한 존재론적 층위에 위치한다는 사유이다. 들뢰즈는 이 일의적 존재 개념을 통해 존재를 수직적 위계 구조가 아니라, 수평적 평면에서의 차이의 변주로 구성된 다양체(multiplicity)로 재사유한다(이찬웅, 2020).

스피노자(B. Spinoza) 또한 이러한 사유를 계승하며, 신(神)은 실체로서 무한한 속성을 갖고 있고, 우리가 경험하는 모든 개별자들은 이 실체의 양태들이다. 들뢰즈는 이러한 실체의 철학을 강도적 차이(intensive difference)의 논리로 확장한다. 동일한 속성이 다양한 개체에 실현될 때, 그것들은 각기 다른 강도를 갖는다. 예를 들어 '붉음'이라는 속성은 동일하지만, 그것이 구현되는 개체마다 강도와 맥락이 다르기에 실질적 차이를 만들어낸다(이정우, 2005). 여기서 중요한 것은 동일성의 반복이 아니라, 차이 그 자체의 생성이다.

〈이것-임(heccéité), 기존 존재론의 분류 방식을 깨는 존재들(entities, 괴물들)의 탄생〉

"생성만이 존재하며, 존재란 생성의 존재"이다. — 들뢰즈『니체와 철학』

- 들뢰즈는 존재의 개체화, 탈기관체들의 '되기'를 '이것-임(heccéité, this-ness)'으로 표현한다. 이는 둔스 스코투스(Duns Scotus) 학파가 존재의 개체화를 지칭하기 위해 사용하던 용어로, '이것-임'은 물건이나 사람의 개체화가 아니라, 어떤 개체화 양태 또는 사건, 즉 강도들에 지나지 않는 이것-임(this-ness)을 뜻한다.
- 둔스 스코투스의 '이것-임'을 들뢰즈는 '되기'의 문제와 관련지어 새롭게 전유한다. 모든 것이 함께 점선으로 공존하는 잠재면에서 횡단적 소통을 통해 우발적으로 원래는 소통될 수 없는 두 개가 '되기(생성)의 블록'을 통해 창조적 진화를 일으킬 수 있다. 따라서 둔스 스코투스의 '이것-임'은 기존 존재의 범주 속에서 들어오지 않는 무엇, 즉 차이나는 개체화를 가리킨다. 요컨대 '이것-임'은 개체화한 것인데, 기존의 분류 방식을 깨는 무수한 개체들(entities)을 가리킨다.
- 들뢰즈의 공재면(탈기관체)은 횡단적 소통(디아그람적 운동, 가로지르기)에 의한 '괴물들'의 탄생, 즉 창조적 진화가 일어날 수 있는 장소이다. '되기'의 잠재성, 즉 창조적 생성이란 기존 층화된 것에서 벗어나, 다양한 것들이 혼효(consistance)되어 있는 그런 차원을 지향하면서 개체성을 바꾸어나간다는 것이다.
- 사건은 언제나 다른 어떤 것이나 전체로 환원될 수 없는 '이것-임'으로 파악될 수 있다. 광화문에서-다중-되기는 언제나 다른 어떤 유사한 것이나 분류가능한 전체로 환원될 수 없는, 개별화의 사건으로 '이것-임'이다.

- 우리가 무언가로 되기(becoming)를 통해 이것-임이 된다는 것은 서로의 (신체적) 변양과 (정신적) 감응이 바뀌는 것이다. 모든 생성은 아이-되기, 여성-되기 등과 같이 소수자-되기이며, 이는 정치적 실천을 요청한다. 여기서 다수와 소수는 양의 많고 적음과는 관계가 없으며, 지배 권력의 소재에 의해 규정된다.

출처: 이정우(2008), 김재인(2015) 발췌, 재구성

들뢰즈는 진화의 과정을 창조적 첩화(creative involution)로 설명한다(이정우, 2005). 이는 동일 종 내의 점진적 분화가 아니라, 종과 종, 이종 간의 횡단적 접속을 통한 예기치 않은 새로운 생명 형태의 발생이다. 그는 이를 '괴물적 되기'라 표현하며, 전통적인 계보학적 질서나 분류학적 틀을 전복하는 비정상적 결연의 산물로 파악한다. 이 과정은 단순한 종합이나 융합이 아니라, 이질적 요소들이 점선의 접속을 통해 하나의 '되기의 블록(bloc of becoming)'을 형성하고, 이를 잘라내는 절단을 통해 전혀 새로운 존재가 현실화하는 방식이다(이정우, 2005).

이처럼 리좀적 진화는 목적론적 구도를 거부하고, 강도적 차이와 특이성의 접속을 통해 전혀 예측할 수 없는 변이와 생성을 낳는다. 들뢰즈는 이러한 접속과 변이가 일어나는 장(場)을 '공재면(plan of consistency)'이라 개념화한다(이정우, 2005). 이 평면 위에서 생명체는 고정된 정체성이 아니라 끊임없는 되기(becoming)의 흐름 속에서 탈주하며, 생성은 단지 부차적 사건이 아니라 존재 자체의 근본 형식으로 드러난다.

따라서 진화는 안정된 계통이나 누적적 발전이 아니라, 기존 분류학적 · 계보학적 체계를 가로지르는 횡단적 배치(transversal assemblage) 속에서 이루어진다(이정우, 2005; 2008). 다양한 종과 존재들이 비정상적이고 우발적인 접속을 이루며, 기존 질서에 포섭되지 않는 '괴물-되기'가 발생한다. 이 괴물은 단순한 상징이 아니라, 존재론적 배치의 결과로서 생명과 존재의 생성적 가능성을 물질적으로 드러내는 형상이다. 요컨대 들뢰즈가 말하는 리좀적 진화란 종간의 경계를 횡단하고, 정체성의 고정성을 해체하며, 생성의 새로운 리듬을 열어젖히는 탈주와 변형의 사유이다. 이러한 진화는 분류 불가능성과 예측 불가능성 속에서만 파악될 수 있으며, 그 자체로 하나의 존재론적 · 정치적 실천이 된다(이정우, 2008).

〈창발적 존재론과 탈주의 기계들〉

- 들뢰즈의 존재론에서 세계는 고정된 실체의 총합이 아니라, 끊임없는 생성과 재배치를 통해 구성되는 역동적 장이다. 이때 핵심 개념은 기계(machine)와 배치(agencement)다. 들뢰즈에게 기계는 사물들을 접속시키고 재배치하는 메커니즘이며, 기계들은 새로운 배치의 가능성을 생산한다. 같은 사물이나 개념도 어떤 배치 속에 위치하느냐에 따라 다른 의미를 갖게 된다(이정우, 2009).
- 배치된 상태는 일정한 코드화와 조직화를 거쳐 현실화된 상태이며, 이와 대비되는 배치 가능성은 잠재성(virtuality)이다. 존재는 늘 이 두 층 사이를 왕복하며, 기존 배치는 탈주선(line of flight)을 따라 재배치되고 재코드화된다. 즉, 존재는 정태적인 구조가 아니라 언제나 탈주성을 내재하며, 이것이 존재를 생성적으로 구성하는 동력이다. 이러한 사유는 스피노자의 코나투스(conatus), 베르그송의 엘랑 비탈(elan vital), 니체의 권력에의 의지, 정신분석에서의 타나토스(죽음 충동) 등에 이르기까지, 존재 내부에 작용하는 근원적 에너지들과 연결된다. 들뢰즈는 이러한 내적 흐름들이 정해진 경계를 벗어나려는 힘, 즉 탈영토화, 탈구조화, 탈층화를 유도한다고 본다.
- 들뢰즈는 이러한 흐름을 세 가지 선의 체계를 통해 설명한다. 첫째, 몰적 선(molar line)은 견고한 분할선으로, 이항적이고 고정된 구조를 유지하는 삶의 양식이다. 이는 국가, 제도, 규범, 사회적 통념, 계급 질서 등과 같이 절편화된 공간을 형성한다. 둘째, 분자적 선(molecular line)은 이 몰적 선을 내부에서 침식하고, 경직된 구조를 유동적으로 흔드는 미시적 움직임이다. 셋째, 탈주선(line of flight)은 몰적 · 분자적 구조를 모두 가로질러 기존 절편과의 단절을 시도하며, 완전한 탈영토화를 지향한다. 이 탈주선은 정해진 경계를 넘어서 새로운 배치와 생성의 가능성을 열며, 들뢰즈는 이를 통해 리좀(rhizome)의 사유를 전개한다.
- 리좀은 중심 없이 확산되는 접속의 논리이며, 생성의 사유가 보편적 질서로 회귀하지 않고 이질적 접속으로 전개되는 방식을 보여준다. 리좀적 존재는 다양한 방식의 탈주를 통해 현실을 새롭게 구성하며, 이는 곧 창조적 저항의 실천이 된다.
- 이러한 사유는 생물학적 진화에서도 확인된다. 들뢰즈는 생물종(species)을 고정된 본질로 보지 않고, 환경과의 상호작용 속에서 끊임없이 변화하는 개체군(population)으로 이해한다. 생명체는 환경과의 대결과 접속을 통해 자기 자신을 구성하며, 이러한 자기생성적 과정은 곧 끊임없는 생성의 운동이다. 자타의 구분은 절대적인 경계가 아니라 관계적 흐름이며, 이러한 흐름이 거듭될수록 생명체는 더 높은 탈영토화의 능력을 갖게 된다. 결국 들뢰즈의 창발적 존재론은, 존재를 실체가 아니라 기계-배치-접속-탈주-재배치의 리듬 속에서 사유하게 하며, 이는 생성과 저항, 윤리와 정치의 새로운 사유 구조를 제시한다.

출처: 이정우(2009) 발췌, 재구성

4-2. 차이생성의 원리: 강도와 특이성에 의한 다양체의 구성

들뢰즈 철학의 핵심은 존재를 동일성의 반복이 아닌 차이의 생성으로 이해하는 데 있다. 그는 차이의 생성이 단지 결과나 변주가 아니라, 존재 자체의 구성 원리라고 본다. 그리고 이러한 차이생성은 무한한 잠재성의 장 속에서 '강도(intensity)'와 '특이성(singularity)'이라는 두 가지 생성적 힘에 의해 발생한다(이정우, 2005).

강도는 존재의 질적 차이와 시간적 흐름을 나타내는 요소로, 특정 존재가 현실화하기 전까지 거쳐야 하는 차등적 에너지의 변화 수준을 가리킨다. 강도는 눈에 보이지 않지만, 존재의 경향성과 방향을 결정하며, 차이가 일어나는 '정도'를 좌우한다(이정우, 2005). 반면 특이성은 공간적, 구조적 분기점으로서, 개체화가 일어나는 지형적 마디이자, 다양체 내에서 차이를 생성하는 배열의 중심점이다. 특이성은 사물의 구조적 형태를 결정짓는 '구획의 포인트'이며, 이 특이점의 수와 분포에 따라 존재의 성질이 달라진다(이정우, 2005).

이 두 가지 원리는 잠재적인 존재가 현실화하는 방식, 즉 개체화(individuation)의 경로를 설명하는 데 핵심적이다. 들뢰즈는 이 과정을 '다양체(multiplicity)'라는 개념으로 묶어 설명한다. 다양체란 고정된 실체들의 총합이 아니라, 차이의 운동이 조직되고 변이되는 생성적 장이다. 다양체는 리좀과 같이 중심 없이 확장하며, 하나의 구조가 아닌, 접속과 절단, 분기와 접힘의 운동으로 구성되는 열린 장이다(이정우, 2005).

들뢰즈는 다양체의 사유를 통해 기존 존재론이 갖고 있던 동일성, 본질, 정체성 중심의 형이상학을 비판하고, 차이와 생성의 내재적 윤리학을 제시한다. 즉 존재란 미리 주어진 형상이 아니라, 강도와 특이성이라는 생성의 힘을 따라 끊임없이 차이화되는 운동이며, 이 운동의 결과로서 특정 개체가 현성된다.

대표적 예로, 들뢰즈는 수정란을 든다. 수정란은 다양한 생명 가능성을 함축한 무한한 잠재성의 장으로, 여기에는 아직 분화되지 않은 속성들이 강도 0도(intensive zero), 즉 차이가 발생하기 이전의 무차별적 평형 상태로 머물러 있다(이정우, 2005). 그러나 이 수정란은 강도와 특이성의 배열을 통해 점차적으로 개체화되며, 하나의 유기체로 현실화된다. 이처럼 모든 존재는 무수한 가능성 속에서 특이성과 강도의 분포에 따라 하나의 사건으로 현실화되는 과정에 있다.

〈들뢰즈의 아펙트(Affect)〉

- 스피노자(B. Spinoza)는 신체의 변용(affectio)과, 그 변용에서 발생하는 아펙트(affectus)를 구분하였다. 이는 외부 자극과의 접촉 속에서 신체의 작용 능력(potentia)이 증가하거나 감소하는 방식으로 나타나며, 그에 따라 기쁨이나 슬픔이 발생한다. 스피노자에게 아펙트는 단순한 감정이 아니라, 타자와의 만남에서 존재의 역량이 실질적으로 변화하는 윤리적 사건이다. 이때 아펙트는 존재의 능력을 증대시키거나 감퇴시키는 물질적이며 실천적인 효과를 동반한다.
- 들뢰즈는 이러한 스피노자의 개념을 계승하되, 아펙트를 보다 비인격적이고 사전의식적인 강도의 흐름(prepersonal intensity)으로 재정의한다. 즉, 아펙트는 주체화되기 이전 단계에서 신체와 신체, 신체와 사물, 존재와 환경 사이에서 발생하는 감각 이전의 차이와 강도의 흐름이다. 이는 신체를 변용시키는 관계적 힘의 잠재적 진동으로, 존재 간의 접속과 변용을 매개한다. 이때 신체는 외부 자극과의 접속을 통해 영향을 받고 변화하며, 새로운 작용 능력을 획득하거나 상실하는 변용의 상태에 들어선다.
- 들뢰즈에게 아펙트는 고정된 감정 상태가 아니라, 역량의 변화, '되기'의 계기, 배치의 재구성을 가능케 하는 관계적 에너지의 흐름이다. 이는 존재가 외부와의 접속을 통해 감각, 정동, 기(氣), 능력 등을 갱신해 가는 생성적 조건으로 작용한다. 아펙트는 이러한 변용의 리듬을 따라 존재를 끊임없이 변화시킴으로써, 되기(becoming)의 사태를 야기한다.
- 나아가, 아펙트는 특정 주체에 종속되지 않는 초개인적 에너지로 작동하며, 고정된 정체성과 동일성을 해체한다. 이에 따라 존재는 탈중심적 접속의 네트워크 안에서 새로운 존재 양태와 역량을 형성할 수 있게 된다. 들뢰즈는 이러한 과정을 탈영토화와 재영토화, 즉 리좀적 생성의 핵심 메커니즘으로 파악한다. 아펙트는 고정된 형태를 지양하며, 리듬적 변주(modulation)를 통해 다양한 배치들과의 접속을 실험하고 조율한다.
- 요컨대 들뢰즈의 아펙트는 감정이나 정서로 환원되지 않는, 창조적이고 비정체적인 흐름이다. 이는 존재가 끊임없이 되기와 배치의 리듬 속에서 스스로를 열어가고, 탈중심적 접속을 통해 새로운 생성의 장을 형성하게 만드는 존재론 · 정치적 동력이다.

출처: 이정우(2005)

4-3. 잠재성의 장과 생성의 평면: 코라, 기(氣), 공재면, 탈기관체

들뢰즈 철학은 존재를 실체화된 결과물이 아니라 잠재성의 흐름 속에서 현실화되어 가는 생성의 운동으로 파악한다. 이는 플라톤의 코라(chōra), 스피노자의 실체(substance), 동양철학의 기(氣) 개념과의 연결을 통해 설명될 수 있다(이정우, 2005). 들뢰즈는 이러한 개념들을 통해 초월적 창조주 없이도 생성이 가능하며, 모든 존재는 내재적인 구조와 역동적 에너지의 차원에서 발생한다고 본다(이정우, 2005).

플라톤은 『티마이오스』에서 우주의 발생을 설명하며, 이데아(형상)와 질료 사이에 위치한 코라라는 제3의 공간을 상정하였다(이정우, 2012). 코라는 구체적 형상이 생겨나는 잠재적 터전으로서, 그 자체로는 어떤 규정도 없지만, 형상의 흔적을 받아내는 그릇과 같은 역할을 한다. 그러나 들뢰즈는 플라톤의 설명과 달리 외부의 조물주가 형상을 부여하는 초월적 개입을 거부하고, 코라 자체의 운동과 변형 가능성을 통해 형상이 생성된다고 보았다. 들뢰즈는 코라를 '공재면(plan of immanence)'으로 전환하여 사유한다(이정우, 2005).

이 공재면은 생성의 결정 원리인 강도와 특이성의 상호작용을 통해 현실화의 과정을 설명하는 장이다. 이는 베르그송의 '지속', 니체의 '영원회귀'와도 친연성을 지닌다. 들뢰즈에게 있어 잠재성의 장은 무질서한 혼돈(chaos)이 아니라, 질서 있는 구성적 흐름으로서의 '카오스모스(chaosmos)'이다. 이는 특정한 접속과 운동을 통해 존재들을 조직해 내는 에너지적 조율 공간이다(이정우, 2005).

이러한 관점에서 보면, 들뢰즈의 '공재면'은 정신과 물질, 유기체와 무기체, 인간과 비인간이 위계 없이 혼효되는 존재론적 평면이며, 동양철학의 기(氣) 개념과도 연결된다. 기(氣)는 가능성과 현실, 정신과 물질을 분리하지 않고 포괄하는 내재적 원리로, 특이성과 강도에 의해 공간적으로 조직되고 현실화된다. 즉, 동양철학으로는 기(氣)가 구체적인 물(物)이 되는 과정이 잠재성에서 현실성으로 나아가는 과정이고, 이 과정에서 기(氣)의 공간적인 조직화 방식인 특이성과 그 기(氣)의 강도가 중요하다(이정우, 2005).

또한 들뢰즈는 스피노자의 실체 개념을 내재성의 관점에서 재해석한다. 스피노자의 실체는 무한한 속성을 지닌 유일한 존재로, '신 즉 자연(神卽自然)'이다. 이는 초월적 창조주가 아닌 자기 원인(causa sui)으로서 자연 속의 모든 존재를 생성하는 내재적 실체이다(김재희, 2012). 속성은 실체의 본질 표현이며, 개별 존재는 그 속성들이 현실화된 양태(modus)로 나타난다(김재희, 2012). 들뢰즈는 이러한 스피노자적 실체를 공재면 개념으로 수렴하며, 이 위에서 모든 생성과 접속이 발생한다고 본다.

이때 등장하는 핵심 개념이 바로 탈기관체(Body without Organs)이다. 탈기관체는 공재면과 유기체 사이에 위치하는 형식화 이전의 잠재적 평면으로, 특정한 '되기' 가능성을 열어두는 생성의 중간 지대이다. 들뢰즈는 생성이 실선으로 분리되는 방식이 아닌, 점선 사이의 흐름에서 발생한다고 보며, 이 '사이(in-between)'가 곧 카오스이며, 생성의 본원적 장소라고 본다. 이러한 관점에서 새로운 존재나 정체성은 이미 구분된 사물들 간의 관계에서가 아니라, 카오스적 공재면 위에서 내적 작용(intra-action)을 통해 구성된다.* 탈기관체는 고정된 경계를 해체하고, 점선 위에서 다시 그어지는 유동적 경계의 방식으로 세계를 변형해 나가는 생성의 실천이자 배치의 가능성으로 작동한다(이정우, 2005).

〈되기-블록: 이종적 탈영토화와 생성의 접속〉

- 들뢰즈에게 '되기(becoming)'란 단순한 변화가 아니라, 서로 이질적인 두 존재가 자신을 탈영토화하여 접속하고, 분자적 수준에서 새로운 혼종적 상태를 구성하는 과정이다. 이 접속은 하나의 되기-블록(bloc of becoming)을 형성하는데, 이는 각각의 존재가 본래 속해 있던 몰적 질서에서 이탈해, 분자적 차원에서 상호 감응(affect, 아펙트)하는 상태를 말한다. 이러한 되기-블록은 원래의 개체를 해체하고, 경계가 분간되지 않는 새로운 생성의 지점을 마련한다(Deleuze & Guattari, 1980/2004).
- 되기란 항상 두 항의 상호 탈영토화와 재영토화의 과정이다. 여기서 두 항은 고정된 실체로서의 존재가 아니라, 각자의 분자적 흐름을 추출해 서로 접속함으로써, 몰적 수준에서는 구별 가능하던 것들이 되기-블록 안에서는 더 이상 구분되지 않는 공존을 이룬다. 이와 같은 접속은 선형적 인과관계가 아니라, 비결정적 · 비대칭적인 상호 변형의 흐름이다.

* 이미 분리된 개체들 사이의 상호작용(interaction)이 아니라, 개체가 관계 속에서 함께 형성되는 과정을 바라드(K. Barad)의 내적 작용(intra-action)으로 설명할 수 있다.

- 들뢰즈가 예시한 양란과 말벌의 되기처럼, 두 존재는 되기-블록을 형성하며 서로의 기(氣)에 감응하고, 접속한다. 이는 들뢰즈가 말하는 아펙트의 전이로, 각각의 존재는 기존 영토에서 벗어나 자기를 탈영토화하고, 상대의 이미지와 흐름에 따라 재영토화된다. 여기서 '되기(becoming)'는 고정된 정체성의 교환이 아니라, 지각과 정동, 기(氣)적 흐름이 조율 · 변형되는 실질적이고 경험적인 개입이다(이정우, 2005).
- 들뢰즈는 여기서 되기를 단지 상상이나 유사성의 차원이 아니라, 신체와 감응의 수준에서 실현되는 감각적 · 정동적 실천으로 이해한다. 여성-되기, 아이-되기, 동물-되기 등도 마찬가지로 몰적 정체성에서 벗어나, 분자적 강도와 감응의 흐름을 따라 구성된다. 즉 이는 분자적 존재양식의 실천적 전환이며, 주체의 정체성이나 의미를 해체하는 윤리적 · 정치적 행위로 간주된다.
- 이처럼 '되기'의 블록은 항상 리좀적 접속과 탈영토화의 장 안에서 나타난다. 말벌과 난초의 '되기'는 각각의 생명체가 자신의 경계를 넘어, 서로에게 접속되는 흐름을 형성하며, 이는 새로운 기계적 배치(machinic assemblage)의 조건이 된다. 이러한 배치는 기존 기관화된 구조에서 탈주한 기관 없는 신체(CsO, Corps sans Organes)로의 전환을 예고한다. 모든 '되기'란 결국 기존 구조를 탈주하고, 새로운 접속과 구성을 통해 생성을 실현하는 탈코드적 감응의 흐름이다.

출처: 김재인(2015; 2017)

4-4. 사건으로서의 의미: 들뢰즈의 존재론적 언어철학

들뢰즈는 후기 구조주의의 흐름 속에서 언어와 존재의 관계를 근본적으로 재사유한다. 전통적인 의미론은 언어를 세계의 반영, 즉 존재를 표상하는 도구로 간주하며, 의미는 기호의 지시 대상이나 인식 주체의 경험에 의해 구성된다고 본다. 그러나 들뢰즈는 이러한 기표 중심의 구조주의적 의미 해석을 비판하며, 언어를 단순한 표상이 아니라, 의미를 생산하는 사건적 차원으로 파악한다(Deleuze, 1990; 이정우, 2003).

들뢰즈에게 있어 '사건'은 고정된 구조의 결과나 법칙의 실현이 아니라, 현실화 이전의 비물질적 변환의 장면, 즉 생성의 계기이다. 이러한 사건은 우리가 흔히 말하는 '표면의 일'이 아니라, 존재 내부에서의 응축과 분기, 잠재적 특이성의 현실화

과정이다. 들뢰즈는 시뮬라크르를 원형이나 모사로 환원되지 않는 차이의 생성물로 규정하며, 이를 사건적 차원과 연결한다(이정우, 2003).

이러한 맥락에서 언어는 단순히 의미를 '지시'하거나 '기술'하는 수단이 아니다. 오히려 언어는 사건을 구성하고, 세계에 변화를 일으키며, 존재를 생산하는 능동적 요소이다. 예컨대 결혼 선언, 판결 선고, 입학 통지 등은 단순한 문장이 아니라, 세계 속에서 새로운 상태를 창조하는 사건 그 자체다. 언어는 이처럼 존재를 변형시키는 실재적 효과를 발생시키며, 이때 의미는 언어와 세계가 접속하는 존재론적 배치(agencement)로 이해된다(이정우, 2004).

들뢰즈는 세계를 고정된 실체들의 합이 아니라, 기계적 배치(machinic assemblage)의 연속적 생성 과정으로 이해한다. 들뢰즈의 이러한 사유는 푸코와도 연결된다. 푸코처럼 들뢰즈 역시 기계적 배치를 비담론적 실천, 언표적 배치를 담론적 실천으로 구분하며, 이들의 접속을 통해 '강의', '시위', '결혼식', '학교'와 같은 사건이 구성된다고 본다(이정우, 2008). 배치는 고정된 실체가 아니라 다양한 요소들의 접속으로 형성되는 실천의 장이며, 언제든 탈영토화와 재영토화의 흐름 속에서 재조정된다. 개별 기계는 단독으로는 의미를 갖지 못하고, 다른 기계들과의 접속을 통해서만 구체적 의미를 획득한다(이정우, 2012). 결국 존재는 '무엇인가'가 아니라 '어떻게 작동하고 접속되는가'에 의해 규정되며, 이러한 네트워크 속에서 의미, 질서, 정체성이 형성된다고 말한다(이정우, 2008).

배치는 고정된 구조가 아니라 디아그람(diagramme)이라는 유동적 관계망 속에서 형성되고 해체된다. 강의, 결혼식, 전시, 전쟁, 경기 등 삶을 구성하는 사건들은 모두 하나의 배치이며, 동시에 다양체(multiplicity)와 추상기계(abstract machine)로 작동한다(이정우, 2005). 즉, 배치는 현실적 접속의 구성이고, 다양체는 잠재적 가능성이며, 추상기계는 이 두 층위가 조우하는 생성의 도식이다. 따라서 배치는 존재론적 실체가 아니라 잠재성(virtuality)과 현실성(actuality) 사이에서 끊임없이 생성되는 사건적 구성이다. 예컨대 '강의실'이라는 배치는 사람, 책상, 칠판, 말하기, 듣기 등 다양한 요소들이 접속하여 구성되는 장이며, 이는 '강의실-되기'라는 사건의 실현이다(이정우, 2005).

이처럼 배치는 일정한 질서와 의미를 형성하지만, 동시에 항상 새로운 탈영토화(deterritorialization)의 가능성을 내포한다. 접속의 흐름 속에서 사물과 언표는 코드화(coding)되며, 반복과 차이를 통해 배치는 지속적으로 재구성된다(이정우, 2005). 존재란 이러한 접속과 흐름 속에서 의미를 생성하는 사건적 실체이다.

결국 들뢰즈에게 언어는 정적인 기호체계가 아니라, 세계와 접속하며 새로운 배치를 열어젖히는 생성의 장이다. 의미는 이러한 접속에서 발생하는 사건적 효과이며, 이는 언어의 비표상적 차원, 즉 생성적 실천성을 회복하려는 철학적 시도이다(이정우, 2004). 세계는 기호와 물질, 언어와 실천이 상호작용하며 끊임없이 구성되는 배치의 장이며, 언어는 그 장 안에서 사건을 계열화하고 의미를 생산하는 힘이다.

〈관계론적 철학과 구조주의에 대한 들뢰즈의 비판〉

- 들뢰즈는 초월적 실체—예컨대 신, 이데아, 영원불변의 리(理), 혹은 인간 주체의 보편적 이성—에 기반한 형이상학을 비판하며, 존재를 관계와 맥락 속에서 형성되는 과정으로 이해하는 철학적 흐름을 계승한다. 하지만 들뢰즈는 단순한 '관계론적 철학'을 넘어서, 내재성과 차이의 철학을 지향한다.
- 구조주의가 초월적 주체를 비판하면서 언어적 · 사회적 구조를 새로운 중심에 놓은 점을 지적하며, 들뢰즈는 이 구조가 또 다른 보편적 체계로 굳어지는 순간 다시 초월철학이 된다고 비판한다.
- 들뢰즈는 관계를 고정된 구조나 필연적 질서로 환원되는 것이 아니라, 언제나 유동적이고 비결정적인 접속 속에서 생성되고 해체되는 것으로 이해한다. 이러한 사유는 배치(agencement)의 접속과 재구성의 운동을 강조하며, 리좀적 사유로 전개된다. 리좀은 중심과 위계 없이 확산하는 접속의 모델로, 동일성이나 보편 법칙에 종속되지 않는 비선형적 생성의 과정을 드러낸다.

출처: 이정우(2009) 발췌, 재구성

〈들뢰즈의 차이생성의 메커니즘: 기계, 배치, 탈영토화〉

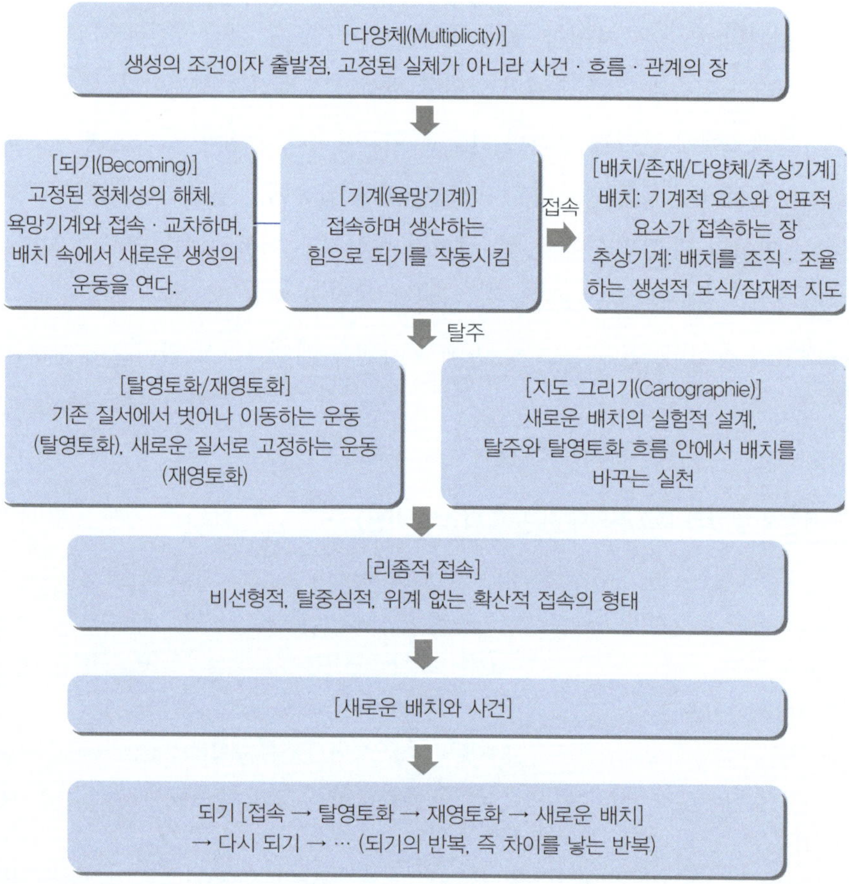

"혼효면은 모든 탈기관체들의 총체이며, 일반화된 탈영토화의 운동에 처해있는 […] 순수한 내재성의 다양체로서 […]"

— 들뢰즈 & 가타리, 『천 개의 고원』

- 들뢰즈의 철학은 층화(stratification)와 탈기관체(Body without Organs), 공재면(plane of consistency) 사이의 긴장과 운동을 중심으로 전개된다. 세계는 고정된 실체들의 총합이 아니라, 끊임없는 생성, 접속, 해체, 재구성을 반복하는 배치(agencement)의 장이다. 들뢰즈는 이 세계를 섞임의 철학으로 파악하며, 이질적인 것들이 섞이는 접속의 장 속에서 새로운 삶의 형식, 새로운 존재의 가능성이 열린다고 본다.

- 먼저, 들뢰즈에게 기계(machine)는 독립적 실체가 아니라 접속 속에서만 의미와 기능을 갖는 생산적 장치이다. 인간, 식물, 도시, 제도, 자본주의 등 모든 구체적이고 개별화된 것은 '기계'로 간주된다. 이러한 기계들의 접속은 기계적 배치(machinic assemblage)를 형성하고, 여기에 언어 · 기호적 차원이 개입하면 언표적 배치(enunciative assemblage)가 구성된다. 두 차원은 추상기계(abstract machine)에 의해 동시에 조율되며, 추상기계는 물질적 · 기호적 흐름이 교차하는 잠재적 도식으로서 새로운 배치와 의미를 산출하는 생성의 원리로 작동한다.
- 이러한 배치들이 관계를 맺고 구성되는 장이 곧 다양체(multiplicity)이다. 다양체는 고정된 본질이 아니라, 차이와 특이점들의 접속 속에서 끊임없이 변형되는 생성의 장이다. 이 다양체가 특정한 코드와 규칙에 의해 고정되거나 안정화될 때 층화(stratification)가 발생한다. 지층, 계급, 규범, 사회 제도, 언어 등은 모두 이러한 층화의 구체적 형식들이다.
- 들뢰즈는 층화된 구조 내부에도 항상 해체와 변형의 가능성을 품은 탈주선(line of flight)이 존재한다고 본다. 기존의 코드를 무너뜨리고 안정된 구조를 흔들며 새로운 접속과 생성을 가능하게 하는 이 운동이 바로 탈영토화(deterritorialization)다. 탈영토화는 단순한 파괴가 아니라, 재영토화(reterritorialization)를 통해 새로운 질서로 고착되는 생성의 기회다.
- 이러한 흐름 속에서 지도 그리기(cartographie)는 핵심적 개념이다. 이는 단순한 지도 제작이 아니라, 배치를 관찰하고 탈주선과 흐름을 포착하며, 새로운 배치를 실험적으로 구성하는 창조적 실천이다. 지도 그리기는 되기와 배치의 재편 사이에서 세계와 존재를 다시 조직하는 행위로 작동하며, 들뢰즈 철학의 윤리 · 정치적 차원과 밀접히 연결된다.
- 재구성된 배치는 다시 리좀적 접속을 통해 또 다른 다양체로 확장된다. 리좀은 중심이나 위계 없이 확산하는 접속의 모델로, 이러한 접속은 되기와 배치로 이어지는 생성의 순환적 리듬을 형성한다.
- 이 흐름은 자연과 문화, 인간과 비인간, 기계와 언어 등 모든 이분법적 경계를 해체하며, 존재를 사건으로 드러내고 새로운 삶의 가능성을 연다. 들뢰즈 철학은 생성과 저항을 윤리 · 정치적 차원에서 사유하며, 우리로 하여금 기존 구조를 해체하면서 동시에 새로운 배치를 지도 그리기라는 실험적 실천을 통해 구성하도록 요청한다.

출처: 이정우(2005)

4-5. 탈기관체와 혼효면: 들뢰즈 존재론의 윤리적 전환

배치와 의미 생성의 관점은 들뢰즈 존재론의 핵심 개념인 탈기관체(CsO)와 혼효면으로 확장된다. 탈기관체는 고정된 구조로 포획되기 이전의 형식화 이전의 생성적 평면으로, 감각 · 정동 · 리듬 · 운동 · 욕망이 얽혀드는 장이다. 이는 단순한 무질서가 아니라, 차이의 조직과 새로운 접속의 잠재성을 담지한 역동적 평면이다. 혼효면은 이 탈기관체가 작동하는 장으로, 접속과 변형이 무한히 열려 있는 다양체의 장이며, 모든 배치는 이 위에서 나타났다 사라지는 사건으로 작동한다(이정우, 2005).

세계는 층화(stratification)와 탈기관체 사이의 긴장 속에서 구성된다. 층화는 유기체화-기표화-주체화의 방식으로 존재를 고정하려는 운동이며, 사회적 규범과 기호체계, 언어 구조 등이 여기에 속한다(Deleuze & Guattari, 1980/2004; 이정우, 2003). 그러나 그 내부에는 언제나 포획되지 않은 흐름, 곧 탈기관체가 잠재하며, 이는 기존의 배치를 해체하고 새로운 접속을 여는 탈주선(line of flight)으로 작동한다.

들뢰즈는 세계를 기계-접속-배치-영토화-탈영토화-재영토화라는 생성의 리듬으로 파악한다. 배치(agencement)는 물질과 기호, 신체와 담론이 얽히는 접속의 장이며, 이 안에서 영토화되고, 다시 탈 · 재영토화의 리듬을 거친다(이정우, 2005). 영토화는 의미와 기능을 안정화하지만, 내부에는 언제나 이를 넘어서는 욕망의 흐름이 작동한다.

들뢰즈에게 욕망은 결핍이 아니라, 흐름으로 작동하는 창조적 에너지이며, 기존 질서와 체계를 탈주하여 새로운 배치를 구성하는 힘이다(이정우, 2005). 이 욕망은 탈기관체의 평면 위에서 작동하며, 새로운 접속과 흐름을 통해 차이를 조직하고 의미를 생성한다. 존재는 고정된 실체가 아니라, 생성의 리듬 속에서 끊임없이 '되기(becoming)'를 실험하는 운동이다. 이 과정에서 인간은 주체로 고정되기를 유예하고, 타자와의 관계 속에서 새로운 존재 양식을 창출한다.

따라서 들뢰즈 철학은 단순한 존재론을 넘어 윤리학이자 정치철학으로 확장된다. 윤리란 주어진 규범을 따르는 것이 아니라, 새로운 접속을 실험하고 탈주선을 그어 나가는 창조적 실천이며, 정치는 이러한 생성의 흐름이 사회적 구조를 넘어 현실을 재구성하는 과정이다(Deleuze & Guattari, 1980/2004). 저항은 단순한 파괴가 아니라, 새로운 배치를 구성하는 실험적 실천으로 나타난다. 이러한 관점에서 유목적 존재론은 동일성과 본질에 안주하지 않고, 생성의 평면 위에서 끊임없이 탈영토화하며 새로운 존재와 사유의 가능성을 연다(이정우, 2008). 이는 존재의 생성이 곧 저항과 창조라는 실천으로 이어지는 생성-정치의 핵심이다.

들뢰즈는 존재를 끊임없는 생성의 흐름으로 파악하며, 이를 윤리적 · 정치적 실천의 장으로 확장한다. 그러나 생성이 현실화되기 위해서는 언제나 권력의 장을 통과해야 하며, 바로 이 지점에서 푸코의 담론 · 권력 분석과 주체의 계보학이 중요하게 작동한다(Foucault, 1977/1995).

〈루크레티우스의 물질주의〉

"모든 것(사물, Ding)은 질들의 다양체를 포함하며, 그것은 주름화 운동을 통해 존재로 진입한다. 그러므로 물질은 언제나 새로운 방식들로 스스로를 접고 펼친다."

— 루크레티우스(T. Lucretius), 「사물의 본성에 관하여」

- 들뢰즈는 「루크레티우스와 시뮬라크르」(Deleuze, 1969/2004)에서 고대 유물론의 핵심 사상가 루크레티우스를 창조적으로 재독해하며, 그의 존재론적 물질주의를 내재적 생성의 철학으로 전유한다. 루크레티우스에게 생성은 초월적 원인이나 무(無)에서 비롯되지 않는다. 오히려 물질 그 자체, 즉 끊임없이 흐르고 변화하는 현실적 흐름 안에서 생성의 원리를 발견한다. 이는 들뢰즈의 '공재면(plan of immanence)'에서 전개되는 내재적 유물론과 깊이 호응한다.
- 루크레티우스의 세계는 고정된 실체들의 총합이 아니라, 흐름과 소용돌이의 리듬으로 조직된 물질적 연속체다. 사물은 이러한 흐름의 중첩, 교차, 소용돌이 속에서 접힘(folding)의 과정을 거쳐 등장하며, 사건은 특정한 물질적 배열이 순간적으로 응축된 결과로 발생한다. 따라서 사물이나 실체란 고정된 본질이 아니라, 물질의 지속적 흐름 속에서 잠시 나타났다 사라지는 국면, 즉 접힘의 순간에 불과하다.
- 이러한 '접힘'은 단순한 형식의 변화가 아니라, 물질이 스스로를 조직하고 분기하며 새로운 배열로 진입하는 운동이다. 물질은 언제나 자신의 내재적 동력에 따라 접히고 펼쳐지며, 각 접힘은 하나의 존재적 사건을 구성한다. 들뢰즈가 주목하는 바는, 이러한 물질의 주름화 운동이 곧 생성의 근본 리듬이라는 점이다.

- 결국 루크레티우스의 물질주의는 존재의 근거를 초월적 원리에서가 아니라, 흐름과 접힘의 내재적 운동에서 파악한다. 이는 들뢰즈 철학에서 되기(becoming), 배치(agencement), 탈기관체(CsO), 다양체(multiplicity)로 이어지는 생성론적 사유의 중요한 원천으로 작동한다.

출처: 박준영(2021) 발췌, 재구성

들뢰즈는 존재를 고정된 실체가 아닌 끊임없는 생성의 흐름으로 파악함으로써, 존재론을 윤리적이고 정치적인 실천의 장으로 확장하였다. 그러나 생성의 흐름이 현실 속에서 구체화하기 위해서는 언제나 권력의 장을 통과해야 한다. 바로 이 지점에서 푸코의 철학이 등장한다.

들뢰즈가 존재의 생성에 주목했다면, 푸코는 그 존재가 어떻게 구성되고 통제되는지를 문제 삼으며, 담론과 권력, 그리고 주체의 계보학적 구조에 천착하였다. 이러한 맥락에서, 들뢰즈의 생성존재론이 열어놓은 가능성을 바탕으로, 푸코의 권력 분석과 주체 형성의 계보학을 통해 그 가능성이 사회적·담론적 조건 속에서 어떻게 형성되고 작동하는지를 고찰하고자 한다.

5. 푸코: 담론, 권력, 주체의 계보학

푸코는 전후 프랑스 철학의 지형 속에서 실존주의와 구조주의의 대립을 비판적으로 수용하며, 독자적인 사유의 지평을 열었다. 실존주의는 인간을 자율적 선택의 주체이자 의식적 실천의 중심으로 간주하는 인간중심적 철학이었다. 이에 반해 구조주의는 언어와 신화, 문화 속에 작동하는 보편적이고 초역사적인 무의식적 구조를 탐색하며, 인간 주체의 중심성과 자율성을 해체하고자 했다(전경갑, 1993).

푸코는 구조주의의 영향 아래 있었지만, 그것이 전제한 초역사적 구조 개념을 비판하며 새로운 방향을 모색했다. 그는 구조가 고정된 실체나 불변의 법칙이 아니라, 시대와 문화에 따라 다르게 작동하는 역사적 산물임을 강조하였다. 이러한 관점에서 푸코는 '역사적 구조주의' 혹은 '다원론적 역사 구조주의'의 입장을 취하며, 지식과 진리, 주체는 권력과 제도, 담론의 역사적 실천을 통해 구성된다고 보았다(이정우, 2004).

푸코 철학의 핵심에는 항상 존재론적 분할(division)과 주체 형성에 대한 문제의식이 자리한다. 그는 현대 사회에서 작동하는 다양한 이분법—예컨대 광기와 정상, 범죄자와 시민, 남성과 여성, 선한 자와 그렇지 않은 자—이 결코 자연적이거나 본질적인 구분이 아니라, 권력, 역사, 제도적 실천을 통해 구성된 결과임을 밝히고자 했다. 이러한 분할은 객관적 근거나 보편적 진리에 기반한 것이 아니라, 사회적 장치와 규범을 통해 작동하는 구성적 효과에 불과하다는 것이 푸코의 관점이다. 그는 '무엇이 분할의 기준이 되었는지', 그리고 '그 분할은 어떻게 정당화되어 왔는지'를 비판적으로 해체하며, 기존의 분할 논리가 권력에 의해 조직된 역사적 산물임을 드러낸다(이정우, 2004).

5-1. 푸코의 구조주의 인식론: 담론, 권력, 주체

푸코는 구조주의를 비판적으로 계승하여 독자적인 철학적 입장을 형성하였다. 제2차 세계대전 이후 프랑스 지성계를 주도한 사상은 초기에는 현상학과 실존주의였고, 1960년대 이후에는 구조주의로 전환되었다. 사르트르의 현상학은 인간을 의식적 실천의 중심이 되는 자율적 주체로 보았던 반면, 레비스트로스의 구조주의는 이러한 주체성을 무의식적 구조의 효과로 간주하였다. 푸코는 인간을 선험적 중심으로 상정하는 이러한 인간중심주의적 철학을 거부하면서도, 동시에 구조주의가 전제한 초역사적이고 보편적인 구조 개념에도 반기를 들었다(전경갑, 1993). 그는 시대마다 우리의 사물 인식을 특정한 방식으로 조직하는 무의식적 조건들이 존재한다고 보았으며, 이를 바탕으로 지식 형성의 조건을 분석하는 '역사적 구조주의'의 입장을 취하였다(전경갑, 1997; 이정우, 2004).

푸코는 구조란 자연적 실체나 보편적 법칙이 아니라, 특정 시대와 문화 속에서 권력과 목적을 지닌 집단에 의해 구성된 역사적 산물이라고 본다. 그는 인식론적 비판을 통해 각 시대가 지식을 가능하게 하는 조건들을 탐색하고자 하며, 지식이 단일하고 보편적인 진리의 산물이 아니라 복수의 담론적 실천 속에서 구성되는 것임을 강조한다. 지식은 항상 사회적, 제도적, 권력적 맥락과 결합해 있으며, 이에 따라 푸코의 인식론은 보편적 구조 개념을 대신하여 시대적 다양성과 권력의 작동 방식을 중심에 둔 '다원론적 역사 구조주의'로 자리매김하게 된다(이정우, 2004).

이러한 인식론적 전환 속에서 푸코는 '언어'를 단순한 의사소통 수단이 아니라, 제도적이고 사회적으로 실천되는 구조로 재개념화한다. 그는 이를 담론(discourse)이라 명명하며, 언어를 개인의 의식적 발화가 아니라 특정한 시대와 제도 속에서 작동하는 언표의 체계로 이해하였다. 담론은 단지 세계를 설명하거나 반영하는 것이 아니라, 오히려 세계와 대상을 구성한다. 푸코에 따르면, 담론은 "말할 수 있는 것과 없는 것, 정당한 것과 그렇지 않은 것, 특정 주제에 대해 말할 수 있는 사람과 그렇지 않은 사람, 진리와 비진리를 분절하는 사회적 규칙의 체계"로서 기능한다(전경갑, 1997). 따라서 지식은 주체 내부에서 자생하는 것이 아니라, 주체 외부에서 작동하는 담론적 실천을 통해 형성되는 것이다(전경갑, 2017).

담론은 구체적인 제도 영역에서도 작동한다. 병원, 감옥, 학교와 같은 사회 제도 내에서 의사-환자, 교사-학생, 간수-죄수 등의 관계는 단순한 언어의 교환이 아니라, 의학, 교육학, 형법, 심리학 등의 제도화된 담론을 통해 구성된다. 이에 따라 정상과 비정상, 우수와 부진, 건강과 질병 등과 같은 구분은 시대와 사회에 따라 다르게 정의되며, 그 정의의 기준 또한 사회적 권력에 의해 조직된다. 푸코는 이러한 담론이 단지 인식을 구성할 뿐만 아니라, 분할과 배제를 통해 개인을 훈육하고, 특정한 방식으로 주체를 형성하는 권력의 실천적 메커니즘이라고 보았다(전경갑, 1993; Foucault, 1980).

〈푸코의 구조주의 인식론〉

푸코의 구조주의 인식론은 세 가지 축–담론(지식), 권력(정치), 그리고 주체(윤리)–을 중심으로 전개된다. 이 세 축은 단순히 학문적 분석의 틀이 아니라, 인간존재의 위상과 사유의 방식을 규정하며, 궁극적으로 윤리적 실천의 문제로 귀결된다(이정우, 1993; 2012). 즉, 세계를 이해하는 방식은 "어떻게 살 것인가"라는 삶의 방향성을 결정짓는 윤리적 실천의 문제와 밀접하게 연결된다. 예컨대, 인간존재를 신의 섭리에 의해 주어진 것으로 보는 관점과, 인간이 자신의 존재의 근거를 스스로 구축해야 한다고 보는 관점은 실존적 태도와 윤리적 실천에서 명백한 차이를 드러낸다.

푸코는 이러한 논의에서, 의식적 주체가 담론의 근원적 출발점이 아니라 오히려 각 시대를 지배하는 무의식적 구조(에피스테메)에 의해 사고와 행위가 제약된다고 본다. 그는 인간 주체를 선험적이고 자율적인 존재로 간주하지 않으며, 역사적 구조와 권력-지식 체계에 의해 형성되는 존재로 이해한다는 점에서 구조주의적 입장을 취한다.

5-2. 담론의 질서와 지식-권력

푸코는 사회적 분할과 주체의 구성 메커니즘을 분석하기 위해, 철학의 분석 단위를 보편적 명제에서 역사적 언표의 체계, 즉 담론(discourse)으로 전환하였다. 푸코 이전의 철학이 주로 보편적 진리나 논리 명제를 다루었다면, 그는 언표(statement),

즉 구체적인 사회적 · 역사적 조건에서 작동하는 발화를 분석 대상으로 삼았다(이정우, 2003). 이는 그의 철학이 추상적 이론에서 실천적 역사성으로, 보편적 명제에서 역사적 담론으로 이동했음을 보여준다(이정우, 2001).

푸코에게 담론은 단순한 말이나 텍스트가 아니다. 그것은 특정 시대와 사회 속에서 형성되어 작동하는 언표들의 체계이며, 일정한 규칙에 따라 구성된 지식-권력의 장(場)이다. 다시 말해 담론은 단순히 언어적 표현이 아니라, 특정한 사회적 · 제도적 조건 속에서 작동하는 언어의 실천이며, 그것은 권력과 긴밀하게 얽혀 있는 역사적 구성물이다. 담론은 어떤 주제를 어떻게 말할 수 있는지를 규정할 뿐만 아니라, 어떤 방식으로만 말할 수 있는지를 규범화한다. 이는 곧 담론이 언어적 실천이자 동시에 제도적 실천임을 의미한다. 푸코에 따르면, 우리는 의학, 교육, 범죄, 성(sexuality) 등의 영역에서 단순히 말을 하는 것이 아니라, 담론을 수행하고 있는 것이다(Foucault, 1972/2002).

푸코의 언어관은 아리스토텔레스의 질료-형상설에 영향을 받아, 언어를 기호라는 원초적 질료(hylē) 위에 형식(form)이 부여되어 구성되는 것으로 이해한다. 기호는 무질서한 재료가 아니라, 특정 방식으로 조직될 가능성을 지닌 잠재적 질료이며, 형식이 부여될 때 언표가 되고 담론 체계에 편입된다. 따라서 푸코의 질료 개념은 단순히 물질적 재료를 뜻하는 것이 아니라, 담론이 성립 · 조직되기 위한 사유의 잠재적 조건으로 기능한다.

더 나아가 푸코는 담론을 비물질적 · 관념적 체계로 한정하지 않고, 물질적이며 제도적인 실천으로 간주하였다. 즉, 언어는 단지 상징이 아니라, 현실 속에서 행위로 실현되는 것이다. 병원의 진단서, 교사의 성적 평가, 법원의 판결문 등은 모두 담론의 물질적 구현물이며, 이들이 생산 · 유통 · 수용되는 방식은 권력의 구성과 직결된다. 그는 이를 "지식은 담론 안에 있고, 담론은 제도 안에 있으며, 제도는 물질적 실천으로 존재한다"라고 표현했다(Foucault, 1977/1995). 이러한 관점에서 담론의 물질성(materiality)은 현실에 영향을 미치는 수준을 넘어, 현실 자체를 구성하고 수행하는 힘으로 작동한다.

요컨대, 담론은 진리, 지식, 정의 그 자체를 만들어내는 권력의 질서이다. 푸코는 담론이 작동하는 곳마다 선택과 배제가 이루어진다고 보았다. 동일한 주체성의 규범에 따라 이질적 타자는 종종 배제되거나 침묵을 강요당하며, 사회적 정상성과 비정상의 경계는 담론에 의해 형성된다. 푸코는 고고학적 · 계보학적 방법을 통해, 억압되고 배제된 타자의 목소리를 복원하고, 그 경계 설정의 임의성과 권력성을 폭로하고자 했다(전경갑, 1993). 담론은 특정한 것을 '진리'로, 다른 것을 '허위'로 규정하는 힘을 가지며, 이러한 진리화의 과정은 언제나 정치적으로 작동한다. 푸코는 "지식은 항상 권력과 연결되어 있으며, 어떤 것도 중립적인 진리로 존재하지 않는다"라고 말하며(이정우, 2011a), 지식에 대한 모든 논의는 곧 정치적 문제라고 본다.

푸코는 각 시대에 고유한 담론을 형성하고 질서 짓는 무의식적 조건을 에피스테메(episteme)라고 불렀다. 에피스테메는 특정 시대에 가능한 담론들을 조직하고 제한하는 역사적 선험성으로 작동한다. 이에 따라 인간 주체는 고정되거나 중심적인 존재가 아니라, 당대의 담론적 · 제도적 흐름에 의해 구성된 산물이다(전경갑, 1997). 진리조차도 고정된 실체가 아니라 시대의 담론이 만들어낸 구성물이며, 따라서 시대가 바뀌면 진리의 기준 역시 달라진다고 푸코는 강조한다.

〈푸코의 담론과 에피스테메〉

- 푸코는 담론(discourse)을 단순히 언어 체계에 그치지 않고, 제도적 실천을 통해 구성되는 구체적인 사회적 실천의 산물로 정의한다. 담론은 "말할 수 있는 것과 말할 수 없는 것, 정당한 것과 그렇지 못한 것, 볼 수 있는 것과 볼 수 없는 것, 특정 주제에 대해 말할 수 있는 사람과 그렇지 않은 사람, 진리인 것과 아닌 것" 등을 규정하는 사회적 규칙의 체계이다(전경갑, 1997). 이 정의는 담론이 단순히 대상 세계를 반영하는 것이 아니라, 오히려 그 세계를 구성하는 역할을 한다는 점을 강조한다.
- 푸코는 지식에 객관성을 부여할 수 없다고 말한다. 이는 담론이 진리와 지식 자체를 만들어내는 사회적 규칙의 체계이기 때문이다. 따라서 담론이 존재하는 곳에는 언제나 선택과 배제가 함께 작용한다(Foucault, 1980: 전경갑, 1997 재인용). 예를 들어, 병원에서 의사와 환자, 학교에서 교사와 학생 간에 제도화된 언어적 실천을 통해 건강과 질병, 정상과 일탈 등 다양한 기준들이 시대와 사회에 따라 다르게 정의된다. 이러한 구별은 결국 분할과 배제를 초래한다.

- 푸코에게 담론은 원래의 '대화'라는 의미에서 벗어나 새로운 의미를 지니는데, 푸코의 저서 『지식의 고고학』에서 처음 규정된다(이정우, 2004). 담론은 진술의 체계로서 '표상'을 통해 세계에 대한 '지식'을 제공하며, 각 개인에게 특정한 '자기 형성'의 방식을 제시한다.
- 푸코는 담론의 참/거짓을 결정하는 체계가 '진리 체제(regime of the truth)'라 불리는 권력관계 속에서 구성된다고 말한다. 즉, 참과 거짓은 본래 존재하는 것이 아니라, 지식-권력 연계론에 의해 결정되며, 새로운 지식 체계는 새로운 권력체계를 요구한다. 푸코는 권력체계 속에 지식체제가 포섭되어 있다고 본다(이정우, 2004).
- 푸코는 또한 에피스테메(episteme)를 '특정 시대를 지배하는 인식의 무의식적 체계' 또는 '사물들에 질서를 부여하는 무의식적인 기초'로 정의한다. 에피스테메는 권력-지식이 작동하는 특정 시기의 토대를 형성하는 담론체계를 의미하며, 푸코의 역사적이고 사회적인 담론분석에서 중요한 역할을 한다.

시대별 에피스테메는 추상적인 담론 질서에 머무르지 않고, 구체적인 언어적 실천과 제도적 장치 속에서 현실을 구성하는 방식으로 작동한다. 푸코는 담론적 실천과 비담론적 실천, 그리고 이들을 결합하는 장치(dispositif)의 개념을 통해 이를 설명한다(이정우, 2004).

5-3. 푸코의 주체 구성: 담론적 실천, 비담론적 실천, 장치

푸코의 권력-지식 이론은 담론적 실천, 비담론적 실천, 그리고 이 둘을 통합하는 장치(dispositif) 개념을 중심으로 전개된다. 이 세 개념은 단순히 병렬적으로 나열된 것이 아니라, 서로 긴밀하게 얽혀 작동하며 사회적 현실을 구성하는 복합적 권력의 장을 형성한다(이정우, 2009).

우선, 담론적 실천(discursive practice)은 언어를 통해 지식과 진리를 생산하고 구성하는 방식이다. 여기서 언어는 단순한 발화나 문장이 아니라, 무엇을 '지식'으로 간주하고, 무엇을 '정상' 혹은 '비정상'으로 규정할 것인지를 결정하는 담론의 규칙 체계를 의미한다. 이러한 담론은 학술 서술, 정책 문서, 법률 용어, 진단 체계, 전문가 담화 등 다양한 제도적 형식 속에서 사회적으로 구성된 '진리 체계'를 형성한다.

예컨대, 정신의학이나 법률 언어는 동성애나 정신질환과 같은 주제를 특정한 방식으로 규정하고, 그에 따라 사회적 판단과 대응을 조직한다. 푸코는 이러한 진리가 객관적 본질이 아니라, 권력-지식 체계 속에서 구성된 사회적 산물이라고 보았다(이정우, 2009).

하지만 푸코는 담론이 언어적 실천에만 의존하지 않는다고 명확히 지적한다. 여기서 등장하는 것이 비담론적 실천(non-discursive practice)이다. 비담론적 실천은 담론이 작동할 수 있도록 제도적 · 물리적 · 기술적 조건을 제공하는 행위를 뜻한다. 감옥의 설계와 운영, 병원의 절차, 학교의 시간표와 교실 배치, 행정 시스템, 감시 장치(CCTV) 등은 모두 그 예시이다. 이러한 장치들은 담론의 지속성과 효과를 뒷받침하는 물질적 기반으로 작용한다. 다시 말해, 사회는 언어만으로 구성되지 않으며, 제도, 규율, 기술, 공간과 같은 실천적 장치들이 말과 글을 넘어 사회 규범의 내면화를 유도하고 유지하는 데 결정적인 역할을 한다(이정우, 2006).

이처럼 담론적 실천과 비담론적 실천은 서로 독립된 것이 아니라 긴밀히 얽혀 하나의 권력-지식 체계를 형성한다. 푸코는 이를 설명하기 위해 '장치(dispositif, apparatus)'라는 개념을 제시한다. 장치는 단순한 도구나 장비가 아니라, 담론과 비담론이 정치적으로 조직된 권력의 전략적 배치를 뜻한다(이정우, 2006). 예컨대 감옥은 단순한 건물이 아니라, 감시 규칙과 처벌이라는 언어적 규범(담론)과 감시탑 · 공간 구조 · 행정 절차와 같은 제도적 · 물리적 장치(비담론)가 결합된 복합적 권력 장치이다. 이처럼 장치는 다양한 요소들을 통합하여 주체를 형성하고, 특정한 존재 방식과 행위를 가능하게 만든다.

푸코에게 권력이란 단순히 강제하거나 금지하는 외부적 힘이 아니라, 담론과 실천을 통해 현실을 구성하며 주체를 창출하는 내재적 메커니즘이다. 장치는 바로 이러한 권력이 작동하는 구체적 구조로서, 담론은 발화를 통해 인식과 진리를 구성하고, 비담론은 이를 가능케 하는 제도적 · 물리적 조건을 제공하며, 양자가 결합된 장치는 주체를 규율하고 통치하는 전략적 배치로 기능한다(이정우, 2006).

〈장치: 권력-지식의 전략적 배치〉

담론적 실천 (Discursive Practice)	비담론적 실천 (Non-discursive Practice)	장치 (Dispositif/Apparatus)
• 언어, 명명, 정의, 분류 등을 통해 지식과 주체를 구성하는 언표적 실천(예: 진단서, 평가서, 법률 문서, 정책 기록, 전문가 담화 등)	• 제도, 행위, 기술, 공간 등을 통해 담론이 작동할 수 있는 물리적 · 제도적 조건을 제공하는 실천(예: 감옥의 구조, 병원 운영 방식, CCTV, 행정 시스템, 공간 배치 등)	• 장치는 담론적 실천과 비담론적 실천이 상호 얽혀 작동하는 권력의 전략적 배치(예: 감옥, 병원, 학교 등의 제도 시스템)
• 진술을 통해 주체를 규정하고(예: 이 사람은 정신질환자), '정상/비정상', '진실/거짓'과 같은 구분을 담론 안에서 정의함.	• 주체의 행위와 위치를 제도적으로 규정하고(예: 감시 체계, 학교 시간표 등), 기술적 장치와 공간 배치를 통해 지식을 적용하고 지속 가능하게 만듦.	• 사회가 주체를 정의 · 분류 · 규율 · 배치하는 방식 자체를 제도화함(예: 감옥은 '감시'라는 권력 전략의 장치로서, 감시 규칙(담론), 감시탑 구조(비담론), 판단과 처벌의 기술이 결합한 복합적 권력 장치임).
• 말해질 수 있는 것과 없는 것을 구분하여 권력-지식의 이중 구조를 구성함.	• 실천적/제도적 장치를 통해 담론을 실현하고 내면화하도록 함.	• 장치는 특정한 삶의 방식과 정체성을 가능하게 하는 동시에, 그것을 규정하고 통제하는 권력의 전략적 구조로 작동한다.

출처: 이정우(2006; 2009)

5-4. 지식-권력과 주체화

푸코는 인간이라는 존재를 조건짓는 기반에 대해 집요하게 사유하며, 인간의 사유, 행위, 언어를 지배하는 객관적 선험 또는 역사적 아프리오리가 무엇인지 탐구하였다(이정우, 2004). 그는 니체(F. Nietzsche)의 '지식에의 의지(will to knowledge)' 개념을 계승하면서, 모든 지식은 보이지 않는 '힘에의 의지(will to power)'에 의해 구성된다고 보았다(이정우, 2004). 천동설과 같은 과학적 진리조차도 절대적 진리가 아니라, 특정한 권력의지에 의해 구성된 시대적 질서, 즉 담론이라는 것이다. 이러한 담론은 특정한 에피스테메의 장 속에서 형성되고, 권력과 지식의 상호작용을 통해 '진리의 의지'로 기능하며, 그 결과 오늘날 우리가 진리로 여기는 학문 체계가 구성된 것이라고 푸코는 말한다.

푸코의 권력-지식(pouvoir-savoir)의 핵심은 권력과 지식이 서로 분리될 수 없는 관계라는 데 있다. 그는 지식의 객관성을 부정하고 모든 사회는 나름의 '진리체제(regime of truth)'를 가지고 있다고 보았다. 이 체계는 특정한 담론양식을 통해 어떤 것을 '진리'로 인정하게 만들고, 그것을 말할 수 있는 사람에게 제도적 권위를 부여함으로써 유지된다. 푸코에 따르면, 지식은 사회에서 실질적인 효과를 발휘하기 위해 권력을 필요로 하며, 반대로 권력은 더 세련된 통치를 위해 지식에 의존한다(이정우, 2004).

이러한 맥락에서 푸코는 주체(subject)를 고정된 자아나 의식의 근거로 보지 않고, 오히려 지식-권력의 그물망 속에서 형성되는 존재로 파악하였다. 그는 "주체없는 담론의 질서"가 먼저 구성되고, 이후 이 담론 질서가 주체를 형성하는 강력한 힘으로 작동한다고 주장한다(이정우, 2004). 푸코는 주체와 언어의 관계, 담론과 권력의 구조 속에서 주체가 어떻게 구성되는지를 탐구하며, 이를 주체화(subjectivation)라는 개념으로 제시한다. 주체화란, 개인이 지식-권력의 그물망에 의해 구성될 뿐만 아니라, 그 권력의 그물망 안에서 자기 자신을 주체로 구성해 내는 이중적 과정을 의미한다. 푸코는 특히 성에 관한 역사적 담론분석을 통해, 성적 주체가 어떻게 특정한 권력-지식 구조에 의해 규정되고 통제되는지를 밝혔다(이정우, 2009). 더 나아가서, 이 같은 규율적 주체화의 틈 속에서 권력에 대한 저항의 가능성을 탐색하였다.

이러한 분석은 푸코가 근대 사회, 특히 19세기 이후 부르주아 사회의 통치 구조를 비판하는 방식으로 이어진다. 그는 프랑스 대혁명 이후 등장한 인권 사상과 근대성이야말로, 부르주아 계급이 세계를 더욱더 세련되게 통치하기 위한 전략적 장치였다고 본다(이정우, 2011b). '세련된 통치'는 곧 다양한 지식의 등장을 통해 가능해졌으며, 푸코는 정신병리학과 정신분석학의 발달을 통해 드러난 권력의 새로운 작동 양상을 조명하였다. 이 시기 의사는 단순한 치료자가 아니라, 사회적 질서에서 벗어난 개인을 교정하고 교화하는 권력의 도구로 작동했으며, 그 역할은 오히려 사제나 행정 공무원에 가까웠다(이정우, 2006). 푸코는 이와 같은 근대 권력의 체계를 '훈육사회'라고 명명하며, 이 안에서 지식과 권력-특히 생체권력(biopower)-의 공고한 결합이 주체의 형성 과정과 사회 통치 전략 전반에 걸쳐 작동하고 있음을 지적하였다(이정우, 2012).

〈지식-권력과 주체화: 파놉티콘〉

- 푸코는 권력이 단지 억압하거나 외부에서 작용하는 힘이 아니라, 주체를 형성하는 방식으로 내면화된다는 점에서 지식-권력의 메커니즘을 설명한다. 이러한 권력의 작동 원리를 상징적으로 보여주는 사례가 바로 파놉티콘(panopticon)이다. 파놉티콘은 벤담(J. Bentham)이 고안한 원형 감옥 구조로, 중심에 위치한 감시탑이 모든 수감자를 동시에 볼 수 있도록 설계되어 있다. 이 구조의 핵심은 감시가 실질적으로 이루어지지 않더라도, 수감자들이 자신이 항상 감시당하고 있다는 가능성을 내면화하여 스스로를 감시하게 만든다는 점이다. 푸코에 따르면, 이와 같은 감시 체계는 권력이 개인 내부로 스며들어 스스로 자신을 규율하는 주체를 형성하는 방식을 보여주는 전형적인 장치이다.

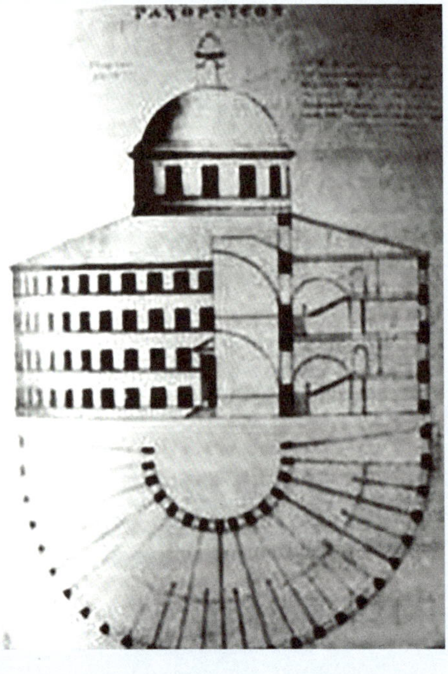

〈벤담이 설계한 파놉티콘〉

- 푸코는 이러한 권력 메커니즘을 통해 인간은 더 이상 외부의 억압 대상이 아니라, '대상화된 주체'로 구성된다고 본다. 이 과정에서 권력은 주체로 하여금 자발적으로 예속(subjection)을 받아들이게 만든다(이정우, 2006). 다시 말해, 감시가 물리적으로 존재하지 않더라도, 주체는 보이지 않는 권력의 응시(gaze)를 내면화함으로써 스스로를 규제하는 존재로 변모하게 되는 것이다. 이처럼 파놉티콘은 권력이 어떻게 신체의 행위와 움직임을 미시적으로 통제하고, 나아가 정신적 죄책감까지 내면화시켜 도덕적으로 '길들여진 개인'을 생산하는지를 보여준다.
- 푸코에 따르면, 이러한 권력은 단순한 억압이 아니라 지식의 생산 메커니즘과 결합하여 작동한다. 그는 "지식에의 의지(will to knowledge)"는 곧 "권력에의 의지(will to power)"이며, 이것은 곧 "진리의 의지(will to truth)"로 대변된다고 보았다. 즉, 진리는 가치중립적이고 보편적인 것이 아니라, 특정한 권력 질서를 정당화하고 유지하기 위한 구성물이다. 원형감옥 제도는 단순한 형벌 기구가 아니라, 부르주아 사회의 기율을 내면화시키는 '진리의 의지'이자 권력의 상징적 제도인 것이다(김형효, 1996). 이러한 체계 속에서 주체는 응시의 대상이자 분석의 객체로 전락하고, 지식의 이름으로 권력에 포섭된 존재로 재구성된다(양석원, 2001).

5-5. 자기의 기술과 실존의 미학

푸코는 주체를 선험적 · 고정된 존재로 보지 않는다(이정우, 2004). 오히려 그는 주체가 특정한 시대적 담론과 권력-지식 체계 속에서 구성되는 결과라고 보았다. 주체성은 권력과 지식의 교차 지점에서, 시대가 요구하는 형식과 이미지, 내용으로 구성되며(서동진, 2011; 심세광, 2011), 이는 개인이 가정, 학교, 군대, 직장 등 다양한 제도 안에서 수동적으로 규정되는 과정을 통해 이루어진다. 이처럼 푸코는 담론이 주체를 어떻게 포섭하고 형성하는지를 분석하며, 교육체계를 "지식-권력과 담론을 유지하고 재편하는 대표적 정치 장치"로 파악한다(이정우, 2004).

주체는 이러한 제도적 권력의 작용에 의해 단순히 구성되는 것에 머물지 않는다. 푸코는 권력의 작동이 주체로 하여금 스스로를 통치 가능한 존재로 만들어내도록 유도한다는 점에서, '자기의 기술(technologies of the self)'의 중요성을 강조한다. 즉, 권력이 효과적으로 작동하기 위해서는, 개인이 자기 자신을 통치 가능한 주체로 변화시키도록 만드는 '자기의 기술'의 개발이 핵심적이다. 통치의 기술은 필연적으로 자기의 기술을 수반한다(김승수, 2010; 이정우, 2006).

푸코는 후기 저작에서 주체 구성의 문제를 윤리적 차원으로 전환한다. 『쾌락의 활용』과 『자기에의 배려』에서 그는 개인이 권력-지식의 장 안에서 스스로를 능동적 윤리적 주체로 형성하는 가능성을 탐색한다(이정우, 2009). 푸코에게 윤리란 개인이 자기 자신과 맺는 관계를 통해, 스스로를 도덕적 주체로 구성하는 실천을 의미한다(사공일, 2010). 이를 '자기의 기술'이라 푸코는 명명하며, 지배적 권력 안에서도 인간이 자신의 고유한 정체성을 스스로 확립할 가능성을 모색한다(전경갑, 1999).

이러한 푸코의 윤리학은 단순히 구성되는 주체를 넘어서, 자신을 능동적으로 구성하는 주체, 다시 말해 주체 형성의 윤리적 가능성을 강조한다. 그는 주체 형성의 역사적 차이를 드러내기 위해, 고대 그리스의 성적 윤리와 기독교 이후의 금욕주의적 윤리를 대비시킨다. 고대 그리스의 자유 시민들은 쾌락을 절제하고 스스로를 통제하는 능력을 윤리적 삶의 핵심으로 보았으며, 이러한 실천을 통해 자신을 자율적 윤리 주체로 구성하였다. 반면, 기독교적 윤리는 쾌락을 죄악시하며 외부의 율법에 따라 주체를 종속적으로 형성하였다(전경갑, 1999).

푸코는 이와 같은 역사적 차이를 바탕으로 고대의 자기 형성 방식을 '구성하는 주체', 기독교 이후의 방식을 '구성되는 주체'로 구분한다. 고대 그리스인들이 추구한 삶의 방식은 단지 규범적 윤리를 따르는 것이 아니라, 자신의 삶을 하나의 예술 작품처럼 가꾸는 실천이었다. 그는 이를 '실존의 미학(aesthetics of existence)' 혹은 '미적 삶의 양식'이라 불렀으며, 이러한 자기 실존 가꾸기는 "자신을 변화시키고, 자신의 특이한 존재 속에서 스스로를 형성하며, 삶 자체를 미학적 가치가 담긴 작품으로 완성하려는 신중하고 자발적인 실천"이다(전경갑, 1999: 305).

요컨대, 푸코는 권력-지식의 장 속에서 주체가 구성되는 방식뿐만 아니라, 주체가 스스로를 새롭게 창조하는 윤리적 실천의 가능성을 모색하였다(이정우, 2009). 또한 푸코는 '장치' 개념을 통해 주체의 생성이 가능한 조건, 즉 주체성과 물질성, 담론과 비담론, 인간과 비인간 사이의 관계를 매개하는 구조적 조건들의 작동 방식을 사유하였다. 바라드(K. Barad)는 이러한 푸코의 장치 개념을 계승하되, 물질성과 담론의 얽힘 속에서 이를 재구성하며 존재론적 사유의 지평을 확장한다.

6. 푸코에서 바라드로: '장치' 개념의 재구성

6-1. 바라드의 수행적 신물질주의

바라드(K. Barad)는 인식론과 존재론을 구분하지 않고, 이 둘을 분리 불가능한 하나의 관계망으로 파악하는 존재-인식론(onto-epistemology)의 개념을 제안한다(Barad, 2007; 박준영, 2021). 이는 근대철학이 구축한 주체/객체, 사유/연장 등의 이분법적 구도를 해체하고, 인식 자체가 물질적이며 존재론적인 작용임을 강조한다. 이러한 관점은 "인식은 고도화된 물질의 능력"이라는 베르그송의 생명철학과도 접점을 가진다(Gamble et al., 2019: 박준영, 2020 재인용).

바라드는 인간/비인간, 자연/사회, 주체/객체 간의 구분이 실천적 장치의 구성에서 발생한 결과임을 지적하며, 인식과 존재의 경계를 해체한다(홍찬숙, 2021; 조주현, 2016). 그에 따르면 실재는 고정된 실체가 아니라 관계적 실천을 통해 구성되며, 인식은 실천 속에서 물질과 함께 생성되는 과정이다. 바라드는 전통적 재현주의가 전제하는 '외부에 고정된 실재' 개념을 비판하며, 실재란 주어진 것이 아니라 관계적 실천 속에서 끊임없이 되어가며(becoming) 구성되는 것이라고 본다.

이러한 세계관은 수행성(performativity) 개념을 핵심으로 삼는다. 바라드에게 수행성은 단지 언어 행위의 반복이 아니라, 물질적 실천을 통해 존재와 의미가 형성되는 방식이다. 이는 버틀러(J. Butler)의 언어 중심적 수행성 개념을 물질의 행위성과 관계적 존재론의 관점으로 전환함으로써, 수행성의 존재론적 지평을 확장한 것이다. 바라드에 따르면, 물질은 고정된 실체가 아니라 내적 작용(intra-action)을 통해 의미와 형태를 획득하는 생성적 구성물이다(Barad, 2007).

바라드는 수행성을 "인간의 신체에 국한되지 않는, 모든 신체들이 수행하는 세계의 구체적 내적 작용"으로 정의하며(Dolphijn & van der Tuin, 2012), 물질은 반복적 관계 속에서 구성되고 끊임없이 변형되는 과정을 겪는다고 본다. 이때 물질화

(materialization)란 고정된 속성이나 경계를 전제하는 것이 아니라, 지속적인 얽힘 속에서 유동적으로 생성되는 구성이다. 이러한 얽힘은 들뢰즈적 의미에서의 '차이의 생성'을 내포하며, 곧 뒤얽힘(entanglement)이라는 철학적 의미로 확장된다.

바라드의 행위실재론(agential realism)은 세계를 고정된 사물들의 총합이 아니라, 관계적 작용 속에서 구성되는 물질의 얽힘으로 파악한다. 세계는 이미 존재하는 객체들이 상호작용하는 장이 아니라, 행위적 실천을 통해 존재 자체가 발생하는 장이며, 이 속에서 물질과 담론, 장치와 환경은 서로 주름 접히듯(implicated) 얽혀 존재의 조건과 의미를 공동으로 형성한다(박준영, 2021).

이러한 관계적 실천에서 핵심 개념 중 하나가 바로 행위적 절단(agential cut)이다. 절단은 단순히 구획을 나누는 것이 아니라, 특정 존재가 하나의 현상(phenomenon)으로 드러나도록 구성하는 작동 방식이다(Dolphijn & van der Tuin, 2021: 홍찬숙, 2017 재인용). 바라드에게 '현상'이란, 주체 · 객체 · 환경이 분리되지 않고 얽힌 관계 속에서 함께 구성되는 실재적 사건이며, 세계를 구성하는 존재론적 단위이다. 이때 절단은 무엇이 드러나고, 무엇이 배제되는지를 결정하는 실재적 · 윤리적 행위이며, 존재와 비존재, 가시성과 비가시성의 경계를 생성하는 방식으로 작동한다.

존재와 의미가 형성되는 비결정적 차이의 과정을 설명하기 위해, 바라드는 회절(diffraction)이라는 개념을 도입한다. 회절은 물리학에서 파동이 장애물을 만날 때 나타나는 굴절 현상이지만, 바라드에게는 차이를 생성하는 관계적 패턴의 은유로 사용된다(Barad, 2007; 권두현, 2021). 이는 고정된 경계를 해체하며, 관계적 실천 속에서 미리 규정되지 않은 방식으로 의미와 존재의 차이를 생성하는 작용이다.

이러한 관점에서 주체성 또한 선험적으로 주어지는 고정된 속성이 아니라, 회절적 실천을 통해 형성되는 관계적 결과로 이해된다. 즉, 행위주체성(agency)은 독립된 자아의 능력이 아니라, 물질과 의미가 얽히는 관계적 장 속에서 내적 작용(intra-action)과 차이의 생성을 통해 끊임없이 구성된다.

결국 바라드의 세계관에서 실재란 고정된 '사물'이 아니라, 행위로서의 물질이다. 고전물리학이 전제한 '객관적 사물들'은 사실상 특정한 장치와 행위적 절단을 통해 구성된 관찰가능한 현상일 뿐이며, 그 이면에는 언제나 관계적 실천 속에서 끊임없이 되어가는(becoming) 물질-의미적 얽힘(material-discursive entanglement)이 존재한다(홍찬숙, 2021). 따라서 실재는 고정된 객체가 아니라, 수행적 실천을 통해 발생하고 드러나는 현상이며, 존재는 늘 '되어가는' 상태에 머문다.

〈행위적 절단(Agential Cut): 관계 속 존재를 분리하는 생성의 절단〉

- 바라드(K. Barad)의 행위실재론(agential realism)에서 '행위적 절단(agential cut)'은 얽혀 있는 현상의 관계망(intra-action) 속에서 특정한 경계를 설정하고, 존재자들을 주체와 객체로 나누는 작용을 가리킨다(Barad, 2007). 이는 존재들이 원래부터 분리되어 있는 것이 아니라, 절단이라는 사건을 통해 의미화되고 구별되는 과정이라는 점을 강조한다. 여기서 행위적 절단(agential cut)이 발생하는 지점, 즉 우리가 무엇을 측정할 것인지, 어떤 장치를 사용할 것인지를 선택하는 행위는 곧 실재를 특정 방식으로 분할하고 규정짓는 윤리-존재-인식론적 결정이 된다.
- 이는 "기계는 흐름들의 절단 체계"라고 정의한 들뢰즈(G. Deleuze)의 개념을 참조한 것이다. 들뢰즈는 현실에 드러나는 모든 생성이, 모든 것이 점선처럼 중첩되어 함께 존재하는 '공재면(plane of immanence)' 위의 흐름들에서 특정 부분을 절단하고 길어 올려 배치하는 과정을 통해 이루어진다고 본다. 이때 절단은 단순한 분리가 아니라, 잠재적 차원이 현실화하는 창조적 배치의 행위로 이해된다(이정우, 2008b).
- 들뢰즈의 '기계'는 공장의 기계처럼 외부 동력에 의해 작동하는 것이 아니라, 내부의 욕망과 생성의 힘에 의해 자율적으로 작동하는 체계다. 그는 이를 '욕망 기계(desiring-machine)'라 부르며, 물질화된 흐름 속에서 탈기관체를 형성해 나가는 창조적 동력으로 간주한다(이정우, 2005). 니체의 '힘에의 의지'를 계승한 들뢰즈는 욕망을 단순한 결핍이 아닌 생성의 의지로 보며, 이미 주어진 세계를 재료로 삼아 다시 조립하고 배열하고 생산하는 활동으로 정의한다(김재인, 2013).
- 이러한 관점은 바라드의 행위적 절단 개념과 깊이 맞닿아 있다. 절단은 세계에 본래 존재하는 경계를 인식하는 행위가 아니라, 관계망 속에서 존재가 분기되고 실재화되는 창발적 작용이다. 다시 말해, 주체와 객체는 선험적 실체가 아니라, 장치(apparatus) 속 절단 행위에 의해 발생적으로 생성된 결과다(김재인, 2013: 155).

출처: 이정우(2005), 김재인(2013: 152-156) 발췌, 재구성

6-2. 장치와 물질화

바라드(K. Barad)는 푸코(M. Foucault)의 '장치(dispositif)' 개념을 존재론적이고 과학철학적인 맥락에서 비판적으로 재구성함으로써, 물질의 수행성과 행위실재론(agential realism)의 이론적 토대를 제시한다. 바라드에 따르면, 장치는 단순한 도구나 구조가 아니라, 물질과 의미가 함께 생성되는 존재-인식론적(onto-epistemological) 실천의 장이다. 이는 푸코가 장치를 권력-지식 체계로 정의했던 관점을 계승하되, 인간 중심적 시각을 넘어서 비인간 행위자와 물질적 과정을 포괄하는 방향으로 확장한다.

푸코는 장치를 제도, 법, 기구, 언표, 철학적 명제 등 다양한 요소들이 구성하는 네트워크이자, 특정한 지식 형성과 권력 작용을 지탱하는 전략적 집합체로 보았다(Foucault, 1980). 정신병원, 기숙학교, 파놉티콘 등의 사례처럼, 푸코에게 장치는 주체를 형성하고 규율하는 권력-지식의 장이었다(이정우, 2004). 이에 반해, 바라드는 장치를 단지 인간 제도에 한정하지 않고, 물질과 담론이 얽히는 물질-담론적 실천(material-discursive practice)으로 이해한다(Barad, 2007). 장치는 그 자체가 사회적 · 물질적 과정을 형성하며, 현상을 구성하는 능동적 행위자이다. 중립적 도구가 아니라 세계를 구성하는 결정적 조건이라는 것이다.

바라드의 행위실재론(agential realism)은 양자역학의 보어(N. Bohr) 해석에 기반하여, 존재론과 인식론을 분리하지 않는 존재-인식론적 틀을 제시한다(Barad, 2007). 이는 전통적 재현주의를 비판하고, 물질과 의미, 인간과 비인간, 주체와 객체 사이의 내적 작용을 중심으로 실재를 새롭게 이해하려는 것이다.

이중슬릿 실험에서 전자는 때로는 파동처럼, 때로는 입자처럼 행동하는데, 이는 실험에 사용된 관찰 장치(apparatus)의 구성에 따라 전자의 물리적 상태가 달라지기 때문이다. 예컨대, 광자 감지기를 장치에 포함하면 전자는 입자처럼 행동하고, 이를 제거하면 파동처럼 나타난다. 이처럼 실험 조건이 실재의 성격을 바꾸는 현상을 바라드는 '사건(event)'이라 명명한다. 즉, 측정이 수행되는 순간, 물질은 특정한 형태로 현실화(enacted)하며, 이 현실화는 단순한 물리적 변화가 아니라 존재의 발생 사건이다.

"나는 내가 제안한 존재인식론적 틀거리를 '행위적 실재론(agential realism)'이라고 부른다. (…) 이 이론은 담론적 실천들이 어떻게 물질적 현상과 관계를 맺는지를 설명하며, 초점을 재현에서 실천으로, 즉 담론적 실천의 물질적 본성과 그로 인해 물질이 어떻게 구성되는지를 해명하는 데 둔다."(Barad, 2007: 44-45)

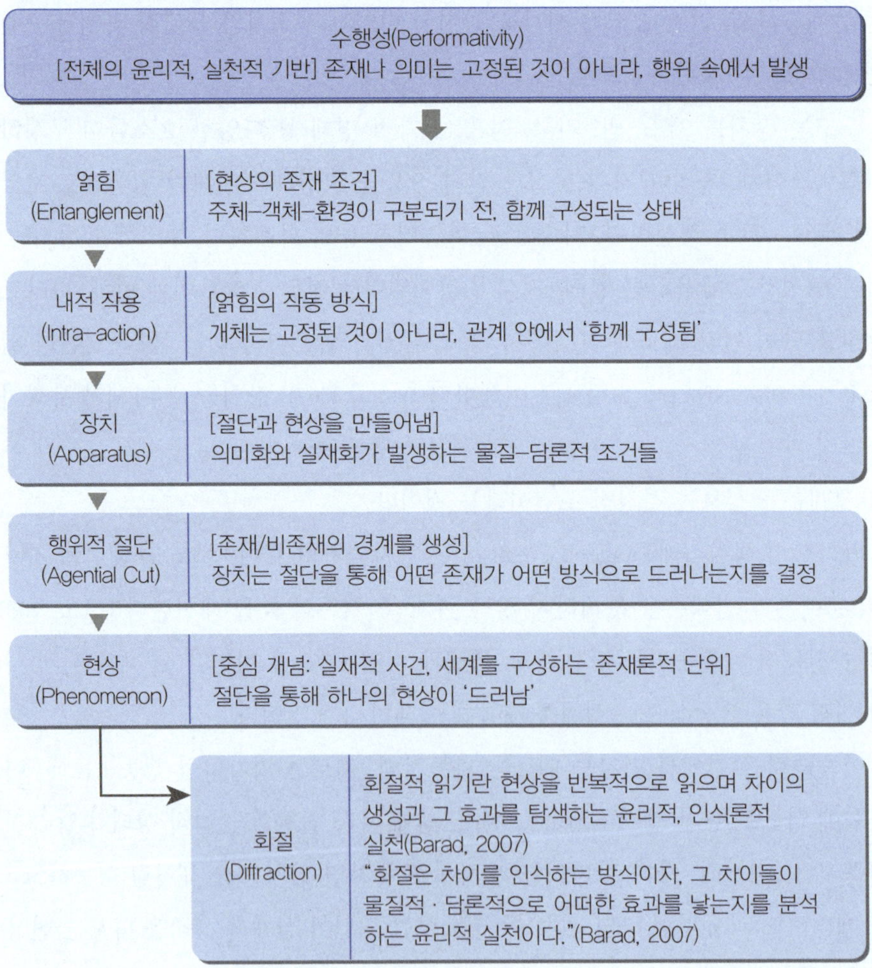

이 과정에서 핵심은 내적 작용(intra-action)이다. 이는 전통적 상호작용(interaction)처럼 독립된 존재자 간의 외적 관계가 아니라, 존재자들이 서로 얽혀 공동으로 형성되는 구성적 관계를 의미한다. 관찰 장치와 전자는 구별 가능한 개체가 아니라, 뒤얽힘(entanglement)을 통해 하나의 현상(phenomenon)으로 함께 구성된다. 따라서 관찰 대상과 장치는 실험 이전부터 존재하는 것이 아니라, 측정 행위 속에서 함께 형성되는 것이다(Dolphijn & van der Tuin, 2012).

이러한 얽힘 속에서 특정 존재가 분화되어 나오는 순간, 바라드는 이를 행위적 절단(agential cut)이라 부른다. 이는 뒤얽힌 가능성의 장에서 어떤 경계를 수행적으로 설정하는 행위이며, 이를 통해 물질은 하나의 의미와 형태를 획득한다. 물질은 본래부터 존재하는 실체가 아니라, 이러한 절단과 반복적인 내적 작용을 통해 의미를 획득하고 형태를 갖추는 생성적 사건이다. 이 일련의 과정을 바라드는 물질화(mattering)라 명명한다(Dolphijn & van der Tuin, 2012).

결과적으로, 바라드에게 물질은 고정된 실체가 아니라 반복적 내적 작용 속에서 발생하고 소멸하는 생성적 사건이다. 존재와 인식, 주체와 객체, 의미와 물질은 본질적으로 분리된 실체가 아니라, 내적 작용적 사건(intra-active event) 속에서 동시에 구성되고 재구성되는 현상들이다. 물질은 선행하는 본질로 주어지는 것이 아니라, 특정한 장치(apparatus)를 통해 수행되는 행위적 절단(agential cut)에 의해 의미와 형상을 획득한다. 이때 장치는 단순히 인식을 가능케 하는 조건이 아니라, 존재 자체를 형성하는 결정적 실천으로 작동하며, 장치의 변화는 곧 세계의 물질화(mattering) 방식의 변화를 의미한다(박준영, 2021).

바라드의 신물질주의는 물질을 정태적 실재가 아닌, 의미와 형상이 생성되는 수행(performance)의 결과로 파악한다. 이는 존재론과 인식론, 주체와 객체, 인간과 비인간의 이분법을 해체하고, 실재를 구성적이고 관계적인 내적 작용적 사건으로 파악하는 존재론적 전환을 제안한다. 요컨대 물질은 끊임없이 생성되고 재구성되는 관계적 실재이다.

〈바라드의 행위실재론: 얽힘에서 물질로〉

- 양자역학의 이중슬릿 실험은 물질이 관찰 조건에 따라 전혀 다른 성질을 드러낸다는 점을 보여준다. 전자는 관찰 장치가 개입되지 않을 때는 파동처럼 행동하며 중첩(superposition) 상태를 유지하지만, 위치를 측정하기 위해 감지기를 부착하는 순간 입자로 전환된다. 즉, 물질의 존재 방식은 관찰 여부와 장치의 개입에 따라 달라지며, 이러한 전환이 바로 사건(event)이다.
- 바라드는 이 현상을 단순히 "파동-입자의 이중성"으로 보지 않고, 관찰 장치와 대상의 얽힘(entanglement)이 만들어내는 결과로 해석한다. 즉, 우리가 관찰하는 것은 독립된 실체가 아니라, 장치와 대상의 분리 불가능한 상호작용 속에서 발생하는 현상(phenomenon)이다(Dolphijn & van der Tuin, 2012).
- 따라서 관찰은 중립적 행위가 아니라 실재를 구성하는 과정이다. 전자는 고정된 실체가 아니라, 측정 조건과의 관계 속에서 특정한 방식으로 드러나며, 관찰 장치와 전자가 함께 수행하는 내적 작용(intra-action) 속에서 의미와 형상을 획득한다(김재희, 2014).

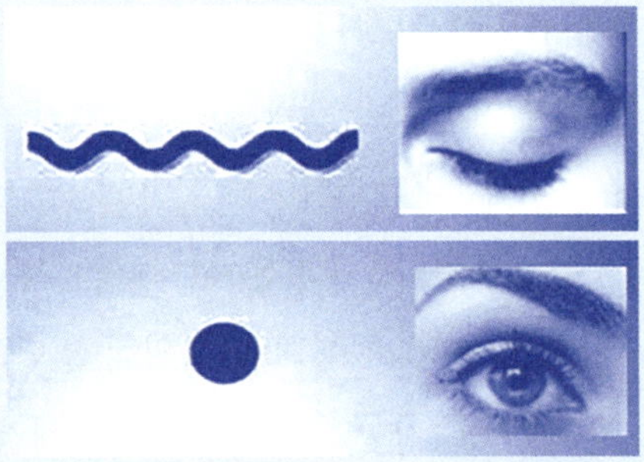

- 다시 말해, 이중슬릿 실험판에 부착된 관찰기구(장치)와 전자(실험 대상)는 서로의 정체성과 경계를 상실한 채 구별 불가능한 상태로 얽혀 내적 작용(intra-action)을 수행하며, 바로 그 관계적 과정 속에서 사건이 발생한다.
- 전자가 입자 형태로 드러나는 순간은 곧 행위적 절단(agential cut)의 결과로, 얽힘 속에서 특정한 형상이 선택되고 분리됨으로써 현실화(enactment)된다. 바라드에게 물질화(mattering)란 이러한 절단 과정을 통해 관계적으로 생성되는 결과이며, 물질은 본질이 아니라 반복적 사건으로 끊임없이 구성되고 소멸하는 것이다.

출처: Barad(2007), 홍찬숙(2021) 발췌 및 재구성

신물질주의는 모든 존재자에게 행위주체성을 부여하며, 인간 중심의 철학을 넘어 비인간 존재자들 간의 관계성과 연대를 사유한다. 이러한 접근은 '인간 너머의 정치학(more-than-human politics)'으로 설명되며(Wolfe, 2009: 박준영, 2021 재인용), 생물학적, 기술적, 물질적 존재자들 간의 동등한 협력과 상호작용을 강조한다. 인간은 더 이상 중심이 아니라, 관계적 네트워크 속 하나의 물질-의미적 행위자로 위치 지어진다(박휴용, 2019).

푸코가 주체를 권력-지식의 담론적 장치 속에서 구성된 산물로 보며 근대적 자율 주체 개념을 해체했다면, 바라드는 한 걸음 더 나아가 존재 자체가 담론, 물질, 의미, 행위가 얽힌 관계적 사건임을 드러낸다. 바라드에게 주체란 단지 담론의 효과가 아니라, 비인간을 포함한 모든 행위자와의 얽힘 속에서 구성되는 리얼리티의 일부이다. 이때 장치는 더 이상 외부로부터 주체를 규율하는 제도적 틀이 아니라, 존재를 발생시키고 실재를 물질화하는 관계적이고 수행적인 장(場)으로 재개념화된다.

이러한 전환에서 바라드에게 '앎'은 더 이상 관찰이나 재현이 아닌, 세계에 개입하고 그것을 구성하는 물질적이고 윤리적인 실천이다. 존재는 고정된 실체로 주어지는 것이 아니라, 항상 내적 작용을 통해 구성되며, 이 구성 행위는 언제나 선택과 배제의 과정, 나아가 윤리적 책임의 문제를 동반한다. 실재란 고정된 본질이 아니라, 수행적으로 생성되는 물질-의미적 관계망이며, 주체는 이 관계망 속에서 형성되고 작동하는 행위적 존재자(agential actor)일 뿐이다(Dolphijn & van der Tuin).

요컨대 바라드의 행위실재론은 푸코가 제안한 장치 개념의 범위를 존재론적이고 물질적인 차원으로 확장함으로써, 인간중심주의를 넘어선 관계적 실재론(relational realism)의 이론적 토대를 제공한다.

〈슈뢰딩거의 고양이 사고실험: 고양이가 죽었는가 살아 있는가?〉

- 이 사고실험은 양자역학의 중첩 상태(superposition)를 극단적으로 표현한 예이다. 고양이는 '살아 있음'과 '죽어 있음'이라는 상반된 상태에 동시에 놓여 있으며, 관찰 행위가 그 상태를 결정한다. 바라드는 이를 통해 '실재는 독립적으로 존재하는 것이 아니라, 관측을 통해 구성된다'라는 점을 강조한다. 이는 주체-객체의 분리 불가능성을 보여주는 예이다.
- 양자역학적으로 고양이는 죽음과 삶의 중첩 상태에 있지만, 관찰자가 상자를 열어 관측하는 순간, 고양이의 상태는 한 가지로 붕괴(collapse)한다. 고양이의 생사 여부는 관측 장치, 시간, 인간의 개입 등과 얽힌 '현상(phenomenon)'의 일부일 뿐이다. 즉, 고양이는 하나의 고정된 실체가 아니라 사건적 존재이다.
- 측정은 단순한 확인이 아니라 '세계의 절단(agential cut)'이자 새로운 현실을 산출하는 사건이다. 상자를 여는 순간, 어떤 특정한 관계적 배치 속에서 형성 행위(agential act)가 일어나고, 그 안에서 '죽은 고양이' 혹은 '산 고양이'가 구성된다. 이 절단은 임의적 우연이 아니라, 물질적 · 실천적 배치가 만들어낸 결과이다. 존재는 '관측자-대상'의 분리 이전의 얽힘 속에서, 내적 작용을 통해 발생한다.
- 바라드(Barad, 2007)의 행위실재론에서 측정은 단순한 관찰이 아니라 세계 속에서 무엇이 현실로 '형성되는가'를 결정하는 절단 행위(agential cut), 즉 존재 상태(예: 산 고양이/죽은 고양이)를 형성하는 사건(agential act)이다. 구체화하는 행위(agential act)를 의미한다. 다시 말해, 형성 행위란 세계의 존재 방식을 산출하는 사건이다.
- 여기서 절단은 단순한 구분이 아니라, 세계의 얽힘 속에서 특정한 존재 방식을 산출하는 창조적 사건을 뜻한다. 다시 말해, 측정은 이미 주어진 실재를 드러내는 것이 아니라, 실재가 어떤 방식으로 존재하게 될지를 결정짓는 존재론적 사건이다.

출처: Barad(2007), Dolphijn & van der Tuin(2012/2021) 발췌 및 재구성

한편, 존재론의 지층에서 관계적 실재론을 구축하는 것만으로는 충분하지 않다. IB 교육이 지향하는 전인적 인간 형성, 즉 자기이해에 기반한 행위의 주체성과 세계 시민성은, 단지 물질-관계적 얽힘 속에서 생성되는 존재로는 포착될 수 없는 차원을 포함한다. 그것은 자신을 성찰하고, 타자와의 관계 속에서 정체성을 서사적으로 구성해 가는 해석적 주체를 전제로 한다. 이러한 맥락에서, 의미의 구성, 자기서사의 윤리학, 상호이해의 가능성을 중심에 두는 리쾨르의 해석학으로 철학적 주름을 전환하고자 한다. 이를 통해 개념기반 교육이 인간 주체의 성장과 세계 시민성 형성에 어떻게 기여할 수 있는지를 탐색하고자 한다.

7. 리쾨르 해석학과 IB 학습자 프로필: 자기 이해에서 세계 시민성으로

"텍스트의 이해가 자기 이해에서 완성된다." "자기를 이해한다는 것,
그것은 '텍스트 앞에서' 자기를 이해하는 것이며,
책을 읽는 나와는 다른 자기의 조건을 텍스트에서 받아들이는 것이다."

— 리쾨르(P. Ricoeur), 『시간과 이야기(Time and Narrative)』

리쾨르(P. Ricoeur)의 해석학적 사유는 IB 교육의 핵심 가치인 자기 이해, 정체성 형성, 그리고 세계 시민성을 조망할 수 있는 철학적 관점을 제공한다. 리쾨르는 자아(ego)를 고정된 실체로 보지 않고, 시간 속에서 형성되고 재구성되는 서사적 자아(narrative self)로 이해한다. 이러한 자아 형성은 일회적인 결론이 아니라 해석과 경험을 통해 끊임없이 재구성되는 능동적이고 과정 중심적인 실천이다.

리쾨르에게 있어 텍스트는 단지 외부 세계를 재현하는 도구가 아니라, 해석 주체가 자신을 성찰하고 구성할 수 있도록 돕는 매개적 장(mediating space)이다. 그는 "텍스트의 이해는 자기 이해에서 완성된다"라고 말하며, 독자는 텍스트와의 상호작용을 통해 이전과는 다른 자신을 발견하고 형성한다고 본다. 이는 IB 교육이 강조하는 학습자 중심의 의미 구성과 자기 성찰적 성장과 맞닿아 있다.

이러한 자기 이해는 서사(narrative)를 통해 구체화한다. 리쾨르는 개인의 삶을 하나의 이야기로 엮어내는 과정에서 자아가 형성된다고 보았다(양명수, 1999). 서사는 주체가 자신의 경험과 시간적 맥락을 해석하고 통합하는 방식을 제공하며, 이를 통해 학습자는 자신의 정체성을 끊임없이 재구성해 나간다. IB 교육에서 이 같은 서사적 접근은 학습자가 자신의 경험을 반성하고, 이를 통해 주체적인 정체성을 형성하는 주요 방법론으로 기능한다(김한식, 2012).

리쾨르 해석학의 핵심 개념 중 하나인 전유(appropriation)는 학습자가 텍스트의 의미를 자기 삶의 맥락 속에 통합하는 과정이다. 이는 단순한 수용이 아니라, 텍스트 속 타자의 언어와 세계를 자기화하는 창조적 해석의 과정이다(양명수, 1999). IB

교육에서 학생들은 이러한 전유의 과정을 통해 스스로의 정체성을 구성하고, 그 과정에서 세계시민으로서의 의식과 책임을 확립하게 된다.

또한 리쾨르는 해석학적 순환(hermeneutic circle)을 통해 텍스트 해석과 자기 이해가 상호작용하면서 점진적으로 심화한다고 보았다. 이해와 설명은 상보적인 관계에 있으며, 설명은 이해를 구체화하고, 이해는 설명을 확장한다(김한식, 2018). 이는 IB 교육에서 학습자가 단편적인 지식 습득을 넘어, 깊이 있는 이해를 통해 자기 자신과 세계를 변혁적으로 재해석하는 학습 과정을 이론적으로 뒷받침한다.

나아가 리쾨르의 해석학은 타자(the Other)와의 관계를 통해 자기 이해가 확장된다는 점을 강조한다. 그는 주체가 자기 자신을 이해하기 위해서는 필연적으로 타자와 마주쳐야 하며, 타자의 시선 속에서 자신을 재정립한다고 보았다(변경원, 2012). 이는 IB 교육이 지향하는 다문화적 감수성과 상호 이해의 교육 목표와도 밀접하게 맞닿아 있다. 학생들은 다양한 시각과 가치관을 이해하고, 이를 통해 자기 정체성을 보다 복합적이고 확장된 형태로 구성하게 된다(김한식, 2018).

결국 리쾨르의 해석학은 IB 교육이 지향하는 학습자 주도성, 정체성 형성, 그리고 세계 시민성이라는 핵심 가치를 철학적으로 정당화하며, 이를 실천적으로 구현 사유의 틀을 제공한다. 이어지는 글에서는 리쾨르의 해석학 개념들－서사, 전유, 해석학적 순환, 타자와의 관계－이 IB 교육의 자기 형성과 정체성 교육에 어떻게 기여하는지를 살펴보고자 한다.

7-1. 서사적 자기 이해와 정체성 형성

리쾨르(P. Ricoeur)의 해석학을 바탕으로 IB 학습자의 자기 이해 과정을 살펴보면, 리쾨르는 자기 형성을 서사적 이해와 밀접하게 연결한다. 그는 자아가 서사를 통해 점진적으로 형성되며, 이는 단순히 시간의 흐름에 따른 역사적 재구성이 아니라, 지속적인 자기 이해의 재구성 과정이라고 강조한다(양명수, 1999). 리쾨르에 의하면, 자기 이해는 순간적이지 않고, 서사적 이해를 통해 과거와 현재가 연결되며, 이를 통해 자기 정체성이 형성된다.

서사는 단순히 사건을 나열하는 것이 아니라, 각 사건이 어떻게 연결되고, 주체가 그것을 어떻게 이해하며 자기 존재를 형성하는 과정이다. 리쾨르는 서사적 이해를 통해 과거의 경험이 현재에서 새롭게 재구성되고, 주체는 이를 통해 자신의 존재에 대한 깊은 이해를 형성하며 자기 정체성을 강화한다고 본다(김한식, 2012). 따라서 서사는 단순히 이야기를 읽는 것이 아니라, 주체가 그 이야기를 통해 자기 정체성을 재구성하는 과정이다.

IB 교육에서 서사적 이해는 학생들이 자신과 세계를 깊이 이해하는 데 중요한 역할을 한다. 리쾨르의 해석학에서 서사는 자기 이해의 실천적 과정으로 기능하며, 학습자는 다양한 텍스트를 통해 서사를 재구성하고, 그 과정을 통해 자기 존재의 의미를 새롭게 발견한다. 서사적 자기 이해는 자기 자신을 객관적으로 바라보는 능력을 기르고, 이를 통해 자기 삶의 의미와 목표를 탐구하며 자기 정체성을 정의하는 데 중요한 이론적 기초를 제공한다.

이 과정에서 서사적 실천은 중요한 역할을 한다. 서사적 실천은 단순히 텍스트를 읽고 이해하는 것을 넘어서, 자신의 존재와 경험을 새로운 방식으로 재조직하고, 이를 통해 자기 정체성을 지속적으로 발전시키는 능동적 과정이다(김한식, 2018). IB 학습자는 이 과정을 통해 자기 주도적 학습과 비판적 성찰을 통해 자기 이해를 확장하고, 자기 정체성을 강화한다.

따라서 서사적 이해와 서사적 실천은 IB 학습자가 자기 형성의 중요한 기회를 얻고, 자신의 존재를 능동적으로 재구성하는 과정에서 핵심적인 역할을 한다. 이 과정은 학생들이 자기 정체성을 심층적으로 형성하고, 자기 이해를 지속적으로 확장하는 데 중요한 철학적 토대를 제공한다. 또한, 자기 주도적 학습과 비판적 사고를 강화하는 데도 기여한다. 리쾨르의 해석학적 관점은 IB 교육에서 학습자들이 자기 형성과 정체성 형성을 위한 중요한 이론적 기초를 제공한다.

〈해석과 전유를 통한 IB 학습자 정체성 형성〉

리쾨르(P. Ricoeur)의 해석학은 IB 교육에서 자기 형성과 정체성 형성의 실천적 과정을 이해하는 데 중요한 철학적 기초를 제공한다. 그는 자기 이해가 단순한 자아 성찰이나 고정된 실체로서의 자아 발견이 아니라, 텍스트 해석과 전유(appropriation)를 통한 지속적이고 능동적인 자기 재구성의 과정이라고 보았다. 이는 IB 교육이 추구하는 자기 주도적 학습과 비판적 성찰, 그리고 세계시민으로서의 정체성 형성과 맞닿아 있다.

리쾨르에 따르면, 자기 형성은 시간 속에서 반복되는 해석과 통합의 과정으로, 텍스트와의 상호작용을 통해 이루어진다. 텍스트는 단순한 정보 전달의 수단이 아니라, 타자의 의미를 담고 있는 세계로서, 학습자는 그 세계에 진입하여 새로운 존재 방식과 의미 지평을 탐색한다. 텍스트 해석은 곧 자기 이해를 확장하고, 자기 정체성을 구성하는 실천적 활동인 셈이다. 이는 리쾨르가 주장한 바와 같이 이해와 설명의 순환을 통해 이루어지며, 독자는 설명을 통해 이해를 구체화하고, 그 이해를 바탕으로 텍스트의 의미를 자기 삶에 맞게 통합해 나간다(김한식, 2018).

이러한 통합 과정에서 핵심 개념이 바로 전유이다. 전유는 단순히 타자의 의미를 수용하는 것이 아니라, 타자의 세계를 자기 삶의 맥락에 맞게 재구성하는 창조적 실천이다. 리쾨르(2012)는 이 과정을 "해석적 자기화"로 보고, 전유를 통해 독자가 자기 존재에 대한 새로운 이해를 형성하고, 기존 자아를 넘어서는 새로운 정체성을 창출한다고 주장한다. 학생들은 텍스트 속 타자의 시선과 세계를 마주하면서, 자신의 세계를 다시 정의하고 자기 존재를 재구성한다(변경원, 2012). 이러한 과정은 곧 내러티브적 자기 이해의 심화이며, 자기 형성의 핵심이다.

리쾨르의 해석학에서 전유는 텍스트를 단순히 수용하는 것을 넘어서, 타자의 의미를 자기 것으로 만드는 과정이다. 텍스트는 타자의 의미를 담고 있으며, 독자는 이를 통해 자기 자신을 새롭게 이해하고, 전유 과정을 통해 자기 존재 방식을 변화시킨다. 이 과정은 자기 이해의 깊이를 더하며, 주체는 전유한 텍스트를 통해 새로운 세계를 상상하고 이를 자기 것으로 만든다.

IB 교육에서 전유의 과정은 학습자의 정체성과 세계 이해를 심화시키는 데 핵심적인 의미를 지닌다. 학생들은 다양한 문학적, 역사적, 철학적 텍스트를 해석하는 과정에서 단순한 지식 습득을 넘어서, 자기 존재와 삶의 방향을 성찰하고 재구성할 기회를 얻는다. 이 해석과 전유의 실천은 자기 이해를 심화시키며, 학생이 전유한 의미는 새로운 세계를 상상하고 자기화하는 데 기여한다. 이러한 과정은 IB 교육이 중시하는 자기 주도적 학습과 글로벌 시민성을 실천하는 구체적 장이 된다. 학습자는 텍스트의 의미를 비판적으로 수용하면서도 그것을 자신만의 방식으로 통합하며, 다양한 문화와 타자의 시각을 통해 세계를 새롭게 이해하게 된다.

결국 텍스트 해석과 전유를 통한 자기 이해는 정체성 형성의 핵심적 기제로 기능한다. 학생들은 반복되는 해석과 성찰의 순환 속에서 자기 존재를 깊이 이해하게 되며, 기존의 고정된 자아 개념을 넘어 끊임없이 변화하는 관계적 자아(relational self)로서의 정체성을 구축하게 된다(김한식, 2018). 이는 리쾨르의 해석학이 제시하는 존재론적 실천이며, IB 교육이 추구하는 정체성 형성과 실천적 세계 이해의 철학적 근거가 된다.

7-2. 해석학적 사고와 IB 교육의 내러티브 기반 학습

리쾨르의 해석학은 단순한 텍스트 해석의 기술을 넘어, 존재를 이해하고 삶을 재구성하는 철학적 사유의 틀을 제시한다. 이러한 해석학적 사고는 IB 교육의 내러티브 기반 학습과 맞닿아 있으며, 학습자가 자기 존재를 탐색하고 재구성할 수 있는 실천적 기반을 제공한다.

리쾨르에 따르면, 이해는 설명과의 상호작용 속에서 형성되며, 해석은 단순한 텍스트 해석을 넘어서 주체가 세계와 만나는 지점을 창출한다. 텍스트를 해석하는 행위는 고립된 지적 작업이 아니라, 독자가 자신의 삶과 경험을 바탕으로 새로운 의미를 구성하고, 그 과정을 통해 자기 이해를 확장하는 것이다(Ricoeur, 2012). 이러한 관점에서 IB 학습자는 다양한 텍스트나 문제상황을 해석하며, 자기 주도적으로 의미를 구성하는 활동을 수행하게 된다.

IB 교육에서 강조하는 내러티브 기반 학습은 이러한 해석학적 관점과 맞닿아 있다. 서사는 단지 정보를 전달하는 매체가 아니라, 학습자 스스로 자신의 경험을 조직하고 재구성하며, 정체성을 형성하는 기제로 작용한다(김한식, 2018). 텍스트는 외부의 이야기가 아니라, 자기 삶과 연결되는 해석의 장이 되며, 이를 통해 학습자는 자신을 성찰하고 세계와의 관계를 재조정한다.

또한, 리쾨르의 해석학에서는 직접적인 자기 인식이 아닌, 외부의 기호나 텍스트를 해석하는 '먼 우회(long détour)'를 통해 주체가 형성된다고 강조한다(장의준, 2017; 변경원, 2012). 이는 곧 주체가 자기 자신을 인식하기 위해 타자, 언어, 상징, 그리고 텍스트를 해석하는 우회를 반드시 거쳐야 하며, 따라서 정체성은 단번에 주어지는 것이 아니라 지속적인 해석과 반성을 통해 구성된다는 것을 의미한다(장의준, 2017). 이러한 맥락에서 IB 교육이 지향하는 탐구 중심, 성찰 기반의 학습 환경은 이러한 긴 우회를 가능하게 하며, 해석적 사고를 통해 자기 이해와 세계 이해를 함께 확장할 기회를 제공한다.

이러한 해석학적 관점에서 볼 때, IB 교육은 학습자가 단지 지식을 습득하는 것을 넘어서, 자기 삶을 해석하고 구성하는 존재로 성장할 수 있도록 돕는다. 해석은 단절된 사실 사이의 연결을 생성하며, 설명은 그 이해를 구체화하고 확장한다. 이 해석과 설명의 순환 속에서 학생은 자신을 새롭게 이해하고, 타자 및 세계와의 관계 속에서 자신의 위치를 재조정하게 된다.

결국, 리쾨르의 해석학적 사고는 IB 교육이 지향하는 비판적 사고, 자기 주도적 학습, 그리고 정체성 탐색이라는 목표와 맞닿아 있다. 내러티브 기반 학습은 학습자에게 텍스트와 경험의 연결을 통해 자기 존재를 해석하고 의미화하는 힘을 부여하며, 이는 곧 자기 형성과 세계 시민성의 철학적 출발점이 된다.

〈해석과 이야기 정체성: 리쾨르의 삼중 미메시스와 IB 학습자 주체성의 형성〉

- 텍스트: 이야기, 전통, 경험의 언어화
  - 세계는 상징과 은유로 구성
  - 존재가 언어가 되는 사건을 통해 '의미의 세계'가 형성됨

설명 (미메시스 Ⅰ → Ⅱ)	- 텍스트는 분석가능한 기호체계(구조주의 언어관) - 텍스트의 표면적 의미 구조 분석(바르트의 의미작용, signification) - 해석 주체의 참여 없이, '텍스트의 고정된 의미'를 진리로 상정 - 전통, 상황, 해석자의 존재론적 위치를 배제함
[해석] 이해 (미메시스 Ⅲ)	- 텍스트의 의미 세계와 독자의 삶의 맥락이 만남, 즉 선이해, 언어적 지평의 융합을 통해 이해(가다머) - 새로운 삶의 의미 창출(바르트의 의미생성, signifiance) - 텍스트가 지시하는 삶의 실재(referent)와의 조우, 즉 새로운 존재 가능성의 발견(리쾨르) - 독자는 해석을 통해 '타자처럼 자기 자신'을 만나며 자기 정체성을 재구성(리쾨르)

- 리쾨르(P. Ricoeur)에 따르면, 이야기는 인간의 진정성과 시간성을 매개하며, 존재의 의미를 구성하는 핵심적인 장이다. 내러티브는 물리적 시간과 인간적 시간을 연결하는 해석의 공간을 제공하며, 행위와 사건의 상관관계가 구성하는 의미의 총체는 곧 '세계'로 드러난다. 여기서 세계는 단순한 배경이 아니라, 행위가 의미를 지니기 위한 해석의 장으로 기능한다. 리쾨르는 이 내러티브적 구조 속에서 인간은 항상 이해하고 해석하고 실현해 가는 미완의 존재로 파악된다고 본다(전경갑, 1992).
- 리쾨르는 하이데거의 존재론을 계승하여, 해석자 자신이 언제나 해석 대상인 세계 안에 이미 포함되어 있다고 말한다(김봉근, 2018). 즉, 우리는 그냥 존재하는 것이 아니라, "어떻게 존재해야 하는지"를 스스로 해석하고 구성해 가는 현존재(Dasein)다. 이때 '이해'란 단지 텍스트나 타자를 분석하는 행위가 아니라, 자기 존재 가능성을 인식하고 실현하는 존재 생성의 양식(변경원, 2012)이다.

- 이러한 관점에서 리쾨르는 텍스트 해석을 자기 이해의 길로 제시하며, 이를 삼중의 미메시스(triple mimesis)로 정식화하였다.
  - 미메시스 I: 사회적 삶 속에서 내면화된 행동 구조와 의미 체계를 통한 경험(사전 이해 구조)
  - 미메시스 II: 이 구조를 바탕으로 현실의 사건을 서사로 재구성하는 창조적 행위
  - 미메시스 III: 독자가 그 서사를 전유하여 자기 삶에 통합하고, '이전과는 다른 자기(self-as-other)'를 만나게 되는 변형의 과정
- 이처럼 텍스트의 세계를 자기 삶의 언어로 해석하고 자기화하는 과정은 곧 자기 형성의 실천이다. 이때 독자가 만나는 '다른 자기'란 직접적인 자기 인식이 아니라, 타자의 시선을 통해 간접적으로 도달하는 자기 이해를 뜻한다. 이는 데카르트적 자아 개념("나는 생각한다, 고로 존재한다.")을 비판하며, 리쾨르와 가다머는 타자를 통한 간접적 자기 이해만이 가능하다고 주장한다(이기언, 2011).
- 가다머(H. G. Gadamer)는 모든 이해는 궁극적으로 자기 이해로 수렴한다고 말하며, 텍스트의 의미를 해석자가 자신의 언어로 표현할 때, 비로소 온전한 이해가 성립한다고 본다. 즉, 해석은 단순한 설명을 넘어, 자기 존재를 새롭게 구성하는 문답의 실천이다. 텍스트를 통해 이해되는 '텍스트의 것'은 독자의 자기화 과정에서 '자기 것'이 되고, 그 결과 독자는 기존의 자아와는 다른 자기, 곧 "타자처럼 자기 자신(Oneself as Another)"을 만나게 된다.
- 이러한 자기 이해는 단지 인식의 차원에 머무르지 않고 윤리적 실천으로 이어진다. 아리스토텔레스가 『시학』에서 "행동이 성격을 드러낸다"라고 했듯, 이야기는 주체의 행동을 통해 윤리적 정체성을 구성하는 장이다. 이야기 속 사건을 해석하고 그 의미를 자기 삶에 통합하는 과정은 행위주체로서의 자기를 형성하는 과정이며, 이 과정에서 인간은 윤리적 자기 이해와 삶의 방향성(telos)을 끊임없이 재구성한다(김한식, 2012).
- 따라서 교육이란 단순한 지식 전달이 아니라, 텍스트를 매개로 교사와 학생이 함께 자기 이해를 실현해 가는 서사적 실천이다. 이 실천은 텍스트의 해석을 통해 '자기 자신'을 끊임없이 구성해 가는 해석적 행위이며, 인간은 '되어감의 과정 중에 있는 주체(subject-in-process)'로서 자신의 존재 의미와 삶의 가치를 스스로 창조해 간다. 리쾨르의 해석학은 단순한 해석의 기술을 넘어, 삶의 의미와 윤리를 형성하는 철학적 실천으로서의 교육을 위한 강력한 이론적 토대를 제공한다.

출처: 이기원(2011: 267-268), 김한식(2012) 발췌, 재구성

7-3. 타자와의 만남: 관계적 정체성과 세계 이해

리쾨르의 해석학에서 타자(the Other)는 단순히 외부의 낯선 존재가 아니라, 자기 이해를 확장하는 필수적인 존재론적 조건이다. 그는 자아가 자족적인 실체가 아니며, 타자와의 관계를 통해 자기 정체성의 윤리적 · 관계적 구조를 획득한다고 강조한다. 이러한 관점에서 텍스트는 단순한 언어적 대상이 아니라, 타자를 만나는 해석학적 장으로 기능한다. 독자는 텍스트라는 타자적 타자와 마주하면서, 자신의 기존 정체성을 넘어서는 새로운 자아 가능성을 탐색하게 된다(김한식, 2012).

이러한 리쾨르의 통찰은 IB 교육의 국제 이해 및 세계 시민성이라는 핵심 가치와 깊이 맞닿아 있다. IB 교육은 학습자가 다양한 문화적 · 사회적 배경을 가진 타자의 관점을 이해하고 수용하는 과정을 통해 자기 인식을 재정립할 수 있도록 이끈다(IBO, 2023). 여기서 타자는 낯선 타인만이 아니라, 다른 언어, 다른 역사, 다른 담론을 담은 텍스트와도 포괄적으로 연결된다. 학습자는 이러한 해석적 만남을 통해 자신의 이해 지평을 넓히고, 세계 속에서의 자기 위치를 성찰할 수 있게 된다.

리쾨르에 따르면, 자기 이해는 고정된 자아에 기반한 것이 아니라, 타자와의 해석학적 상호작용 속에서 발생하는 열린 과정이다. 텍스트 속 타자의 세계에 몰입하고 이를 자기 삶의 맥락과 교차시키는 전유(appropriation)의 과정에서, 학습자는 자신이 누구인지를 새롭게 묻고, 기존의 자아 서사를 수정하거나 전환한다. 이 과정은 단지 인식적 전환이 아니라 윤리적 · 존재론적 전환이기도 하며, 자기 형성의 중대한 전환점이 된다(Ricoeur, 2004).

IB 교육은 이러한 리쾨르의 해석학을 교육적으로 구현하는 장이라 할 수 있다. 학생들은 문학, 역사, 철학, 예술 등의 다양한 텍스트를 해석하면서 낯선 타자의 관점을 마주하고, 이를 통해 자기 정체성을 더 복합적이고 관계적으로 구성할 수 있는 역량을 기른다. 이는 단순히 타자에 대한 이해를 넘어, 자기 이해의 윤리적 심화와 세계 시민성 형성으로 이어진다. 타자와의 만남을 통한 정체성 형성은 IB 교육이 지향하는 글로벌 공동체 속 자율적 · 책임 있는 시민을 길러내는 핵심 과정이다(김한식, 2018; 변경원, 2012).

결국, 리쾨르의 해석학은 학습자가 타자와의 해석학적 만남을 통해 자신을 초월하고, 더 넓은 세계와 관계 맺는 존재로 변모할 수 있도록 안내한다. 이러한 과정은 IB 학습자에게 단지 자기 정체성을 확립하는 데 그치지 않고, 윤리적 책임성과 상호 이해의 감각을 내면화한 세계시민으로 성장하는 데 핵심적인 철학적 · 교육적 기반을 제공한다.

〈자기 이해에서 세계 시민성으로〉

리쾨르(P. Ricoeur)의 해석학은 자기 이해와 정체성 형성을 세계 이해로 확장하는 강력한 철학적 사유의 틀을 제시한다. 그는 해석을 단지 텍스트의 의미를 분석하는 기술적 행위로 보지 않고, 주체가 타자의 세계와 마주하며 자기 존재를 재구성하는 존재론적 과정으로 이해한다. 해석은 단순한 설명이 아니라 자기 이해의 실천이며, 이때 주체는 전유를 통해 타자의 세계가 함축된 텍스트를 해석하고, 이를 자신의 삶과 경험에 비추어 능동적으로 통합한다. 이 과정에서 주체는 새로운 의미를 생성하고, 자기 존재에 대한 새로운 관점을 획득하며, 자기 정체성을 재구성해 나간다(변경원, 2012).

IB 교육에서 이러한 전유 개념은 학습자가 다양한 문학적, 역사적, 철학적 텍스트를 해석하면서 자신의 경험과 타자의 시각을 통합하고, 그 과정에서 자기 이해를 심화시켜 정체성을 재구성하는 핵심 메커니즘으로 기능한다. 이때 텍스트는 정보의 집합이 아니라, 타자의 삶과 세계가 내포된 '만남의 장'이 된다. 학습자는 이 만남 속에서 기존 자아를 해체하고, 타자의 시선을 통해 자기 삶을 낯설게 바라보며 새로운 정체성을 형성한다. 이는 리쾨르가 강조한 해석학적 순환의 핵심이며, 자기와 타자, 이해와 설명, 해석과 실천이 서로를 끊임없이 재규정하는 역동적 상호작용으로 나타난다.

더 나아가서, 자기 인식은 타자, 언어, 상징, 그리고 텍스트와의 해석적 만남 속에서 구체화되며, 이는 곧 전유의 과정으로 이어진다. 전유란 텍스트를 단순히 이해하는 데 그치지 않고, 해석된 의미를 자신의 삶 속에서 재구성함으로써 새로운 정체성을 형성하는 것을 의미한다. 이러한 전유의 과정에서 학습자는 자아를 다층적으로 성찰할 뿐 아니라, 다양한 삶의 서사와 대화하며 세계를 새로운 방식으로 사유하게 된다. 따라서 전유는 존재론적 · 윤리적 차원의 실천으로, 학생들이 자기 이해와 세계 이해를 동시에 확장하는 데 결정적 기여를 한다(변경원, 2012).

이러한 전유의 실천은 IB 교육이 지향하는 세계 시민성 형성과 밀접하게 연관된다. 다양한 문화적 배경과 삶의 양식을 담은 텍스트를 자기화하는 과정에서 학습자는 타자의 시각을 내면화하고, 이를 바탕으로 자기 자신을 재구성하며 윤리적 관계 맺음의 실천을 경험하게 된다. 이 과정은 단순한 지식 습득을 넘어, 다문화 감수성과 글로벌 책임 의식을 내면화하는 구체적인 실천의 장이 된다. 세계 시민성은 타자를 향한 이해와 책임을 동반한 관계 속에서 형성되는 것으로, 학생들은 텍스트 해석을 통해 타자의 세계를 상상하고 공감하며, 그 속에서 자신의 위치와 역할을 성찰한다. 나아가, 이는 자기 주도적 학습과 비판적 사고의 실천과 맞물리며, IB 교육의 핵심 가치들이 통합적으로 실현되는 철학적 기반이 된다.

결론적으로, 리쾨르의 전유 개념은 IB 교육에서 자기 이해와 세계 이해, 정체성 형성과 세계 시민성이라는 교육 목표를 유기적으로 연결해 주는 해석학적 실천의 핵심이다. 학생들은 텍스트를 통해 자신의 삶을 재구성하고, 타자와의 만남을 통해 세계를 새롭게 인식하며, 이러한 해석적 자기화의 과정을 통해 보다 책임 있는 세계시민으로 성장할 수 있다(김한식, 2012). 요컨대 리쾨르의 해석학은 단지 철학적 성찰의 도구를 넘어서, IB 교육이 지향하는 자기 이해, 정체성 형성, 세계 시민성의 실천을 이끌어가는 이론적 토대를 제공한다.

우리가 '왜 행위주체(agency)인가?'라는 질문을 던지는 이유는 단지 학습자에게 주도권을 부여하려는 것이 아니다. 그것은 존재론적, 인식론적, 윤리적, 그리고 교육학적 차원에서 세계를 다시 사유하고 재구성하기 위한 요청이자 실천이다. 이 장에서는 형상과 질료, 인간과 비인간, 주체와 대상, 언어와 물질, 담론과 실천, 그리고 자기와 타자 사이의 이분법적 구획을 넘어서는 철학의 주름을 펼쳐보았다.

들뢰즈의 생성철학과 푸코의 주체 계보학, 바라드의 신물질주의와 리쾨르의 해석학은 각기 다른 언어로 말하지만, 공통으로 주체란 고정된 실체가 아니라 담론과 실천 속에서 구성되며, 끊임없이 해석되고 재구성되는 존재임을 강조한다. 이러한 사유는 포스트휴머니즘과 신물질주의, 생태중심주의와 연결되며, 주체성을 단지 인간의 내부적 심리 상태나 인지능력으로 환원하지 않는다. 오히려 주체는 끊임없이 세계와 얽히고, 의미를 생성하고, 윤리적으로 책임지는 존재로 재개념화된다.

IB 교육에서 말하는 '행동하는 학습자'는 이러한 탈이분법적 주체 개념과 깊이 연결되어 있다. 여기서 '행위주체(agency)'를 말한다는 것은 단지 학생의 자율성을 강조하려는 것이 아니라, 학습자 한 사람 한 사람이 관계적이며 수행적이고, 생태적이며 서사적인 존재로서 세계와 끊임없이 상호작용하며 새로운 현실을 창조해 나가는 존재임을 전제하는 것이다(OECD, 2019). 이러한 주체성은 지식 이전의 전제조건이 아니라, 오히려 지식을 구성하고 전유하며 실천하는 과정 그 자체에서 드러난다.

제3장

왜 탐구인가?

IB 교수학습의 철학과 실천

제3장 왜 탐구인가? IB 교수학습의 철학과 실천

"성찰되지 않은 삶(unreflective)은 무의미하다."

- 소크라테스(Plato, Apology)

"질적 연구(inquiry)는 결혼과 같다. 모두가 그것이 무엇인지 안다고 생각하지만,
그 문 뒤에 무엇이 있는지는 아무도 모른다."
중매결혼처럼, 연구자는 자발적 선택의 주체가 아니라,
이미 제도와 담론 속에 배치된 존재이다.
연구란 '자신이 무엇을 알고 있다고 믿는지'를 해체하는 경험이며,
자신과 세계가 새롭게 관계 맺는 사건이다.

- Allen(2014); Denzin & Lincoln(2005)

탐구(inquiry)가 그러하다.

IB 교육은 학습자를 단순한 지식 수용자가 아닌 의미를 구성하고 세계와 능동적으로 상호작용하는 탐구자(inquirer)로 성장시키는 것을 목표로 한다. 이러한 철학은 교수학습의 모든 구조와 실천을 관통하고 있으며, 그 중심에는 '탐구(inquiry)'가 놓여 있다. 탐구는 IB 교육이 지식에 접근하는 방식일 뿐만 아니라, 학습자 주도성과 개념적 이해, 평가까지 아우르는 포괄적 교육 패러다임으로 작동한다(IBO, 2014).

탐구 중심 학습은 단순히 질문을 활용하거나 프로젝트를 진행하는 수업 기법을 의미하지 않는다. 그것은 학습자가 자신의 질문을 가지고 세계와 마주하며, 개념을 구성하고, 자료를 해석하며, 비판적으로 사고하고 성찰하는 일련의 과정 전체를 아우른다. 이 과정은 결국 학생으로 하여금 자신이 아는 것, 아는 방식, 그리고 앎의 한계를 스스로 성찰하게 만들며, IB가 지향하는 학습자 상인 비판적 사고자

(thinker), 성찰자(reflective), 원칙 있는 사람(principled)의 형성과도 직접 연결된다(IBO, 2017).

이 장에서는 IB 교수학습의 핵심 철학으로서 탐구가 갖는 의미와 구조를 이론적 · 철학적 맥락에서 고찰하고, 이를 실제 수업 설계와 평가 실행으로 연결하는 구체적인 방안을 살펴본다. 이를 통해 "탐구란 무엇이며, 왜 IB 교육은 탐구를 중심에 두는지를 탐색하고자 한다.

1. 탐구기반 학습과 IB 교육

IB 교육은 탐구(inquiry)를 학습의 출발점이자 과정, 그리고 목표로 삼는다(IBO, 2015). 탐구는 단순히 지식을 습득하는 수단이 아니라, 학습자가 세계를 이해하고 의미를 구성해 가는 존재론적 방식이다. 전통적 교실 수업이 교사의 지식 전달과 학생의 수용에 초점을 두었다면, IB 교육은 학습자가 스스로 질문을 던지고, 가설을 세우며, 자료를 탐색하고, 자신의 이해를 구성하는 과정을 중심에 둔다(IBO, 2015). 이러한 방식은 단기적 학습 성과보다 장기적이고 전이 가능한 지속가능한 이해(enduring understanding)를 지향한다.

탐구기반 학습(Inquiry-Based Learning)은 단순히 질문을 통해 학습 내용을 끌어내는 전략이 아니라, 학습자가 지식의 구성 과정에 능동적으로 참여하며 비판적 사고와 개념적 이해를 형성하는 일련의 사고 여정이다. 이 접근은 전통적인 정보 주입식 학습과는 대조적으로, 학생 스스로 문제를 정의하고, 자료를 수집 · 분석하며, 의미를 구성하고 새로운 통찰을 형성하도록 유도한다. 다시 말해, 탐구는 학습자가 '무엇을 아는지'보다 '어떻게 사고하고 탐색하는지'를 중심에 놓는 학습 방식이다(Bruner, 1961; Kuhn, 2010).

IB 교육과정은 이러한 탐구 중심 학습을 교수학습의 핵심 철학으로 채택하며, 이를 구조적으로 제도화하고 있다. 특히 IB는 교사의 역할을 지식 전달자가 아닌, 학습 촉진자(facilitator)로 전환하고, 학생을 수동적 수용자가 아닌, 능동적 의미 구성자(meaning-maker)로 자리매김한다(IBO, 2014; 2022). 이는 교육이 단순한 정답의 축적이 아니라, 지속적인 질문과 성찰을 통한 '앎'의 확장이어야 한다는 인식에 기반한다.

탐구기반 학습은 또한 IB가 강조하는 국제적 소양(international mindedness)과 직결된다. 학습자가 단순히 지식의 소비자가 아니라 세계 문제를 탐구하고, 다양한 시각을 이해하며, 타인과 협력하여 새로운 의미를 구성하는 능동적 시민으로 성장하는 길이기 때문이다. 특히, IB의 학습자상(Learner Profile)은 탐구와 깊은 연관성을 갖는다. 탐구자는(inquirer) 호기심과 지속적 학습 태도를 지닌 학습자이며, 사고하는 사람(thinker), 의사소통하는 사람(communicator), 원칙 있는 사람(principled) 등의 속성 또한 탐구 과정에서 길러진다. 다시 말해, 학습자상은 탐구라는 학습 구조 속에서 구현되는 학습자의 성향이자 목표이다(IBO, 2017).

더 나아가 탐구는 행위주체성(agency)과도 긴밀히 연결된다. 탐구 과정에서 학생은 스스로 학습 목표를 설정하고, 선택하며, 책임을 진다. 이는 OECD Education 2030에서 강조하는 '행위주체적 학습자'의 모습과도 맞닿아 있다(OECD, 2019). IB 교육에서 탐구는 학생을 지식의 수용자가 아니라, 자기 삶과 공동체, 세계를 변혁하는 주체로 성장시키는 길이다.

끝으로, 탐구는 행동으로서의 봉사(Service as Action)와 연결되면서 교육의 실천적 차원으로 확장된다. 학습자가 교실에서 얻은 지식과 이해를 지역사회와 글로벌 차원의 문제해결로 전환하는 과정이 바로 봉사로서의 학습이다. 탐구는 결국 교실 안팎을 잇는 다리로서, 지식-성찰-행동의 순환 구조를 통해 전인적 배움을 완성한다(IBO, 2019b).

이처럼 탐구는 지식과 성찰, 행동을 잇는 순환적 구조 속에서 전인적 배움을 완성하는 핵심 메커니즘이다. 한편, IB 각 프로그램은 이러한 탐구의 철학을 공유하면서도 구현 방식에서는 차이를 보인다. MYP와 DP는 모두 탐구를 학습 설계의 중심에 두지만, 강조점과 접근 방식은 서로 다르다.

MYP는 탐구를 개념적 이해와 실제 적용의 다리로 보며, 탐구진술문과 세 가지 탐구 질문을 중심으로 주제 간 전이 가능성과 통합적 사고를 강조한다(IBO, 2014;

2022). 반면 DP는 보다 고차적이고 분석적인 탐구로 나아간다. 지식이론(TOK) 과목에서는 지식의 근거, 한계, 관점 간 대립을 철학적으로 성찰하고, 확장 에세이(EE)와 같은 과제에서는 독립적인 탐구 설계와 논증 구성 능력을 기른다(IBO, 2016; 2019a; 2020). 따라서 DP에서 탐구는 단순한 정보 탐색을 넘어, 근거 중심의 비판적 사고와 논리적 정당화 능력의 발달을 지향한다.

또한, IB는 '탐구-행동-성찰'이라는 교수학습의 순환 구조를 통해 탐구기반 학습이 실제 세계와 어떻게 연결되는지를 구조화한다(IBO, 2018b; 2019b; 2020). 먼저, 탐구(Inquire) 단계는 개념, 문제, 질문을 중심으로 학습자가 의미를 구성해 나가는 과정이다. 행동(Act) 단계에서는 학습자가 자신의 이해를 실제상황에 적용하거나 행동으로 옮기며 학습을 내면화한다. 성찰(Reflect) 단계에서는 자신이 배운 내용을 되돌아보며 지식의 의미와 한계를 재고하고, 새로운 질문으로 나아간다(IBO, 2018b; 2019b). 이 순환은 단지 교수학습의 구조를 넘어, IB 교육의 존재론적 목표, 즉 지속적으로 탐구하고, 변화하고, 책임지는 인간형으로의 성장을 구현하는 장치이기도 하다(IBO, 2017).

2. 학습의 과학: IB 교육과 뇌기반 학습*

21세기 교육은 단순한 지식 전달을 넘어, 학습자의 의미 구성, 비판적 사고, 개념적 전이를 촉진하는 방향으로 나아가고 있다. 특히 IB 교육은 '학습자가 어떻게 배우는가'라는 물음을 중심에 둔다. 이러한 교육 패러다임은 뇌과학과 학습과학의 최신 연구와 맞닿아 있다. 학습과학과 뇌과학 연구는 인간의 학습 과정이 단순한 정보 수용이 아니라 호기심, 동기, 기억, 전이가 상호작용하는 복합적 메커니즘임을 보여준다. 이러한 맥락에서, '학습과학'을 통해 IB 수업을 통해 어떻게 더 깊은 개념 이해와 자기 주도적 학습을 가능하게 할 것인지를 살펴보고자 한다.

* 이 절의 원고는 Giddens 등(2014) 제5장의 뇌과학 관련 내용을 바탕으로 발췌 · 재구성한 것이다.

2-1. 왜 학습의 과학인가?

IB 교육은 구성주의에 뿌리를 두며, 개념기반 학습(Concept-Based Learning)을 통해 학습자의 사고를 확장하고 전이 가능성을 높이고자 한다. 그러나 이러한 접근이 효과를 발휘하기 위해서는 학습이 실제로 뇌와 인지 시스템 내에서 어떻게 작동하는지를 이해할 필요가 있다. 즉, 뇌과학과 학습과학의 통찰은 IB 교육의 설계와 실천을 이론적으로 뒷받침하는 토대가 된다.

학습이란 단순히 정보를 기억하거나 암기하는 과정이 아니다. 오늘날 학습이론은 학습을 '지속적인 변화의 과정'으로 정의하며, 이는 학습자가 새로운 정보나 경험을 통해 자신의 지식 구조, 사고방식, 행동에 변화를 일으키는 것을 포함한다(Ambrose et al., 2010). 이러한 정의는 뇌의 신경가소성(neuroplasticity) 개념과도 연결되며, 학습은 뇌의 물리적 구조와 인지 체계 모두에 영향을 주는 경험적 변화이다(Draganski & Gaser, 2004).

IB는 구성주의 및 사회문화적 학습이론을 기반으로 다음과 같은 관점을 수용한다.

- 학습은 사회적이며 정체성의 형성과도 연결된다(IBO, 2014; 2017)
- PYP/MYP/DP 전 과정에서 개념기반 수업을 강조하며, 교사는 지식 전달자가 아닌 학습 촉진자로 역할이 전환된다(IBO, 2014; 2022).
- 학습자 중심 수업은 학습자에게 자기 주도성과 선택권을 제공하여 메타인지와 자기조절 학습 능력을 향상한다(IBO, 2019).

학습을 '이해의 구성과 전이의 과정'으로 파악할 때, IB와 같은 전인적 교육 모델이 효과를 발휘할 수 있다. 이러한 접근은 교사에게도 깊은 이론적 이해와 실천적 설계 역량을 요구한다. 교사들은 자신이 가르치는 학문 영역에 대한 전문성을 갖추고 있음에도 불구하고, 학습이 실제로 어떻게 일어나는지에 대한 과학적 이해는 종종 간과한다. 하지만 학습은 단순히 정보를 전달하는 것이 아니라, 학습자의 뇌와 인지 체계 속에서 일어나는 복잡한 생물학적, 심리적, 사회적 과정을 수반하는 것이다(Giddens, et al., 2014). 따라서 교사는 학습과학(learning sciences)과 뇌과학(neuroscience), 그리고 이러한 지식을 실제 교육 현장에서 어떻게 적용할 것인지에 대한 통합적 시각을 필요로 한다.

이처럼 학습을 '이해의 구성과 전이의 과정'으로 파악할 때, IB와 같은 전인적 교육 모델이 효과를 발휘할 수 있다. 이 접근은 단순한 교육 방법의 변화가 아니라, 학습자 뇌의 작동 원리에 기반한 구조적 설계로서의 교육 모델 전환을 의미한다.

그러나 교사들은 종종 자신이 가르치는 학문 영역에 대한 전문성은 높지만, 학습이 실제로 어떻게 발생하는지에 대한 과학적 이해를 간과하는 경우가 많다. 학습은 단순 정보 전달이 아니라, 학습자의 뇌와 인지 체계 속에서 일어나는 복잡한 생물학적, 심리적, 사회적 과정이다(Giddens, et al., 2014). 따라서 교사는 학습과학(learning sciences), 뇌과학(neuroscience), 그리고 학습 분석(learning analytics) 관련 지식을 교육 현장에서 통합적으로 적용할 수 있어야 한다. 이는 단순한 기능 습득을 넘어, 개념이해를 촉진하고 학습의 지속성과 전이 가능성을 설계하는 전문성으로 연결된다.

이어지는 논의에서는, 개념기반 학습(Concept-Based Learning)의 원리를 뇌의 작동 메커니즘, 학습과학, 그리고 학습 분석(learning analytics)의 통찰과 관련지어 설명함으로써, 효과적인 IB 수업 설계의 이론적 기반을 탐색하고자 한다. 이를 통해 IB 교사는 학생의 깊은 개념 이해와 자기 주도적 탐구를 유도하는 '뇌기반 수업 설계자(brain-based learning designer)'로서의 전문성을 신장할 수 있을 것이다.

2-2. 왜 뇌기반인가?

IB 교육은 단순한 지식 전달을 넘어, 학습자의 '이해', '전이', '정체성 형성'을 핵심 목표로 삼는다. 이러한 목표는 현대 학습과학과 뇌과학이 밝혀낸 주요 원리, 즉 신경가소성, 감정과 기억의 상호작용, 기존 지식과의 연결을 통한 전이, 인지 부하의 조절, 자기조절과 메타인지 전략과 일치한다(Giddens, et al., 2014).

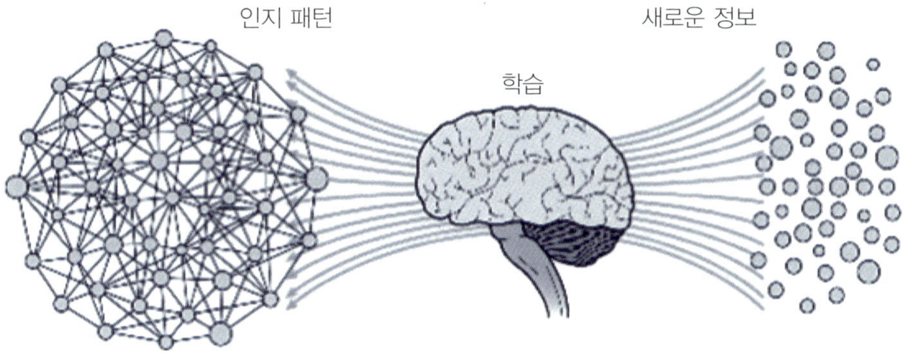

〈여러 패턴과 다층적 연결 관계로 특징지어지는 개념적 학습(Clemens, n.d.)〉

학습은 뇌의 작용이며, 교사는 뇌가 배우는 방식을 이해하고 그 구조에 맞게 수업을 설계할 수 있어야 한다. 즉, 뇌는 의미를 구성하는 기관이며, 교사는 의미 구성의 구조를 설계하는 전문가여야 한다. IB 교육은 단순히 '국제 교육'이나 '가치 중심 교육'에 머무르지 않는다. 오히려 '뇌가 배우는 방식'을 수업 구조 안에 내장한 학습과학 기반의 교육 모델이다(Giddens, et al., 2014).

뇌는 감정, 연결, 반복, 반성의 과정을 통해 의미를 구성한다. IB 교육은 이러한 뇌의 작동 원리를 수업 구조에 반영한다. 즉, 개념 중심 수업은 개념 간의 유의미한 연결(Association)을 유도하고, 이를 반복적으로 재방문(Repetition)하며, 감정적 몰입(Emotion)과 자기반성(Reflection)의 기회를 제공함으로써 뇌의 학습 메커니즘과 정합적인 구조를 갖춘다(Giddens, et al., 2014).

따라서 IB 교사는 단지 지식의 전달자가 아니라, '뇌과학적 통찰'을 바탕으로 수업을 설계하는 전문가로 자리매김해야 한다. 이는 학생의 장기기억, 깊은 개념 이해, 그리고 전이 가능한 지식 구성을 촉진하는 설계자로서의 교사 전문성을 뜻한다.

2-3. 학습과 뇌과학: 뇌 기반 학습의 원리

학습과학은 학습이 어떻게 일어나는지를 탐구하는 다학문적 연구 분야로, 뇌과학, 교육심리학, 인지과학, 학습 분석(learning analytics) 등이 상호 연결되어 작동한다. 특히 학습 분석은 학습자의 행동 데이터를 기반으로 실시간 피드백을 제공하고, 개인화된 교육 경험을 가능하게 함으로써, IB가 강조하는 자기 주도성과 탐구 역량을 실현하는 핵심적 토대를 제공한다. 학습과학의 주요 연구성과를 살펴보면 다음과 같다(Giddens, et al., 2014).

〈신경가소성과 학습의 순환 구조: 학습은 뇌의 재구성〉

학습은 흔히 "경험을 통해 발생하는 변화의 과정"으로 정의되며, 이는 단순 지식 축적이 아니라 성과 향상과 미래 학습 가능성을 열어가는 변화의 과정임을 보여준다(Ambrose et al., 2010). 신경과학은 이러한 정의에 실질적 근거를 제공한다. 뇌는 새로운 정보가 들어올 때 시냅스 연결을 재구성하며, 이는 곧 학습의 본질적 메커니즘이다. Draganski와 Gaser(2004)의 연구는 반복된 학습 경험이 특정 뇌 영역의 회백질 밀도를 증가시킬 수 있음을 보여주며, 뇌가 구조적 · 기능적으로 변화 가능한 유연성을 지닌다는 신경가소성(neuroplasticity) 이론을 뒷받침한다.

Zull(2002)은 학습 과정을 '감각(sensing)-통합(integrating)-반응(responding)'이라는 순환적 구조로 설명한다. 외부 자극은 감각기관을 통해 입력되고, 대뇌 피질, 해마, 편도체 등 뇌의 다양한 영역에서 통합되며, 이후 인지적 해석과 행동적 실행으로 이어진다. 이 순환은 단순한 정보 수신이 아니라 의미 구성(integration)과 적용(response)을 필연적으로 수반하는 과정임을 보여준다.

이러한 메커니즘은 IB가 강조하는 탐구(inquiry), 개념적 이해(conceptual understanding), 행동(agency)의 구조와 직접적으로 맞닿아 있다(IBO, 2017). 학습자는 세계를 감지하고 질문을 생성하며, 이를 기존 개념과 연결해 의미를 구성하고, 다시 사회적 · 실천적 맥락에서 행동으로 전환한다. 따라서 신경가소성은 IB 학습 설계에 대한 신경과학적 정당성을 제공한다.

이러한 맥락에서, IB 수업은 학습자가 뇌의 반복된 경험을 통해 시냅스 연결을 강화하고 개념 간 연계를 구조화한다는 신경가소성의 원리를 반영해야 한다. 교사는 개념기반 교육의 핵심인 반복적 탐구와 연결 중심 수업을 의도적으로 설계해야 하며, 다음과 같은 구체적인 전략을 필요로 한다.

첫째, 단원 내에서 하나의 핵심 개념을 다양한 맥락에서 반복적으로 탐구하도록 구조화해야 한다. 이는 뇌가 반복된 자극을 통해 시냅스 구조를 재형성하고, 장기 기억과 이해를 고착시킨다는 신경과학적 근거와 맞닿아 있다. 예컨대, PYP나 MYP에서 "형식(Form)"이라는 개념을 예술, 언어, 과학 등 서로 다른 교과 맥락에서 반복 탐구하도록 설계하면, 학생의 뇌에서 시냅스 연결이 강화되며 신경가소성이 촉진된다. 이는 장기기억 형성과 개념적 전이를 가능하게 하는 재순환(curriculum spiraling) 구조다.

둘째, 이러한 반복적 구조는 단순한 재제시가 아니라, 각기 다른 맥락 속에서 개념을 새롭게 적용하고 의미를 구성하는 방식으로 설계해야 한다. 이러한 교수학습 설계는 Zull(2002)이 설명한 학습의 순환적 메커니즘—감각을 통한 지각, 뇌의 통합 과정, 행동과 성찰로의 전환—과도 일치한다. 교사는 다양한 사례와 활동을 제공하여 학생이 개념을 점진적으로 내면화하도록 돕는다. 이 과정에서 개념은 단편적 사실의 집합을 넘어, 서로 분리되어 보이는 지식 요소들을 하나의 의미망으로 엮는 인지적 구심점(cognitive anchor)으로 작동한다.

끝으로, 학습자는 정보의 수동적 수용자가 아니라 능동적 의미 구성자다. 교사는 시각적 개념도(visual concept map), 비교·대조 활동, 수행 과제 등을 활용하여 학생이 개념 간 관계를 정교화하도록 도와야 한다. 학습과학의 신경가소성(neuroplasticity) 연구 결과와도 맞닿아 있다. 반복된 탐구와 연결, 의미 구성의 과정은 실제로 뇌의 시냅스 연결을 강화하고, 회백질 밀도의 변화를 이끈다(Draganski & Gaser, 2004). 교사가 제공하는 이러한 활동은 뇌가 학습하는 자연적 메커니즘을 교육적으로 구현하려는 것이다.

따라서 IB 수업은 표면적 활동의 나열이 아니라, 신경가소성에 기반한 반복-연결-의미구성의 구조적 설계를 요구한다. 교사는 학습자가 동일한 개념을 다양한 맥락에서 반복적으로 적용·표현하도록 설계해야 하며, 이를 통해 지속가능한 이해와 학습 전이를 촉진할 필요가 있다.

〈감정과 학습: 정서적 몰입이 기억과 동기를 강화〉

감정은 학습의 부수적 요소가 아니라, 기억 형성과 학습 동기 유발에 필수적인 작용을 하는 신경 메커니즘이다. Pawlak 등(2003)은 정서적으로 유의미한 자극이 편도체(amygdala)와 해마(hippocampus) 간의 상호작용을 통해 장기기억 정착을 촉진한다고 보고하였다. 즉, 정서적 의미 부여는 기억을 강화하는 핵심적 기제이다.

학습자가 도전적 과제를 해결하거나 의미 있는 성취를 경험할 때 분비되는 도파민(dopamine)은 보상 회로를 활성화하고, 내적 동기를 유발하며, 지속적인 탐구를 자극한다(Salamone & Correa, 2002). 이러한 감정-기억-동기의 삼중 연결 구조는 학습자가 정서적으로 몰입하고 주체적으로 참여할 수 있는 학습 환경이야말로 장기적이고 전이가능한 학습을 가능케 함을 보여준다.

IB 수업 설계에 주는 시사점을 살펴보면, 첫째, IB 수업은 학습자에게 정서적으로 의미 있는 맥락을 제공해야 한다. 정서적으로 몰입할 수 있는 활동은 기억의 정착을 돕고, 깊이 있는 이해를 가능하게 한다(Giddens, et al., 2014). 이를 위해 교사는 실생활과 연결된 문제, 학생의 흥미와 정체성과 맞닿은 질문, 사회적 맥락을 반영한 탐구 주제 등을 설계해야 한다. 예를 들어, MYP의 실천하는 봉사와 개인 프로젝트, DP의 확장 에세이(EE) 등은 감정적 몰입을 통해 장기기억과 탐구 지속성을 촉진한다.

둘째, 교사는 탐구기반 수업 구조 속에서 학생의 선택권과 목적의식을 보장해야 한다. 즉, 개념기반 수업은 학생에게 탐구의 '이유'를 제공함으로써 정서적 몰입을 유도한다. 학습자가 스스로 질문을 설정하고, 문제해결을 위한 경로를 선택하며, 결과를 스스로 평가하는 구조는 도파민 보상 회로를 자극하고 학습 지속성을 유도한다. 이는 단기 성과를 넘어서, 내적 동기 기반의 자기 주도적 탐구 태도로 연결된다.

셋째, 수업은 '정보의 전달'이 아니라, 감정적 연결을 촉진하는 설계 원리를 따라야 한다. 예를 들어, 수업 시작 시 "이 주제가 너에게 왜 중요한가?"라는 질문으로 동기를 유도하거나, 결과물 표현 방식(구술, 시각, 글쓰기 등)을 학생이 선택하도록 하여 정체성과 감정의 통합적 반영을 가능하게 해야 한다.

〈도파민과 동기 회로 – 보상은 학습 지속성과 연결〉

학습의 지속성과 몰입은 단순한 정보 습득이 아니라, 학습자가 성취와 보상을 기대하는 신경학적 메커니즘과 밀접히 연결되어 있다. 도파민은 보상 예측과 성취 경험에 따라 방출되는 신경전달물질로, 학습 동기 및 탐구 지속성에 핵심적 역할을 한다(Salamone & Correa, 2002). 또한 도파민은 감정 회로(편도체)와도 연결되어 있어, 정서적으로 긍정적인 학습 경험이 도파민 방출을 유도하고, 이는 기억 강화학습 지속성으로 이어진다(Pawlak et al., 2003; Willis, 2010).

IB 수업 설계에 주는 시사점을 살펴보면, 첫째, 교사는 도전과 보상이 균형을 이루는 과제 구조를 설계해야 한다. 너무 쉬운 과제는 지루함을 유발하고, 지나치게 어려운 과제는 무기력을 유발할 수 있다. 학생이 적절한 도전 수준에서 '해냈다!'라는 성취 경험을 하도록 수업을 구성하면, 뇌의 보상 회로가 자극되어 도파민이 분비되고, 학습의 지속성이 강화된다. 예컨대, MYP 프로젝트 수업에서 학생이 스스로 문제를 정의하고 해결책을 제시하는 활동은 탐구에 대한 자율성과 성취감을 동시에 부여한다.

둘째, 교사는 성공 경험을 정서적 보상으로 연결하는 전략을 활용해야 한다. 도파민은 감정적 자극에 민감하므로, 개인화된 피드백, 자기 성찰 도구, 학생 주도적 목표 설정 등을 통해 학습자 스스로 '학습이 보상이다'라는 회로를 강화할 수 있다. 이러한 구조는 IB가 강조하는 자기 주도적 학습자(IB learner)의 정체성과도 맞닿아 있다.

따라서 IB 교사는 '도전-몰입-보상'의 뇌 기반 메커니즘이 작동하는 학습 환경을 설계해야 한다. 이는 단기적 이해를 넘어서, 내재적 동기와 탐구 지속성을 촉진하며, 궁극적으로 학생이 지속가능한 학습자로 성장할 수 있도록 돕는다.

〈기억과 전이 – 기존 지식 구조가 핵심〉

효과적인 학습은 단순히 새로운 정보를 축적하는 것이 아니라, 이미 존재하는 지식 구조(schema)에 새로운 개념을 유기적으로 연결할 때 이루어진다. Bransford 등(2000)은 학습 내용을 장기기억에 정착시키고, 다양한 맥락에 전이하기 위해서는 새로운 정보가 기존의 개념 체계와 통합되어야 한다고 강조하였다. 이는 기억이 고립된 저장소가 아니라 활성화 가능한 개념적 네트워크라는 학습과학의 기본 전제와도 부합한다. 스키마에 통합되지 못한 단편적 지식은 쉽게 소멸하지만, 구조화된 개념 지식은 문제해결, 창의적 사고, 교과 간 통합 등에서 전이(transfer)의 기반이 된다.

IB 수업 설계에 주는 시사점을 살펴보면, 첫째, 교사는 학생의 기존 개념 구조에 새 개념이 정착될 수 있도록 연결을 유도하는 수업 설계를 해야 한다. 새로운 개념을 무작위로 '던지는 것'이 아니라, 이미 알고 있는 개념, 경험, 맥락과 연결될 수 있도록 수업의 흐름과 질문 구조를 조정해야 한다. 예를 들어, '통제'라는 개념을 도입할 때 '힘' 또는 '책임'과 연결 짓는 유도 질문을 통해 학습자는 기존 개념망 내에서 새로운 의미를 구성할 수 있다.

둘째, 교사는 수업 전반에 걸쳐 스키마 활성화 장치를 통합적으로 활용해야 한다. 예컨대 수업 도입에서 개념도, 개념적 정착점, 유추나 비유, 텍스트 간 연결, 개념 범주화 등의 전략을 통해 학습자는 구조화된 방식으로 새로운 지식을 자신의 사고 틀에 통합할 수 있다. 이는 학습의 장기 정착뿐 아니라, 전이와 재구성이 가능한 유연한 사고를 길러준다.

따라서 IB 교사는 개념을 학습자의 기존 스키마에 안정적으로 '정착'시켜야 하며, 이를 통해 전이 가능한 학습을 설계해야 한다. 단순한 지식 나열이 아니라, 수업 전반이 개념 간 연결 유도 장치로 구성되어야 한다. 이런 수업은 학습자에게 교과 간 사고의 유연성, 비판적 통합 능력, 창의적 문제 해결력을 길러주는 기반이 된다.

〈주의력과 인지 부하 – 정보 처리 용량은 제한적〉

Sweller(1988)의 인지 부하 이론(Cognitive Load Theory)에 따르면, 인간의 작업 기억(working memory)은 매우 제한된 용량을 가지며 일반적으로 4±1개의 정보 단위만을 동시에 처리할 수 있다. 따라서 학습 설계에서 정보의 양과 구조, 제시 방식은 학습 효과에 결정적인 영향을 미친다. 과도한 정보는 외재적 인지 부하(extraneous cognitive load)를 증가시켜 학습의 집중과 이해를 방해하며, 반대로 정보를 적절히 분절화(chunking)하거나 시각화하면 학습자는 개념을 보다 명확히 이해하고 기억에 정착시킬 수 있다(Giddens, et al., 2014).

IB 수업 설계에 주는 시사점을 살펴보면, 첫째, 교사는 수업 내에서 핵심 개념 중심의 정보 구조화를 설계해야 한다. 한 단원 안에서 지나치게 많은 개념을 제시하는 것은 오히려 학생의 개념적 통합과 이해를 저해할 수 있다(Giddens, et al., 2014). 따라서 각 단원에서는 1~2개의 핵심 개념을 중심으로 내용을 조직하고, 그 외의 개념은 보조적 맥락에서 점진적으로 다루는 구조가 바람직하다.

둘째, 교사는 학습자의 작업 기억을 고려하여 정보의 시각화 및 단계적 분절화 전략을 적용해야 한다. 예를 들어, 개념도, 탐구 질문 카드, 예제-비예제 구조, 도표나 다이어그램을 통해 정보를 시각적으로 구조화함으로써 학습자의 인지적 부담을 완화할 수 있다. 또한, 단계별로 과제를 분절하고, 인지적 휴식을 포함하는 수업 흐름을 설계하면 몰입과 이해가 증진된다.

IB 교사는 수업에서 정보를 얼마나 많이 제시할지보다, 어떻게 제시하고 구조화할지를 고민해야 한다. 작업 기억의 한계를 고려한 인지 부하 조절 능력(design for cognitive load)은 학생의 몰입과 개념적 이해, 전이를 촉진하는 핵심 전략이다(Giddens, et al., 2014). 이는 교사의 설계 역량과 학습자 중심 수업의 성패를 좌우하는 중요한 뇌기반 실천 원리다.

〈메타인지와 자기조절 – 깊은 학습의 핵심 요인〉

학습은 단순한 정보 수용이 아니라, 자신의 사고를 인식하고 조절하는 메타인지 능력을 통해 깊이 있는 이해와 전이를 가능케 한다. Ambrose 등(2010)은 학습자가 자신의 이해 상태를 점검하고 학습 전략을 수정할 수 있을 때, 고차사고와 문제해결 능력이 강화된다고 강조한다. 메타인지적 학습자는 "무엇을 알고 있고, 무엇을 더 알아야 하는가?", "어떤 전략이 효과적인가?"와 같은 질문을 지속적으로 던지며, 계획-실행-점검-조정의 자기조절 순환을 실천한다.

IB 수업 설계에 주는 시사점을 살펴보면, 첫째, 교사는 수업 구조 내에서 메타인지적 성찰을 유도하는 질문과 활동을 일관되게 통합해야 한다. 단순 지식 확인이 아니라, "이번 활동에서 무엇을 새롭게 이해했는가?", "이 개념은 다른 문맥에서 어떻게 적용될 수 있을까?"와 같은 반성적 질문(reflective prompts)을 학습 전 · 중 · 후에 명시적으로 제시해야 한다(Giddens, et al., 2014).

둘째, IB의 핵심 요소인 학습자 프로필(Reflective)과 ATL 기능 중 자기관리(self-management)를 통해 자기조절 학습 루틴을 구축해야 한다. 예컨대, 'I used to think / Now I think', 또는 'What I learned / What I wonder' 노트와 같이, 자신의 사고와 이해를 시각화하고 구조화할 수 있는 도구를 제공하면 학생은 점진적으로 독립적인 사고 조절 능력을 갖출 수 있다(Giddens, et al., 2014; IBO, 2015).

따라서 IB 교사는 학생을 단순히 외부 지식을 수용하는 존재가 아니라, 자기 이해와 전략을 조절하며 배우는 주체로 전제하고 수업을 설계해야 한다. 이는 곧 평생학습자로서의 역량을 기르고, 미래의 불확실성에 대응할 수 있는 사고 조절력을 함양하는 핵심 원리다. IB 수업은 학습자에게 사고를 스스로 조율할 수 있는 주도권을 부여해야 하며, 교사는 그 과정을 안내 · 지원하는 메타인지적 촉진자 역할을 수행해야 한다.

요약하면, IB 교육은 뇌기반 학습 원리를 충족하는 교육 모델이라 할 수 있다(Giddens, et al., 2014). 뇌과학적 학습 원리에 따르면, IB 교사는 학습자의 기존 스키마에 새로운 개념을 안정적으로 정착시킬 수 있는 수업을 설계해야 한다. 학습자는 기존 스키마를 활성화하고(1단계), 새로운 개념을 도입하며 인지적 갈등을 경험한 뒤(2단계), 이를 실제 맥락에 전이하고 정착시키는 과정(3단계)을 거치며 개념을 다양한 상황에 적용하고 재구성할 수 있는 사고의 유연성을 확보할 수 있다(Giddens, et al., 2014). IB 수업 설계는 단순한 교육적 철학을 넘어서, 뇌의 작동 원리에 기반한 실천적 구조를 갖춘 모델로, 학습 과정에서 정서적 몰입, 도파민 기반 보상 회로 자극, 인지 부하 조절 등 핵심 전략을 반영해야 한다.

이러한 맥락에서 IB의 개념기반 교육(CbC)은 뇌 기반 학습 연구에서 제시하는 인지적 작동 원리에 부합하는 교수학습 구조를 제공한다. 개념 중심 수업은 단편적 지식의 습득을 넘어 지식 간 연결과 전이를 촉진하며, 이를 통해 학습자가 평생학습자로 성장할 수 있는 기반을 마련한다. 따라서 교사는 전문적 학습공동체(PLC)를 통해 학습 분석과 뇌기반 설계를 공유 · 성찰하고, 이를 바탕으로 '학습자 중심'을 넘어 '학습 중심'으로 전환하는 수업을 실천할 필요가 있다.

3. 탐구 질문과 교수학습 설계

질문은 학습자의 뇌를 자극하는 인지적 장치이자, 개념을 정착시키고 전이를 가능하게 하는 언어적 도구이다. 특히 IB 교육에서 탐구 중심 학습은 질문을 중심으로 구성되며, 교사가 어떤 유형의 질문을 어떻게 던지느냐에 따라 학습의 방향, 깊이, 범위가 결정된다. 이러한 맥락에서 IB는 질문을 단지 수업 기법이 아니라, 탐구의 구조를 결정짓는 철학적 · 교육적 도구로 간주한다.

〈IB의 3가지 탐구 질문〉

탐구기반 학습에서 질문은 단순한 학습 도입 장치가 아니라, 학습자의 사고를 구조화하고 심화하는 핵심 도구이다. IB 교육, 특히 MYP에서는 오랫동안 사실적, 개념적, 논쟁적 질문의 삼분 구조를 활용해 왔다(IBO, 2014; 2022). 즉, IB 교육의 탐구 중심 학습에서는 개념형성 질문(factual to conceptual), 개념적 질문(conceptual), 논쟁적 질문(debatable)이 활용된다. 특히 MYP 단원 계획서(Unit Planner)에서 교사 질문을 통해 단원 탐구 방향을 제시하고 사고의 깊이를 확장하는 역할을 한다. 이 세 가지 유형의 질문은 학생의 사고 수준을 점진적으로 확장하며, 개념기반 교육의 실천적 구현 수단으로 활용한다(Boyer & Case, 2022; Lanning, 2014).

사실적 질문, 즉 개념형성 질문(Factual to Conceptual Questions)은 학생이 개념을 탐색하기 위한 기초적 사실을 바탕으로 개념을 발견하고 형성할 수 있도록 유도하는 질문이다. 일반적으로 단원 시작부에서 사용하며, 구체적인 사례에서 출발해 추상적 사고로 유도하는 것을 목적으로 한다. 예컨대 "정지한 물체를 밀면 어떤 일이 일어날까?"와 같은 질문을 통해 학생은 '힘(force)'이라는 개념을 추론한다. 이는 MYP나 DP의 수업 도입 단계에서 자주 활용하며, 학생의 기존 지식과 개념의 연결고리를 형성한다(Erickson et al., 2017).

개념적 질문(Conceptual Questions)은 특정 개념에 대한 깊이 있는 탐구를 유도하며, 일반화, 연결, 전이를 촉진한다. 이는 개념적 이해 심화와 통합적 사고를 목적으로 한다. 예컨대 "뉴턴의 법칙은 일상생활의 운동을 어떻게 설명해 주는가?"와 같은 질문은 학생이 과학 개념을 삶과 관련지어 이해하도록 돕는다. 이 질문 유형은 탐구 진술(Statement of Inquiry)과 직접 연결되며, MYP 유닛의 중심 개념 및 글로벌 맥락 탐구에 결정적이다. 과목 간 융합적 사고를 촉진하고, 개념의 확장 가능성을 열어준다(IBO, 2014; 2022).

〈사실적, 개념적, 논쟁적 질문〉

질문 유형	정의	질문 예시
사실적/개념형성 질문 (Factual to Conceptual Question)	• 사실 기반 질문에서 출발하여 개념 수준으로 사고를 확장하는 질문 • 배경지식 점검 → 핵심 개념과 연결 → 개념의 구조화	• 정지한 물체를 밀면 어떤 일이 일어날까? (factual) → 힘(force)이란 무엇인가? (conceptual)
개념적 질문 (Conceptual Question)	• 주제나 맥락을 넘어선 개념의 전이와 응용을 유도하는 질문 • 여러 현상이나, 과목을 가로지르는 개념 탐구, 인과관계 이해, 일반화 능력 강화	• 뉴턴의 법칙은 우리가 일상 속의 운동을 이해하는 데 어떻게 도움이 되는가?
논쟁적 질문 (Debatable/ Socratic/Ethical Question)	• 절대적 정답이 없고, 다양한 관점에서 논의와 성찰을 요구하는 질문 • 비판적 사고, 윤리적 판단, 다중 관점 수용, 정당화 능력 향상	• 과학 법칙은 항상 객관적인가, 아니면 관점에 따라 그 해석이 달라지는가?

논쟁적 질문(Debatable Questions)은 명확한 정답이 없는 것으로, 다양한 시각과 가치를 바탕으로 한 비판적 · 창의적 사고를 유도한다. 수업 마무리나 발표, 프로젝트 평가 시점에서 사용되며, 학생이 지식과 관점을 바탕으로 논증과 해석을 수행할 수 있도록 돕는다(IBO, 2014; 2022). 예컨대 "과학 법칙은 항상 객관적인가, 아니면

관점에 따라 해석이 달라질 수 있는가?"와 같은 질문은 과학과 철학의 경계를 넘나드는 비판적 성찰을 유발한다. 이 질문들은 주로 TOK, 인문사회, 과학의 탐구 후반부나 수행과제에서 사용되며, 학습자의 판단 근거 제시 능력, 반론에 대한 대비, 자신의 입장 형성 과정을 촉진한다(IBO, 2020). 툴민의 논증 구조(Toulmin, 2003)와 잘 부합하며, 평가하기, 정당화하기, 논의하기 등 고차사고 수행지시어와 직결된다.

이러한 질문 구조는 학생의 비판적 사고(critical thinking)와 창의적 사고(creative thinking)를 동시에 자극하며, 사실 → 개념 → 논쟁의 단계적 심화를 통해 학습자가 단편적 지식에서 전이 가능한 이해로 나아가도록 돕는다(Wiggins & McTighe, 2005).

한편, 최근 MYP 개정에서는 이러한 질문 유형 구분을 단순화하여, 모든 질문을 포괄하는 탐구 질문(Inquiry Questions)으로 전환하였다(IBO, 2024). 이는 질문의 '형식적 분류'보다는 질문이 실제로 학습자의 사고를 확장하고, 의미 있는 탐구와 성찰을 촉진하는가에 중점을 두려는 것이다. 즉, 탐구 질문은 이제 사실 · 개념 · 논쟁의 틀을 넘어서, 학생이 지식-개념-맥락-행동을 연결하도록 유도하는 열린 질문(open-ended questions)으로 기능한다(IBO, 2024).

〈탐구 중심의 교수학습 설계〉

IB 교육에서 탐구는 단순한 수업 방식이 아니라, 교육과정 설계의 근본 원리이자, 지식의 의미와 정당성에 대한 철학적 문제의식을 반영하는 중심 구조이다. 따라서 탐구 중심 교육이 성공하기 위해서는 단원 설계, 수업 운영, 평가계획을 모두 일관된 질문과 사고 흐름 속에서 유기적으로 구성해야 한다(IBO, 2014; 2022).

탐구 질문은 단순히 사고를 자극하는 도구에 머무르지 않고, 수업 전체의 설계 원리를 규정한다. IB는 탐구 사이클(Inquiry Cycle)을 중심으로 수업을 설계하는데, 일반적으로 질문 생성 → 탐구 → 협력과 토론 → 성찰과 적용의 흐름으로 구성된다(Kuhlthau, Maniotes, & Caspari, 2015).

- 질문 생성(Initiating Inquiry): 단계에서 학습자는 교사의 안내 또는 스스로 질문을 만들어 학습의 방향을 설정한다.
- 탐구(Exploration): 학습자는 자료 수집, 실험, 사례 분석 등 다양한 활동을 통해 질문에 대한 답을 탐색한다.
- 협력 · 토론(Collaboration & Discussion): 탐구 과정은 협력적으로 이루어지며, 다양한 관점의 교차 속에서 이해가 확장된다.
- 성찰 · 적용(Reflection & Application): 학습자는 탐구 결과를 정리하고, 이를 실제적 맥락과 삶의 문제에 적용하며 학습의 의미를 재구성한다.

출처: Kuhlthau, Maniotes, & Caspari(2015)

이 과정에서 중요한 것은 탐구 진술문(Statement of Inquiry)과 세계 맥락(Global Context)의 연계이다. 탐구 진술문은 단원의 핵심 개념, 관련 개념, 세계 맥락을 통합한 종합적 진술로, 학습자가 탐구 과정 속에서 개념적 이해-맥락적 적용-행동으로의 전환을 경험하도록 안내한다.

예컨대, "문화는 정체성 형성에 영향을 준다"라는 탐구 진술문은 단순한 문화 지식 습득이 아니라, 학생이 자신의 삶과 공동체 속에서 문화와 정체성의 관계를 탐구하고 성찰하도록 이끈다. 이때, 교사는 더 이상 지식 전달자가 아니라 촉진자(facilitator)이다. 교사는 질문을 던지고 탐구 환경을 설계하며, 학습자가 스스로 답을 구성할 수 있도록 안내한다. 이는 학습자를 지식의 소비자가 아니라, 지식의 공동 생산자로 길러내는 교수학습 철학이라 할 수 있다(Harvey & Daniels, 2015).

이러한 탐구기반 수업의 원리를 토대로, IB 교육은 교육과정 · 수업 · 평가 전반에서 탐구 학습을 구체적으로 실현한다. 주요 실천 방안은 다음과 같다.

(1) 탐구기반 단원 구조: 탐구 진술과 탐구 질문

IB MYP에서는 탐구기반 단원(unit)의 중심에 탐구 진술(Statement of Inquiry, SOI)과 탐구 질문(Inquiry Questions)을 둔다. SOI는 핵심 개념과 세계 맥락을 연결하며, 학생이 탐구를 통해 이해해야 할 개념적 진술을 담는다. 이에 따라 사실적 · 개념적 · 논쟁적 질문을 설계하여 학습의 초점을 구조화한다.

이 구조는 교사로 하여금 수업의 개념적 방향을 명확히 설정하게 하고, 학생으로 하여금 질문-탐구-행동-성찰의 순환적 경험을 하도록 안내한다(IBO, 2014; 2022). 따라서 단원 설계 단계에서 SOI와 탐구 질문은 교수학습 · 평가 전 과정의 설계 나침반 역할을 한다.

(2) 개념기반 수업과 탐구의 결합

IB 교육은 개념기반 교육을 탐구 구조로 채택한다. 이는 단순한 주제 전달이 아닌, 지속 가능하고 전이 가능한 이해를 목표로 하며, 탐구는 이를 실현하는 수단이다. 예를 들어 "시스템(system)"이라는 개념을 중심으로 단원을 설계할 경우, 과학에서는 생태계, 사회과에서는 정치 제도, 문학에서는 사회 구조를 탐구할 수 있다. 학습자는 이를 통해 개념을 다양한 맥락에 전이하며 심화된 이해를 구성한다.

탐구는 학생 스스로 "왜 중요한가?", "어떻게 연결되는가?"라는 질문을 던지며, 이는 단원의 목표 내면화와 인지적 유의미성을 동시에 촉진한다(Erickson, Lanning, & French, 2017).

(3) 교사의 질문 설계력과 학생의 사고 확장

탐구기반 수업에서 교사의 가장 중요한 역할은 질문 설계이다. 잘 설계된 질문은 학생의 사고 수준을 점진적으로 높이고, 개념과 실제를 연결하는 지적 발판을 제공한다. 예컨대 수업 초반에는 "시스템이란 무엇인가?", 중반에는 "시스템의 구성요소들은 어떻게 상호작용하는가?", 종반에는 "자연적 시스템에 개입하는 것이 과연 윤리적인가?"와 같은 점진적 질문 구조를 활용한다. 이는 학생이 단순 지식 재현을 넘어서, 비판적 성찰과 메타인지적 사고로 확장하도록 이끈다.

Costa와 Kallick(2008)은 이러한 질문 설계가 학생의 자기조절 학습을 강화하고, 학습자의 주도적 에이전시를 촉진한다고 강조한다. 즉, 탐구 수업에서 교사의 질문은 단순 확인이 아니라, 사고의 지평을 확장하는 도전이 된다.

(4) 평가와의 연결: 탐구기반 수행과제와 자기 주도 탐구

IB 교육에서 평가는 단순히 학습 결과를 측정하는 절차가 아니라, 학습자가 탐구 과정을 통해 어떻게 이해와 전이를 성취했는지를 드러내는 증거를 설계하는 과정이다. 따라서 IB는 점수 중심의 전통적 평가 대신 기준 중심 평를 채택하며, 이는 명확한 루브릭과 기준을 통해 학생이 자신의 학습 목표와 성취 과정을 성찰할 수 있도록 돕는다(IBO, 2014; 2022).

이러한 평가는 주로 수행 과제를 중심으로 구성된다. 수행 과제는 단순한 지식 재생이 아니라, 학생이 질문을 구성하고, 자료를 수집 · 분석하며, 가설 설정 · 실험 설계 · 토론 · 창의적 산출물까지 탐구의 전 과정을 반영하도록 설계된다. 예컨대 MYP 과학의 평가기준 B(탐구 및 설계)와 C(자료 처리 및 평가)는 단순한 실험 결과 확인을 넘어, 변인 통제 · 자료 해석 · 방법 평가를 포함한 전 과정을 요구한다. 이처럼 평가 자체가 탐구의 연속이자 학습의 심화로 기능한다.

또한 IB는 자기 주도 탐구를 평가 구조 속에 포함시킨다. 학생은 스스로 질문을 만들고 자료를 탐색하며, 글쓰기 · 발표 · 프로젝트 등 다양한 형태로 결과를 표현한다. 이 과정에서 루브릭 기반의 피드백은 학습자의 성찰과 재탐구를 촉진하며, 평가를 학습 동기와 성장의 순환 구조로 전환한다(Wiggins & McTighe, 2005).

결국, 교육과정-수업-평가의 정렬(alignment)은 IB 교육의 핵심이다. 교육과정에서 설정된 핵심 개념과 탐구 진술문은 수업에서 질문과 활동으로 구체화되고, 그 결과는 평가를 통해 증거화된다. 이를 통해 학습자는 단순히 "무엇을 배웠는지"를 넘어서, "왜 중요한지, 어떻게 적용할 수 있는지"를 성찰하며, 학습 여정을 일관된 경험으로 통합하게 된다(IBO, 2018a; 2020; Wiggins & McTighe, 2005).

〈탐구: 지식 – 성찰 – 행동의 순환〉

IB 교육에서 탐구는 단순한 학습 방법론을 넘어, 삶의 태도로 자리 잡는다. 이는 학습자가 교실 안팎에서 지속적으로 질문을 던지고, 지식을 비판적으로 성찰하며, 그 성찰을 구체적 행동으로 전환하는 과정을 통해 구현된다. 다시 말해, 탐구는 지식 습득에 머무르지 않고, 학습자의 가치 · 태도와 연결되어 삶의 실천적 전환을 지향한다.

이러한 철학은 IB 교육의 학습자상과 밀접하게 연계된다. 탐구하는(Inquirer) 학습자는 호기심을 유지하고, 원칙 있는(Principled) 학습자는 윤리적 판단을 내리며, 균형 잡힌(Balanced) 학습자는 삶의 조화를 추구한다. IB는 이러한 학습자상을 통해, 탐구가 단지 학문적 활동이 아니라 인격적 성숙과 사회적 책임으로 확장될 수 있음을 보여준다(IBO, 2017).

탐구는 또한 지식-성찰-행동이라는 IB의 고유한 구조 속에서 구체화된다(IBO, 2015). 먼저, 지식(knowledge)은 탐구를 위한 재료이자 출발점이다. IB 교육은 사실적 지식을 소홀히 하지 않는다. 그러나 그 지식은 암기나 시험 대비를 위한 정보가 아니라, 개념과 맥락 속에서 의미를 새롭게 구성할 수 있는 토대로 다루어진다. 예컨대 "기후변화"라는 지식은 과학적 사실로만 남지 않고, 사회 · 경제 · 윤리적 맥락에서 성찰과 행동을 촉발하는 출발점이 된다(IBO, 2019).

둘째, 성찰(reflection)은 IB 학습자상에서 핵심 덕목으로 강조되듯, 지식을 단순히 수용하는 단계를 넘어 스스로 질문을 던지고 의미를 재구성하는 과정이다(IBO, 2017). 성찰은 개인 차원에서는 정체성과 가치관을 형성하게 하고, 공동체적 차원에서는 다양한 관점과 맥락을 이해하며 상호 존중의 태도를 기른다. 성찰적 탐구는 학습자를 비판적 · 창의적 사고의 주체로 세우며, 나아가 자기 삶을 성찰하고 사회와 세계 속에서의 위치를 재구성하게 만든다(IBO, 2017).

셋째, 행동(action)은 IB 교육의 철학을 가장 실질적으로 구현하는 단계이다. IB는 실천하는 봉사와 같은 제도적 장치를 통해 학습자가 성찰을 행동으로 전환하도록 구조화한다(IBO, 2014; 2022). 이는 단순한 봉사 활동이 아니라, 학습자가 자신이 탐구한 지식과 성찰의 결과를 삶 속에서 실천하고, 더 나아가 공동체와 세계를 변화시키는 경험을 가능하게 한다. 행동은 곧 학습의 완성이자 새로운 탐구의 출발점이다.

요약하면, 학생은 탐구를 통해 지식을 획득하고, 성찰(reflection)을 통해 그 의미를 재구성하며, 행동과 실천을 통해 개인적 · 사회적 차원의 변화를 만들어간다. 예컨대, 환경 문제를 다루는 단원에서 학생은 과학적 원리를 탐구한 뒤, 기후 위기에 대한 자신의 입장을 비판적으로 성찰하고, 지역사회 캠페인이나 실천하는 봉사(Service as Action)로 이어가는 행동을 수행한다.

이처럼 탐구는 지속가능한 이해와 윤리적 실천으로 확장된다. 학생들은 지식을 삶의 문제와 연결하면서, 자기 삶의 방향성과 공동체적 책임을 자각하게 된다. 이는 곧 교육이 단순히 학업 성취를 넘어, 행위주체적 시민을 길러내는 전인적 과정임을 보여준다. IB 교육이 강조하는 탐구는 결국 학생이 스스로를 성찰하고 세계와의 관계를 새롭게 재구성하는 존재론적 전환을 촉발하는 교육적 힘이라 할 수 있다(Biesta, 2015).

정리하면, IB 교육에서 탐구는 단순한 교수·학습 방법이 아니라 교육 전체를 관통하는 구조적 원리이다. 탐구는 교육과정, 수업, 평가를 일관되게 정렬시키며, 학습자가 지식을 단순히 습득하는 데서 멈추지 않고 그것을 성찰과 행동으로 전환할 수 있도록 안내한다. 이는 곧 개념적 이해의 심화, 비판적·창의적 사고의 확장, 실천적 행위주체성의 형성으로 이어진다.

결국 IB 교육이 강조하는 탐구는 교육의 방법론을 넘어 존재론적 지향을 담고 있다. 탐구는 학생이 지식의 소비자가 아니라 지식의 공동 생산자가 되도록 이끌며, 동시에 자신의 정체성과 세계 속 위치를 재구성하는 존재론적 전환의 계기를 제공한다.

[철학의 주름]

4. 탐구란 무엇인가?
5. 탐구의 두 축: 귀납과 연역
6. 가설연역적 탐구
7. 포스트휴먼·후기구조주의적 탐구

IB 교육에서 탐구는 단순히 지식을 습득하는 수단이 아니라, 학습자가 세계와 관계 맺고 의미를 구성하며 이를 다시 실천으로 확장하는 과정으로 파악된다. 탐구기반 학습, 뇌과학적 발견, 그리고 교수학습 설계의 원리들은 탐구가 왜 효과적인 학습 접근인지를 보여준다. 신경가소성과 정서적 몰입, 메타인지와 자기조절 같은 뇌기반 학습의 원리들은 모두 학습자가 능동적으로 탐구하는 과정에서 뇌와 경험이 재구성됨을 입증한다. 하지만 여기서 "탐구란 무엇인가?", "탐구는 어떤 철학적 토대 위에 서 있으며, 인간의 사고와 실천 속에서 어떻게 전개되는가?" 등과 같은 근본적 물음을 던질 필요가 있다.

철학의 주름에서는 이러한 근본적 물음을 따라, 탐구의 사상적 계보를 살펴본다. 듀이(J. Dewey)는 경험을 토대로 한 실험적 탐구를 통해 학습을 삶과 연결하고, 교육을 민주적 실천으로 확장하였다. 전통적인 논리학은 탐구의 합리성을 귀납과 연역이라는 두 축에서 찾았으며, 관찰에서 일반화로 나아가는 귀납법과, 원리에서 구체적 사실을 이끌어내는 연역법은 오랫동안 탐구의 기초 도구로 기능해 왔다. 퍼스(C. S. Peirce)는 여기에 귀추(abduction)라는 제3의 추론 방식을 제시하여, 새로운 가설을 형성하는 탐구의 창의적 측면을 부각하였다. 이후 포퍼(K. Popper)는 반증주의를 근거로 가설연역적 탐구를 정식화했고, 헴펠(C. G. Hempel)은 설명-예측 모형을 통해 과학적 탐구의 합리성을 정교화하였다. 이로써 탐구는 단순한 경험의 축적이 아니라, 가설 설정과 검증의 순환 구조 속에서 진보한다는 관점이 확립되었다.

그러나 후기 구조주의와 포스트휴먼 논의는 탐구를 더 이상 인간 이성의 전유물로만 보지 않는다. 담론적 · 비담론적 실천이 얽힌 관계망 속에서, 탐구는 언어와 물질, 인간과 비인간 행위자가 함께 생성해 내는 과정으로 이해된다. 즉, 탐구는 더 이상 '알아가는 방법'에 국한되지 않으며, 존재론적 전환의 차원에서 인간-비인간-환경의 얽힘 속에서 주체성과 가치를 새롭게 형성하는 사건으로 파악된다(Barad, 2007).

따라서 후반부에서는, 탐구를 교육학적 실천에서 철학적 개념으로 확장하여, 탐구가 지식 구성과 실천적 행위의 기반일 뿐 아니라, 인간이 세계와 관계 맺고 존재를 형성하는 가장 근본적인 방식임을 드러내고자 한다. 이는 결국 “왜 탐구인가?” 라는 물음을 다시 던지게 하며, 탐구가 단순한 수업 방법론이 아니라 인간이 세계와 관계 맺는 가장 근본적인 방식임을 밝히려는 시도이다.

4. 탐구란 무엇인가?

탐구(inquiry)는 인간이 세계를 이해하고 의미를 구성해 나가는 가장 본질적인 인식 활동이다. 교육에서 탐구가 중심이 된다는 것은, 학습자가 지식의 수용자가 아니라 구성자라는 관점을 반영하며, 이는 오랜 인식론적 전통 속에서 형성된 탐구 이론들의 철학적 기초 위에 서 있다.

탐구는 전통적으로 문제해결의 과정이자 지식 생성의 방법으로 이해되었다. 아리스토텔레스는 인간이 본성적으로 "앎을 추구하는 존재"임을 강조했으며(유원기, 2014), 이러한 사유는 탐구를 인간 존재의 본질적 활동으로 규정하는 기초가 되었다. 근대 과학혁명 이후 데카르트의 방법적 회의와 베이컨의 귀납법, 그리고 뉴턴의 실험적 방법론은 탐구를 확실한 지식을 획득하는 절차로 정착시켰다(Descartes, 1637/1998; Bacon, 1620/2000). 이 전통적 정의에서 탐구는 진리 탐구의 도구로, 자연과 사회를 지배하는 수단으로 간주하였다.

하지만 이러한 이해는 탐구를 방법론적 · 도구적 차원으로만 한정한 것이다. 즉, 탐구를 지식 생산의 기능적 절차로 축소함으로써, 인간적 · 윤리적 · 실천적 차원을 충분히 포괄하지 못하는 한계를 드러냈다(IBO, 2014). 이에 비해 IB 교육에서 탐구는 단순한 문제해결이나 지식 습득을 넘어서, 지식 · 가치 · 행동을 아우르는 총체적 경험으로 확장된다(IBO, 2016; 2018a). IB의 탐구는 사실과 개념, 기능뿐만 아니라 태도와 행동까지 포함하는 경험적 과정이다. 예컨대 PYP 프로그램에서의 탐구는 "무엇을 아는가"를 넘어서 "그것을 통해 어떻게 살아갈 것인가"라는 질문을 중심에 둔다.

이러한 IB 교육의 탐구 이해는 듀이(J. Dewey)의 실용주의적 철학과 긴밀하게 연결된다. 듀이는 탐구를 고정된 진리를 발견하는 절차가 아니라, 경험 속 문제상황에 대응하기 위한 반성적 사고와 실천의 과정으로 보았다(Dewey, 1938). 즉, 탐구는 환경과의 상호작용 속에서 불확실성을 줄이고 의미를 구성하는 인간의 실천적 활동이다. 지식은 단일하고 완결된 것이 아니라, 새로운 상황 속에서 재해석되고 변형되는 과정의 산물이라는 것이다.

또한 파울로 프레이리(P. Freire)의 비판적 교육학에서도 탐구는 지식 전달을 넘어서는 해방적 실천과 연결된다. 프레이리는 학생들이 현실을 비판적으로 성찰하고 이를 변화시키는 과정을 "비판적 탐구(critical inquiry)"로 규정하였다. 그는 이를 프락시스(praxis), 즉 사유와 행동의 결합으로 설명하였다(Freire, 1970). 이는 IB가 강조하는 "탐구와 행동의 결합", "더 나은 세상을 위한 교육(education for a better world)"과 연결된다.

결국, IB에서 탐구는 단순한 학습 절차가 아니라 삶의 방식이자 존재론적 실천이다. 탐구는 지식을 얻기 위한 수단에 그치지 않고, 학습자가 정체성을 형성하고 윤리적으로 성장하며, 세계시민으로서 책임 있는 행동을 가능하게 한다. 다시 말해, 탐구란 인간이 세계와 맺는 근본적인 대화이자 실천적 사유로 이해될 수 있다.

4-1. 탐구와 경험: 듀이의 실험적 탐구

탐구를 단순히 지식의 획득이나 문제해결의 절차로만 바라볼 경우, 탐구에 내재한 규범적 차원을 간과하기 쉽다. 고전적 과학철학에서 탐구는 보편적 규칙을 따르는 객관적 절차로 간주하였으나, 실제로 탐구는 언제나 가치, 규칙, 사회적 합의 등과 같은 규범적 전제 속에서 이루어진다. 쿤(1962/2012)이 말한 과학혁명은 탐구가 단순히 사실을 누적하는 과정이 아니라, 특정 공동체가 공유하는 규범, 가치, 패러다임에 의해 지탱된다는 점을 보여준다. 과학적 탐구는 누적적 진보가 아니라, 세계관과 개념틀의 전환을 통해 전개되며, 이는 '혁명적 단절'이라는 형태로 드러난다(Kuhn, 1962/2012). 결국 탐구란 언제나 "무엇을 문제로 삼을 것인가, 어떻게 해석할 것인가, 누구를 위한 지식인가"라는 규범적 선택의 산물이라 할 수 있다.

듀이의 실험적 탐구론 또한 이러한 규범성을 보여준다. 듀이는 탐구를 환경 속 문제상황에 대한 반성적 대응 과정으로 이해했는데, 이 과정에는 언제나 '더 나은 삶'을 지향하는 가치판단이 개입한다(Dewey, 1938). 탐구는 단순한 사실 발견이 아니라, 불확실한 상황을 개선하고 공동체적 삶을 향상하려는 실천이다. 듀이에게 탐구란 문제해결을 위한 기능적 수단을 넘어, 인간이 세계와 상호작용하며 의미를 구성하는 경험적·실천적 과정이다. 따라서 탐구의 규범성은 곧 교육의 규범성과 직결된다. 무엇을 문제로 간주할 것인가, 어떤 방식으로 해결할 것인가, 그 과정에서 누구의 목소리를 들을 것인가 하는 질문은 모두 가치판단에 뿌리를 두고 있다.

듀이(1938)는 탐구를 문제상황(problematic situation)에서 출발한다고 본다. 인간은 환경 속에서 불확실성과 마주하며, 기존의 습관적 반응이 더 이상 충분하지 않을 때 탐구가 촉발된다. 즉, 탐구는 단순한 호기심이나 추상적 사변에서 비롯되는 것이 아니라, 실제적 삶의 긴장과 갈등 속에서 발생한다. 이러한 문제상황은 단순히 외적 장애가 아니라, 개인과 환경이 만나는 접점에서 생겨나는 경험적 균열이다. 예컨대, 한 학생이 과학 수업에서 '왜 특정 금속은 물과 격렬히 반응하는가?'라는 의문에 직면한다고 하자. 이 질문은 단순히 '사실'을 모르는 데서 비롯되는 것이 아니라, 기존의 이해와 새로운 현상 사이의 긴장이 만들어낸 문제상황이다. 듀이에 따르면 바로 이 지점에서 탐구가 시작된다.

듀이는 이러한 문제상황을 극복하는 데 필요한 과정을 반성적 사고(reflective thinking)라 불렀다. 이는 단순히 정보를 수집하거나 기존 지식을 적용하는 것이 아니라, 문제를 재구성하고 가설을 세우며, 그 가설을 실제로 실험해 보는 과정이다(Dewey, 1910/1997). 따라서 탐구는 선형적인 절차가 아니라, 가설-실험-결과-재구성으로 이어지는 순환적 과정이다.

이 과정에서 중요한 점은, 탐구가 언제나 실험적(experimental)이라는 것이다. 듀이는 인간의 사고를 '실험'에 비유하며, 모든 사고는 새로운 가능성을 시험하는 과정이라고 보았다. 즉, 탐구는 단순히 이미 주어진 사실을 정리하는 활동이 아니라, 세계와 상호작용하며 새로운 의미와 가능성을 창조하는 행위이다.

듀이의 탐구 개념은 곧 규범성과 경험의 결합을 보여준다. 탐구는 문제해결을 넘어, 어떤 삶을 지향하는지, 공동체적 가치를 어떻게 형성하는지와 밀접하게 연결된다. 예컨대 한 교실에서 학생들이 기후변화를 주제로 탐구를 수행할 때, 그들은 단순히 과학적 데이터를 분석하는 데서 그치지 않고, '어떻게 살아가야 하는지', '무엇이 정의로운지'라는 규범적 질문에 직면한다. 듀이의 탐구론은 바로 이러한 가치 지향적 경험을 탐구의 본질로 본다. 듀이는 "탐구란 불확실한 상황을 안정된 상황으로 전환하는 과정이며, 그 과정은 언제나 공동체적이고 규범적이다"라고 보았다(Dewey, 1938). 이는 곧 탐구가 지식을 위한 수단이 아니라, 삶을 더 나은 방향으로 조직하는 실천이라는 것을 의미한다.

IB 교육이 강조하는 탐구는 이러한 듀이의 전통을 계승하고 있다. IB에서 탐구는 단순한 문제해결이 아니라, 사실, 개념, 기능, 태도, 행동을 아우르는 총체적 경험으로 정의된다(IBO, 2015). 이는 듀이가 강조한 경험적·실천적 탐구와 연결된다.

예컨대 IB MYP에서 학생들이 '지속가능성'이라는 개념을 탐구할 때, 그들은 단순히 환경 과학적 지식을 학습하는 것에 머무르지 않고, 그것이 개인과 공동체, 더 나아가 세계와 어떤 관계를 맺는지 성찰한다(IBO, 2014). 이 과정에서 탐구는 지식의 축적이 아니라, 규범적 성찰과 책임 있는 행동으로 이어지는 경험으로 자리매김한다. 따라서 IB에서 탐구는 가치 중립적인 과정이 아니라, '더 나은 세상'을 지향하는 규범적 지평 속에서 전개되는 실천이다. 이는 듀이가 강조한 "탐구란 곧 경험의 조직이며, 경험은 삶을 이끌어가는 방향을 설정한다"라는 명제와 정확히 호응한다(Dewey, 1938).

더 나아가서, 듀이의 실험적 탐구는 포스트휴먼 철학에서 제기된 존재론적 전환(ontological turn)과도 긴밀히 맞닿아 있다. 탐구는 단순한 방법론이 아니라, 인간과 세계가 얽히는 방식 자체를 드러내는 사건으로 이해될 수 있다(Barad, 2007). 듀이가 강조한 환경-인간-행동의 상호작용은 오늘날 포스트휴먼적 사유에서 말하는 인간-비인간의 얽힘(intra-action)과 공명한다. 이러한 관점은 IB 교육이 탐구를 단순한 학습 절차가 아니라, 삶의 방식이자 주체성의 형성 과정으로 파악하게 하는 철학적 토대가 된다.

듀이의 실험적 탐구는 문제 상황에서 출발하여 반성과 실천을 거쳐 경험을 재구성하는 과정을 강조한다. 하지만, 서구 인식론의 역사에서 탐구를 규정해온 가장 오래된 전통은 여전히 귀납법과 연역법이라는 두 축이었다. 근대 과학혁명은 이 두 방법을 중심으로 탐구의 기초를 확립하였으며, 이후 과학교육에서도 오랫동안 이를 중심으로 교수·학습을 전개하였다. 하지만 귀납과 연역은 각각 지식을 확장하는 데 중요한 의미를 지니면서도, 그 자체의 철학적 한계를 드러내기도 하였다. 따라서 귀납적·연역적 탐구의 구조와 의의를 비판적으로 고찰하는 일은 여전히 중요한 과제라 할 수 있다.

이와 관련하여, IB의 탐구 중심 교수·학습은 과학교육 전통과 긴밀한 연관을 지닌다. Schwab(1964)은 모든 학문이 두 가지 구조로 이루어진다고 설명하였다. 첫째는 학문 고유의 개념적 틀을 제공하는 실체적 구조(substantive structure)이고, 둘째는 지식이 생성되고 정당화되는 방법론을 의미하는 구문론적 구조(syntactic structure)이다. 과학에서 구문론적 구조란 곧 탐구(inquiry)를 뜻한다. 즉, 관찰과 실험, 그리고 증거 기반의 추론 과정을 통해 지식을 형성하는 탐구 활동이 과학 지식의 본질적 구조라는 것이다. 따라서 과학을 학습한다는 것은 단순히 결과로서의 개념을 습득하는 데 머무르지 않고, 과학자가 지식을 산출하는 과정을 학습자가 직접 경험하고 재현하는 것을 의미한다.

IB 교육은 이러한 과학의 전통적 탐구 구조를 전 교과 영역으로 확장한다. 교육과정 수준에서는 개념 중심의 학습을 강조하며, 교수·학습 수준에서는 질문, 실험, 토론 등을 통해 지식을 구성하는 탐구 활동을 핵심에 둔다. 또한 평가 수준에서도 정답을 찾는 문제풀이를 넘어, 학생이 탐구 과정 속에서 자신의 사고와 논증을 드러내는 수행 중심 평가를 요구한다(IBO, 2017; Polman & Scornavacco, 2022). 이처럼 IB 교육에서 탐구는 과학적 인식론의 구문론적 구조에 뿌리를 두면서도, 인문·사회·예술 전반으로 확장된 보편적 학습 원리로 기능한다.

따라서 학생이 과학을 학습한다는 것은 단순한 지식 축적을 넘어, 탐구의 문법을 내면화하는 과정이라 할 수 있다. 이는 IB 학습자상 가운데 탐구하는 사람(Inquirer), 성찰하는 사람(Reflective), 사고하는 사람(Thinker)을 구현하는 핵심 경로와 연결된다(IBO, 2017). 이러한 맥락에서 본 절에서는 탐구의 두 축인 귀납과 연역, 그리고 이를 넘어서는 귀추와 가설-연역적 추론을 과학교육을 중심으로 논의하고자 한다.

5. 탐구의 두 축: 귀납과 연역*

서양 인식론의 역사에서 귀납(induction)과 연역(deduction)은 탐구를 정의해 온 두 가지 핵심 축이었다. 이후 귀추(abduction)나 가설연역법(hypothetico-deductive method)과 같은 방식이 등장했지만, 근대 과학혁명의 기초를 놓은 것은 바로 귀납과 연역이었다.

〈경험주의 탐구 방법: 베이컨에서 포퍼까지〉

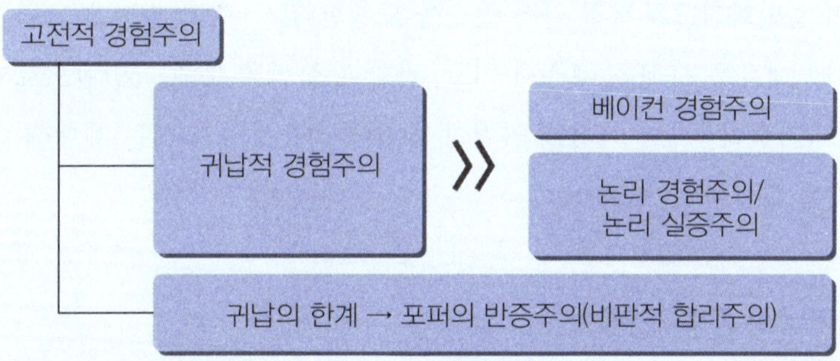

- 고전적 경험주의: 17세기 과학혁명기에 등장. 지식을 경험에 근거해 획득한다고 보며, 탐구를 관찰 → 실험 → 일반화의 절차로 규정함.
- 귀납적 경험주의: 개별 사례의 축적을 통해 보편적 법칙을 도출하려는 방식. 프랜시스 베이컨의 전통을 계승하며, 20세기 초 빈 학파(Vienna Circle)의 논리 실증주의(logical positivism), 논리 경험주의(logical empiricism)로 발전함. 과학 언어의 명확성, 검증 가능성 원리를 강조함.
- 귀납의 한계: 귀납은 미래에 대한 필연성을 보장하지 못하며(Hume의 귀납의 문제), 관찰은 항상 이론에 의존한다는 비판(관찰의 이론 의존성)을 받음. 따라서 순수 경험주의적 방법론만으로는 과학의 정당성을 담보할 수 없음.
- 포퍼의 반증주의(비판적 합리주의): 귀납 대신 가설연역과 반증의 과정을 중시. 과학 이론은 참임을 최종적으로 증명할 수 없으며, 오직 반증되지 않는 동안에만 잠정적으로 존속함. 따라서 과학은 "추측과 반박"을 통해 점진적으로 발전한다고 봄.

* 이 절의 원고는 Kwak(2019)의 내용을 발췌 · 재구성한 것이다.

〈귀납법: 관찰에서 일반화로〉

베이컨(F. Bacon, 1620/2000)은 귀납적 탐구를 과학 방법론의 새로운 토대로 제시하였다. 그는 아리스토텔레스적 삼단논법을 넘어, 개별적 관찰과 실험을 축적함으로써 보편적 법칙을 도출할 수 있다고 주장했다. 귀납은 개별적인 사실·관찰·자료의 축적을 통해 일반적 원리를 도출하려는 방식이다. 경험주의 전통 속에서 발전한 귀납법은 자연현상에 대한 체계적 관찰을 바탕으로, 반복되는 패턴 속에서 보편적 법칙을 찾아내려 했다.

귀납법은 대체로 ① 개별 사실의 수집, ② 규칙성 발견, ③ 법칙적 진술 도출 및 예측의 단계를 따른다. 이때, 개별 사실의 수집에서는 이론적 편견에 사로잡히지 않고 공정한 눈으로 자연을 바라보아야 한다. 이렇게 수집한 사실들을 귀납적 추론을 통하여 일반화함으로써 법칙적 진술을 도출한다. 그리고 이렇게 도출한 법칙적 진술로부터 새로운 사실을 예측해 내고, 관찰과 실험을 통해 확인함으로써 가설을 한 번 더 평가한다. 만일 이러한 일련의 과정에 성공하면 우리는 세계에 대한 객관적인 지식을 확보할 수 있게 된다.

〈강한 귀납 논증의 조건〉

귀납적 일반화가 강력해지려면 조건이 필요하다.

- 양적으로 사례의 수가 많을수록 귀납적 주장이 강해진다. 한정된 데이터를 가지고 말할 경우, 성급한 일반화의 오류를 범하기 쉽다.
- 질적으로 사례의 일반성을 높이기 위해서 대표성이 높은 사례가 있어야 한다. 대표성을 확보하는 가장 좋은 방법은 무작위, 임의 추출이다.

이러한 귀납적 접근은 과학을 경험에 뿌리내리게 하고, 자연에 대한 새로운 지식을 창출할 수 있게 하였다. 그러나 경험주의적 귀납에는 한계가 있다. 첫째, 경험적 사례에서 일반 법칙을 이끌어내는 과정은 논리적으로 필연성을 보장하지 못한다. 흄(D. Hume)이 지적했듯이, 아무리 많은 백조를 관찰하더라도 모든 백조가 흰색이라는 결론을 확증할 수는 없다. 둘째, 관찰은 '이론 의존적(theory-laden)'이어서 결코 순수하고 객관적이지 않다(Hempel, 1966). 연구자의 개념틀과 전제가 자료 선택과 해석에 개입하기 때문이다. 따라서 귀납은 지식을 확장하는 힘을 지니지만, 언제나 불완전성과 불확실성을 내포한다.

그럼에도 불구하고 귀납적 탐구는 과학교육에 큰 영향을 끼쳤다. 브루너(J. Bruner, 1961)의 발견학습 모형은 학생이 관찰과 실험을 통해 개념을 스스로 일반화하는 과정을 중시했다. 이는 귀납적 탐구가 학습자의 주체적 참여와 개념형성에 기여할 수 있음을 보여준다. 그러나 동시에 모든 지식을 학습자가 직접 발견하기는 어렵고, 성급한 일반화의 위험이 따른다는 한계도 지적된다.

〈연역법: 원리에서 구체적 사실로〉

귀납적 추론의 대안으로, 포퍼의 반증 가능성에 기초한 연역적 추론이 부각되었다. 연역은 이미 주어진 원리나 법칙으로부터 구체적 사실을 논리적으로 도출하는 방법으로, 합리주의 전통과 긴밀히 연결된다. 데카르트(Descartes, 1637/1998)는 확실한 진리에 도달하기 위해 방법적 회의와 수학적 연역을 강조하였으며, 아리스토텔레스의 삼단논법 역시 연역적 추론의 대표적 형식이다. 예컨대 "모든 인간은 필멸한다"라는 전제와 "소크라테스는 인간이다"라는 사실을 결합해 "소크라테스는 필멸한다"라는 결론을 이끌어내는 것이 연역이다.

연역적 탐구는 지식 체계의 엄밀성과 정합성을 보장한다. 특히 수학과 물리학에서 연역은 지식의 정당화와 설명력을 강화하는 핵심 도구였다. 그러나 연역 역시 한계를 지닌다. 연역은 지식 체계의 엄밀성과 정합성을 보장하는 데 탁월했으나, 전제가 잘못되면 결론 역시 오류에 빠질 수 있다는 치명적 한계를 가진다(김경훈, 2018). 또한 지나친 형식주의는 연역을 경험 세계와 단절시켜, 탐구가 실제 삶의 문제와 괴리될 위험을 낳기도 했다.

과학교육에서 연역은 주로 확인 실험의 형태로 나타났다. 학생들은 이미 배운 법칙이나 이론을 전제로 두고, 그로부터 특정한 실험 결과를 예측한 뒤 실제 관찰과 비교하여 확인한다. 이는 이해를 심화하는 데 기여하지만, 지식을 새롭게 창출하는 데는 한계가 있다.

요컨대 귀납과 연역은 탐구의 두 축으로서 오랫동안 과학적 사고의 근간을 이루어 왔다. 그러나 두 방식 모두 그 자체로는 불완전하다. 귀납은 일반화의 힘을 갖지만, 필연성을 보장하지 못하고, 연역은 논리적 정합성을 담보하지만, 경험적 세계와 단절될 위험을 안고 있다. 이러한 한계는 탐구가 단순한 추론 형식만으로는 충분하지 않음을 시사한다. 결국 탐구의 논리적 토대를 더 깊이 성찰할 필요가 제기되며, 여기서 형식논리학과 비형식 논리학의 구분은 중요한 통찰을 제공한다.

〈형식논리학과 비형식 논리학: 타당성과 건전성〉

논리학에는 형식논리학(formal logic)과 비형식 논리학(informal logic)이 있다. 형식논리학은 사고의 내용과 상관없이 생각의 형식, 즉 전제와 결론 사이의 관계만을 따진다. 따라서 전제로부터 결론이 논리적으로 도출될 수 있다면 그 추론은 타당(valid)하다고 말한다. 하지만 전제가 실제로 참인지 여부는 고려하지 않는다. 예컨대 "모든 사람은 죽는다"라는 대전제와 "소크라테스는 사람이다"라는 소전제로부터 "소크라테스는 죽는다"라는 결론이 나올 때, 이 논증은 타당하다.

반면, 비형식 논리학은 단순히 형식적 타당성에 머무르지 않고, 전제가 실제로 참인지까지 고려한다. 즉, 건전성(soundness)을 문제 삼는다. 건전한 논증이란 전제가 사실에 부합하며, 그 전제로부터 결론이 논리적으로 타당하게 도출되는 경우를 말한다. 예컨대 "모든 사람은 애꾸다"라는 잘못된 대전제에서 출발하여 "소크라테스는 애꾸다"라는 결론을 도출하면, 이 논증은 형식적으로는 타당할 수 있으나 건전하지는 않다.

이와 같이 형식논리학이 사고의 틀만을 다루는 것이라면, 비형식 논리학은 형식적 타당성을 포함하면서도 내용의 진리성과 실제 맥락을 함께 평가한다. 따라서 비형식 논리학은 형식논리학을 포괄하며, 탐구가 단순한 형식적 절차에 그치지 않고 현실적 진실성과 맥락적 정당성을 요구한다는 점을 강조한다.

〈형식논리학과 비형식 논리학〉

형식논리학	비형식 논리학
• 사고의 형식적 타당성(validity)만을 문제 삼음. • 전제와 결론의 관계가 논리적으로 일관되면 타당하다고 판단. • 그러나 전제가 참인지 여부는 고려하지 않음. 예: (대전제) 모든 사람은 죽는다. (소전제) 소크라테스는 사람이다. (결론) ∴ 소크라테스는 죽는다. → 타당	• 사고의 틀뿐만 아니라 내용의 건전성(soundness)까지 평가. • 전제가 참이고 동시에 결론이 논리적으로 따라올 때 건전하다고 봄. • 실제 사례와 맥락을 고려해 논증의 타당성과 진실성을 함께 검토. 예: (대전제) 모든 사람은 애꾸다. (소전제) 소크라테스는 사람이다. (결론) ∴ 소크라테스는 애꾸다. → 타당하지만 건전하지 않음

연역과 귀납, 그리고 이를 토대로 한 형식·비형식 논리학 논의는 탐구가 지닌 절차적·논리적 기초를 밝혀주지만, 한 가지 중요한 물음이 남는다. "과학자는 새로운 가설을 어떻게 만들어내는가?"라는 질문이다. 귀납은 경험을 일반화하는 힘을, 연역은 논리적 정합성을 보장하지만, 새로운 가설의 창출 자체를 설명하기에는 부족하다. 바로 이 지점에서 퍼스(C. S. Peirce)가 제안한 귀추법(abduction)이 탐구의 또 다른 축으로 등장한다. 귀추법은 놀라운 현상을 설명하기 위해 가장 그럴듯한 가설을 제안하는 창의적 추론으로, 과학적 발견과 탐구의 출발점을 설명하는 데 핵심적인 역할을 한다.

〈귀추법〉

귀추법(abduction)은 퍼스(C. S. Peirce)가 연역(deduction), 귀납(induction)과 더불어 제시한 제3의 추론 방식이다. 퍼스에 따르면 귀추는 "놀라운 사실을 설명하기 위해 가장 그럴듯한 가설을 제안하는 과정"이다(Peirce, 1931-1958). 즉, 어떤 결과가 관찰되었을 때, 이를 설명할 수 있는 가능한 원인이나 법칙을 설정하고, 그 가운데 가장 설득력 있는 설명을 추론하는 방식이다.

귀추법은 흔히 "최선의 설명으로의 추론(Inference to the Best Explanation, IBE)"으로 정의된다(Harman, 1965). 예컨대 하늘에서 검은 연기가 치솟는 것을 목격했을 때, 우리는 즉각적으로 "불이 났을 것이다"라는 가설을 세운다. 이는 단순히 사실을 일반화하는 귀납이나, 이미 주어진 법칙으로부터 구체적 결론을 도출하는 연역과 달리, 새로운 가설을 창출하는 창의적 사고의 원천이다.

귀추법은 역추법, 가추법, 상정논법 등으로도 불리며, 본질적으로는 주어진 현상을 설명할 수 있는 가설을 선택하는 추론방식이다. 귀추적 논증은 특정한 관찰 결과(effect)에서 출발하여, 그것을 낳을 수 있는 가장 개연적이거나 최선의 설명(가설, hypothesis)을 도출한다. 달리 말하면, "놀라운 결과가 주어졌을 때, 그것을 설명할 수 있는 법칙(rule)을 상정하고, 그로부터 결과를 초래한 원인(cause 혹은 condition)을 추론한다"라는 구조를 가진다(Peirce, 1931-1958).

이러한 귀추의 논리 구조는 흔히 후건긍정식(affirming the consequent)과 유사하게 보일 수 있다. 형식논리적으로는 엄밀한 타당성을 확보하지 못할 수도 있지만, 다른 모든 잠정적 설명들을 배제했을 때 남는 가설이 가장 설득력 있는 설명으로 간주된다는 점에서 과학적 사고에서 중요한 위치를 차지한다. 귀추의 결론은 전제에 포함된 내용을 반복하는 것이 아니라, 새롭게 추측된 지식으로 확장된다는 점에서 창의적이다. 다시 말해, 귀추법은 "이미 일어난 사실이지만 아직 알지 못했던 것"을 드러내어, 지식의 질적 확장을 가능하게 한다.

과학사에서도 귀추적 사고는 결정적 역할을 해 왔다. 예컨대 코페르니쿠스가 행성의 역행운동을 설명하기 위해 태양중심설을 제안한 것, 다윈이 종의 다양성을 설명하기 위해 진화론을 발전시킨 것 모두 귀추의 사례라 할 수 있다. 현대 과학자들의 연구에서도 새로운 가설은 단순한 귀납적 일반화에서 비롯되지 않고, 귀추적 발상과 창의적 추론의 결합을 통해 도출된다(김경훈, 2018).

코페르니쿠스의 태양중심설을 예로 들어 귀추법의 기본 구조를 살펴보면 다음과 같다.

〈귀추법, ((p → q) ∩ q) p, 후건긍정식〉

① 관찰 (놀라운 사실)	• "어떤 놀라운 현상 Q가 관찰되었다." 예시(당시 지구중심설): 정상적으로 원운동을 가지던 화성이 갑자기 뒤로 방향을 바꾸어 비정상적인 움직임(=역행)으로 전환하였다.
② 가설 설정 (법칙/규칙 제시)	• "만약 가설 H가 참이라면, Q가 설명될 것이다." 예시(코페르니쿠스의 태양중심설): 지구가 태양을 중심으로 움직인다면, 행성의 위치 변화는 자연스럽게 설명된다.
③ 귀추적 결론	• "따라서 H일지도 모른다." 예시: 태양중심설을 채택하면 행성의 역행운동은 착시 현상으로 설명 가능하다. ※ 귀추의 결론은 "확정적"이 아니라 "가장 그럴듯한 설명"임을 강조 필요.

먼저, 놀라운 현상(Q)이 관찰된다. 예컨대 고대 천문학에서는 지구중심설을 전제로 할 때, 행성들이 하늘을 거꾸로 움직이는 것처럼 보이는 역행운동을 설명할 수 없었다.

둘째, 이를 설명하기 위해 새로운 가설(H)이 제시된다. 코페르니쿠스는 행성이 태양을 중심으로 회전한다는 태양중심설을 제안함으로써, 이러한 현상을 더 간단하게 설명할 수 있다고 보았다.

셋째, 귀추적 추론을 통해 "만약 H가 참이라면, Q는 자연스럽게 설명된다. 따라서 H일지도 모른다"라는 결론이 도출된다. 즉, 역행운동은 실제로 행성이 거꾸로 움직이는 것이 아니라, 지구의 공전과 시차적 관측 때문에 생기는 착시 현상이라는 설명이 가능해진다.

이처럼 귀추법은 연역처럼 결론을 필연적으로 보장하지도 않고, 귀납처럼 반복된 관찰에서 일반 법칙을 추출하지도 않는다. 그 대신 관찰된 놀라운 현상에 대해 가장 설득력 있는 설명을 제시하는 방식으로, 새로운 가설 형성과 과학적 혁신을 이끄는 사고의 원천이 된다(Peirce, 1931-1958).

귀추법은 과학자가 새로운 문제상황에 직면했을 때, 이를 설명하기 위한 가설을 형성하는 데 중요한 역할을 한다. 과학자는 관찰된 현상을 토대로 그 현상을 낳을 수 있는 다양한 원인이나 법칙을 상정하고, 그 가운데 가장 그럴듯한 설명을 선택하여 문제를 해결한다. 추리소설 속 셜록 홈즈가 한 사건의 단서를 수집한 후 여러 가능성을 검토하고, 그중에서 가장 개연성 있는 가설을 통해 범인의 정체와 범행 과정을 밝혀내는 방식이 귀추적 추론의 전형적 예이다.

특히 관찰과 통제된 실험이 어려운 상황, 예컨대 지질학이나 천문학처럼 직접 실험이 불가능한 탐구 영역에서 귀추법은 더욱 중요하다. 과학자는 제한된 자료를 토대로 새로운 설명의 법칙을 발명해야 하는데, 이를 퍼스는 창조적 귀추(creative abduction)라고 불렀다. 코페르니쿠스가 기존의 천동설로는 설명되지 않는 행성의 역행운동을 해명하기 위해 태양중심설을 제안한 것, 혹은 탐정 셜록 홈즈(Sherlock Holmes)가 사건의 은밀한 단서로부터 전혀 새로운 시나리오를 구성하는 것은 모두 창조적 귀추의 사례라 할 수 있다.

하지만, 귀추법에는 본질적인 한계가 존재한다. 귀추적 추론은 형식 논리적으로 결론의 참을 보장하지 않으며, 특정한 현상을 설명할 수 있는 가설은 여러 개일 수 있다. 즉, 귀추법이 도출하는 결론은 언제나 개연적(probabilistic)일 뿐이며, 진리성을 확정적으로 담보하지는 못한다. 따라서 귀추법은 과학적 발견의 출발점으로는 강력한 힘을 지니지만, 그 자체만으로는 과학적 지식의 정당성을 보증하지 못한다(김경훈, 2018).

또한, 교육적으로도 귀추법은 탐구기반 학습의 핵심 요소다. 학생들은 단순히 법칙을 귀납하거나 주어진 공식을 적용하는 데서 멈추지 않고, 관찰된 결과를 설명할 수 있는 다양한 가설을 제안하고, 그중 가장 타당한 설명을 선택하는 과정을 통해 과학자의 사고방식을 경험할 수 있다. IB의 TOK(Theory of Knowledge)와 과학 수업에서 강조되는 탐구 질문 생성과 설명 구성 활동은 귀추적 탐구의 현대적 구현이라고 볼 수 있다.

〈귀납, 연역, 귀추의 관계〉

연역, 귀납, 귀추는 모두 탐구를 구성하는 기본적인 추론 양식이지만, 그 출발점과 도달 지점이 서로 다르다. 다시 말해, 세 가지 추론은 법칙(rule), 사례(case), 결과(result)를 연결하는 방식에서 차이를 보인다.

〈연역, 귀납, 귀추의 관계〉

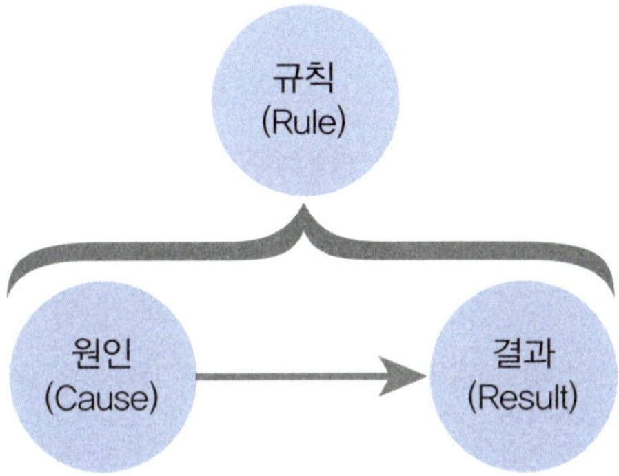

연역	전제(법칙 + 사례) → 결과로 이어지는 필연적 추론 • 법칙(Rule): "주머니에 있는 모든 공은 하얗다." • 사례(Case/Cause): "이 공은 주머니에서 나왔다." • 결과(Result): "따라서 이 공은 하얗다."
귀납	사례 + 결과 → 법칙으로 이어지는 일반화 추론 • 사례(Case/Cause): "이 공들은 주머니에서 나왔다." • 결과(Result): "이 공들은 모두 하얗다." • 법칙(Rule): "주머니에 있는 모든 공은 하얗다."
귀추	법칙 + 결과 → 사례로 이어지는 설명적 추론 • 법칙(Rule): "주머니에 있는 모든 공은 하얗다." • 결과(Result): "이 공들은 하얗다." • 사례(Case/Cause): "따라서 이 공들은 주머니에서 나온 것일 수 있다."

출처: Peirce(1931-1958)

연역(deduction)은 법칙과 사례에서 출발하여 결과를 도출한다. 예컨대 "이 주머니에서 나온 콩은 모두 하얗다(법칙)"와 "이 콩들은 이 주머니에서 나왔다(사례)"라는 전제에서 "이 콩들은 하얗다(결과)"라는 결론이 도출된다. 연역은 전제가 참일 경우 결론이 필연적으로 참이 되는 논리적 정합성을 보장한다.

귀납(induction)은 사례와 결과에서 출발하여 일반적 법칙을 도출한다. "이 주머니에서 나온 콩1, 콩2, 콩3은 모두 하얗다(사례 · 결과)"라는 관찰에서 "이 주머니에서 나온 모든 콩은 하얗다(법칙)"라는 결론을 이끌어내는 방식이다. 귀납은 경험적 일반화를 가능하게 하지만, 항상 불확실성과 예외 가능성을 내포한다(Hume, 1748/1975).

귀추(abduction)는 결과와 법칙에서 출발하여 그 결과를 초래한 원인을 추론한다. 예컨대 "이 콩들은 모두 하얗다(결과)"와 "이 주머니에서 나온 콩은 모두 하얗다(법칙)"라는 전제에서 "따라서 이 콩들은 이 주머니에서 나왔다(사례)"라는 결론을 제안하는 것이다. 귀추의 결론은 필연적 확실성이 아니라, 가장 개연적인 설명일 뿐이다. 따라서 귀추는 새로운 가설 형성의 논리적 근거가 되며, 과학적 지식 확장의 창의적 동력을 제공한다(Peirce, 1931-1958; 김경훈, 2018).

세 가지 추론을 비교해 보면, 연역은 법칙과 사례가 주어졌을 때 결과를 필연적으로(must be) 도출한다. 귀납은 반복된 사례로부터 일반 법칙을 도출하지만, 그 결론은 실제로 그러할 뿐(actually is) 필연성을 보장하지는 못한다. 반면 귀추는 주어진 현상을 설명할 수 있는 가장 개연적인 원인을 추정하는 방식으로, 결론은 가능성에 머물러 있을 뿐(may be) 확정적이지 않다. 요컨대 연역은 확실성, 귀납은 경험적 일반성, 귀추는 창의적 개연성을 제공한다. 과학적 탐구는 이 세 가지 추론 방식이 긴밀히 얽히며 전개되는 과정이며, 특히 귀추법은 과학자가 새로운 가설을 제안하는 출발점이 된다.

요컨대 귀납과 연역은 탐구를 이해하는 상반된 접근이지만, 과학의 역사에서는 서로 긴장하면서도 상호 보완적으로 작동해 왔다. 실제로 과학자들은 새로운 가설을 세울 때 경험적 관찰에서 출발하고(귀납), 동시에 그 가설이 어떤 결과를 낳을지를 연역적으로 전개하여 시험한다. 이처럼 실제 과학자들의 탐구 활동은 관찰과 가설, 연역적 예측과 검증이 얽히는 복합적 과정으로 전개되며, 단일한 추론 형식만으로는 설명할 수 없다. 이러한 과학적 탐구의 실천적 맥락과 과정적 역동성을 이론적으로 포착하기 위해 20세기 과학철학에서 제시된 방법이 바로 가설연역법(hypothetico-deductive method)이다.

6. 가설연역적 탐구

가설연역법은 20세기 과학철학에서 제시된 대표적인 탐구 방법론이다. 이는 단순히 관찰로부터 일반화를 도출하는 귀납적 절차와 달리, 먼저 가설을 설정한 뒤 그 가설이 참이라면 어떠한 경험적 결과가 도출될지를 연역적으로 추론하고, 실제 관찰 · 실험을 통해 이를 검증하거나 반증하는 방식을 따른다. 이 방법은 귀납의 불완전성과 연역의 형식주의적 한계를 동시에 극복하려는 시도였다.

가설연역법은 "가설 설정 → 연역적 예측 → 관찰 · 실험 → 검증 또는 반증 → 이론 수정 · 채택"이라는 순환적 구조를 가진다. 아인슈타인의 일반상대성이론 검증 과정은 이를 잘 보여주는 대표적 사례다.

〈가설연역적 탐구의 순환적 구조: 아인슈타인-에딩턴 사례〉

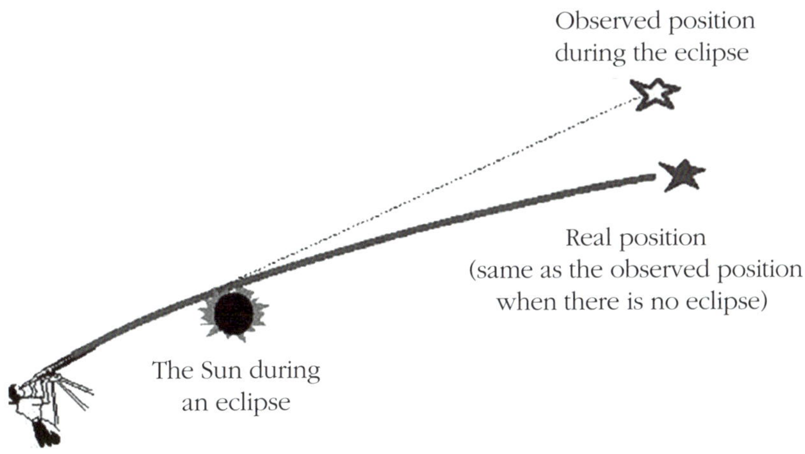

출처: NASA 홈페이지(https://www.nasa.gov/)

단계	설명	아인슈타인-에딩턴 사례
문제 제기 (Problem Identification)	• 기존 이론이나 관찰로 설명되지 않는 현상을 문제로 제시.	• 뉴턴 역학으로 설명되지 않는 현상(수성의 근일점 이동 등)을 계기로, 아인슈타인(1915)은 중력이 시공간을 휘게 한다는 새로운 틀을 제안.
가설 설정 (Hypothesis Formation)	• 문제를 설명하기 위해 잠정적이고 창의적인 가설을 제안. 이 과정은 단순히 논리적 귀결이 아니라 과학자의 상상력과 직관이 크게 작용함.	• 태양 근처를 지나는 별빛은 중력에 의해 휘어질 것이라는 가설을 제안.
연역적 예측 (Deductive Prediction)	• 제안된 가설이 참이라면 어떠한 결과가 도출될지를 구체적으로 예측.	• 아인슈타인은 구체적인 각도로 약 1.75초의 편향이 나타날 것이라고 계산.
실험·관찰 (Experiment/ Observation)	• 실제 실험과 관찰을 통해 예측 검증을 시도.	• 1919년 개기일식에서 에딩턴이 태양 근처 별빛의 위치를 사진으로 기록.
검증 또는 반증 (Verification/ Falsification)	• 관찰 결과가 예측과 일치하면 가설은 잠정적으로 지지, 불일치하면 반증.	• 관측값(1.6~2.0초각)이 아인슈타인의 예측과 일치하여 가설은 반증되지 않고 지지됨.
결론 및 이론 수정 (Conclusion & Theory Revision)	• 가설은 반증되지 않은 한 잠정적으로 수용되며, 추후 새로운 증거가 나오면 수정·대체될 수 있음.	• 아인슈타인의 일반상대성이론이 강력한 지지를 얻었지만, 절대적 진리가 아니라 잠정적 이론으로 남음.

가설연역적 탐구는 단순히 귀납이나 연역에 국한되지 않고, 문제 제기에서 결론에 이르기까지 일련의 순환적 단계를 거치며 전개된다. 아인슈타인의 일반상대성이론과 이를 검증한 에딩턴의 1919년 개기일식 관측은 이러한 탐구 구조를 잘 보여준다.

우선 문제 제기 단계에서, 기존 뉴턴 역학으로는 설명되지 않는 현상들이 학자들의 주목을 끌었다. 수성의 근일점 이동이나 중력과 빛의 관계는 뉴턴적 틀 안에서 충분히 설명되지 않았고, 이는 새로운 이론의 필요성을 제기했다. 이에 아인슈타인은 1915년 중력이 단순한 힘이 아니라 시공간의 곡률(curvature)이라는 가설을 내놓았다.

다음은 가설 설정과 연역적 예측 단계이다. 아인슈타인은 태양처럼 거대한 질량을 지닌 천체가 주변 시공간을 휘게 하고, 그 결과 태양 근처를 지나는 별빛이 굴절될 것이라고 가정했다. 그는 더 나아가 이 굴절이 약 1.75초각에 이를 것이라고 정량적 수치까지 계산해 내었다.

이어지는 실험 · 관찰 단계에서, 아서 에딩턴(A. Eddington)은 1919년 개기일식을 관측할 수 있는 지역(프린시페 섬과 브라질)에서 태양 근처 별빛의 위치를 촬영했다. 태양이 가려진 순간, 주변 별빛이 얼마나 이동하는지를 정밀하게 측정할 수 있었다. 그 결과, 검증 단계에서 관찰된 별빛의 편향은 약 1.6~2.0초각으로 나타났고, 이는 아인슈타인이 연역적으로 예측한 값과 일치했다. 즉, 그의 가설은 반증되지 않았으며 오히려 강력히 지지가 되었다.

마지막으로 결론 및 이론 수정 단계에서, 아인슈타인의 일반상대성이론은 기존 뉴턴 역학을 대체하는 새로운 과학적 패러다임으로 자리 잡았다. 그러나 이는 결코 절대적 진리가 증명된 것이 아니라, 반증되지 않은 한 잠정적으로 수용되는 이론일 뿐이다. 이후 더 많은 관측과 실험이 이 이론을 반복적으로 지지하면서, 일반상대성이론은 오늘날까지도 현대 물리학의 근간으로 유지되고 있다.

이 사례는 가설연역적 탐구가 단순한 귀납적 누적도, 형식적 연역도 아닌, 창의적 가설의 설정과 그에 대한 연역적 예측, 그리고 경험적 검증이 순환하는 과정임을 분명히 보여준다. 동시에 과학적 지식이 언제나 잠정적이고 수정 가능하다는 점을 드러내면서, 탐구의 본질을 잘 설명해 준다. 이러한 구조는 과학적 탐구를 단선적인 절차가 아니라, 끊임없이 순환하며 발전하는 역동적 과정으로 이해하도록 만든다.

〈포퍼의 반증주의와 가설연역법〉

포퍼(Popper, 1959)는 전통적 귀납주의에 대한 강력한 비판으로 출발했다. 그는 과학 이론이 참임을 검증(verification)하는 것은 불가능하다고 보았다. 아무리 많은 사례가 이론과 일치한다 해도, 단 한 번의 반례가 등장하면 그 이론은 무너질 수 있기 때문이다. 포퍼는 따라서 과학 이론의 과학성을 판단하는 기준을 반증 가능성(falsifiability)에서 찾았다.

포퍼의 과학관을 요약하면 "과학은 추측과 반박(conjectures and refutations)의 과정"이라는 것이다. 과학자는 문제상황 속에서 대담한 가설을 제안하고, 그 가설로부터 연역적으로 예측을 이끌어낸다. 실제 관찰이나 실험이 이 예측과 충돌할 경우 가설은 반증되며, 새로운 가설로 교체된다. 반증되지 않은 이론은 잠정적으로 유지되지만, 결코 확정적 진리로 간주되지 않는다. 이 점에서 포퍼에게 과학적 지식은 언제나 잠정적 · 가변적 · 비확정적인 성격을 지닌다.

예컨대 아인슈타인의 일반상대성이론은 뉴턴 역학으로 설명되지 않는 여러 문제(수성의 근일점 이동 등)를 해결하기 위한 대담한 가설로 등장했다. 아인슈타인은 "중력이 빛의 경로를 휘게 할 것"이라고 예측했으며, 이 예측은 1919년 에딩턴(A. Eddington)의 개기일식 관측으로 확인되었다. 이는 가설연역법의 대표적 사례로, 과학이 귀납적 확증이 아니라 대담한 가설과 경험적 검증의 상호작용을 통해 발전함을 잘 보여준다.

〈헴펠의 설명-예측 모형〉

포퍼와 더불어 헴펠(Hempel, 1965)은 과학적 설명을 체계화하려 하였다. 그의 법칙-포섭 모형(DN model)은 과학적 설명이 "보편적 법칙 + 초기조건 → 특정 현상"이라는 연역적 구조를 따른다고 주장한다.

예를 들어, "모든 금속은 열을 받으면 팽창한다(법칙)"와 "이 막대는 금속이며 열을 받았다(조건)"라는 전제로부터 "따라서 이 막대는 팽창한다(현상)"라는 결론이 도출된다. 헴펠은 이러한 구조가 설명과 예측을 동시에 가능하게 한다고 보았다. 즉, 동일한 논리 구조가 과거의 현상을 설명하는 데도, 미래의 현상을 예측하는 데도

쓰일 수 있다는 것이다.

헴펠의 설명-예측 모형은 이후 과학교육에서 큰 영향을 끼쳤다. 특히 1960년대 이후 과학교육 개혁운동에서 과학적 탐구는 법칙적 설명과 예측, 검증의 절차로 구조화되었고, 교실 수업은 학생들에게 "문제 제기 → 가설 설정 → 예측 → 실험 → 결론"의 단계를 따르도록 설계되었다.

〈과학과 가설연역적 탐구〉

가설연역적 탐구는 20세기 중반 이후 과학교육의 전통적 기반이 되었다. 미국의 BSCS 생물학 교육과정, PSSC 물리학, CHEM Study 같은 교육과정 프로그램들은 모두 과학을 "가설 제안, 연역적 예측, 실험 검증"의 활동으로 규정했다. 한국 역시 제3차 과학과 교육과정부터 관찰 · 가설 · 실험 · 검증의 절차를 강조하며, 과학적 탐구 과정을 공식적인 교육 목표로 설정하였다.

이러한 수업에서 학생들은 과학자의 사고 과정을 모방하며, 교사가 제시한 문제에 대해 가설을 세우고 예측을 도출한 뒤 실험을 통해 확인한다. 그러나 실제 교실에서는 이 과정이 때때로 형식적 절차주의로 흐르기도 했다. 즉, 학생들이 스스로 문제를 제기하고 가설을 창의적으로 형성하기보다는, 이미 주어진 가설을 "확인"하는 활동에 머무르는 경우가 많았다. 따라서 가설연역법은 탐구의 기본 구조를 제시하는 데 강점을 지녔지만, 동시에 학습자의 창의성과 개방성을 제약할 수 있다는 한계를 노출하기도 했다.

IB 교육은 이러한 가설연역적 탐구의 전통을 상당 부분 계승한다. IB DP 과학 과목(물리, 화학, 생물)의 내부평가(IA)는 학생이 스스로 연구 질문을 설정하고, 가설을 제시한 뒤, 방법론을 설계 · 실행하여 데이터를 수집 · 분석하도록 요구한다. 이는 전형적인 가설연역적 탐구 구조를 따르며, 학생이 과학적 사고의 본질을 직접 경험하도록 한다.

그러나 IB는 전통적 실증주의 교육과 달리, 탐구를 단순한 절차적 활동에 머물게 하지 않고, 개념적 이해와 더불어 윤리적 · 사회적 맥락을 탐구와 연결하려 한다. 예를 들어 기후변화, 생명윤리, 기능과 사회적 책임 같은 주제를 다룰 때, 학생들은 단순히 가설을 검증하는 과정을 넘어, 그 결과가 지닌 의미와 사회적 함의를 성찰한다.

따라서 IB에서의 가설연역적 탐구는 과학적 방법론을 학습하는 틀인 동시에, 비판적 사고, 맥락적 이해, 세계 시민으로서의 책임을 함양하는 교육적 장치로 기능한다. 이는 탐구를 지식 습득을 넘어, 삶의 방식과 주체성 형성으로 확장하려는 IB 교육의 철학적 지향과 맞닿아 있다.

〈가설연역적 탐구 모형〉

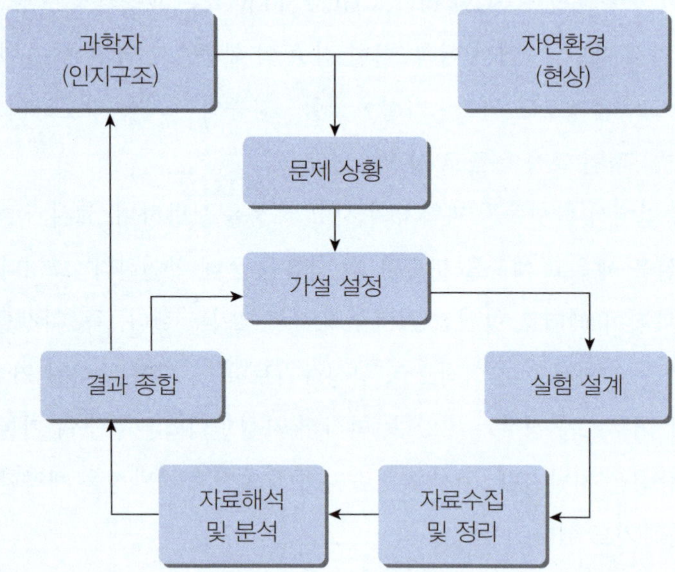

- 문제상황 → 가설 설정 → 핵심 단계. (귀추적 추론이 작동하는 부분)
- 가설 → 실험 설계 → 자료 수집 · 정리 → 자료 해석 및 분석 → 결과 종합 → 가설연역적 검증의 절차.
- 가설연역적 탐구는 과학자가 자연환경의 현상과 문제상황을 마주하는 데서 출발한다. 과학자는 자신의 인지 구조(선행 지식, 개념틀, 이론)를 바탕으로 문제를 인식하고, 이를 설명할 수 있는 가설을 설정한다. 이때 가설 설정은 단순한 추측이 아니라, 관찰된 현상을 설명할 수 있는 가장 설득력 있는 설명을 제안하는 귀추적 추론의 과정이다.

- 설정된 가설은 실험 설계로 구체화하고, 이어서 자료 수집과 정리 과정을 거쳐 경험적 증거를 확보한다. 그 후 자료 해석 및 분석을 통해 가설에서 예측된 결과와 실제 결과가 일치하는지를 검토한다. 마지막 단계인 결과 종합에서는 가설이 반증되지 않는 한 잠정적으로 채택되며, 반증될 경우 수정되거나 새로운 가설로 대체된다.
- 이러한 일련의 과정은 다시 과학자의 인지 구조에 환류되며, 새로운 탐구로 이어지는 순환 구조를 형성한다. 따라서 가설연역적 탐구는 귀추적 가설 생성과 연역적 검증이 결합된 과정으로, 과학적 사고의 창의성과 엄밀성이 동시에 작동하는 모델이라 할 수 있다.

〈탐구의 순환 구조: 귀추에서 가설연역으로〉

귀납, 연역, 귀추, 그리고 가설연역적 탐구는 각각 과학적 사고와 탐구의 다른 측면을 드러낸다. 귀납은 경험적 관찰에서 출발하여 일반화의 길을 열어주었고, 연역은 법칙과 원리로부터 구체적 결론을 도출함으로써 논리적 정합성을 확보하였다. 그러나 귀납은 필연성을 보장하지 못하고, 연역은 전제의 진실성이 담보되지 않을 경우 무너질 수 있다는 한계를 안고 있었다.

가설연역적 탐구는 주어진 가설을 연역적으로 전개하여 예측을 만들고, 이를 경험적으로 검증하거나 반증함으로써 지식을 정당화한다. 그러나 이 과정은 어디까지나 이미 존재하는 가설을 전제한다는 한계를 지닌다. 다시 말해, 검증의 방법만으로는 새로운 가설이 어떻게 생성되는지를 설명할 수 없다. 반대로, 귀추법은 새로운 가설을 창출하는 데 핵심적인 역할을 하지만, 그 자체만으로는 과학적 지식의 확실성을 담보하지 못한다. 귀추의 결론은 언제나 "그럴듯하다"라는 수준에 머물기 때문에, 과학적 탐구의 출발점으로는 유효하지만, 최종적 정당화로는 불충분하다.

이러한 한계를 넘어서는 열쇠가 바로 귀추와 가설연역의 결합이다. 귀추는 놀라운 현상을 마주한 과학자가 이를 설명하기 위해 가장 개연적인 가설을 창출하는 과정이며, 가설연역은 그러한 가설을 연역적으로 전개하여 경험적 검증에 부치는 절차다. 따라서 과학자의 탐구는 단순히 귀납이나 연역에 의존하는 것이 아니라, 가설을 창출하는 창의적 귀추와 이를 검증하는 엄밀한 가설연역적 탐구가 순환적으로 결합한 과정이라고 할 수 있다.

〈귀추와 가설연역적 탐구〉

귀추법(가설 발생 논리)	가설연역적 탐구(가설 검증 방법)
• 형식: A라는 놀라운 사실이 있다. 만약 H가 참이라면 A는 자연스럽다. 따라서 H일지도 모른다. • 목적: 설명력이 큰 가설을 제시. • 산출물: 설명 가능성을 확장하지만, 개연성과 잠정성에 머무는 가설(H).	• 절차: 문제 제기 → 가설 설정 → 연역적 예측 → 실험/관찰 → 검증(또는 반증) → 이론 수정. • 목적: 가설의 검증/반증을 통해 지식의 정당화. • 산출물: 잠정적 이론의 채택(반증 가능성을 전제로 잠정적 지위를 유지).

먼저 과학자는 놀라운 현상을 마주하고 이를 설명하기 위해 가장 설득력 있는 가설을 귀추적으로 도출한다. 이어서 그 가설이 참이라면 어떤 결과가 나타날지를 연역적으로 예측하고, 관찰과 실험을 통해 이를 검증한다. 이 과정에서 가설은 반증되면 폐기되고, 반증되지 않으면 잠정적으로 채택되어 후속 연구를 이끈다. 이는 탐구가 단순한 논리적 형식이 아니라, 창의성과 엄밀성, 개연성과 검증성이 공존하는 살아 있는 실천임을 보여준다.

실제로 과학의 역사에서 혁신적 전환은 언제나 이 두 방식의 긴밀한 상호작용 속에서 이루어졌다. 예컨대 다윈의 진화론은 관찰된 종의 다양성을 설명하기 위해 귀추적으로 제안하였고, 이후 방대한 경험적 증거를 통해 가설연역적으로 검증하였다. 아인슈타인의 일반상대성이론, 왓슨과 크릭의 DNA 이중나선 모델 등도 관찰된 현상을 설명하기 위한 귀추적 발상에서 출발하였고, 이후 가설연역적 검증을 통해 과학적 정당성을 획득하였다.

이는 과학교육에서도 중요한 시사점을 갖는다. 학생들이 과학을 단순한 법칙 확인의 절차로 이해하는 데 머물지 않고, 새로운 가설을 창의적으로 생성하는 과정(귀추)과 그 가설을 엄밀히 검증하는 과정(가설연역)을 함께 경험할 때 비로소 과학적 사고의 본질을 체득할 수 있다. IB 과학교육이 문제 제기-가설 설정-예측-실험-결론의 과정을 강조하면서도, 탐구 질문을 스스로 만들어내도록 요구하는 이유도 바로 여기에 있다.

결국 과학적 탐구는 귀추법과 가설연역적 탐구가 상보적으로 결합된 순환 구조 속에서 발전한다. 귀추는 과학을 창의적이고 개방적인 과정으로 열어주고, 가설연역은 그 과정을 엄밀하고 비판적인 시험대 위에 올려놓는다. 두 방법이 함께 작동할 때, 탐구는 단순한 추론을 넘어 새로운 지식을 창출하고 정당화하는 살아 있는 과정이 된다.

7. 포스트휴먼 · 후기구조주의적 탐구

20세기 후반 이후 과학철학과 인문학은 탐구를 단순한 방법론적 절차나 인식론적 도구로만 이해하는 데서 벗어나, 탐구의 존재론적 전환(ontological turn)을 모색해 왔다. 이 관점에서 탐구는 더 이상 인간 주체가 객관적 세계를 관찰하고 설명하는 일방적 활동이 아니다. 오히려 탐구는 인간-비인간, 물질-담론, 자료-기능-환경이 서로 얽혀서 상호적으로 변형되는 과정이다.

바라드(Barad, 2007)는 이를 '내적 작용(intra-action)'이라는 개념으로 설명한다. 관찰자와 대상, 인간과 비인간은 고정된 독립적 실체가 아니라, 탐구의 과정 속에서 관계적으로 얽히며 함께 형성된다. 따라서 탐구는 단순한 지식 생산 행위에 그치지 않고, 존재 방식 자체를 변형시키는 사건(event)이 된다. 이는 탐구가 인식론(epistemology)의 문제가 아니라 존재론(ontology)의 문제와 긴밀히 맞닿아 있음을 드러낸다. 즉, 우리는 탐구를 통해 단순히 세계를 알게 되는 것이 아니라, 탐구 과정 속에서 세계와 함께 새롭게 존재하게 된다"라는 통찰을 제공한다.

하라웨이(Haraway, 1988)가 제시한 '위치지어진 지식(situated knowledges)' 역시 이러한 전환을 보여준다. 지식은 추상적 · 보편적 진리로서 존재하는 것이 아니라, 언제나 특정한 맥락과 위치 속에서 형성된다. 하라웨이는 모든 탐구가 '어디서, 누구의 시선으로, 어떤 맥락에서' 수행되는지를 드러내야 한다고 강조한다. 모든 지식은 추상적이고 보편적인 관찰자의 관점에서 주어지는 것이 아니라, 구체적이고 부분적인 맥락 속에서 구성된다. 따라서 탐구란 단일한 진리로 수렴하는 과정이 아니라, 다양한 맥락과 위치 속에서 서로 다른 의미들이 교차하는 다성적 장(場)이라 할 수 있다. 지식은 언제나 관계적이며, 다성적 목소리의 산물이다.

이러한 통찰은 IB 교육이 지향하는 탐구의 성격과 공명한다. IB 프로그램에서 탐구는 단순한 문제해결 능력을 넘어서, 학생들이 지식 · 가치 · 행동을 통합하며 세계 속에서 자신과 타자를 새롭게 이해하는 실천으로 규정된다. 특히 IB의 '글로벌 맥락(Global Context)'은 지식을 고립된 교실 안에서만 탐구하는 것이 아니라, 문화적 · 사회적 · 생태적 맥락과 연결하여 이해하도록 요구한다(IBO, 2014). 나아가, 학생들은 탐구 과정에서 서로 다른 목소리와 관점을 경청하며, 인간과 비인간, 지역과 세계, 지식과 가치가 얽히는 다성적 지평에서 문제를 재구성하게 된다. 이는 곧 포스트휴먼적 탐구가 강조하는 존재론적 전환과 다성적 관계성을 교육 실천으로 구체화한 사례라 할 수 있다.

결국, 포스트휴먼 · 후기구조주의적 관점에서 탐구는 유일한 진리를 발견하는 절차가 아니라, 다양한 주체와 맥락, 인간과 비인간의 얽힘 속에서 새로운 존재 방식을 생성하는 과정이다. IB 교육이 강조하는 다성적 탐구와 세계시민적 성찰은 바로 이러한 철학적 전환 위에 서 있으며, 탐구를 삶과 세계를 변형하는 존재론적 실천으로 이해하게 한다.

지금까지 고전적 과학철학에서의 귀납과 연역, 근대 과학방법론인 가설연역, 가설 형성의 창의성을 드러내는 귀추법, 그리고 포스트휴먼적 전환에 이르는 사유의 지형을 살펴보았다. 이러한 흐름을 통해 확인할 수 있는 것은, 탐구는 단순한 지식 습득의 절차가 아니라 존재 · 가치 · 주체성을 형성하는 살아 있는 과정이라는 점이다.

연역은 확실성을, 귀납은 경험적 일반성을, 귀추는 창의적 개연성을 제공한다. 가설연역적 탐구는 이들 방식을 통합하여 과학적 지식의 엄밀성을 보장하려 했다. 결국 탐구는 세계를 설명하는 논리적 방법이자 동시에, 우리가 세계와 관계 맺는 방식 자체를 변형시키는 실천이다. 이러한 맥락에서 포스트휴먼 · 후기구조주의적 사유는 탐구를 존재론적 사건으로 재정의하고, 다성적 · 맥락적 지식의 가능성을 열어준다.

IB 교육이 강조하는 탐구는 이러한 철학적 전통을 계승 · 확장한다. IB에서 탐구는 사실 · 개념 · 기능 · 태도 · 가치 · 행동을 아우르는 총체적 경험이며, 이는 지식의 축적이 아니라 삶의 방식과 주체성의 형성으로 이어진다. IB의 글로벌 맥락은 학생들에게 탐구를 유일한 진리 탐색이 아니라, 서로 다른 맥락과 관점이 얽히는 장으로 제시하며, 더 나은 세상을 지향하는 규범적 실천으로 확장한다(IBO, 2014).

결국, "왜 탐구인가?"라는 질문은 곧 "왜, 어떻게 살아갈 것인가?"라는 질문과 연결된다. 탐구는 앎과 삶을 분리하지 않고, 세계와 인간, 인간과 비인간, 지식과 가치의 얽힘 속에서 새로운 가능성을 창출하는 존재론적 실천이다. 이러한 맥락에서 IB 교육은 탐구를 교육의 중심에 놓는다.

〈탐구의 두 축: 담론적 · 비담론적 실천〉

탐구를 둘러싼 현대철학의 흐름은 크게 담론적 실천과 비담론적 실천으로 구분할 수 있다. 이 구분은 탐구를 단순히 지식 생산의 방법으로 한정하지 않고, 언어와 담론, 물질과 존재의 층위에서 탐구가 어떻게 발생하는지를 드러내는 틀을 제공한다.

포스트휴먼(신물질주의)
- 인간-비인간 얽힘(내적 작용, intra-action)
- 물질 · 환경 · 기술과의 관계 강조
- 존재론적 전환: 탐구는 존재 방식의 변형

▶

〈접점〉
- 본질주의 거부
- 다성성(plurality)과 맥락성(contextuality) 강조
- 관계적 탐구 이해

◀

후기구조주의(해체적 사유)
- 고정된 구조 · 진리 해체(차연, différance)
- 담론과 권력-지식 분석
- 지식은 맥락적 · 다층적 구성물

▼

IB 탐구 철학
- 사실 · 개념 · 기능 · 태도 · 가치를 아우르는 총체적 경험
- 글로벌 맥락 속 탐구
- 지식의 다성성, 주체성과 세계와의 얽힘을 강조
- 탐구는 학습 절차가 아니라 삶의 방식과 주체성 형성의 과정

먼저, 담론적 실천에서는 후기구조주의적 탐구를 지향한다. 후기구조주의는 탐구를 언어와 담론의 장 속에서 이해한다. 데리다(J. Derrida)는 의미가 고정되지 않고 끊임없이 차연(différance) 속에서 미끄러진다고 보았으며, 푸코(M. Foucault)는 지식이 권력과 얽힌 담론적 구성물임을 분석하였다. 따라서 탐구는 유일한 진리를

발견하는 과정이 아니라, 특정한 맥락 속에서 형성된 담론의 층위를 해체하고 재구성하는 과정이다. 담론적 실천으로서의 탐구는 지식을 상대적 · 위치적인 것으로 드러내며, 다양한 목소리와 관점의 공존을 가능하게 한다.

비담론적 실천의 경우 포스트휴먼적 탐구를 지향한다. 포스트휴먼 혹은 신물질주의는 탐구를 인간 주체의 활동으로 한정하지 않고, 인간-비인간, 자료-기술-환경이 얽히는 사건으로 이해한다. 바라드(Barad, 2007)는 이를 내적 작용(intra-action)이라는 개념으로 설명하며, 탐구 속에서 인간과 비인간, 관찰자와 대상은 고정된 실체가 아니라 관계 속에서 새롭게 형성된다고 주장한다. 탐구는 단순한 지식의 생산이 아니라, 존재 방식 자체를 변형시키는 존재론적 사건이다. 이러한 관점은 하라웨이(Haraway, 1988)의 위치지어진 지식과도 맞닿아 있으며, 지식이 추상적 진리가 아니라 특정한 위치와 맥락에서 형성된 것임을 보여준다.

이렇듯 담론적 실천과 비담론적 실천은 접근 방식은 다르지만, 모두 본질주의를 거부하고, 탐구를 맥락적이고 다성적인 과정으로 이해한다는 점에서 만난다. 즉, 지식은 단일한 진리로 환원될 수 없으며, 탐구는 관계적이고 실천적인 행위라는 인식을 공유한다.

IB 교육의 탐구는 이 두 축을 동시에 계승 · 확장한다. IB에서 탐구는 사실, 개념, 기능, 태도, 가치를 아우르는 총체적 경험으로 정의되며, 단순한 학습 절차가 아니라 삶의 방식이자 주체성의 형성 과정으로 자리한다. 특히 IB의 글로벌 맥락은 지식이 담론적으로 구성됨과 동시에 물질적 · 환경적 조건 속에서 구체적으로 실천된다는 점을 학생들에게 성찰하게 한다. 이는 탐구를 담론적 · 비담론적 실천의 얽힘 속에서 전개되는 과정으로 이해하게 하며, 다성적이고 관계적인 교육의 철학을 구체화한다.

제4장

왜 논술형 평가인가?

1. IB 평가와 서 · 논술형 글쓰기
2. IB 논술형 시험과 지식기반 논증적 글쓰기
3. 평가와 피드백: 사고를 기르는 글쓰기 평가

[철학의 주름]

4. 논증과 논증 행위: 논리학과 수사학
5. 툴민의 논증 모델
6. 들뢰즈의 차이생성과 되기(becoming)의 글쓰기

제4장 왜 논술형 평가인가?

"이유 없는 주장은 단지 의견일 뿐이다."
- Toulmin, The Uses of Argument(1958)

"과학적 설명은 단순한 주장만이 아니라, 그 주장을 뒷받침하는
증거와 이를 연결하는 추론을 필요로 한다."
- McNeill & Krajcik, The Journal of the Learning Sciences(2006)

오늘날 교육에서 평가는 단지 학습 결과를 측정하는 도구를 넘어, 학습 그 자체를 구성하고 촉진하는 과정으로 간주한다. 특히 IB 교육은 전통적인 선택형 시험 중심의 평가에서 벗어나, 학습자의 주체성과 비판적 사고, 탐구 역량을 반영할 수 있는 서・논술형 중심 평가를 강조한다(IBO, 2019a). 이러한 평가는 정답 그 자체보다는 학습자가 개념을 어떻게 이해하고 조직하며, 그 이해 과정을 어떻게 정당화하는지를 중시한다.

서・논술형 평가는 단순한 글쓰기 과제를 넘어, 학습자의 인식론적 성찰을 요구하는 평가 방식이다. 이는 학습자가 '무엇을 아는지(what we know)'뿐만 아니라, '어떻게 아는지(how we know)'를 드러낼 수 있도록 유도한다. 서술과 논증, 개념 분석과 비판적 사고, 그리고 논거 중심 글쓰기(argumentative writing)는 IB 평가가 지향하는 핵심역량이며, 특히 디플로마 프로그램(DP)의 확장 에세이(Extended Essay)와 지식이론(Theory of Knowledge, TOK) 에세이는 이러한 철학을 제도화된 형태로 구현한다(IBO, 2019a).

IB 교육은 평가를 '사후적 측정'이 아니라 '탐구의 일부'로 간주한다. 학습자는 탐

구 과정을 통해 지식을 구성하고, 이를 언어적으로 표현하며, 자신이 구성한 지식의 정당성을 비판적으로 검토하는 과정을 거친다. 이때 글쓰기는 단지 결과물이 아니라, 사고를 전개하고 반성하는 도구가 된다. 사고는 언어를 통해 확장하며, 언어는 사고를 구조화하는 수단이 된다(Vygotsky, 1978).

이러한 맥락에서 글쓰기는 단순한 표현이 아니라, 인식 행위의 핵심이다. 학습자가 개념들 간의 관계를 설정하고, 자신만의 논리를 통해 세계를 설명해 나갈 수 있을 때, 진정한 의미의 이해와 학습이 이루어진다. 따라서 IB에서의 서 · 논술형 평가는 학습자가 복잡한 아이디어를 체계적으로 사고하고 표현하는 능력을 기르기 위한 교육적 장치로 기능한다(IBO, 2018a).

특히 확장 에세이는 학생이 스스로 주제를 설정하고, 관련 자료를 수집하며, 학문적 논증을 전개하는 독립적 연구 글쓰기 과제이다(IBO, 2019a). 이는 단순한 학술적 작문 훈련이 아니라, 학습자가 지식을 구성하는 과정 전체를 주도적으로 경험하도록 하는 메타인지적 실천이다. TOK 에세이는 이에 더해 지식의 본질, 지식 구성의 한계, 감정과 이성의 긴장, 언어와 진리의 관계 등 철학적 질문을 다루며, 논리적 정합성과 개념적 명료성을 평가 기준으로 삼는다(IBO, 2020).

이처럼 서 · 논술형 평가는 IB 교육의 중심 철학인 '탐구기반 학습(inquiry-based learning)'과 맞닿아 있다(IBO, 2014; 2022). 탐구는 질문에서 시작되고, 글쓰기를 통해 사고의 경로를 남기며, 그 과정에서 지식은 (재)구성된다. 평가란 이러한 전 과정을 되돌아보며 학습자가 어떠한 인식 여정을 거쳤는지를 드러내는 메타적 도구가 된다(IBO, 2018a).

이러한 IB 교육의 평가 철학은 IB 전 과정(PYP-MYP-DP)에 걸쳐 일관되게 구현된다. PYP에서는 탐구-표현-성찰 중심의 글쓰기 활동, MYP에서는 서술형 과제 기반의 수행 평가, 그리고 DP에서는 구조화된 논술형 평가로 이어지며, 교육의 과정 전반에 걸쳐 학습자가 탐구한 내용을 언어로 조직하고 표현하는 과정을 평가의 중심에 둔다(IBO, 2018b).

한국 교육계에서도 이러한 IB 평가 철학에 주목하였다. 2010년대 중반 이후, 주입식 교육과 선택형 평가의 한계를 인식한 일부 교육계와 연구자들은 IB DP의 서술형 평가를 대안적 평가 모델로 주목하기 시작하였다. 실제로 경기도교육청을 비롯한 공교육 차원에서의 IBDP 시범 운영 결정은, IB가 강조하는 서 · 논술형 평가를 기존 평가 체계를 전환할 실질적 대안으로 간주하였기 때문이라 볼 수 있다(조선에듀, 2022).

이러한 맥락에서 이 장에서는 IB 서 · 논술형 평가가 갖는 철학적 의의와 교육적 기능을 조망하고, 들뢰즈가 말한 '차이의 생성'을 기반으로, 글쓰기를 통한 '되기(becoming)'의 가능성을 탐색하고자 한다.

1. IB 평가와 서 · 논술형 글쓰기

IB 교육과정은 전통적인 객관식 위주의 평가 방식을 넘어, 학습자의 탐구력과 사유 능력, 그리고 언어적 표현 능력을 종합적으로 평가하는 서 · 논술형 글쓰기를 핵심 평가 도구로 삼고 있다(IBO, 2018a; 2025). 이는 단순히 형식적 글쓰기의 훈련이 아니라, 학생 개개인의 지식 구성 과정과 인식론적 반성 능력을 드러내는 중요한 교육적 실천이다. IB 교육의 서 · 논술형 평가의 특징을 살펴보면 다음과 같다.

첫째, IB DP에서의 논술형 평가는 크게 세 가지로 구성된다. 먼저 '확장 에세이(Extended Essay, EE)'로, 이는 학생이 자율적으로 선택한 주제에 대해 약 4,000단어 분량의 독립적 연구를 수행하고, 그 결과를 학술적 글쓰기 형식으로 표현하는 과제이다. EE는 주제 선정, 연구 질문 개발, 자료 수집 및 분석, 논증적 글쓰기, 그리고 반성적 성찰이 포함된 학문적 탐구의 총체적 경험을 제공한다(IBO, 2019a; 2025).

다음으로 '지식이론(TOK)' 에세이로, 이는 학생이 제시된 몇 가지 질문 중 하나를 선택하여 지식의 본질, 지식 구성의 조건, 감정과 이성의 관계, 언어와 진리의 문제 등 인식론적 주제를 1,600단어 내외로 논증하는 과제이다(IBO, 2020; 2025). TOK 에세이는 단지 철학적 개념을 나열하는 데 그치지 않고, 구체적 사례를 통해 논리적 일관성과 개념적 명료성을 유지하는 글쓰기를 요구한다.

또한, 일부 과목은 논술형 평가(Paper)를 포함한다. 예컨대 언어와 문학 과목, 역사 과목, 철학 과목 등에서는 명확한 서론-본론-결론 구조를 갖춘 논술형 문항이 출제되며, 이는 개념 분석, 비교, 논거 구성, 비판적 평가를 포함하는 고차 사고를 요구한다(IBO, 2025). 특히 이들 평가에서는 단순한 정보 재현이 아니라, 학습자의 해석적 능력과 비판적 거리두기, 그리고 자기 주도적 관점 형성이 중심이 된다(IBO, 2025).

둘째, 서 · 논술형 글쓰기는 단순히 형식을 갖춘 작문이 아니라, 탐구적 사고의 기록이라는 점에서 '탐구적 글쓰기(inquiry-based writing)' 또는 '인식론적 글쓰기(epistemic writing)'에 해당한다(Bereiter & Scardamalia, 1987). 형식적 글쓰기는 주어진 틀과 어휘를 채우는 기계적 과정이라면, 탐구적 글쓰기는 사고의 확장을 목표로 하며, 학생이 글을 쓰는 과정에서 자기 사고를 재구성하고 개념 사이의 연결을 창출하게 한다.

또한, 인식론적 글쓰기는 지식 그 자체보다 지식의 구성 조건에 주목한다. 예컨대 "이것이 사실인가?"라는 질문보다는 "우리는 왜 이것을 사실로 간주하는가?"라는 질문을 던지며, 인식의 근거, 정당화의 논리, 다른 관점에 대한 수용 가능성을 비판적으로 성찰한다(IBO, 2018a). 이러한 글쓰기는 지식을 단순히 '소유하는 대상'이 아니라, '구성하고 협상하는 과정'으로 이해하게 한다는 점에서, IB 교육의 핵심 철학과 일치한다.

셋째, IB 서 · 논술형 평가에서 강조하는 '논거 중심 글쓰기(argumentative writing)'는 형식적 논증 구조를 따르되, 다양한 관점의 조율, 자기 관점의 명료화, 반례에 대한 대응 등을 포함하는 고차적 언어 행위이다. 이는 사고의 깊이뿐 아니라 언어적 정교함을 요구하며, 단순한 언어능력이 아닌 '사고의 언어화 능력'을 기른다는 점에서 교육적으로 중요한 의의를 가진다(IBO, 2015).

넷째, EE와 TOK는 단지 평가 도구가 아니라, 학생의 학습자 프로필을 반영하고 확장하는 수단이기도 하다. 글쓰기를 통해 학생은 탐구자(inquirer), 사려 깊은 사고자(thinker), 의사소통 능력자(communicator), 성찰하는 사람(reflective) 등 IB가 추구하는 학습자의 핵심 속성을 실천하게 된다(IBO, 2019a; 2020).

요컨대 IB 평가에서 서 · 논술형 글쓰기는 단순한 평가 수단이 아니라, 학생의 인식론적 역량을 계발하고, 자기 주도적 지식 탐구자로 성장하게 하려는 중요한 교육적 도구라 할 수 있다. EE, TOK, 논술형 평가는 단지 지식의 결과물이 아니라, 지식의 구성 과정 전체를 학습자 스스로 조직 · 표현하고 검증하게 한다(IBO, 2019a). 이러한 서논술 중심 글쓰기는 IB가 지향하는 탐구기반 학습과 자기 주도적 삶의 태도를 기르는 데 핵심적인 역할을 한다(Marchesano & Overhoff, 2015).

〈블룸의 분류학과 IB 수행 지시어〉

IB 교육에서 평가란 단순한 성취의 확인을 넘어, 학습자의 사고 깊이와 개념적 이해를 정밀하게 측정하는 도전적인 과정이다. 이 과정에서 핵심적인 역할을 하는 것이 바로 '수행 지시어(command terms)'이다(IBO, 2018a). 수행 지시어는 평가 문항에서 사용되는 단순한 언어적 지시를 넘어서, 평가의 정당성, 일관성, 투명성을 보장하는 핵심 언어 도구로 기능한다(IBO, 2014; 2018a).

특히 IB의 서 · 논술형 평가에서는 수행 지시어가 기준중심 평가(criterion-based assessment) 체계의 구조적 언어 요소로 작용하며, 각 과목의 평가 기준 및 성취수준 진술에 정밀하게 정렬되어 사용된다(IBO, 2014). 이러한 정렬은 루브릭(rubric) 설계의 언어적 기반을 형성하며, 교사는 수행 지시어를 통해 학생에게 요구되는 사고 수준과 수행 기대치를 명확히 전달할 수 있다. 결과적으로 수행 지시어는 IB 평가가 지향하는 공정성, 신뢰성, 명확성 확보에 실질적으로 기여하며, 학생들은 이를 통해 평가의 구조를 이해하고 자신의 사고를 조율할 수 있는 언어적 기준을 확보하게 된다(IBO, 2015).

IB의 수행 지시어는 블룸의 개정 분류학에서 제시하는 인지적 사고 수준과 유기적으로 대응한다. 예컨대 'Define'이나 'List'와 같은 지시어는 사실적 기억 수준에서 지식의 정확성을 측정하는 반면, 'Explain'이나 'Describe'는 개념적 이해를 요구하며, 'Apply', 'Analyze'는 지식을 상황에 적용하거나 구조화된 분석을 요구한다. 더 높은 수준에서는 'Evaluate', 'Justify'와 같은 수행 지시어는 비판적 사고와 근거 기반 판단을 유도하고, 'Design', 'Construct'는 창의적 사고와 실험 설계 능력을 평가하는 데 활용된다(Anderson & Krathwohl, 2001; IBO, 2018).

이처럼 수행 지시어는 학습자의 사고 수준을 명확히 제시함으로써 교사가 고차 사고 유도형 평가 과제를 체계적으로 설계할 수 있게 하며, 동시에 학습자에게는 자신이 수행해야 할 사고의 방향과 깊이에 대한 명확한 인식을 제공한다. 이는 수행 지시어가 단순히 과제의 서술 방식이 아니라, IB 교육철학에서 강조하는 개념기반 · 탐구 중심 학습의 언어적 실현 도구라는 점을 보여준다.

MYP 과학과(MYP Sciences)에서 주로 사용되는 IB 수행 지시어를 블룸의 개정 분류학에 따라 정렬한 예시는 다음과 같다.

〈블룸의 분류학과 IB 수행 지시어〉

인지 수준(Bloom의 개정 분류학)	IB 과학과 주요 수행 지시어(Command Terms)	예시 과제 지시문	평가 목적
• 기억(Remember)	• Define, List, State	세 가지 열 전달 방법을 나열하시오.	• 용어 · 사실 및 지식 확인
• 이해(Understand)	• Describe, Summarize, Outline	광합성 과정을 설명하시오.	• 개념 이해 및 구조 파악
• 적용(Apply)	• Use, Demonstrate, Illustrate	뉴턴의 제2법칙을 사용하여 문제를 해결하시오.	• 실생활 적용 능력 평가
• 분석(Analyze)	• Analyze, Compare, Distinguish	실험에서 얻은 자료를 분석하시오.	• 구조와 관계 해석
• 평가(Evaluate)	• Evaluate, Justify, Discuss	화석 연료 사용이 환경에 미치는 영향을 평가하시오.	• 비판적 사고 및 근거 제시
• 창조(Create)	• Design, Formulate, Construct	빛이 식물의 성장에 미치는 효과를 검증하기 위한 실험을 설계하시오.	• 탐구 설계 및 창의력 평가

출처: Anderson & Krathwohl(2001)

이 표는 IB 과학 평가 문항을 사고 수준에 따라 단계적으로 설계할 수 있도록 도와주는 틀로 활용되며, 각 수행 지시어는 MYP 기준 A~D의 루브릭 진술(descriptors)과도 정밀하게 연동된다. 이처럼 수행 지시어는 단지 문항 작성의 기술이 아니라, 학습자의 사고 수준을 구조화하고 IB 평가의 기준중심 평가 철학을 실현하는 핵심 언어 도구로 기능한다(Anderson & Krathwohl, 2001; IBO, 2018a).

IB MYP 과학과의 평가기준 A(지식과 이해)에 해당하는 수행 지시어와 루브릭을 예시하면 다음과 같다.

〈Criterion A(지식과 이해) 루브릭 예시(Level 1-8)〉

점수	성취수준 진술 예시
1-2	학생은 광합성에 관한 기초적인 사실을 진술한다.
3-4	학생은 광합성 과정의 핵심 요소들을 개략적으로 설명한다.
5-6	학생은 과학적 과정을 구체적 사례를 들어 설명한다.
7-8	학생은 과학적 과정을 체계적으로 설명하고, 이를 새로운 상황에 적용한다.

IB MYP의 평가기준 A(지식과 이해)는 학습자의 사실적 지식을 기반으로 하여, 점차 개념적 이해와 그 적용, 복합 개념 간의 연계 사고로 확장되도록 설계되어 있다(IBO, 2014). 이때, 각 수준에서 제시되는 수행 지시어(command terms)는 학습자에게 요구되는 사고 수준을 명확히 규정한다.

이렇듯 IB에서는 평가 과제를 설계할 때, 문항 내에 삽입되는 수행 지시어를 통해 학습자에게 무엇을, 어떤 수준에서, 어떻게 수행해야 하는지를 구체적으로 제시한다. 이는 평가의 공정성과 신뢰성을 확보함은 물론, 학습자 스스로 자신의 사고 수준을 메타인지적으로 조절할 기회를 제공한다(IBO, 2014; Marchesano & Overhoff, 2015).

동일한 과학 개념을 다루더라도, 기술하라(describe), 정당화하라(justify), 분석하라(analyze)와 같은 지시어의 차이는 응답의 형태, 사고의 깊이, 평가 기준의 기대치에 명확한 차이를 만든다. 따라서 수행 지시어는 단순한 표현 선택이 아니라, 사고 수준과 학습 목표의 조율 도구라 할 수 있다(Anderson & Krathwohl, 2001; IBO, 2023).

〈수행 지시어: 사고를 설계하는 언어〉

전통적으로 수행 지시어는 답안을 요구하는 지시어로, "학생이 과제를 충실히 수행했는지"를 판정하는 기준이었지만 IB에서는 수행 지시어를 교수 · 학습 전반에 통합하여 학생의 사고 수준을 구조화하는 데 활용한다(IBO, 2018a). 즉, 수행 지시어는 학생의 사고를 설계하고 확장하는 교육적 언어로 기능한다. 이는 IB가 강조하는 탐구(inquiry), 성찰(reflection), 행동(action)의 순환과 맞닿아 있으며, 결국 학습자 주도성을 키우는 핵심 장치로 작동한다(IBO, 2018a).

IB 평가에서 사용하는 수행 지시어의 정렬과 계열화는 단순한 평가 기법을 넘어, IB 교육의 평가 철학은 물론 교수학습 설계 전반에까지 다음과 같은 교육적 함의를 제공한다.

첫째, 수행 지시어는 사고 수준에 따른 과제 설계의 도구로 기능한다. 교사는 수행 지시어를 활용하여 학습자의 인지 발달 수준에 맞는 질문과 평가 과제를 설계할 수 있다. 예컨대 수업의 도입부에서는 개요를 제시하라(outline), 서술하라(describe)와 같은 이해 중심의 지시어로 개념적 토대를 형성하고, 심화 단계에서는 분석하라(Analyze), 정당화하라(Justify)와 같은 고차사고 지시어를 활용하여 개념 간의 관계 분석과 비판적 평가를 유도할 수 있다. 이러한 계열화는 사고 확장을 구조화하는 데 효과적이다(IBO, 2014; 2018a).

둘째, 수행 지시어는 단순한 평가 도구를 넘어서 사고 확장의 촉매로 작용한다. 학습자가 과제 지시문에 제시된 용어를 분석하고, 해당 사고 수준에 적합한 응답을 구성하는 과정은 자신의 사고를 성찰하고 조절하는 메타인지적 활동으로 이어진다. 이는 IB 교육이 지향하는 자기 주도적 학습자(learner agency)라는 핵심역량과 연결된다(IBO, 2018a; OECD, 2019).

셋째, 수행 지시어는 교수학습과 평가를 연결하는 언어적 매개체이다. 교사는 수업 목표, 탐구 활동, 평가 과제를 하나의 사고 흐름 안에서 통합적으로 조직할 수 있으며, 이는 학습자의 경험을 보다 일관성 있고 의미 있는 학습 경로로 형성하게 한다. 평가에서 사용되는 용어가 수업의 목표 언어와 일치할 때, 학습자는 자신의 학습 여정과 평가 기준을 명확히 이해하고 이에 능동적으로 참여할 수 있다(IBO,

2014).

넷째, 수행 지시어는 IB 학습자 프로필 구현을 위한 교수 언어이다. 설계하라(design), 공식화하라(formulate) 등의 지시어는 학생이 자신의 질문을 생성하고, 실험을 설계하며, 새로운 해결책을 고안하는 학습자 중심 탐구 활동의 중심 언어로 사용된다. 이는 성찰적 사고와 주도적 탐구 등 IB 학습자 프로필의 특성을 기르도록 유도하며, 단순한 문제해결 능력을 넘어 개념적 사고와 윤리적 성찰의 통합을 지향한다(IBO, 2017; 2018a).

요컨대 수행 지시어는 IB 평가의 기술적 언어를 넘어, 사고를 설계하고 개념기반 학습을 촉진하는 교육적 언어이다. 이는 단순히 시험 문항의 작문 규칙이 아니라, IB 교육 전반－교수, 학습, 평가－의 일관성과 정합성을 유지하기 위한 핵심 기반이라 할 수 있다.

만일 학교 현장에서 이러한 지시어들이 혼용되거나 애매하게 사용된다면, 학습자에게 요구되는 수행 기대치가 왜곡되어 평가의 공정성과 교육 효과 모두가 손상될 수 있다. 따라서 교사 연수, 수업 설계, 평가 개발의 모든 과정에서 수행 지시어에 대한 명확한 이해와 일관된 사용은 필수적이다(Anderson & Krathwohl, 2001; IBO, 2014). 결국 수행 지시어는 단순한 과제 지시가 아니라, 학습자의 과학적 사고 발달 경로를 안내하고 고차 사고를 계열화하는 도구이다. 이를 통해 교사는 평가 설계의 신뢰성과 정당성을 확보하고, 학생은 자신의 사고 수준을 인지하며 성장의 방향을 주도할 수 있다(IBO, 2018a).

1-1. 지식이론(TOK)의 평가 구조

IB 디플로마 프로그램(DP)의 핵심 과목 중 하나인 지식이론(Theory of Knowledge, 이하 TOK)은 학습자가 지식의 본질과 그것이 어떻게 구성되고 정당화되는지를 탐구하도록 유도하는 독특한 평가 체계를 갖고 있다(IBO, 2022). TOK는 단순한 교과목이 아니라, 모든 교과 전반에 걸쳐 사고의 틀을 제공하는 '철학적 중심축'으로 기능하며, 평가 또한 이러한 철학적 성격을 반영한다(IBO, 2025).

TOK 평가에는 두 가지 공식 과제가 있다. 첫 번째 과제는 '지식이론 에세이(TOK Essay)'로, 학생은 IB가 제시한 여섯 개의 핵심 지식 질문 중 하나를 선택해 약 1,600 단어 분량의 논증적 글쓰기를 수행한다(IBO, 2022). 이때 학습자는 명확한 핵심 질문(Knowledge Question, KQ)을 중심으로, 적절한 예시를 선택하고, 논거와 반론을 교차시키며, 개념의 정확성과 논리의 일관성을 갖추어야 한다. 평가 기준은 네 가지 영역(A-D)으로 구성되며, 각각 '지식 문제의 탐구', '관련성과 깊이', '논리적 구조', '언어의 명료성'을 포함한다(IBO, 2025).

두 번째 과제는 2022년부터 정식 평가 항목으로 도입된 'TOK 전시(Exhibition)'이다. 이 과제는 학생이 실생활 사물(Real-life object) 세 가지를 선택해 하나의 핵심 지식 질문을 중심으로 글을 작성하고, 이를 시각적으로 전시하는 활동이다(IBO, 2022). TOK 전시는 지식이 어떻게 맥락에 따라 다르게 해석되고 적용되는지를 드러내며, 학생의 개별적 사고와 일상적 삶의 연결을 평가하는 데 중점을 둔다(IBO, 2025).

TOK에서는 '지식 영역(Areas of Knowledge, AOK)'과 '인식의 방식(Ways of Knowing, WOK)'의 통합적 사고를 요구한다(IBO, 2022). 예컨대 역사와 자연과학이라는 서로 다른 AOK에서 지식이 어떻게 구성되는지를 비교하면서, 감정, 언어, 직관, 이성 등의 WOK가 각각 어떤 역할을 하는지를 분석해야 한다. 이 과정은 단순한 정보 제시가 아니라, 상반된 입장 사이에서의 비판적 균형과 메타적 성찰을 요구한다(IBO, 2022).

특히 TOK 에세이는 논거-반론-재반론의 글쓰기 구조의 설계를 중시한다. 이를 통해 학습자는 하나의 입장을 절대화하기보다는, 다양한 관점 간의 긴장을 드러내며, 그 사이에서 자신의 위치를 철학적으로 구성해 낸다. 이때 중요한 것은 단지 정답을 제시하는 것이 아니라, 지식에 대해 '생각할 수 있는 능력'과 '다르게 사유할 수 있는 여지'를 글쓰기 속에 구조화하는 것이다. 요컨대 TOK 평가는 학습자가 단지 아는 것 이상의 능력, 즉 '앎에 대한 앎(knowledge about knowledge)'을 탐구하고 반성할 수 있도록 설계되어 있으며, 이는 평가가 곧 인식론적 실천이자 철학적 훈련임을 보여준다(IBO, 2022).

〈변증법적 글쓰기의 구조와 사고 수준〉

IB 서 · 논술형 평가, 특히 TOK 시험에서 요구되는 변증법적 글쓰기는 '정반합'의 변증법적 구조를 따르는 글쓰기이다(IBO, 2022). 이 구조는 논의된 주제에 대해 다양한 관점(정과 반)을 제시하고, 그 양측을 통합하여 새로운 결론을 도출하는 방식이다. TOK에서는 이 과정에서 지식의 한계와 주관적 관점의 영향을 강조한다(IBO, 2025).

변증법적 글쓰기는 세 단계로 구성되며, 그 출발점은 명확한 주장(Thesis)의 제시이다. 이는 단순한 의견 표현이 아니라, 특정한 논제에 대한 분석적 관점과 근거를 포함해야 한다. 예를 들어, "기후변화는 인간 활동에 의해 주로 야기된다"라는 명제는 자연과학의 관찰과 데이터를 기반으로 한 주장이다. 글쓰기 초기 단계에서 학습자는 이와 같은 논제를 명확히 설정하고, 이를 뒷받침하는 과학적 증거들을 논리적으로 제시해야 한다.

주장 (Thesis)	• 기후변화는 인간 활동에 의해 주로 야기된다. • 산업화 이후 대기 중 이산화탄소 농도의 급격한 증가와 지구 평균 온도의 상승 간의 상관관계는 이 주장을 지지한다(IPCC, 2023).

이 단계에서 요구되는 사고 수준은 분석적 사고(analytical thinking)이다. 학생은 단순한 사실 제시를 넘어, 복잡한 과학적 인과관계를 이해하고 서술해야 한다. 논제를 통해 제기된 문제의 과학적 맥락, 예를 들어 대기역학, 해양 순환, 피드백 메커니즘 등에 대한 지식 통합도 포함된다.

두 번째 단계는 반대 관점(Antithesis)에 대한 인정과 비판이다. 변증법적 글쓰기는 하나의 시각에 머무르지 않고, 대립되는 입장을 의도적으로 조명함으로써 논의의 깊이를 확장한다. 이는 사고의 복잡성을 반영하고, 주장의 타당성을 강화하는 중요한 전략이다. 이때 중요한 것은 단순한 반론 제시를 넘어, 반대 주장에 담긴 근거와 논리를 비판적으로 분석함으로써, 논의를 더욱 정교하게 전개하는 데 있다.

반대 관점 (Antithesis)	• 일부 과학자나 정치적 입장에서는 "기후변화는 주기적인 자연 현상이며 인간의 영향은 미미하다"라고 주장한다. 이때 학습자는 이러한 관점을 단순히 부정하기보다는, 그 주장에 내재된 과학적 근거(예: 태양 흑점 활동, 자연적인 기후 주기 등)를 인정하면서도, 최신 연구에서 제시된 통계 모델이나 장기 관측 데이터를 통해 그 한계를 비판적으로 평가해야 한다(IPCC, 2023).

이 단계에서 요구되는 사고 수준은 비판적 사고(critical thinking)이다. 학습자는 서로 다른 설명 체계 사이에서 근거의 타당성을 비교·분석하고, 과학적 반증 가능성이나 검증 가능성을 기준으로 평가하는 능력을 발휘해야 한다.

세 번째 단계는 통합적 해석과 성찰적 결론(Synthesis)을 도출하는 것이다. 변증법적 글쓰기의 핵심은 단지 양극단의 입장을 병렬적으로 제시하는 것이 아니라, 이들 간의 긴장을 종합하여 보다 높은 수준의 통합적 통찰로 나아가는 것이다. 예컨대, "기후변화는 인간과 자연 요인의 상호작용 결과이다"라는 주장은 양측 입장을 단순히 절충하는 것이 아니라, 그 복합적 관계를 정교하게 이해하려는 시도를 보여준다. 이러한 종합적 해석은 양비론적 중립이 아니라, 다양한 원인 간의 상호작용, 비선형적 영향, 그리고 과학적 예측의 한계 등을 반영하는 시스템적 사고(systemic thinking)의 표현이다.

결론 (Synthesis)	• 기후변화는 인간과 자연 요인의 상호작용 결과이다. • 인간의 화석연료 사용이 해양의 탄소 흡수 능력을 변화시키고, 그 변화가 다시 대기 중 온실가스 농도에 피드백을 일으킨다는 복합적 메커니즘은 이러한 종합적 해석의 예이다(Rockstrom et al., 2009).

이 단계는 또한 성찰적 사고(reflective thinking)를 요구한다. 학습자는 과학적 지식을 단순히 나열하는 것이 아니라, 자신이 배운 지식이 어떻게 서로 연결되고, 어떤 의미를 가지며, 그것이 사회적 행동이나 정책 결정에 어떤 영향을 줄 수 있는지를 비판적으로 고찰해야 한다.

다음은 실제 출제된 TOK 에세이 주제에 대한 변증법적 글쓰기 구조를 예시한 것이다. 이는 학생의 답안 작성 과정을 예시한 것으로, 지식 주장(knowledge claim)에 대한 정-반-합의 변증법적 구조를 두 차례 반복하며, 지식에 대한 이해를 점진적으로 확장해 나가는 방식을 보여준다. 이러한 구조를 통해 학생은 단일한 입장에 머무르지 않고, 다양한 관점과 지식 영역(AOKs)을 교차하면서 비판적 사고와 메타인지적 성찰을 심화해 나가도록 요청된다(IBO, 2020).

〈ToK 문항과 변증법적 글쓰기 예시〉

2019년 ToK 문항 예시	"현재의 지식은 완전히 과거의 지식에 의존한다." 이 주장을 두 가지 지식 영역을 참조하여 논의하시오(IBO, 2019c).
서론	"현재의 지식은 과거의 지식에 완전히 의존한다"라는 주장은 지식의 발전이 과거의 발견에 기반한다는 주장이다. 이 논의는 과학과 역사 두 분야에서 탐구할 수 있다.
Body 1 (주장 1: 과학에서 과거 지식 의존성)	과학에서는 현재의 지식이 과거의 연구와 발견에 의존하는 것이 분명하다. 예를 들어, 뉴턴의 운동법칙은 현대 물리학의 기초를 마련했고, 상대성이론과 양자역학은 이들 법칙을 바탕으로 발전했다. 이는 과거의 지식이 없으면 현재의 과학적 발전이 불가능함을 시사한다.
Body 2 (반론 1: 과거 지식의 한계)	역사학에서 과거의 지식은 시대마다 다르게 해석되며, 새로운 해석은 과거의 이해를 넘어설 수 있다. 과거의 문헌과 기록에 의존하지만, 시대적 변화와 관점에 따라 해석이 달라지므로, 과거 지식은 때로 한계를 초래할 수 있다.
Body 3 (주장 2: 과거 지식의 기초적 역할)	그럼에도 불구하고, 대부분의 지식 발전은 과거의 기초 위에서 이루어진다. 역사학에서, 고대 그리스의 정치사상은 현대 민주주의의 기초를 이루며, 과거의 역사적 문헌은 현대 역사 이해를 돕는다. 과거 지식은 현대 지식의 발전과 이해에 필수적인 기초를 제공한다.
Body 4 (합: 통합적 결론)	과거의 지식은 현재 지식의 기초가 되며, 과학과 역사 모두 과거를 바탕으로 발전한다. 그러나 새로운 발견은 기존의 한계를 넘어서기도 한다. 현재의 지식 발전에 필수적인 기초가 되지만, 그것만으로는 모든 문제를 해결할 수는 없다.

Body 5 (적용)	기술 발전은 과거 지식에 의존하지만, 새로운 혁신을 위해 과거의 한계를 넘는 창의적인 접근이 필요하다. 디지털 기술은 전자공학과 컴퓨터 과학을 바탕으로 발전했지만, 그 진보는 기존 이론을 넘어서는 혁신적인 아이디어를 요구하며, 과거 지식을 바탕으로 새로운 해결책을 찾는 과정을 거친다.

TOK 시험에서 요구되는 변증법적 글쓰기 구조는, 학생이 주어진 지식 질문(knowledge question)에 대해 깊이 있는 사고를 수행하고, 다양한 관점을 탐색한 뒤 이를 종합하여 통합적인 결론에 도달하는 과정을 강조한다(IBO, 2022). 이 글쓰기 방식은 단순한 찬반 구도를 넘어서 지식의 복잡성과 다면성을 인식하고, 상충하는 관점들 사이의 긴장을 조율하며, 보다 정교하고 통합적인 이해를 구축하려는 인식적 사고 과정을 구현한다(IBO, 2025). 즉, TOK의 글쓰기는 다양한 시각을 변증법적으로 탐색하고 종합함으로써, 단일한 정답이 존재하지 않는 지식의 세계 속에서 철학적이고 반성적인 결론에 이르려는 시도를 담고 있다(IBO, 2020).

이 과정에서 학습자는 지식의 상대성, 불확실성, 맥락 의존성을 탐구하며, "우리가 무엇을, 어떻게, 왜 알게 되는가?"에 대한 메타인지적 성찰을 수행하게 된다. 예컨대, "내가 왜 이러한 주장을 선택했는가?", "나는 어떤 개념적 전제에 따라 판단을 내렸는가?", "이 논증 과정에서 간과했거나 당연시한 요소는 무엇인가?"와 같은 질문을 스스로에게 던지며 자신의 인지적 · 논리적 과정에 대해 비판적으로 조망한다(Kuhn, 2010).

예를 들어, 기후변화에 대한 논의를 통해 학습자는 "나는 과학적 합의의 중요성을 강조했지만, 과학도 사회적 · 정치적 맥락에서 구성되는 과정임을 간과하지 않았는가?", "데이터 해석에 있어 내 이론적 관점이 결과 해석에 어떤 영향을 미쳤는가?" 등과 같은 질문을 통해 자신의 사고 틀을 재검토하게 된다. 이러한 접근은 과학 지식의 본성(Nature of Science)에 대한 더 깊은 이해로 이어지며, 과학을 고정된 진리가 아니라 구성적이고 맥락화된 탐구 과정으로 인식하게 한다(Lederman, 2007). 이와 같은 글쓰기 방식은 단순히 정답을 도출하는 사고를 넘어, 지식 구성 과정 자체에 대한 비판적 이해와 성찰로 확장되며, 이는 고차 사고 능력의 핵심이자 IB가 강조하는 핵심 평가 기준 가운데 하나이다(IBO, 2018a).

〈존재와 무(無)의 변증법적 과정〉

- TOK 글쓰기에서 중심이 되는 변증법적 탐구 구조는 단순히 찬성과 반대의 입장을 나열하는 것이 아니라, 서로 충돌하는 입장 사이에서 비판적 성찰을 통해 더 깊은 이해로 나아가는 과정이다. 이 과정의 핵심 개념은 헤겔의 지양(aufheben)이다. 지양은 "부정하면서도 긍정하고, 폐기하면서도 보존하며, 제거하면서도 고양한다"라는 역설적 정의로 설명된다. 헤겔의 변증법적 지양은 이해를 심화하는 과정으로, 각 단계는 이전 단계를 넘어 더 높은 수준으로 발전한다.
- 지양은 절충이나 타협이 아니라, 대립하는 두 입장 사이에서 불필요한 것은 버리고 취할 것은 보존하여 더 넓은 차원으로 나아가는 과정이다. 이 과정은 때때로 오르락내리락하거나 우회로를 거쳐, 결국 성찰과 통합으로 나아간다. 따라서 지양은 직선적 발전이 아니라, 불완전성, 불확실성, 그리고 타자의 도전을 품고 성찰을 통해 통합되는 과정이다. 이 과정에서 진정한 앎과 성찰은 계속해서 열린 질문과 탐구를 요구하며, 더욱 심화된 지식으로 나아간다.

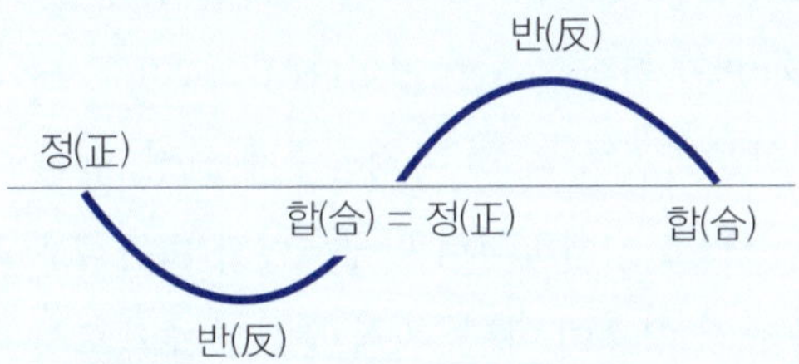

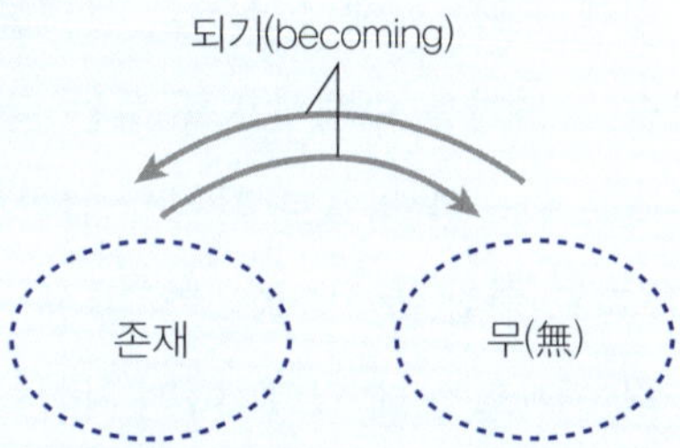

출처: Maybee(2016)

- 변증법은 대립하는 두 개념(예: Being과 Nothing) 사이에서 되기(Becoming)를 통해 새로운 상태로 나아가는 과정으로 볼 수 있다. Being(존재)과 Nothing(무)은 서로 대립적인 개념이다. 되기(Becoming)는 대립하는 두 개념이 충돌하고 통합되면서 더 높은 차원으로 나아가는 지양적 과정을 상징한다.
- '되기'의 과정에서 존재와 무(無)는 단순히 부정되거나 파괴되는 것이 아니라, 각자의 고유한 특성을 지키면서 지양(aufheben)을 통해 고양된 상태로 나아간다. 이 과정에서 존재와 무는 새로운 의미를 창출하며, 이전의 한계를 넘어서 보다 깊고 넓은 차원으로 변화한다. '되기'는 단순히 대립을 해결하는 것이 아니라, 대립 속에서 내재된 가능성과 잠재력을 이끌어내어 새로운 상태로 발전하는 것이다.

요컨대 TOK 글쓰기에서 변증법적 구조를 활용한다는 것은, 정-반-합을 단순히 반복하는 것이 아니라, 지식 주장을 출발점으로 삼아 타자의 도전과 삶의 사건을 반영하며, 그 과정에서 선택과 통찰, 보존과 해체를 반복하면서 지속적으로 갱신되는 사고의 궤적을 형성하는 것이다. 이러한 사고의 구조는 단일한 결론으로 귀결되지 않으며, 여전히 남아 있는 의문과 열린 물음 속에서 더 나은 이해로 나아가려는 실천적 사유를 요구한다(IBO, 2020; Kuhn, 2010).

1-2. 확장 에세이(EE) 평가 철학과 절차

IB DP 프로그램의 핵심 구성요소 중 하나인 확장 에세이(EE)의 특징을 살펴보면 다음과 같다.

첫째, EE는 학생이 스스로 선택한 주제를 바탕으로 약 4,000자 분량의 독립적인 학술 글쓰기를 수행하도록 하는 탐구기반의 학술적 글쓰기이다(IBO, 2016). EE의 본질은 단순한 리포트 작성을 넘어선, 학문적 탐구의 전 과정—주제 선정, 질문 수립, 자료 수집, 분석, 글쓰기, 반성—을 스스로 수행하면서 탐구역량과 비판적 사고능력을 기르는 데 있다. 이는 지식의 수동적 수용이 아닌, 지식 생산의 주체로서 학습자의 위치를 강조한다(Burnard & Younie, 2017; IBO, 2019a). EE는 고등교육 수준의 학문적 문해력을 조기에 경험하게 하는 도구로 기능한다. 학생은 문헌을 탐색하고, 논거 기반의 주장을 구성하며, 주제에 대한 독립적인 시각을 드러내야 한다. 이러한 과정은 국제적으로 통용되는 학술 글쓰기의 표준을 내면화하고, 학문 공동체의 일원으로 성장하는 기초를 다지는 계기가 된다(Heyworth, 2020).

둘째, 성공적인 EE 작성을 위해서는 학습자의 관심사와 IB 과목 영역 내의 학문적 맥락이 만나는 지점을 찾아내는 것이 중요하다. 주제는 충분히 구체적이면서도, 단순한 사실 확인이 아닌 분석과 비판적 평가를 가능하게 하는 질문이어야 한다. 즉, EE에서의 연구 질문은 기술적 질문(descriptive question)이 아니라, 분석적이고 평가적인 질문(evaluative question)이어야 한다(Van de Ven, 2007). 연구 질문을 설정할 때는 주제가 명확하고 범위가 구체적이며(Focused), 신뢰할 수 있는 자료를 바탕으로 탐구 가능하고(Researchable), 비판적 사고와 깊은 분석을 요구하며(Challenging), 학문적 정합성(Academic)을 갖추어야 하고, 지도교사는 학생이 연구 질문을 학문적 맥락 안에서 정교화하도록 도와주되, 질문의 답을 직접 제시하지 않아야 한다(IBO, 2019a).

셋째, EE는 국제 학술 글쓰기의 형식을 따르며, 일반적으로 서론, 본론, 결론 그리고 참고문헌으로 구성한다. 서론(Introduction)에서는 연구 질문의 맥락과 중요성을 제시하고, 논의의 방향과 방법론적 접근을 소개한다. 본론(Body)은 증거 기반의 분석과 주장의 전개가 이루어지는 중심 부분으로, 자료의 비교, 평가, 반론에 대한 응답 등 비판적 탐구가 집중된다. 결론(Conclusion)에서는 연구 질문에 대한 응답을 종합하고, 탐구의 한계 및 후속 연구 가능성을 언급한다. 참고문헌(References)에는 인용한 모든 자료를 학문적 형식에 맞추어 APA 또는 MLA 등 정해진 방식으로 명시한다. 이러한 구성은 학생이 글쓰기의 체계성과 학문적 정직성을 학습하는 중요한 틀로 작용한다(Harwood et al., 2012).

넷째, EE의 평가는 총 34점 만점으로 구성되며, 평가 기준은 다음과 같은 핵심 요소들을 포함한다(IBO, 2023).

- 집중도(Focus and Method): 연구 질문이 명확하며, 탐구가 질문에 집중되어 있는가.
- 지식과 이해(Knowledge and Understanding): 주제와 관련된 개념, 이론, 배경지식의 깊이.
- 비판적 사고(Critical Thinking): 자료의 분석, 평가, 해석 능력.
- 제시 방식(Presentation): 글의 구성과 참고문헌 형식의 정확성.
- 참여 및 학문적 정직성(Engagement and Reflection): 연구 일지를 통한 성찰과 과정을 통한 성장.

출처: IBO(2023)

각 기준은 세부 지표를 통해 구체적으로 채점되며, 고등 수준의 비판적 사고와 학문적 표현 능력이 높게 평가된다(IBO, 2023).

끝으로, 지도교사는 EE 작성 과정에서 핵심적인 동반자이자 촉진자 역할을 수행한다. 단, 교사는 학생의 자율성을 침해하지 않고, 질문 중심의 안내를 통해 사고를 유도해야 하며, 다음과 같은 원칙을 따라야 한다(IBO, 2023).

- 형성적 피드백 중심: 초안 작성 전, 과정 중, 최종 제출 전 세 차례의 공식적인 피드백 기회를 제공한다.
- 내용 개입 자제: 연구 내용에 대한 직접적인 개입은 제한되며, 메타인지적 질문을 통해 학생의 사고를 확장해야 한다.
- RPPF(Reflection on Planning and Progress Form) 지도: 성찰 문항에 대해 학생이 자신의 탐구 여정을 되돌아볼 수 있도록 돕는다.

출처: IBO(2023)

지도교사의 역할은 평가자가 아니라 '지식 생산의 촉진자'로서, 학생이 독립적으로 연구를 수행할 수 있도록 돕는 것이다(Harlen, 2013).

2. IB 논술형 시험과 지식기반 논증적 글쓰기

IB 논술형 평가는 단순한 작문 능력이나 어휘력만을 평가하지 않는다. 특히 DP 과정의 언어와 문학(Language A), 역사(History), 철학(Philosophy) 등의 과목에서는, 지식기반의 논증 능력이 핵심적으로 요구된다(IBO, 2025). 이러한 평가는 학생의 사고력, 개념적 정밀성, 주제 분석 능력, 논리적 구성력 등 고차적 인지능력을 심층적으로 측정한다(IBO, 2018a; 2025). 지식기반 논증적 글쓰기를 특징으로 하는 IB 논술형 시험의 구조와 특징을 살펴보면 다음과 같다.

첫째, IB의 논술형 평가(Paper)는 일반적으로 제한된 시간 내에 하나 이상의 질문에 대해 응답하는 형식을 갖는다. 예컨대 DP 언어와 문학(Language A)에서는 문학 작품의 주제를 바탕으로 해석과 평가를 요구하며, 역사(History)에서는 특정 사건에 대한 원인과 결과를 분석하거나 여러 관점을 비교하는 글쓰기를 요구한다. 철학(Philosophy) 과목에서는 인식론, 윤리학, 형이상학 등의 핵심 개념에 대한 비판적 사유와 논변 구성을 요구한다(IBO, 2016; 2025). 이러한 논술은 단순한 서술형 서답과 다르다. 학생은 질문 속의 개념적 핵심어를 정확히 분석하고, 자신의 논지를 명확히 설정한 뒤, 근거와 예시를 바탕으로, 논리적으로 자신의 주장을 전개해야 한다. 이는 '논제에 대한 철학적 독해－개념적 정의－비판적 비교－사례 분석－결론 도출'이라는 고도로 구조화된 과정을 포함한다(IBO, 2020).

둘째, 지식기반 논증적 글쓰기는 단순한 의견 개진과는 본질적으로 구별된다. 후자는 개인적 감상이나 경험 중심인 반면, 전자는 개념 정의와 근거 기반의 논리를 포함한다. 논술형 평가(Paper)를 포함하는 과목들의 루브릭과 공식 가이드에 기초하여, 지식기반 논증적 글쓰기에서 요구하는 핵심 요소를 도출하면 주제 분석, 주장 전개, 개념 정의, 그리고 사례 적용의 네 가지이다(IBO, 2018a, 2023).

주제 분석은 논술형 평가 질문의 의미를 이해하는 차원을 넘어, 질문이 포함한 개념적 논점과 철학적 전제를 파악하는 과정이다. 예컨대 "과학 지식은 이론보다는 관찰에 얼마나 의존하는가?"라는 질문은 '과학 지식', '관찰', '이론'이라는 핵심 개념들 간의 관계를 중심으로 구성되며, 과학이 경험적 데이터에 의해 주도되는지, 아니면 이론적 구성물에 의해 형성되는지에 대한 인식론적 문제를 내포한다(IBO, 2020; Kuhn, 2010). 또한 이 질문은 과학 지식이 객관적 사실의 축적에 의한 것인지, 아니면 해석과 전제가 개입된 구성물인지를 묻는 철학적 전제를 동반한다. 따라서 학생은 해당 질문이 제기하는 과학적 방법론의 구조, 즉 관찰과 이론의 상호작용 방식과 그에 대한 다양한 철학적 관점을 해체하고 분석할 수 있어야 한다(Tokuhama-Espinosa, 2014).

주장 전개에서 주장은 단순한 입장 진술이 아니라, 질문에 대한 개념적 입장을 담은 명료하고 일관된 논제(thesis)를 의미한다. 이는 글 전체의 방향성을 결정하며, 이후 모든 근거와 예시는 이 주장과 유기적으로 연결되어야 한다. 효과적인 주장은 흔히 조건부 주장(qualified claim)의 형태를 띠며, '일반적으로는 A이지만, 특정 맥락에서는 B일 수 있다'라는 식의 복합적 사유를 반영한다(Perkins, 1993).

개념 정의와 분석은 IB 논술의 가장 중요한 차별점 중 하나다(IBO, 2023). 개념은 단지 암기하여 나열하는 것이 아니라, 명확하게 정의하고 논의 맥락에 맞게 일관되게 활용해야 한다. 예컨대 '정의(justice)'라는 개념을 논의할 경우, 일상적 의미를 넘어 롤스(J. Rawls)의 정의론이나 아리스토텔레스의 정의관 등 철학적 담론 속에서 위치 지어야 한다(Rawls, 1971). 한편, 과학논술에서는 핵심 개념을 이론적 배경, 역사적 맥락, 그리고 철학적 함의를 포함하는 방식으로 심화할 필요가 있다. 예를 들어, '이론(theory)' 개념을 논의할 경우, 가설보다 강한 주장이라는 통념을 넘어서, 과학 철학에서의 설명력, 예측 가능성, 반증 가능성 등의 기준을 바탕으로 해석하여야 한다. 뉴턴 역학, 진화론, 양자역학과 같은 사례는 이론이 단순한 관찰의 종합이 아니라 개념적 구조와 수학적 정교화를 포함하는 체계적 틀임을 보여줄 수 있어야 한다(Popper, 1959).

마찬가지로 '관찰(observation)'이라는 개념도 자명하거나 중립적인 행위가 아니다. 관찰은 종종 이론에 의해 영향을 받으며, 관찰의 이론의존성(theory-ladenness of observation)이라는 철학적 논점을 포함한다. 이러한 관점은 학생들이 과학 개념을 단순히 기술적으로 사용하는 것이 아니라, 그 개념의 철학적 전제와 인식론적 지위까지 고려하는 방식으로 글을 구성해야 함을 의미한다(Chalmers, 2013). 결국, 개념 정의와 분석은 단지 개념을 '사용'하는 것을 넘어, 개념을 통해 사고하고, 개념 간의 관계를 명료하게 구조화하는 과정이다. 이러한 개념적 정밀성은 IB DP 논술 평가에서 핵심 평가기준으로 작용한다(IBO, 2025).

또한, 논증은 추상적 개념만으로는 충분한 설득력을 갖기 어렵기 때문에, 사례 적용이 필수적이다. 주장과 개념의 타당성을 강화하기 위해서는 구체적인 과학 실험 결과, 이론의 발전 사례, 과학사적 논쟁, 혹은 과학철학적 인용 등을 활용하여 논지를 구체화하고 정당화해야 한다. 그러나 사례는 단순한 나열로 끝나서는 안 되며, 반드시 주장과 개념적 분석에 논리적으로 연결되어야 하며, 글의 중심 논증을 지지하는 역할을 수행해야 한다. 이러한 기능적 연결이 이루어질 때, 사례는 단순한 예시를 넘어 논증의 정밀성과 설득력을 실질적으로 강화하는 핵심 요소가 된다

(Graff & Birkenstein, 2014).

셋째, IB의 논술형 평가는 과목별로 세부 루브릭은 다르지만, 전반적으로 공통된 세 가지 핵심 요소가 고득점의 기준이 된다. 먼저, 논리적 일관성(Logical Coherence)으로, 주장의 전개가 조리 있고 일관되며, 각 문단과 근거들이 서로 유기적으로 연결되어야 한다. 이러한 구조적 통일성은 독자가 논지를 자연스럽게 따라갈 수 있도록 한다. 또한, 글의 표현은 명료성(Clarity)을 갖추어야 한다. 문장 구성, 단어 선택, 논점 전개의 방식이 명확하고 간결할 때, 글의 설득력과 전달력이 높아진다. 마지막으로, 개념적 정밀성(Conceptual Precision)이 요구된다. 사용한 개념을 맥락에 맞게 정확히 정의하고 일관되게 활용하며, 철학적 · 학문적 깊이를 갖춘 분석을 수반해야 한다(IBO, 2013b; 2025).

이처럼 IB의 논술형 평가는 단지 문장력이나 표현력에 국한되지 않고, 비판적 사고력, 추상적 개념 처리 능력, 그리고 지식 간 통합적 이해를 아우르는 고차적 사고능력을 종합적으로 측정한다. 결국, 논술형 평가는 탐구기반 교육이 추구하는 학습자의 사고 구조를 총체적으로 드러내는 대표적 평가 장치라 할 수 있다.

2-1. 논거 중심 글쓰기: IB의 글쓰기 교육 전략

IB의 논거가 있는 글쓰기 전략의 특징을 살펴보면 다음과 같다.

첫째, '주장-논거-예시-검토-반론'의 단계적 구조를 적용한다. IB 교육은 단순한 사실 전달이 아니라, 비판적 사고와 개념기반 이해를 바탕으로 한 논거 중심 글쓰기를 강조한다(IBO, 2018a; 2025). 특히 DP의 확장 에세이(Extended Essay), 지식 이론(TOK) 에세이, 그리고 MYP의 기준중심 평가 과제(criteria-based assessment tasks)에서는 글쓰기에서 제시한 주장의 정당성, 논거의 타당성, 반론에 대한 인식 여부가 주요 평가 기준이 된다(IBO, 2015; 2025). 이 과정에서 학생은 의미 있는 주장을 명확히 제시하고, 그에 대한 합리적 근거를 제공하며, 구체적 사례를 통해 논지를 강화하고, 자기 비판적 검토와 반론 고려를 통해 사고의 깊이를 드러내는 구조적 글쓰기를 수행해야 한다.

예컨대 다음과 같은 과학 관련 글쓰기를 살펴보자.

- 주장: 인간의 활동이 기후변화의 주요 원인이다.
- 논거: 화석연료의 연소로 인해 다량의 이산화탄소가 대기 중으로 방출되며, 이는 지구 온난화를 가속화한다.
- 예시: NASA(2022)의 자료에 따르면, 20세기 후반 이후 대기 중 CO_2 농도는 약 300ppm에서 420ppm으로 급증하였고, 이와 병행하여 지구 평균 기온도 꾸준히 상승하였다.
- 검토: 물론, 태양 활동이나 해양 순환과 같은 자연적 기후 변동성 또한 온난화에 영향을 미칠 수 있다는 점은 고려할 필요가 있다.
- 반론: 그럼에도 불구하고, IPCC(2023)는 최근 수십 년간의 급격한 온도 상승은 주로 인간 활동에 기인한 것이라는 과학적 합의가 존재함을 명확히 밝히고 있다.

이와 같은 '주장-논거-예시-검토-반론'의 논리 구조는 학생들이 단순히 정보를 나열하는 수준을 넘어서, 자신의 주장을 논리적으로 조직하고, 구체적이고 신뢰할 수 있는 자료를 통해 설득력을 강화하며, 다양한 관점을 비판적으로 고려하는 역량을 기를 수 있도록 돕는다. 이러한 글쓰기 훈련은 IB가 지향하는 비판적 사고력과 지식의 책임 있는 활용이라는 핵심역량과도 밀접하게 연계된다(IBO, 2025).

둘째, 개념 정의와 활용을 중심으로 한 글쓰기 전략을 강조한다. IB의 모든 과목, 특히 MYP와 TOK는 '개념 중심 교육'을 핵심으로 삼는다(IBO, 2018a; 2020). 글쓰기 역시 단순한 정보 전달이 아니라, 핵심 개념을 중심으로 전개될 때 사고의 깊이와 논리적 일관성이 증진된다. 이는 학생이 단편적인 사실을 나열하는 데 그치지 않고, 개념을 통해 지식의 구조를 이해하고 새로운 상황에 적용할 수 있는 능력을 기르는 데 기여한다(Erickson et al., 2017).

예컨대, 과학 수업에서 증거(evidence)라는 개념을 중심으로 글을 쓸 경우, 학생은 먼저 해당 개념을 명확히 정의한 후, 실험 설계 및 결과 분석 과정에서 이 개념이 어떻게 기능하는지를 논리적으로 설명해야 한다.

- 개념 정의: 증거란 특정 가설이나 주장을 지지하거나 반박하는 데 사용되는 관찰, 데이터, 혹은 측정 결과를 의미한다.
- 개념 활용: 예컨대, 식물의 광합성 속도에 관한 실험에서 빛의 세기 변화에 따른 산소 방출량의 측정은 '빛의 세기가 증가하면 광합성 속도도 증가한다'는 주장을 뒷받침하는 과학적 증거로 기능한다.

이처럼 학생들이 글에서 개념을 정확히 정의하고, 이를 바탕으로 과학적 현상을 해석하거나 주장을 강화하는 방식으로 활용할 때, IB가 요구하는 깊이 있는 이해(deep understanding)와 의사소통 역량을 효과적으로 함양할 수 있다(Hattie & Donoghue, 2016; IBO, 2015).

셋째, 학생들의 논거 중심 글쓰기 역량을 향상하기 위해 교사는 프롬프트 분석, 글 구조 조직, 그리고 피드백 제공과 같은 세 가지 지도 전략을 체계적으로 적용할 필요가 있다. IB는 학습자들이 단순한 서술을 넘어, 개념과 주장 사이의 관계를 비판적으로 탐구하며 글을 구성하도록 요구한다(IBO, 2025). 이를 가능하게 하는 세 가지 교수 전략을 살펴보면 다음과 같다.

먼저, 프롬프트 분석은 학생이 글쓰기 과제에 담긴 질문의 의미, 전제, 그리고 개념적 초점을 해석하는 과정이다. 이 과정은 글의 방향과 개념 사용을 결정하는 출발점으로서 매우 중요하다. 예컨대, "과학은 절대적인 진리를 추구하는가?"라는 프롬프트는 단순한 찬반 논쟁을 넘어, 다음과 같은 복합적 사고를 요구한다.

- 핵심 개념: '진리(truth)'라는 개념의 정의와 적용
- 시각의 탐구: '절대성'과 '상대성'이라는 상반된 인식론적 관점
- 지식의 본성에 대한 이해: 과학 지식은 어떻게 형성되고, 어떤 조건에서 변화하며, 어느 수준까지 신뢰할 수 있는지를 비판적으로 성찰하는 능력

따라서 교사는 학생이 프롬프트를 피상적으로 해석하지 않도록 지도하며, 질문이 내포한 철학적·개념적 함의를 명확히 인식하게 해야 한다. 이는 글쓰기의 방향성뿐 아니라, 사용되는 개념의 깊이와 구조에도 직접적인 영향을 미친다.

또한, 글 구조 조직(structuring writing)은 전통적인 '서론-본론-결론'의 삼단 구성뿐만 아니라, 각 본론 단락이 '주장-논거-예시-검토-반론'의 내부 구조를 갖추도록 지도하는 것이다(Kuhn, 2010). 이처럼 다층적인 글 구조는 사고의 전개 과정과 설득 전략을 명확히 드러내며, 논증의 깊이를 더하는 데 기여한다. 이때, 시각적 도식, 논리 흐름 차트, 색깔 코딩 문단 구성 등의 도구는 학생이 자신의 주장을 시각적으로 분석하고 조직하는 연습을 가능하게 하며, 이는 자기 주도적 글쓰기 역량을 길러준다(IBO, 2018a; Kuhn, 2010).

끝으로, 피드백 제공에서는 학생의 초고를 바탕으로, 개념의 정확한 사용 여부, 논거의 타당성, 예시의 적절성을 중심으로 구체적이고 목적 지향적인 피드백을 제공해야 한다(IBO, 2018a). 이때 피드백은 단순한 오류 지적에 그치지 않고, 학생의 사고를 확장하고 재구성할 수 있도록 형성적 기능을 수행해야 한다. 예컨대 다음과 같은 피드백을 제공함으로써, 학생은 개념 간 구분을 보다 명확히 인식하고 자신의 주장을 정교화할 수 있다.

- "'이론'과 '법칙'을 혼동하고 있습니다. 뉴턴의 법칙은 반복된 실험을 통해 일반화된 자연현상의 규칙성을 설명하므로, '이론'이 아닌 '법칙'으로 분류됩니다."

이와 같은 피드백은 학생이 과학 개념의 구체적 맥락과 쓰임을 명확히 이해하게

하며, 글쓰기의 논리성과 신뢰성을 높이는 역할을 한다(Sadler, 2010).

IB 글쓰기의 핵심은 초고 이후의 과정인 편집, 반영, 최종본 작성에 있다. IB는 글쓰기를 단순히 결과물 산출이 아니라, 사고를 발전시키는 역동적 과정(writing as thinking)으로 간주하며, 이에 따라 학생은 '초고(draft) → 편집(revision) → 반영(reflection) → 최종본(final submission)'이라는 순환적 글쓰기 단계를 경험하게 된다(IBO, 2025). 과학 수업 사례로 살펴보면 다음과 같다.

- 초고: 학생은 플라스틱 분해 박테리아의 활용 가능성에 대한 탐구 에세이를 초안 형태로 작성한다.
- 편집: 교사와 동료의 피드백을 바탕으로, 논거의 과학적 타당성, 개념 정의의 명확성, 논리 흐름 등을 점검하고 수정한다.
- 반영: 피드백 내용을 분석하여 어떤 주장을 강화할지, 어떤 개념적 오류를 교정할지를 스스로 성찰함으로써 자신의 글쓰기에 대한 메타인지적 이해를 심화한다.
- 최종본: 수정된 글을 제출함과 동시에, 학습 일지나 반성적 글쓰기를 통해 자신의 사고와 글쓰기 과정을 되돌아본다.

이러한 단계화된 글쓰기 접근은 단지 결과물의 완성도를 높이는 것을 넘어, 학생이 자신의 사고를 언어화하고, 이를 논리적 구조 속에서 재구성하며, 글쓰기를 통해 지식이 구성되는 실제 과정을 체험하게 한다(IBO, 2025; Walvoord & McCarthy, 1990). 특히 과학적 개념과 방법론에 기반한 논거 중심 글쓰기는, 학습자가 단순히 과학을 배우는 것이 아니라 과학적으로 사고하는 존재로 성장하는 데 핵심적인 역할을 한다.

3. 평가와 피드백: 사고를 기르는 글쓰기 평가

IB 교육에서 평가와 피드백은 단순한 성취 판단을 넘어 사고를 확장하고 개념적 전이를 촉진하는 핵심 과정으로 이해된다. 특히 글쓰기 평가에 있어 IB는 몇 가지 중요한 특징을 갖는다.

첫째, 루브릭 기반 평가 기준 해석을 특징으로 한다. IB 교육에서 글쓰기는 단순한 작문 능력의 확인이 아니라, 학습자 사고의 깊이, 개념적 이해, 비판적 성찰을 드러내는 수단으로 간주된다. 따라서 평가 기준 또한 단순히 지식을 얼마나 정확히 전달했는지를 넘어서, 개념을 어떻게 이해하고 이를 자신의 사고 속에서 재구성했는지를 측정할 수 있도록 설계되어야 한다(Brookhart, 2013; IBO, 2025).

이러한 맥락에서 루브릭은 단순한 점수 배분의 도구가 아닌, 평가의 공정성과 명료성, 그리고 교육적 정당성을 확보하는 핵심 수단으로 기능한다. IB의 루브릭은 '평가 언어'로 간주되며, 이를 해석하고 활용하는 능력은 교사의 교육적 판단과 밀접하게 관련된다(Sadler, 2010). 예컨대, "제시된 주장의 타당성과 관련된 과학적 개념의 적절성"이라는 평가 기준이 있다면, 교사는 학생이 해당 개념을 단순히 정의했는지, 아니면 특정 과학 현상에 적용하여 실제 사례를 분석했는지를 중심으로 평가해야 한다. 즉, 학생이 과학 개념을 글쓰기에서 어떻게 '의미화'했는지가 핵심이다. 특히 과학 수업에서 "원인과 결과" 혹은 "시스템과 모델"과 같은 핵심 개념을 명확히 드러내는 글쓰기는 높은 평가를 받을 수 있다. 이때 루브릭은 단지 내용의 정확성만이 아니라, 개념 이해, 구조적 논리, 자료 선택의 정당성, 그리고 표현의 명료성 등을 종합적으로 고려해야 한다(Brookhart, 2013). 이처럼 루브릭은 학생의 글쓰기에 대한 단순한 채점 도구가 아니라, 사고 과정을 진단하고 지원하는 도구로 재해석할 필요가 있으며, 이는 평가를 학습의 일부로 통합하는 IB 평가 철학과 긴밀히 연결된다(IBO, 2018a).

둘째, 피드백은 개별 피드백과 총체적 피드백의 두 차원에서 이루어진다. 피드백은 학습을 촉진하는 가장 강력한 도구 중 하나로 간주되며, IB 교육에서는 피드백을 통한 자기 성찰과 자기 조절의 중요성을 강조한다(Hattie & Timperley, 2007). 특히 글쓰기 수업에서 피드백은 학생의 사고를 촉진하고 구조화하는 데 핵심 역할을 하며, 이른바 '사고하는 글쓰기(writing to think)'를 가능하게 만든다(IBO, 2018a).

개별 피드백(individual feedback)은 학생이 사용한 특정 표현이나 개념 선택에 대해 구체적이고 직접적인 조언을 제공함으로써, 다음 글쓰기에서의 개선을 유도한다. 예를 들어, 한 학생이 "세포 호흡 과정에서 산소가 중요한 역할을 한다"라고 서술했을 경우, 교사는 "왜 산소가 핵심인지에 대한 논리적 연결과 구체적 증거 제시가 필요하다"라는 피드백을 제공할 수 있다. 이러한 방식은 학생의 개념 이해를 심화하고, 사고의 정교화를 촉진한다(Hattie & Timperley, 2007).

반면에, 총체적 피드백(holistic feedback)은 글의 전반적인 구조, 논지의 일관성, 그리고 개념 간 연계성 등 글쓰기의 상위 수준 요소에 초점을 둔다(Hattie & Timperley, 2007). 이는 학생이 자신의 글을 보다 추상적이고 통합적인 수준에서 재구성하도록 유도하며, 특히 고등 수준의 과학 개념을 논증하거나 모델링할 때 효과적인 접근이다. 예컨대, "당신의 설명은 사실 중심적이지만, '평형 상태' 개념을 통해 현상을 더욱 개념적으로 통합할 수 있습니다"와 같은 피드백은 학생의 사고를 개별 사실에서 이론적 개념 체계로 확장하도록 유도한다.

따라서 효과적인 피드백은 단순히 오류를 지적하는 것을 넘어, 학생의 인지 구조와 표현 전략을 의미 있게 재조직할 수 있는 기회를 제공해야 하며, 이는 IB가 지향하는 탐구기반 학습과 자기 주도적 성장이라는 교육적 가치와도 긴밀히 맞닿아 있다(IBO, 2018a; 2025).

셋째, AI 시대의 글쓰기 평가에 대한 IB의 대응은 '과정 중심의 글쓰기'와 '출처에 근거한 정당화된 주장'을 강화하는 방향으로 전개되고 있다(IBO, 2023). 인공지능의 발달은 글쓰기의 의미와 평가 방식에 중대한 전환을 촉발하고 있다. ChatGPT와 같은 생성형 AI는 논리적이고 구조적인 텍스트를 빠르게 생성할 수 있으며, 이는 교사와 학생 모두에게 도전과 기회를 동시에 제공한다. 그러나 AI가 생성한 텍스트는 문법적 완성도와 구조적 일관성 면에서는 우수하지만, 특정 맥락에서의 개념 적용, 학습자의 경험과의 연계, 독창적 통찰 제시 등에서는 한계를 보인다(IBO, 2023).

이러한 맥락에서 IB는 글쓰기 평가에서 탐구기반의 글쓰기와 자기 주도적 주장(self-authored argumentation)을 핵심적으로 강조한다(IBO, 2023). 예컨대, '진화'라는 과학 개념을 주제로 한 글쓰기 과제에서 학생은 단순한 정의나 설명을 넘어서야 한다. 예를 들어, 박테리아의 항생제 내성이라는 구체적 사례를 분석하면서, 해당 현상에 진화 이론을 적용하고, 그에 따르는 윤리적 쟁점(예: 생명공학의 책임성)까지 통합적으로 성찰하는 사고가 요청된다. 이처럼 IB는 글쓰기를 사고력, 윤리성, 개념적 정교함이 통합되는 고차적 수행 과제로 설정한다.

또한 AI 시대의 평가에서는 출처의 신뢰성과 정보 활용 방식에 대한 메타인지적 사고가 중시된다. 학생이 AI 도구를 활용했더라도, 자신의 주장 형성 과정에서 어떤 정보원을 어떻게 사용했는지, 그리고 그 판단이 어떤 근거에 기반했는지를 성찰적으로 설명할 수 있어야 한다(IBO, 2023). 이는 단순히 'AI 사용 여부'를 넘어, 정보 선택과 활용의 비판적 합리성을 평가하는 방향으로 평가 기준이 전환되고 있음을 의미한다. 이에 따라 IB는 비판적 디지털 리터러시를 핵심역량 중 하나로 재정의하고 있으며, 이를 반영한 교수학습 전략과 평가 지침을 지속적으로 강화하고 있다(Selwyn et al., 2020). 요컨대 학생들은 AI 도구를 활용하되, 그것을 비판적 사고와 학습 도구로 전환하는 능력을 길러야 하며, 이는 미래 교육의 핵심 과제가 될 것이다(IBO, 2023).

3-1. 글쓰기를 통한 사고 확장과 세계 탐구

IB 교육에서 글쓰기는 단순한 결과물 산출을 넘어서 사고를 확장하고 자아를 성찰하는 과정이다. 특히 과학과 같이 탐구기반의 교과에서는, 글쓰기가 지식의 암기나 설명을 넘어서 학습자가 자신의 가설, 실험 결과, 해석을 철학적·사회문화적 맥락에서 재구성하는 창조적 활동으로 기능한다(IBO, 2025). 예컨대 DP 생물 수업에서 "유전자 편집 기술의 윤리적 문제"를 주제로 한 에세이를 작성하는 경우, 학생은 과학적 원리를 설명하는 것에 그치지 않고, 인간의 존엄성, 기술의 목적, 사회적 책임이라는 철학적 논제를 스스로 탐구하게 된다. 이러한 글쓰기는 과학 지식을 자기화하는 동시에, 그 지식을 통해 세계와 자신을 새롭게 정의하는 자기 형성의 실천이기도 하다.

이처럼 글쓰기를 통해 학습자는 반성적 사고(reflective thinking)를 훈련하고, 지식의 구조를 자신의 언어로 재구성하며, 자신의 가치관과 인식론적 입장을 성찰하게 된다. 이는 Dewey(1933)가 말한 '성찰적 사고'의 개념과 맞닿아 있으며, 단순한 문제해결이 아닌 문제를 재구성하고 맥락화하는 고차적 사고의 실천이다.

IB 교육은 지식의 양보다 지식에 대한 성찰 능력과 이를 바탕으로 한 세계 참여를 더 중시한다. 이는 단순히 "무엇을 아는지(know what)"보다 "어떻게 아는지(know how)", "왜 알아야 하는지(know why)"에 주목하는 교육적 철학을 반영한다(IBO, 2015; Popper, 1959). 예컨대 과학 교육에서 글쓰기는 개념 이해, 실험 기술, 데이터 분석을 넘어서, 학생이 과학 지식을 윤리적·사회적 문맥 속에서 해석하고 적용하는 철학적 응답을 요구한다. MYP 물리 수업에서 "핵에너지 개발의 과학적 이점과 사회적 위험"을 주제로 수행평가를 진행할 경우, 단순히 관련 개념을 정확히 설명하는 것만으로는 충분하지 않다. 학생은 핵에너지 기술의 역사적 맥락, 대중인식, 정책 결정 과정, 미래세대에 대한 책임까지 고려한 통합적 논증을 통해 자신의 관점을 설득력 있게 전개해야 한다. 이러한 글쓰기는 단순한 설명을 넘어서, 학생이 언어를 통해 자신의 입장을 구성하고 세계에 개입하는 행위를 수행한다는 점에서, Austin(1962)의 발화행위이론에서 말하는 '수행적 진술(illocutionary act)'로 이해할 수 있다.

이러한 맥락에서 IB 교육이 선구하는 미래 교육의 방향을 살펴보면 다음과 같다. 첫째, 철학적 글쓰기 능력의 강화가 필요하다. 과학적 주제를 비판적으로 분석하고, 다양한 인식론적 관점을 통합하는 고차 사고 훈련이 뒷받침되어야 한다. 둘째, 창의적 글쓰기와 연계한 개방형 서술 평가 방식을 강화할 필요가 있다. 단일한 정답을 요구하기보다는, 사고의 깊이, 논증의 설득력, 그리고 학습자의 고유한 관점을 중심으로 평가하는 접근이 필요하다. 셋째, 다학문적 글쓰기 과제의 설계가 필요하다. 예컨대 과학 · 윤리 · 정치 · 경제 등 복합적 쟁점을 다루는 통합적 글쓰기를 통해, 학습자는 지식 간의 관계성과 문제의 복잡성을 이해할 필요가 있다. 이러한 글쓰기 교육은 단지 지식을 전달하는 도구가 아니라, 세계와 소통하고 책임 있게 개입하는 학습자를 길러내는 핵심 전략으로 작동한다(IBO, 2017; OECD, 2019).

IB 학습자는 탐구자로서 세계를 바라볼 뿐만 아니라, 언어를 통해 그 탐구의 의미를 재구성하는 창조자이기도 하다. 글쓰기는 단순히 지식을 정리하는 도구가 아니라, 새로운 질문을 제기하고, 기존의 인식 틀을 흔들며, '세계-내-자리'를 재구성하는 비판적 실천이다(IBO, 2025). 예컨대 과학이라는 보편적 지식을 탐구하면서도, 학습자는 자신의 문화, 정체성, 가치관을 통해 그 지식을 다시 써 내려간다.

바라드(Barad, 2007)의 '내적 작용(intra-action)'처럼, 학습자와 지식, 세계는 고정된 주체나 객체가 아니라, 서로 얽히고 영향을 주고받으며 끊임없이 재구성되는 관계적 존재이다. 글쓰기는 이러한 상호 얽힘 속에서, 학습자가 자기 자신과 세계를 함께 재창조하는 장소로 작동한다.

결론적으로, IB 교육에서의 글쓰기는 단순한 의사소통 도구가 아니라, 사고의 실험실이자 정체성을 구성하고 재창조하는 공간이며, 지식의 정치성과 윤리성을 자각하는 비판적 시민 교육의 핵심 장치이다. 이러한 글쓰기 훈련은 학습자들이 단순한 기술자나 전문가를 넘어, 세계와 소통하고 미래를 설계하는 행위주체로 성장하도록 이끈다.

[철학의 주름]

4. 논증과 논증 행위: 논리학과 수사학

5. 툴민의 논증 모델

6. 들뢰즈의 차이생성과 되기(becoming)의 글쓰기

IB의 논술형 평가는 단순히 학생들의 글쓰기 능력을 측정하는 도구가 아니라, 사고를 조직하고 지식을 정당화하는 과정 그 자체를 겨냥한다. TOK 에세이와 확장 에세이, 그리고 교과별 논술형 시험에 이르기까지 IB의 글쓰기 평가는 언제나 "어떻게 주장하며, 어떤 근거로 이를 뒷받침하는가?"라는 물음을 중심에 둔다. 따라서 IB 글쓰기는 평가임과 동시에 탐구 행위이며, 학생들이 자신만의 목소리를 형성해 가는 실천의 장이다.

그러나 이러한 실천을 더 깊이 이해하기 위해서는 글쓰기와 논증을 단순한 기술적 활동이 아니라 철학적 차원의 사유 행위로 바라볼 필요가 있다. 글쓰기는 언어 사용을 넘어 세계를 구성하고, 타자와의 관계를 매개하며, 존재를 변형하는 힘을 지니기 때문이다. 따라서 글쓰기를 지식 전달의 수단으로 환원하지 않고, 그것이 내포하는 존재론적·윤리적 차원을 탐구하는 시도가 필요하다. 논리학과 수사학이 제시해 온 전통적 논증의 틀, 툴민이 정교화한 실천적 논증 구조, 그리고 들뢰즈가 사유한 차이생성과 '되기(becoming)'는 모두 글쓰기의 교육적 의미를 한층 확장시킨다. 이제 IB의 글쓰기 평가는 언어·논증·존재의 층위에서 재해석될 수 있으며, 글쓰기는 교육적 실천의 철학적 토대로 자리매김한다.

이 지점에서 논술형 평가에 관한 논의는 철학적 지평으로 확장된다. 글쓰기를 단순한 평가 기술이나 사고 훈련의 도구로 보는 것을 넘어, 그것을 언어·논증·존재가 접히고 펼쳐지는 주름 속에서 탐구하려는 것이다. 여기서 글쓰기는 단순한 전달 수단이 아니라, 사유를 생성하고 세계를 변형하며 주체를 형성하는 존재론적 행위로 자리 잡는다.

철학의 주름을 따라가면, 먼저 논리학과 수사학이 전통적으로 마련해 온 논증의 구조와 설득의 기술을 살펴보게 된다. 이어서 툴민의 논증 모델은 실제 언어 사용 속에서 정당화의 구조가 어떻게 작동하는지를 보여주며, 나아가 퍼스의 귀추법과의 접점을 통해 새로운 탐구 방식의 가능성을 드러낸다. 더 나아가 이 논의는 들뢰즈의 차이와 '되기'의 사유로 이어진다. 동일성의 틀을 넘어 차이의 운동과 생성의 흐름 속에서, 글쓰기는 끊임없이 주체를 탈영토화하며 새로운 교육적 주체화의 장을 연다.

결국 제4장의 후반부는 논리학적 · 수사학적 층위, 실천적 논증 구조, 그리고 존재론적 사유라는 세 갈래의 철학적 주름 속에서 글쓰기를 재사유하려는 시도이다. 이를 통해 논술형 평가는 단지 시험 기법을 넘어, 차이와 생성, '되기'의 철학이 펼쳐지는 장으로 드러날 것이다.

4. 논증과 논증 행위: 논리학과 수사학

고대부터 현대에 이르기까지 논리학, 수사학, 변증법은 긴장과 조화를 반복하며 서로 다른 사유의 지형을 형성해 왔다. 아리스토텔레스는 이러한 체계를 분명히 구분하면서, 논리학은 '분석론(Analytik)'을 통해 사고의 형식적 구조를 연역적으로 탐구하는 증명의 학문으로 정립하였다. 형식논리학(formal logic)은 명제 간의 필연적 관계를 분석하며, 오류 없는 추론 과정을 통해 확실한 결론에 도달하는 체계를 구축한다. 이는 자연과학과 수학에서의 필연성과 확실성을 보장하는 도구로서, '최고의 합리성(rationality)'을 구현하는 것으로 간주하였다.

한편, 아리스토텔레스는 논리학과는 다른 차원에서 수사학을 '설득의 학문'으로 정립하였으며, 『수사학』을 통해 설득이 단순한 언어 기교가 아니라 일정한 이론적 근거를 지녀야 한다고 주장하였다(하병학, 2004). 그는 수사학을 변증법(dialectic)과 병립하는 사유 체계로 보았는데, 변증법이 사고의 논증 구조를 다룬다면, 수사학은 이를 언어를 통해 실현하는 방식이라고 이해하였다. 이로써 그는 논리학의 요소를 수사학에 도입하여 '논리적 수사학(logical rhetoric)'을 확립하였다(하병학, 2004).

아리스토텔레스는 설득을 구성하는 세 가지 핵심 요소로 로고스(logos), 에토스(ethos), 파토스(pathos)를 제시하였다. 로고스는 말 자체의 논리와 객관적 증거에 기반한 설득, 에토스는 화자의 인격과 신뢰성에서 비롯되는 윤리적 정당성, 파토스는 청중의 감정을 자극하여 정서적으로 호소하는 설득 방식이다. 설득이 진정한 효과를 가지려면 이 세 요소가 조화롭게 작동해야 하며, 이는 수사학이 단순한 정보 전달의 기술이 아니라, 청자와의 대화적 관계 속에서 이루어지는 윤리적 언어 행위임을 시사한다.

이러한 관점에서 아리스토텔레스의 수사학은 단순한 말하기의 기교를 넘어서, 설득의 언어적 구조를 이론적으로 탐구한 최초의 체계적 시도였다. 그는 수사학을 일상적 삶 속에서 타자와 소통하기 위해 반드시 갖추어야 할 언어적 도구이자 윤리적 조건으로 간주하였다. 수사학은 기술(techne)의 차원을 갖지만, 그 목적은 단순한 효과가 아니라, 설득을 통해 공동의 이해에 도달하려는 이성적이고 윤리적인 실천에 있다.

플라톤 역시 수사학을 단순한 기교로 보지 않았다. 그는 수사학을 "말을 통한 영혼의 인도"라고 정의하며, 설득을 진리에 이르는 대화의 여정으로 이해하였다(하병학, 2004: 207). 이는 언어 활동이 곧 사고 활동이며, 수사학이 철학적 실천과 결합한 사유의 행위임을 강조한 것이다. 플라톤에게 설득은 청자의 영혼을 이끄는 윤리적 사유이며, 이는 화자의 언어적 작용을 통해 청자가 올바른 것을 믿게 되는 과정으로 나타난다.

전통 수사학에서는 설득을 '가르치다(docere)'와 '움직이다(movere)'의 결합으로 설명하였다. '가르친다'라는 것은 참된 내용을 전달하여 로고스를 구현하는 것이며, '움직인다'라는 것은 청자의 감정과 의지를 자극하여 파토스를 실현하는 것이다. 이 두 요소가 조화롭게 작동할 때, 설득은 단순한 정보 전달을 넘어 진리의 전달, 감정의 이입, 윤리적 관계 설정이 통합된 총체적 언어 행위가 된다. 수사학은 이처럼 화자와 청자 사이에서 삶과 의미가 교차하는 윤리적 소통의 장이다.

〈플라톤의 변증법과 아리스토텔레스의 변증론〉

- 플라톤과 아리스토텔레스는 모두 '변증법(dialectic)'이라는 개념을 사용했지만, 그 철학적 의미와 방법론적 목적은 본질적으로 상이하다.
- 우선 플라톤에게 변증법은 진리를 향한 철학적 여정이었다. 그는 감각 세계를 넘어선 이데아의 실재를 전제하며, 이를 인식하기 위한 사유의 과정을 핵심에 두었다. 플라톤의 변증법은 상반된 의견이나 모순을 드러낸 후, 그것을 부정하고 극복하는 일련의 과정을 통해 더 높은 진리에 도달하려는 방식으로 전개된다. 이는 단순한 수사적 기술이 아니라, 진리를 밝히기 위한 논리적 탐색의 형식이며, 철학적 대화의 실천이었다(하병학, 2004). 이와 같은 맥락에서 플라톤에게 수사학은 단지 설득의 기술이 아니라, 진리를 가능하게 하는 언어적 실천으로서의 변증법이었다.

- 반면 아리스토텔레스는 변증법을 보다 실용적이고 토론 중심적인 논의 방식으로 재해석하였다. 그는 이를 '변증론(dialektikê)'이라 명명하고, "우리가 마주치는 다양한 문제들에 대해 통념의 입장에서 추론하고, 모순되지 않는 발화를 유지하는 기술"로 정의하였다(이정우, 2004). 아리스토텔레스에게 변증법은 절대적 진리를 직접적으로 추구하는 방법이라기보다, 그럴듯한 전제(opinion)로부터 일관된 논리를 구성하여 타인을 설득하는 실천적 기술이었다. 이는 삼단논법의 형식을 따르되, 경험적이고 주관적인 전제를 출발점으로 삼는다는 점에서, 엄밀한 형식논리보다는 수사학적 설득 구조에 가까운 논증 체계라 할 수 있다.
- 이처럼 플라톤과 아리스토텔레스는 동일한 용어를 사용하면서도, 변증법을 통해 지향한 철학적 목적과 논증 구조에서 근본적으로 다른 입장을 취하였다. 플라톤이 진리 탐구를 위한 철학적 대화를 강조했다면, 아리스토텔레스는 현실적 문제해결과 설득을 위한 논리적 기술로 변증법을 활용하였다

출처: 최향미(2019)

근대에 들어서며 논리학은 점점 기호화되고 형식화되어 수학의 체계를 닮아갔으며, 반면 수사학은 문체와 표현의 기법으로 축소되었다. 이러한 경향 속에서 수사학은 흔히 기교의 집합이나 설득의 기술로 취급되었고, 진리 판단과 타당성 확보는 오로지 형식논리학의 몫으로 간주하였다. 하지만 이러한 이원적 구분은 20세기 들어 비판적으로 재조명되기 시작하였다. 페렐만(C. Perelman)은 기존의 논리학과 수사학 사이의 단절을 넘어서기 위해 '신수사학(New Rhetoric)'을 제안하였다(하병학, 2004).

페렐만의 관점에서 수사학은 더 이상 단순한 언어 기술이 아니라, 담론공동체 내에서 정당성을 구성해 가는 언어적 실천이다. 그는 기존의 논증(argument) 개념을 넘어, 청중을 고려한 실천적 행위로서의 논증 행위(argumentation)를 중심에 놓는다. 논증이 형식논리학의 연역적 구조와 명제 간의 필연적 관계에 따라 타당성을 따지는 것이라면, 논증 행위는 특정한 청중과 맥락을 고려하여 개연적 타당성(reasonableness)을 추구하는 사회적·윤리적 행위다.

이러한 신수사학은 언어행위이론(speech-act theory)에 기반하여, 모든 설득 행위를 하나의 행위적 발화로 이해한다. 즉, 화자는 단지 정보를 전달하는 것이 아니라,

특정한 맥락 속에서 행위를 수행하며, 그 의미는 타자와의 관계 안에서 실현된다. 논증은 단순한 명제 조합이 아니라, 화자의 주장을 사회적 관계 안에서 정당화하고 타자의 동의를 획득하려는 윤리적 실천이다.

이러한 논증 행위는 세 가지 층위를 동시에 포함한다. 첫째, 주장의 정당성을 확보하는 사유적 · 논리적 측면(logos), 둘째, 감정적 호소와 이해를 유도하는 정서적 측면(pathos), 셋째, 화자의 인격과 삶의 방식에 기반한 윤리적 정당성(ethos)이다. 특히 아리스토텔레스는 이러한 수사학적 추론의 핵심 형식으로 생략삼단논법(enthymeme)과 예증(paradeigma)을 제시하였다. 생략삼단논법은 청자와 화자가 공유하는 통념을 전제로 하여, 명시되지 않은 부분을 암묵적으로 전제한 채 핵심 논거만으로 설득을 유도한다. 이는 곧 공유된 삶의 형식과 지식기반 위에서 이루어지는 설득을 의미한다.

페렐만의 신수사학은 수사학을 다시 한번 철학적, 윤리적 담론의 중심에 위치시킨다. 그는 논증 행위를 수행하는 장(場)이 바로 담론공동체이며, 이 공동체 안에서 설득은 객관적 진리의 획득이 아니라, 타자의 동의를 얻기 위한 상호주관적 정당성 구성의 과정이다. 이로써 수사학은 단순한 기술을 넘어 윤리적 행위가 된다.

이러한 관점은 크로스화이트(J. Crosswhite)의 수사학 개념에서도 확인된다(하병학, 2016). 그는 수사학을 "상대방과의 윤리적 관계 맺기"라고 정의하며, 수사학을 타자와 공존하기 위한 말하기의 윤리로 간주한다. 페렐만, 가다머, 비트겐슈타인은 논증 행위(argumentation)를 '삶 형식의 일치'로 이해하였다. 화자의 에토스는 단지 말의 기법이 아니라 그 사람의 삶 자체에서 비롯된 설득력이며, 청자 역시 그 에토스를 이해하고 응답하는 행위를 통해 소통의 윤리적 지평을 확장한다.

결국 수사학은 로고스, 파토스, 에토스를 통합하는 총체적 소통의 방식이며, 단지 설득의 기술이 아니라 존재론적 언어 실천이다. 논리학이 '무엇이 참인가'를 형식적으로 따지는 학문이라면, 신수사학은 '무엇이 설득 가능한 참인가'를 공동체 속에서 탐색하는 윤리적 실천이다. 특히 교육, 정치, 공동체 담론 등 실천적 영역에서는 논증 행위로서의 수사학이 인간다운 소통을 가능하게 하는 핵심적 역할을 수행한다.

페렐만의 신수사학은 이처럼 형식논리학의 한계를 넘어, 인간의 언어적 실천을 통해 공동의 의미를 창출하는 윤리적 소통의 기술로 수사학을 새롭게 정립한다(하병학, 2016). 수사학은 이제 단순한 기법을 넘어, 타자와 더불어 살아가기 위한 삶의 방식이자 대화의 윤리로 자리매김한다.

〈논증과 논증 행위〉

논증(Argument)의 논리학	논증 행위(Argumentation)의 수사학
• 논증은 진리임을 보여주는 증명(Demonstration)의 과정이다. • 고대 아리스토텔레스 이후 전개된 형식논리학(formal logic)에서는 삼단논법(syllogism)과 같은 확실한 전제를 통해 오류가 없는 추론 과정을 거쳐 결론에 도달하는 방식으로 논증을 정의하였다. • 이와 같은 논증은 분석적 접근에 기반하며, 참인 전제에서 반드시 참인 결론을 이끌어내는 것이 특징이다. 따라서 논리학에서의 논증은 진리를 증명하는 방법으로 간주되며, 수학과 과학 같은 엄밀한 학문에서 사용된다. • 이러한 방식은 명제의 참·거짓 여부만을 다루므로, 내용의 설득력이나 수용 가능성은 고려하지 않는다.	• 논증 행위는 어떤 주장을 정당화하려는 실천적 노력이다. 이는 단일한 진리를 증명하기보다, 청자가 받아들일 수 있도록 정황에 맞는 방식으로 설득하는 과정에 해당한다. • 고대 수사학에서 비롯된 이 개념은 일상적 언어 사용, 사회적 상호작용, 정치적 담론에서 특히 중요하다. • 페렐만(C. Perelman) 등은 이를 '수사학적 논증'이라고 하며, 절대적 진리보다는 청중에게 설득 가능한 '그럴듯함(plausibility)'이 중심이다. • 따라서 논증 행위는 형식논리보다는 설득력과 맥락적 타당성을 중시하며, 비형식 논증 이론(informal logic)이나 비판적 사고 교육에서 활용된다.

5. 툴민의 논증 모델

논증이란 사회적 맥락 속에서 특정한 입장을 합리적으로 정당화하기 위해 생각을 조직하고 구성하는 사고의 방식이다(이병주, 2003). 고전적인 연역적 삼단논법에서는 청중이 대전제와 소전제를 모두 받아들일 경우, 그 결론 또한 반드시 받아들여야 한다. 그러나 실제 논증의 과정은 이처럼 형식적이지 않다. 사람들은 삼단논법의 구조를 따르지 않을 뿐 아니라, 그 전제 자체가 항상 명확하거나 참인지도 불확실하다.

이러한 형식논리학의 한계를 비판하며, 툴민(S. Toulmin)은 사람들이 실제로 사용하는 자연스러운 논증의 구조와 흐름을 설명하기 위한 실용적 논증 모델을 제안하였다(Hart, 1997: 이병주, 2003 재인용). 툴민의 모델은 일상 대화, 과학적 설명, 사회적 설득 등 다양한 실제 담화 상황에서 적용 가능하며, 연역이 아닌 귀납적 정당화의 과정에 주목한다.

툴민에 따르면, 고전 논리학은 전제의 내용을 결론에서 반복하는 동어반복적 구조에 머물러 새로운 의미나 주장을 산출하지 못한다. 반면 툴민의 논증 모델은 객관적 사실(data)과 그것을 바탕으로 한 논거(warrant)를 통해, 사실에 직접 포함되어 있지 않던 새로운 주장(claim)을 설득력 있게 구성하는 과정을 설명한다. 이 모델은 연역적 확실성보다 맥락적 타당성을 중시하며, 주장의 정당화를 논증하는 자의 책임으로 돌림으로써 실제 담론 상황에서 설득이 작동하는 과정을 효과적으로 설명한다.

툴민의 논증 모델은 여섯 가지 요소로 이루어지며, 이들은 주축을 이루는 일차적 요소와 이를 보완하는 이차적 요소로 구분된다(오준영 & 김유신, 2009). 일차적 요소는 논증의 기본 골격을 이루며, 사실(data), 전제(warrant), 주장(claim)으로 구성된다. 사실은 주장이 근거하고 있는 경험적 자료나 객관적 정보로서, 논증자가 외부 세계로부터 끌어온 주장 뒷받침의 기초를 이룬다. 전제는 제시된 사실과 주장을 연결하는 추론 규칙으로, 고전 논리학의 대전제에 해당한다. 이는 사실에서 주장으로 이동할 수 있도록 정당성을 부여하며, 화자와 청자 사이의 공통된 배경지식을 기반으로 작동한다(이병주, 2003). 주장은 논증자가 궁극적으로 말하고자 하는 결론이나 입장에 해당하며, 이 세 요소 중 어느 하나라도 생략하면 논증 구조는 온전하다고 보기 어렵다.

이차적 요소는 논증의 정교화와 타당성 강화를 위한 보조 장치로, 보증(backing), 한정어(qualifier), 반박(rebuttal)으로 구성된다. 보증은 전제가 타당하게 적용될 수 있음을 입증하는 추가적 근거나 사례로서 전제에 대한 신뢰를 강화한다. 한정어는 주장의 확신 정도나 적용 범위를 나타내는 표현으로, '항상', '대체로', '어쩌면' 등과 같은 다양한 확률적 스펙트럼을 포함한다. 이는 일반적으로 주장과 함께 진술되며, 반박 요소와의 상호작용을 통해 보다 정밀한 의미 구성을 가능하게 한다. 반박은 제시된 주장이 성립하지 않을 수 있는 예외적 조건이나 반론을 나타내며, 반박의 가능성이 클수록 주장의 확신 정도는 약화된다. 툴민 논증 모델의 주요한 특징은 이러한 반박 가능성을 논증 구조 내에 체계적으로 포함함으로써, 현실적이고 경험적인 상황에서의 설득 과정을 더욱 정교하게 설명할 수 있다는 점에 있다(오준영 & 김유신, 2009).

〈툴민 논증 모델의 핵심 구성요소〉

아리스토텔레스 형식논리학의 구성요소		툴민 논증 모델의 구성요소
일차적 요소	결론	• 주장(Claim): 논증자가 최종적으로 제시하려는 입장이나 결론.
	소전제	• 사실(Data): 주장의 근거가 되는 객관적 정보나 경험적 자료.
	대전제	• 전제(Warrant): 전제의 타당성을 뒷받침하는 추가 근거. 전제가 적용될 수 있는 조건이나 사례를 제시함.
이차적 요소		• 보강(Backing, 뒷받침): 추론 과정을 뒷받침하는 추가 증거.
		• 반박(Rebuttal): 주장에 제기될 수 있는 예외 조건이나 반론의 가능성. 주장에 대한 비판적 인식과 정교화를 가능케 함.
		• 한정어(Qualifier): 주장의 확신 정도나 적용 범위를 제시(예: 언제나, 대체로, 아마도 등).

출처: 오준영 & 김유신(2009: 400)

툴민(S. Toulmin)의 논증 모델은 일상적 논증과 사회적 담론을 분석할 수 있는 합리적 의사소통 모델로 받아들여진다(이병주, 2003). 포퍼(K. Popper)가 과학의 발전을 위한 방법론으로 반증 가능성을 제시한 것처럼, 툴민은 논쟁 상황에서 주장을 검토하고 수정해 가는 과정을 설명하기 위해 실용적 논증 모델을 제안하였다. 툴민 모델은 단순히 결론의 타당성을 주장하는 것이 아니라, 그것을 뒷받침하는 논거(warrant)의 정당성을 평가하고, 그 논거에 대한 보강(backing) 또는 반박(rebuttal)을 통해 논증 구조를 유동적으로 점검할 수 있는 열린 체계를 제공한다.

〈툴민 논증 모델: 자료–전제–주장의 정당화 구조〉

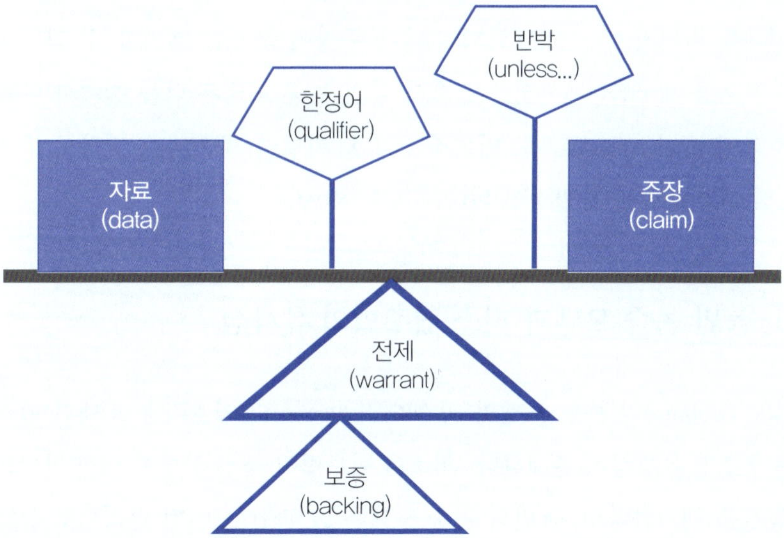

• 주장(claim)은 자료(data)와 그것을 주장과 연결하는 전제(warrant)가 결합할 때 정당화된다. 이때 전제는 보증(backing)에 의해 강화되며, 주장은 한정어(qualifier)에 따라 확신 정도가 달라질 수 있다. 만약 반박(rebuttal), 즉 예외 조건이 제시되지 않는다면, 주장은 해당 한정어 수준에서 성립된다고 볼 수 있다.

이 논증 모델은 특히 대중적 · 실제적 담론분석에 효과적이다. 하나의 발화에서 주장과 사실을 분리하고, 그 둘을 연결하는 함축적 · 잠재적 논거를 식별함으로써,

보편적으로 수용되는 전제를 비판적으로 드러낼 수 있다. 이는 곧 특정 논거가 아무런 검증 없이 '당연한 것'으로 받아들여지는 상황에서, 그 전제를 구성하는 이데올로기적 기제를 해체하고 분석할 수 있게 해준다. 따라서 툴민의 모델은 이데올로기 비판을 위한 실용적인 분석 틀로 기능하며, 담론분석의 영역에서도 유용하게 활용될 수 있다.

나아가 툴민의 논증 모델은 합리적인 의사소통의 조건으로서, 어떤 주장도 반박 가능해야 하며, 새로운 사회적 사실에 기반한 더 타당한 주장으로 대체될 수 있어야 한다는 원리를 전제로 한다. 논거는 단순히 제시되는 것이 아니라, 보증을 통해 정당화되고, 반박을 통해 검증되는 동적인 구조 속에 존재한다. 요컨대 이 모델은 논거의 정당성과 반박 가능성이라는 두 원리를 통해, 실제 담론 상황에서 검증되지 않은 전제를 반박하거나, 정당화되지 않은 주장에 문제를 제기할 수 있는 비판적 사고의 기초를 제공한다. 이러한 점에서 툴민 논증 모델은 다음 절에서 다룰 퍼스의 귀추적 추론(abduction)과도 이론적 공명을 이루며, 해석과 정당화의 구조를 철학적으로 연결해 주는 출발점이 된다(이병주, 2003).

5-1. 툴민 논증 모델과 퍼스 귀추법의 유사성

툴민(S. Toulmin)의 논증 모델과 퍼스(C. S. Peirce)의 기호작용 모델인 귀추법 사이에는 구조적 유사성이 존재한다. 퍼스의 귀추법이 특정 상황에 대한 판단의 정당화 가능성을 제기한다면, 툴민의 논증 모델은 그 판단을 어떤 방식으로 설득력 있게 구성할 수 있는지를 보여주는 형식이다(이병주, 2003).

툴민의 논증 모델과 퍼스의 기호작용 이론은 모두 정당화가 중재 장치(논거 혹은 코드)를 통해 이루어진다는 점에서 구조적 유사성을 보인다. 퍼스의 모델에서는 표상체(representamen)가 해석체(interpretant)의 매개를 통해 대상체(object)와 의미 작용을 일으키듯, 툴민의 구조에서도 사실(data)이 주장이 되기 위해서는 논거(warrant)의 개입이 필요하다(이병주, 2003). 기호학적으로 보자면, 기표가 기의를 갖기 위해 코드가 필요하듯, 하나의 사실이 주장이 되기 위해서는 정당한 논거의 중재가 요구된다.

그러나 코드와 논거와 같은 중재 장치는 모두 고정된 것이 아니라 해석의 맥락에 따라 달라지는 불완전한 구조이다. 퍼스의 기호는 대상을 완전히 재현하지 못하고, 항상 또 다른 기호로 미끄러지며 해석소를 생성한다. 이와 마찬가지로 툴민의 논증에서도 하나의 논거는 또 다른 논거를 요청하며 정당화의 연쇄를 낳는다. 정당화는 종결되지 않고, 해석은 완결되지 않는다(Eco, 1979; 박연규, 2002; 이병주, 2003).

퍼스의 코드가 늘 유효하지 않고 개연성과 불확실성 속에서 작동하듯, 툴민의 논거 또한 절대적 정당화가 아닌, 개연성에 기초한 상대적 정당화만을 제공한다. 다시 말해, 논거의 개연성은 코드의 개연성과 구조적으로 평행하며, 둘 다 해석자(또는 청자)의 경험과 담론적 맥락에 따라 달리 수용되는 의미의 유동성을 내포한다. 즉, 툴민의 논증 모델과 퍼스의 기호작용 모델 모두, 논거 · 코드의 정당성 문제가 반복적으로 제기되며, 이는 논증이 단순히 사실을 진술하는 것이 아니라, 언어화되고 기호화된 구조 속에서 중재되고 구성된 의미작용이라는 점을 보여준다. 경험이 논증이 되기 위해서는 필연적으로 기호체계 내에서 언어적 정합성과 사회적 공유 코드를 통해 해석되어야 하며, 이 해석은 언제나 불완전하고 조건적이다.

요컨대, 두 이론은 [사실 → 중재 장치(논거 · 코드) → 주장]이라는 삼항 구조를 공유하며, 이 중재 장치의 성격, 개연성, 그리고 암묵적 작동 방식에 대한 해석에 따라 논증의 성립 가능성뿐 아니라, 주장이 내포하는 이데올로기적 효과까지 달라질 수 있다. 이 구조는 상징계, 즉 기표들의 차이의 질서가 단일하고 확정적인 의미에 도달하지 못하고, 오히려 기표들 간의 무한한 차이와 상호참조의 연쇄만을 남긴다는 사실을 드러낸다. 퍼스의 무한기호작용과 툴민의 정당화 구조는 모두 기의 없는 기표, 즉 중심 없는 정당화의 체계로 수렴한다.

결국, 의미는 기호의 차이 속에서 구성되지만, 그 차이는 절대적인 기의를 산출하지 않으며, 모든 해석은 다른 기호나 논거에 의존한 잠정적 구성물일 뿐이다. 이러한 점에서 툴민과 퍼스는 모두 정당화의 유예 구조를 드러내며, 이는 언어적 의미 구성의 불완전성과 이데올로기적 정당화 메커니즘을 비판적으로 해석할 수 있는 분석적 틀을 제공한다.

〈툴민의 논증 모델〉

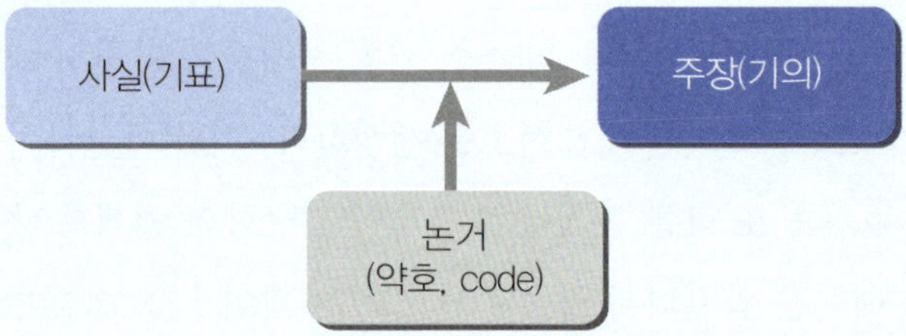

- 사실 ➜ 논거(코드) ➜ 주장
- 사실(기표)과 주장(기의)의 연결은 논거(해석적 코드)를 통해 매개된다. 즉, 드러난 사태(기표)가 어떤 해석 틀이나 논리 구조(code)를 통해 정당화되며, 하나의 주장(기의)으로 구성되는 과정은 기표가 기의를 획득하는 의미화와 유사하다.
- 툴민은 드러난 사실보다, 그 사실을 통해 정당한 주장을 생성하는 정당화 과정에 주목한다.
- 논거는 단순한 연결고리가 아니라, 특정 사회적 · 문화적 맥락에서 타당성을 획득한 실천적 합리성의 핵심이다. 따라서 논거는 암묵적 전제이자, 해석적 성격을 지닌다.
- 논증은 언제나 다른 논증으로 열려 있으며, 객관적 사실에 대한 인식조차도 하나의 논거에 의존한 구성물이다(Zizek, 이병주, 2003 재인용).

〈퍼스의 기호작용(=귀추법) 모델〉

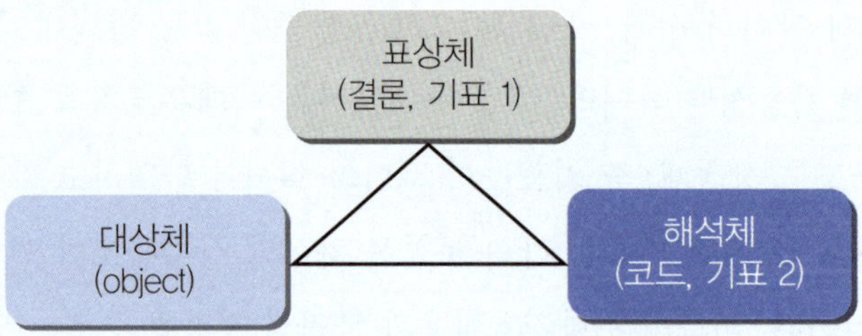

- 대상체(object) ➜ 해석체(기표 2) ➜ 표상체(기표 1)
- 어떤 표상체가 해석을 통해 특정한 대상을 지시한다고 이해될 때, 의미작용이 발생한다.
- 해석체는 표상체에 대한 해석적 관념이며, 이는 다시 새로운 표상체로 작용함으로써 해석의 연쇄를 유발하는 무한기호작용을 형성한다. 따라서 해석은 언제나 또 다른 해석으로 이어지며, 의미는 끊임없이 지연되고 유예된다.

- 퍼스에게 의미란 고정된 일대일 대응이 아니라, 관찰된 사실에 대해 가능한 설명을 제안하는 귀추를 통해 생성되는 가설적 해석의 연쇄이다.
- 퍼스는 기호가 지시하는 실재(object)의 존재를 전제하며, 무한한 해석의 연쇄 속에서도 '궁극적 해석체' 개념을 통해 의미의 상대적 안정성에 도달할 수 있다고 본다.
- 한편, 하나의 사실은 다양한 코드(해석 틀)를 통해 해석될 수 있으며, 그 정당성은 해석 공동체의 지식, 경험, 문화적 맥락에 따라 상대적으로 구성된다.

툴민의 논증구조가 보여주는 정당화의 무한 연쇄 구조를 도식화하면 다음과 같다(이병주, 2003). 이는 하나의 사실(data)에서 출발한 논거(warrant)가 하나의 주장(claim)을 가능하게 만들지만, 그 논거 자체 또한 정당화를 요구하며 또 다른 논거(warrant2)를 요청하게 된다는 점을 보여준다. 이처럼 논거는 사실과 주장을 매개하면서도, 동시에 또 다른 정당화의 대상이 되며, 정당화는 종결되지 않고 계속해서 '이동'한다.

이러한 논거의 이동은 퍼스의 기호작용에서 기호가 대상을 완전히 재현하지 못하고 다른 기호로 미끄러지는 무한기호작용(infinite semiosis)과 구조적으로 대응한다. 퍼스에 따르면, 어떤 기호의 해석체(interpretant)는 또 다른 기호가 되며, 의미는 고정되지 않고 해석의 연쇄 속에서 지연된다. 이는 툴민의 논증에서 하나의 논거가 또 다른 논거에 의해 보강되거나 반박되며 무한히 이어지는 구조와 유사하다.

따라서 우리가 진술하는 어떤 주장도 자명한 사실에 기반한 단선적인 결론이 아니라, 언제나 잠정적이고 개연적인 정당화 체계 속에서 구성된다. 논거 간의 무한 연쇄는 기호들 간의 무한한 참조와 맞물리며, 언어적 정당화는 항상 해석 가능성과 불확실성을 수반한다.

〈논증과 해석의 무한 연쇄: 이동하는 논거의 구조〉

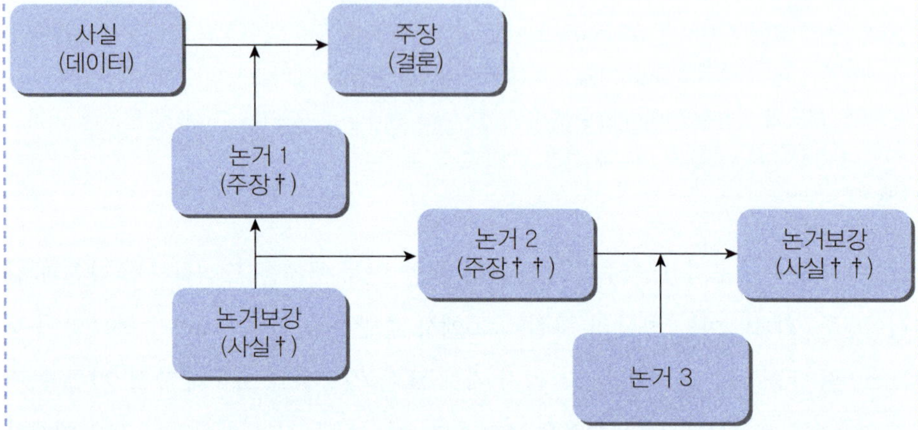

- 논거 1이 이의에 직면할 경우, 주장은 정당성을 확보하기 위해 논거 2(backing)의 도움을 필요로 한다. 그러나 논거 2 역시 정당화가 필요하며, 그 정당화를 위해 또 다른 논거가 제시되어야 한다. 이로써 논거는 하나의 고정된 근거로서 작용하기보다는 끊임없이 보충되고 이동하며, 전체 논증 구조는 잠재적으로 무한히 개방된다.
- 논거 2 또한 새로운 주장의 성격을 띠게 되며, 이 역시 논거 3이라는 보강을 요구한다. 이러한 이동은 동일한 방식으로 반복되며, 각 논거는 고정된 의미의 단위가 아니라 해석의 연결고리로서 끊임없이 이동하는 성격을 띤다.
- 논거는 정당화를 위한 장치로 기능하지만, 그 자체로 자명하거나 고정된 근거가 되지 않는다. 오히려 모든 논거는 새로운 해석 가능성 속에 열려 있으며, 우리가 참조하는 것은 고정된 '논거 1'이 아니라 언제나 상황과 맥락에 따라 변주된 '논거 1'이다.
- 이처럼 이동하는 논거는 하나의 보증을 제공함과 동시에 또 다른 해석의 가능성을 낳으며, 해석은 결코 고정된 해석소에 머무르지 않고, 끝없이 미끄러지고 지연되며 확장되는 무한한 의미 생성 과정 속에 놓인다.

출처: 이병주(2003: 127-128)

툴민의 논증구조와 퍼스의 기호작용이 공통으로 드러내는 정당화 구조와 기호적 중재의 성격은 다음과 같다.

첫째, 정당화는 종결되지 않는다. 어떤 주장도 고정된 진리의 도달점이 아니라, 또 다른 정당화의 출발점일 뿐이다. 논거는 주장을 가능하게 만들지만, 그 자체도 또 다른 논거를 요구하며, 기호 역시 해석체로 전환되어서 또 다른 기호를 생성한다.

둘째, 정당화와 해석은 모두 언어적 중재를 통해 무한히 지연된다. 정당한 논거와 타당한 해석은 고정된 규칙에 따라서가 아니라, 가설적이고 개연적인 코드에 의해 도출된다. 이는 언어가 '차이의 체계'라는 기호학적 전제와 맞물려 있다.

셋째, 논거와 해석은 모두 구조적으로 이동한다. 논거는 정지된 추론 규칙이 아니라 다른 논거에 의해 반복적으로 재구성된다. 마찬가지로 해석도 해석 채를 통해 생성되며, 이는 또 다른 기호로 계속 전이된다.

넷째, '사실'이나 '대상'은 더 이상 도달 가능한 고정적인 것이 아니다. 틀만의 구조에서 사실은 논거를 통해 주장으로 연결되지만, 이 연결은 개연적일 뿐 필연적이지 않다. 퍼스의 기호 작용 역시 대상을 직접 지시하는 것이 아니라, 기호들의 연쇄를 통해서만 구성된다는 점에서 마찬가지다.

결국, 의미 구성과 정당화는 모두 기호 간의 차이의 질서 안에서만 작동하며, 이는 언어 구조의 불완전성과 해석의 유예 가능성, 그리고 의미의 자연화 과정을 사유하게 한다. 이러한 논리 구조는 곧 정당화 불가능성의 구조이며, 동시에 이데올로기적 자연화의 메커니즘을 비판적으로 성찰할 수 있는 분석적 틀을 제공한다.

기표의 정체성이란 언제나 미끄러지는 잠재적 관계 속에서 구성되며, 논거 역시 완결된 정답이 아니라, 사회적 · 담론적 맥락 안에서 끊임없이 재해석되는 기호적 장치로 이해되어야 한다.

5-2. 정당화의 구조와 이데올로기 비판

실천적 추론은 형식논리처럼 완전하고 명시적인 전제로 구성되지 않지만, 상황에 맞고 사회적으로 받아들여질 수 있는 방식으로 판단을 끌어낸다. 틀만은 이러한 실천의 성격을 '합리성'보다는 '합당성(plausibility)'에 가깝다고 보며, 논리학보다 수사학이 실천적 판단을 더 잘 설명할 수 있다고 주장한다(김우재, 2010). 이처럼 형식적 타당성보다는 맥락적 설득 가능성을 중시하는 추론 구조는 생략삼단논법, 퍼스의 귀추법, 툴민의 논증 구조에서 공통으로 나타난다. 이들은 모두 완결된 논리 구조보다는 불완전하고 생략된 전제들을 기반으로 하여, 추정적 가설이나 사회적으로 공유된 상식을 바탕으로 주장을 정당화한다는 점에서 중요한 유사성을 공유한다.

〈생략삼단논법, 퍼스의 기호작용 및 툴민의 논증구조 비교〉

생략삼단논법(대중적 수사법)	퍼스의 귀추적 기호작용 모델	툴민의 논증 구조(대중적 논증)
고전 삼단논법(소전제-대전제-결론)의 구조에서 대전제가 생략된 채 간략화된 추론 형식.	대상체-해석체-표상체의 삼항 구조에서, 해석체(=코드)가 암묵적으로 작동함.	사실-논거-주장의 구조에서 논거가 생략되거나 명시되지 않은 채 제시되는 경우가 많음.
• 생략된 대전제는 사회적으로 자명하게 받아들여지는 상식이나 믿음이며, 이데올로기적 기반을 형성함. • 생략된 대전제의 자동적 수용은 주장의 자명성을 강화하며, 이데올로기적 자연화 효과를 초래함.	• 해석체는 기존의 코드(문화, 언어, 경험)에 따라 구성되며, 동일한 대상에 대해 다양한 해석이 가능하므로 기호 해석의 개연성 문제가 발생함. • 코드에 따라 의미는 유동적이며, 해석은 무한 기호작용(semiosis)으로 열려있으나, 특정 해석이 '정당한 것'으로 받아들여지면 이데올로기적 고정이 발생.	• 논거는 전제의 생략이나 암묵적 전제로 작동하며, 논증의 불완전성을 드러냄과 동시에 이를 보강(backing) 또는 반박(rebuttal)을 통해 정당화함. • 툴민 모델은 논거의 불확실성을 드러냄으로써 암묵적 전제를 비판적으로 분석할 수 있는 구조적 틀을 제공함. 이를 통해 정당화되지 않은 전제의 이데올로기적 성격을 분석할 수 있음.

툴민의 논증 모델, 퍼스의 기호작용 모델, 그리고 생략삼단논법은 모두 명시되지 않은 논리적 전제를 기반으로 주장을 정당화하는 구조를 공유한다.

예컨대, 생략삼단논법은 전통적인 [소전제-대전제-결론]의 구조에서 대전제가 생략된 채 사용되며, 이는 대중적 수사법에서 자주 발견된다. 툴민의 논증 모델 역시 [사실-논거-주장] 구조를 전제로 하지만, 실제 담론에서는 논거(warrant)가 생략되거나 암묵적으로 전제되는 경우가 많다.

마찬가지로 퍼스의 기호작용 모델에서는 코드(해석체)가 명시되지 않더라도, 표상체와 대상체 간의 의미 작용이 가능한 것으로 간주된다. 이처럼 생략삼단논법의 대전제, 툴민의 논거, 퍼스의 코드 등은 모두 '사실인 양 전제되는' 형식적 정당화의 고리로 기능하며, 이들이 암묵화될수록, 주장을 구성하는 기표들 간의 연결은 더욱 자연화되어, 해당 주장은 의심 없이 수용되는 자명한 진술로 기능하게 된다(이병주, 2003).

우리가 일상적 토론에서 사용하는 대부분의 논증은 이러한 비형식적 구조를 따르며, 그 핵심은 공유된 전제를 생략하는 방식에 있다. 이처럼 생략된 전제는 화자와 청자가 공통으로 수용한다고 간주되는 상식, 통념, 문화적 코드에 의존하고 있으며, 바로 그 점에서 이데올로기적 효과가 발생한다. 바르트(R. Barthes)는 이러한 생략된 전제들이 '통념(doxa)'에 기반한다고 지적하며, 그것이 곧 사회 전체에 자연화된 이데올로기적 의미체계, 즉 신화(myth)로 기능한다고 분석하였다(김진영, 2013).

전제를 생략하거나 암묵화하는 방식은 단순한 논증 기술이 아니다. 그것은 정당화의 형식을 은폐하고, 특정한 사회적 질서를 '자명한 것'으로 구성하게 만드는 기호적 전략이자 이데올로기적 장치다. 이들 논증 구조는 모두 기표들 간의 연쇄 속에서 생략되거나 함축된 논리적 연결고리가, 어떤 사회적 맥락에서는 자연스럽고 정당한 전제로 기능하게 되는 이데올로기적 메커니즘을 내포하고 있다.

이러한 맥락에서 논증 구조의 기호학적 분석은 생략된 전제의 구조를 해체하고, 그 이데올로기적 기원을 비판적으로 성찰할 수 있는 유효한 이론적 도구가 된다. 특히 툴민의 논증 모델은 정당화의 구조를 구성요소 단위로 분해하고, 암묵적 전제의 존재와 기능을 드러냄으로써, 논증이 어떻게 특정한 의미 질서를 생산하고 재생산하는지를 분석할 수 있는 비판적 실천의 분석 틀로 작동할 수 있다.

6. 들뢰즈의 차이생성과 되기(becoming)의 글쓰기

교사의 전문성은 이론과 실천의 유기적 결합 속에서 형성된다. 이론은 실천을 통해 비로소 생명력을 얻고, 실천은 이론을 토대로 성찰과 재구성이 가능하다. 실천되지 않은 이론은 현실과 단절된 추상에 머무르고, 이론에 근거하지 않은 실천은 반복과 매너리즘에 빠진다. 특히 명시화된 이론적 지식(知)과 교사의 체화된 실천지식(智) 사이에는 언제나 간극이 존재하며, 이를 자각하고 넘어서려는 노력이 전문성의 핵심을 이룬다. 결국 앎과 삶, 지(知)와 행(行)의 이분법을 극복하려는 교육적 실천이야말로 교사 전문성의 출발점이라 할 수 있다.

교사의 실천은 글쓰기를 통해 구체화된다. 글쓰기는 단순한 지식 전달이 아니라, 교사가 자신의 경험을 성찰하고 개념화하며 그 속에서 새로운 이해를 창출하는 창조적 행위이다. 교사는 독자라는 타자의 시선을 의식하며 자신의 경험이 공유 가능한 앎으로 전환될 수 있는지를 검토한다. 이 과정에서 글쓰기는 교사의 실천을 반성적 실천(praxis)으로 전환하는 결정적 계기가 된다. Schön(1987)은 이를 '생각과 실천의 대화'라 정의하며, 사유 속에서 새로운 실천이 열리고 실천 속에서 사유가 확장됨을 강조하였다. 푸코 또한 진리는 실천의 장에서 발화되어야 한다고 보며, 앎은 삶의 맥락 속에서만 의미를 획득한다고 주장하였다(이정우, 2009). 이러한 관점에서 글쓰기는 교사의 자기 성장 과정의 정점이자, 개인적 앎을 넘어 공동의 실천으로 나아가게 하는 매개가 된다. 결국 반성적 실천가로서 교사는 비판적 사고와 실천을 결합하는 프락시스를 통해 실천공동체(community of practice)를 지향해야 하며(Wenger, 1998), 들뢰즈가 말하듯 글쓰기는 이를 가능케 하는 하나의 방법이 된다.

이처럼 교사는 비판적 사유와 실천을 결합하는 존재, 곧 프락시스의 수행자로 자리매김한다. 그리고 이 프락시스를 지속적으로 확장하는 데 글쓰기는 탁월한 매개가 된다. 글쓰기를 통해 교사는 개인적 성찰을 넘어서 실천공동체 안에서 자신의 위치를 재구성하고, 경험을 공유 가능한 지식으로 전환한다. 따라서 글쓰기를 단순한 결과의 산출이 아니라 '되기(becoming)'의 과정으로 이해할 필요가 있다(이정우, 2012).

이러한 '되기(becoming)'의 개념은 단지 개인의 내면적 변화나 정체성 형성에 머무르지 않는다. 오히려 글쓰기를 통해 주체는 존재를 재구성하고, 타자와의 상호작용 속에서 관계적 윤리를 형성해 나간다. 이 지점에서 우리는 글쓰기를 단순한 표현 수단이 아니라, 존재론적 행위이자 윤리적 실천으로 사유한 들뢰즈(G. Deleuze)의 철학에 주목할 필요가 있다. 들뢰즈에게 있어 글쓰기는 동일성의 논리를 벗어나, 차이의 운동과 생성의 흐름 속에서 주체를 끊임없이 탈정형화하는 '되기의 실천'이다(이정우, 2012). 이러한 맥락에서 들뢰즈의 '되기(becoming)' 개념을 근거로 글쓰기의 존재론적 의미를 고찰하고, 나아가 글쓰기가 교육적 주체성과 어떻게 연결되는지를 탐색하고자 한다.

6-1. 차이생성의 철학: 동일성의 철학에 대한 도전

들뢰즈의 차이생성의 철학은 전통적인 동일성의 철학에 대한 근본적인 도전을 제기한다. 동일성의 철학은 본질적으로 세계의 모든 존재가 고정된 본질을 갖고 있다는 사고방식에 뿌리를 두고 있다. 이 사고방식에서 인간과 사물은 고정된 개념으로 규정되며, 모든 차이는 본질적으로 제거되거나 동일성으로 귀결된다. 고대 플라톤의 형이상학부터 데카르트, 칸트, 헤겔에 이르는 서구철학 전통은 이러한 동일성의 철학을 확립해 왔다. 이들은 인간 주체와 사물의 차이를 인식하거나 해석하는 데 있어, 차이를 동일성으로 환원하려는 경향을 보인다.

들뢰즈는 이러한 동일성의 철학을 비판하고, 차이와 생성을 중심으로 한 새로운 철학적 관점을 제시한다. 그는 차이를 단순히 변형된 동일성의 한 형태로 보는 것을 거부하며, 차이는 고유한 존재론적 요소로서 세계의 근본적인 특징이라고 주장한다. 들뢰즈의 차이생성 철학은 사물들이 고정된 본질이나 규범에 의해 정의되는 것이 아니라, 서로 다른 차이들이 만나면서 생성되고 변형되는 과정을 강조한다(이정우, 2003; 이정우, 2005).

〈동일성의 철학과 차이의 철학〉

동일성의 철학, 동일성의 존재론	차이의 철학, 생성존재론
• 현전(現前)의 존재론: 존재는 본질적으로 고정된 실체를 지니며, 주체의 동일성은 이미 정해져 있어 고정된 실체로 존재한다. • 구성철학(constructive philosophy): 개별 존재자는 인간 지성에 의해 개념화되고, 이를 통해 인식되고 소유된다. • 동일성의 폭력: 타자의 차이성을 인정하지 않고 동일성으로 환원하여 '내 것'으로 소유하려는 폭력적인 과정이다. • 항시 동일성이 전제되며, 반복과 재현 과정에서 때로 차이가 생성된다.	• 생성존재론: 주체는 수많은 차이로 구성된 '나'의 잠재적인 부분들이 발현되어, 일시적으로 동일성(identity)으로 수렴된 것이다. • 해체철학(deconstructive philosophy): 인간 중심적 시각에서 존재를 파악하고 소유하려는 시도를 벗어나야 한다. • 타자는 여백을 지닌 존재로, 동일성으로 가둘 수 없는 차이가 지속적으로 남는다. • 차이생성(differentiation) 과정에서 동일성이 발생하며, 자아(identity)는 가족유사성의 연속성을 통해 구성된다.

동일성의 철학은 고정된, 보편적 속성을 지닌 존재를 전제로 한다. 이 철학에서는 주체라는 존재가 미리 실체로 규정되어 있으며, 인간의 인식이나 이성적 사유는 이를 규명하고 체계화하는 역할을 한다. 즉, 동일성의 존재론에서는 사물과 인간을 하나의 범주로 정의하고, 차이를 제거하거나 억제함으로써 세계를 이해하려 한다. 이러한 사고방식은 구성철학으로 나타난다. 구성철학에서는 인간 지성이 세계를 재구성하고 개념을 통해 세계를 이해하려는 시도가 이루어진다. 또한, 인간이 차이를 동일성으로 환원하여 사물들을 소유하고 지배하려는 동일성의 폭력이 존재한다(김형효, 2005).

반면, 생성존재론은 주체와 세계를 기존의 고정된 틀로 해석하지 않는다. 들뢰즈는 주체가 수많은 차이들로 구성된 잠재적 존재의 일부라고 주장한다(이정우, 2012). 되기(becoming)라는 과정은 고정된 실체가 아닌, 끊임없이 변화하고 생성되는 존재의 모습을 보여준다. '되기'는 차이의 연속적인 변화를 통해 새로운 존재방식으로 나아가는 역동적 과정을 의미한다. 이는 고정된 본질이나 정체성을 넘어서서, 존재가 지속적으로 변화하며 발전하는 과정을 나타낸다.

들뢰즈의 생성철학은 차이와 생성을 중심으로 한 철학적 사고로, 고정된 존재방식이나 규범에서 벗어나 변화와 창조적 실천을 강조한다. 기존 철학에서 주체와 세계는 고정된 실체로 간주되었고, 차이는 그 실체 속에서 해소되거나 억제되는 경향이 있었다. 그러나 들뢰즈는 차이를 단순히 변형된 동일성의 형태로 보지 않고, 차이 자체가 존재의 근본적인 요소라고 주장한다. 그는 차이생성을 통해 새로운 가능성들이 끊임없이 펼쳐지는 역동적 과정을 설명한다(이정우, 2005).

들뢰즈는 차이를 잠재적인 것으로 정의하고, 동일성은 현실적인 것으로 간주한다. 동일성은 차이의 응결 형태로 존재하며, 이는 차이생성의 과정에서 나타나는 일시적인 결과일 뿐이다(이정우, 2012). 따라서 동일성의 본질은 우연적이고 자의적이며, 차이가 현실을 구성하는 핵심적인 요소라고 주장한다. 차이생성을 통해 존재는 지속적으로 변화하고 발전하며, 새로운 가능성들이 창출된다.

6-2. 되기와 차이의 생성

들뢰즈의 철학에서 '되기(becoming)'는 고정된 존재 방식에 대한 저항을 의미하며, 이는 단순한 물리적인 변화만이 아니라 존재의 지속적이고 역동적인 재구성을 나타낸다. "되기"는 고정된 실체나 정체성에 의존하지 않고, 차이의 생성을 통해 새로운 존재방식과 삶을 창조하는 실천적 과정으로 이해된다(이정우, 2008). 이는 고정된 본질과 정체성을 넘어서 지속적인 변화와 창조를 가능하게 하는 과정이다. 들뢰즈는 되기를 기존 질서와 규범에 대한 근본적인 도전으로 보며, 이 개념은 삶과 존재의 본질적인 변화 가능성을 강조한다.

포스트모더니즘에서 중요한 개념 중 하나는 시뮬라크르(simulacre)이다. 시뮬라크르는 플라톤의 이데아 개념에서 유래하며, '흉내 내다'라는 의미가 있다. 하지만 시뮬라크르는 원본의 존재를 전제하지 않으며, 기존의 재현 개념을 전복시킨다(이정우, 2004). 전통적인 재현 개념에서는 유사(resemblance)가 중요한 반면, 시뮬라크르는 상사(similitude)에 해당한다.

유사성은 원본을 전제한 동일성의 개념이다. 원본이 존재하는 경우, 이를 재현한 그림은 원본과 유사성의 관계를 맺게 된다. 이때, 그림의 가치와 의미는 원본과의 유사성에 따라 결정된다. 반면에 상사성에서는 복제들 간에 차이의 관계가 형성되며, 이는 위계가 없는 차이의 놀이로 나타난다. 이러한 관계는 기존의 진리 개념을 전복하고, 상호작용하는 복제들 간에서 진리가 점진적으로 생성된다.

시뮬라크르는 단순한 원본의 복제물이 아니라, 차이의 생성(differentiation)을 통해 의미와 존재의 변화를 이끈다. 데리다(J. Derrida)는 이와 같은 시뮬라크르의 미학을 설명하며, 유사성의 관계에서 진리가 성립하는 전통을 넘어서, 상사성의 관계에서 진리는 복제들의 반복과 차이를 통해 점진적으로 전개된다고 주장한다(박정자, 2011). 이러한 과정에서 이데아와 시뮬라크르의 관계는 전복된다(이정우, 2004). 시뮬라크르에서 중요한 점은 바로 원본의 존재를 해체하고, 차이의 생성을 통해 새로운 의미와 창조가 가능하다는 것이다.

〈차이생성의 효과로서의 동일성〉

- 푸코는 『말과 사물』에서 유사함이 재현이라면, 상사는 반복이라고 언급한다. 그는 기존 의미나 체계가 반복을 통해 어떻게 변형되고 차이를 생성하는지를 설명하며, 재현의 한계를 넘어서는 차이 나는 반복을 제시한다.
- 데리다는 '되뇌임성(iterability)'에서 'iter'가 산스크리트어 'itara(other)'에서 유래한 것으로, 되뇌임은 본래부터 다를 수 있는 가능성을 내포하며, 반복될 때마다 차이를 생성한다고 설명한다.
- 상징계에서 기표의 반복은 단순한 재현을 넘어서, 그 안에 없던 새로운 차이를 생성한다. 예컨대, 기표의 반복 속에서 오브제a(얼룩, 틈, 공백)와 같은 새로운 차이들이 출현한다. 이는 재현이 아니라 반복을 통해 새로운 의미와 실체가 지속적으로 창출된다는 점에서 중요하다.
- 들뢰즈는 전통적인 원본과 복제의 관계를 전도한다. 그는 유일한 본질이나 정체성이 존재하지 않으며, 오히려 다양한 차이들이 공존하고 인정되어야 한다고 주장한다. 이는 고정된 의미나 본질을 넘어서, 다수의 가능성에 열려있는 상태를 지향한다.
- 들뢰즈와 푸코의 철학은 위계적인 질서보다는 수평적 네트워크를 중요시하며, 이는 새로운 관계와 연결을 통해 다원적이고 비위계적인 사회적, 존재론적 가능성을 제시한다.

출처: ChatGPT & DALL · E (2025b)

- 들뢰즈는 시뮬라크르 안에서 무제한의 생성과 변화를 보며, 이는 고정된 정체성이나 질서의 틀을 넘어서 끊임없이 새로운 차이와 존재가 만들어지는 과정임을 강조한다.

시뮬라크르는 상사성(similitude)을 통해 원본의 존재를 해체하며, 이는 원본에 못 미치는 복제가 아니라 차이의 생성을 의미한다. 상사성은 닮음 자체보다 차이를 창조하는 데 의미가 있으며, 새로운 의미 생성의 가능성을 연다(박정자, 2011). 푸코(Foucault)는 『말과 사물』에서 수많은 상사들의 축적을 통해 유사성이 형성된다고 말한다.

차이의 놀이, 차이 나는 반복이란 반복되면서 변하는 가능성을 가리킨다. 반복과 반복 사이에서 끊임없이 차이를 생성하며, 모든 것이 변화하거나 진화할 수 있는 운동성을 갖게 된다. 들뢰즈(G. Deleuze)의 반복은 결코 동일한 것의 재현이 아니라, 반복에서 차이 나는 것을 감수하지 않으면 어떠한 창조도 있을 수 없다(이정우, 2004).

〈마그리트의 재현과 시뮬라크르〉

- 마그리트(R. Magritte)의 그림, 예를 들어 나무를 하나의 잎사귀로, 건축물을 하나의 기둥으로 표현한 작품은 그에 상응하는 기의가 없다는 점에서 시뮬라크르에 해당한다(박정자, 2011). 마그리트에게는 재현의 기준이 되는 원본이 존재하지 않으며, 그는 재현의 원칙을 깨고 일상의 사물을 완전히 새로운 방식으로 바라볼 수 있도록 우리의 시각을 바꾸었다(조광제, 2004). 그의 작품은 시뮬라크르의 개념을 통해 사물에 대한 다양한 관점을 제시하며, 우리가 미처 인식하지 못한 새로운 시각을 열어준다. 이를 통해 낯선 체험을 가능케 하고, 기존 의미체계를 해체하려 한다(이정우, 2004). 현대예술은 기의 없는 기표들로 구성되며, 마그리트의 작품은 이러한 현대예술의 중요한 예시로 볼 수 있다(박정자, 2011).
- 마그리트의 회화는 비트겐슈타인(L. Wittgenstein)의 표현으로 '언어가 휴가 가버린' 상태를 구현한다(조광제, 2004). 마그리트는 일상적인 사물들이 다른 것들과 맺는 관계가 본질적인 것이 아님을 보여주려 한다. 그는 사물이 지닌 도구적 기능을 벗어나, 인간 욕구와는 전혀 맞지 않는 사물들의 조합을 만들어내어 기존 의미체계를 해체하려 한다. 이러한 방식은 개념의 의미가 고정되지 않고 계속 미끄러지게 하여, 인간 욕구와 독립적인 사물의 근원(즉자성)을 다시 일깨운다(김승호, 2006).

출처: ChatGPT & DALL · E(2025c)

출처: ChatGPT & DALL · E(2025c)

〈차이의 생성: 영토화, 탈영토화, 재영토화〉

'되기'의 핵심은 욕망하는 기계(desiring machines) 개념에서 출발한다. 들뢰즈는 기계를 단순히 물리적인 장치로 보지 않고, 차이를 생성하는 역동적인 존재로 설명한다. 욕망은 단순한 물리적 힘을 넘어서, 생명 그 자체로서 세계의 변화를 이끄는 동력으로 작용한다(이정우, 2008). 이 욕망하는 기계는 지속적으로 변화하고, 차이를 창조하며, 새로운 가능성과 관계를 생성한다. 이러한 변화는 기존 질서와 규범에 대한 도전으로, 새로운 질서와 창조를 가능하게 한다. 욕망은 존재의 핵심적인 동력으로서, 변화를 이끌어내는 중요한 원리이다.

들뢰즈는 기존의 고착화된 질서에서 벗어나, 자기 자신과 삶을 더 역동적이고 복잡한 방식으로 만들어 나갈 것을 촉구한다. 들뢰즈 실천철학의 핵심은 '어떤 배치를 만들어갈 것인가?'라는 문제에 집중된다(이정우, 2008). 이를 위해 들뢰즈는 영토화/탈영토화, 코드화/탈코드화, 층화/탈층화 등의 개념을 통해 배치의 변화를 이끄는 방향을 설명한다. 차이생성의 과정에서 중요한 개념은 영토화, 탈영토화, 재영토화이다. 영토화는 기존 질서와 규범을 고착시키는 과정으로, 특정 규범 내에서 존재를 억제하려는 시도이다. 반면, 탈영토화는 고착화된 질서에서 벗어나 새로운 가능성을 창출하는 과정이다(이정우, 2008). 탈영토화는 단순히 해체하는 것이 아니라, 차이의 생성을 통해 새로운 관계와 의미를 만들어가는 창조적 과정이다. 이는 기존 고정된 질서에 대한 도전과 저항을 넘어서서, 새로운 질서와 창조의 가능성을 여는 과정이다.

재영토화는 탈영토화 이후 형성된 새로운 질서나 구조가 일정한 형태로 구성되는 과정을 의미한다. 그러나 이러한 새로운 질서는 차이의 생성을 통해 언제든지 해체되고 재구성될 수 있다. 들뢰즈의 철학에서는 고정된 질서와 변화가 끊임없이 상호작용을 하며, 차이생성의 과정에서 새로운 가능성과 관계들이 계속해서 창출된다. 이 과정은 기존 질서에 대한 지속적인 저항과 그로 인한 창조적 변화를 강조한다.

들뢰즈는 존재하더라도 차이를 발생시키지 않으면 그것은 죽은 것과 마찬가지라고 말하며(이정우, 2008), 차이생성을 통해 존재가 끊임없이 변하고 창조되는 과정을 강조한다. 그의 생성철학은 차이와 되기를 중심으로 변화와 창조적 실천을 강조하는 철학이다. 들뢰즈와 푸코 등의 후기구조주의자들은 마치 텍스트를 짜는 작업처럼, 새로운 접속과 관계 맺음을 통해 텍스트와 배치를 끊임없이 창조해 나가는 삶의 윤리를 주장한다. 이는 이미 주어진 질서에 나를 맞추는 것이 아니라, 텍스트를 짜나가는 것처럼 관계를 만들어가고, 실현하며, 다시 새로운 관계를 창조해 내는 끝없는 차이생성이 우리의 삶이라는 것이다(이정우, 2004).

차이생성은 고정된 존재방식이나 규범에서 벗어나 새로운 가능성과 존재의 변화를 이끌어내는 역동적인 과정이다. '되기'는 기존의 질서와 규범에 대한 저항이며, 차이를 생성하는 과정에서 새로운 존재방식이 창조된다. 들뢰즈는 욕망하는 기계, 탈영토화, 재영토화 등의 개념을 통해 변화와 생성의 메커니즘을 설명하며, 고착화된 질서에 대한 지속적인 도전과 창조의 필요성을 강조한다(이정우, 2003; 김형효, 2005). "되기"와 "시뮬라크르"는 변화와 창조를 중심으로 연결된다. 시뮬라크르는 원본이 없는 리얼리티를 생성하는 과정으로, 복제들 간의 차이를 통해 진리를 전개한다(박정자, 2002). 이는 기존 질서의 해체를 의미하며, 끊임없는 차이의 생성을 통해 새로운 의미와 창조가 가능하다. 들뢰즈는 "되기"를 통해 존재가 끊임없이 변하고 창조되는 과정을 강조하며, 이는 차이와 반복을 통해 지속적으로 생성되는 영원회귀이다(이보라, 2015).

"되기"와 "차이의 생성"은 고정된 존재방식이나 규범에서 벗어나 새로운 가능성과 존재의 변화를 이끌어내는 역동적인 과정이다. 이러한 과정은 기존 질서에 대한 저항을 넘어서, 새로운 존재방식과 삶을 창조하는 역동적이고 창조적인 실천이다.

들뢰즈의 철학은 단순한 변화를 넘어서, 존재와 세계를 재구성하는 혁신적인 실천으로서, '되기'와 '차이의 생성'은 오늘날에도 여전히 유효한 윤리적, 철학적 가치를 제공한다. 이는 고정된 질서와 규범에 얽매이지 않고, 지속적으로 차이를 만들어가며 새로운 관계와 의미를 창조해 나가는 삶의 윤리적 실천을 강조한다.

〈니체(F. Nietsche)의 영원회귀〉

- 영원회귀를 긍정한다는 것은 차이생성의 반복을 긍정하는 것이다. 통상적으로 반복은 동일한 것의 반복으로 이해되지만, 시간 속에서 완벽히 같은 것이 반복되지는 않으며, 항상 차이가 동반된다(이정우, 2012). 영원히 반복되는 것은 똑같은 것이 아니라, 차이가 있는 것들만 반복된다. 즉, 영원회귀는 차이를 동반하는 반복으로 끝없이 되돌아오는 현상을 의미한다. 이는 고착된 것이 반복되는 것이 아니라, 다른 것이 반복될 수 있는 가능성의 영역을 제시한다.
- 반복하는 영원회귀는 "동일성이 없이 연루된 세계 속에서 서로 손잡고 있는 차이의 세계와 같다"(김형효, 2005). 들뢰즈(G. Deleuze)에 따르면, 사람이라는 욕망 기계는 영원회귀의 원칙에 따라 언어와 시간과 공간을 배치한다(이정우, 2012).

6-3. 되기(becoming)의 윤리학과 글쓰기

들뢰즈의 '되기'는 기존에 고정된 존재 방식을 넘어 끊임없이 변화하고 창조적인 가능성을 추구하는 과정이다. '되기'는 단순한 변화가 아니라, 기존 배치에서 벗어나 새로운 배치와 관계를 창출하는 역동적인 실천이다. 들뢰즈는 이를 통해 기존 질서와 권력 구조에 저항하며, 새로운 존재방식과 삶의 양식을 창조하려 한다. 이 과정에서 중요한 개념은 탈주와 차이의 생성이다. 탈주는 기존 질서에서 벗어나 새로운 접속과 배치를 통해 다른 가능성을 추구하는 과정이며, '되기'는 이러한 탈주가 일어날 때 발생한다. '되기'는 기존 질서에 대한 저항을 통해 새로운 관계와 의미를 창출하는 과정으로 정의된다(이정우, 2008).

들뢰즈에 따르면, 한 사회는 기존 삶의 방식, 즉 코드를 유지하려는 힘과 변화를 추구하려는 힘 간의 영원한 투쟁 속에서 이루어져 있다(이정우, 2008). 들뢰즈는 홈을 파서 코드를 만들어내는 권력의 힘에 저항하고, 탈주하는 과정이 바람직한 삶이라고 말한다(이정우, 2004). 그에게 바람직한 삶은 '홈 패인 공간'을 따라 고착화되고 정체된 삶이 아니라, 유목민처럼 탈주선을 따라 끊임없이 새로운 접속을 통해 새로운 관계와 새로운 삶의 방식을 창조하는 것이다. 들뢰즈가 말하는 '되기'는 주어진 존재방식에 저항하여 새로운 존재방식을 만들어 나가는 과정이다. 이는 '무엇이 될 수 있는가(becoming)?'라는 질문을 통해 저항의 담론으로 나타난다. 이 과정에서 우리는 영토화된 세계가 전부가 아님을 인식하고, 그 아래에 놓인 다른 잠재성을 인식하려는 노력을 기울여야 한다(이정우, 2008).

'되기'에서 중요한 것은 존재가 고정된 실체가 아닌, 변화하고 변모하는 과정이라는 점이다. 들뢰즈에게 '되기'는 차이의 생성으로 가는 중요한 방편이자 시작이다(이정우, 2003). 그는 기존 배치에서 벗어나 새로운 삶의 양식을 추구하는 '되기'의 유력한 방법으로 글쓰기를 제시한다(이정우, 2003). 즉, '되기'의 철학은 글쓰기를 통해 나타난다. 끊임없이 새로운 다른 것을 향해 탈주하는 글쓰기, 그것이 들뢰즈식 '되기'의 글쓰기이다(이정우, 2005). 예컨대, 카프카(F. Kafka)는 딱정벌레나 쥐에 관한 소설을 쓸 때, 글을 쓰면서 스스로 딱정벌레가 되고 쥐가 된다고 말한다(이정우, 2003). 이처럼 글을 쓰는 사람은 다른 사람 혹은 동물이 되어 그 입장에서 느끼고 생각해 보면서, '되기'를 통해 기존 관점과 생활방식으로부터 탈주한다(목영해, 2010). 글을 쓴다는 것은 내가 아닌 다른 존재가 되어보는 것이며, 새로운 삶의 가능성을 창조하는 과정이다(이정우, 2008).

〈되기(becoming)로서 글쓰기〉

- 글쓰기에서 '되기'는 동일성을 모르는 되기로, 오직 차이만을 반복하는 시뮬라크르(simulacre)이다. 들뢰즈에게 글쓰기는 탈주의 과정이자 되기, 배치 형성과 탈영토화를 포함하는 실천이다(김지영, 2004). 글쓰기는 기존 질서에서 벗어나는 창조의 선을 추적하는 작업으로, 이는 삶을 실험하고 다른 삶을 전망하는 행위이다.
- 글을 쓴다는 것은 기존 질서에서 벗어나는 탈주선에 참여하는 것이다. 들뢰즈는 문학적 글쓰기가 작가 개인의 산물이 아니라, 특정 시대의 징후에 관한 글쓰기이며, 이는 집단적 발화로서 기존 질서에서 벗어나는 탈주선에 참여하는 것이라고 보았다(김지영, 2004).

들뢰즈에게 글쓰기는 '되기'의 중요한 방식으로, 기존 질서를 넘어서 창조적이고 새로운 관계를 만들어가는 중요한 수단으로 기능한다. '되기'는 소수자적 존재로서의 실천을 요구하며, 글쓰기는 소수자-되기의 행위로서, 글을 쓰지 않는 소수자들과 접촉하는 행위이다(Deleuze & Guattari, 1980/2001).

들뢰즈에게 소수자적 '되기'는 기존 질서와 척도에서 벗어나 차이를 만들어가는 과정이다. 소수자는 단순히 수적으로 적은 존재를 의미하는 것이 아니라, 지배적인 질서와 규범을 벗어난 존재로, 차이를 창출하고 새로운 가능성을 여는 존재로 정의된다(이정우, 2008). 소수자적 존재는 단순히 기존 질서에 저항하는 존재일 뿐만 아니라, 다양한 관계와 접속을 통해 잠재된 능력을 발현시키는 과정에 참여하는 존재이다. 이를 통해 각자는 자신만의 잠재 능력을 증대시키고, 기존의 규범을 넘어서 새로운 삶의 방식을 창조한다. '되기'는 이러한 소수자적 존재의 생성과 변화를 의미하며, 기존 사회에서 배제된 존재들이 새로운 사회적 위치와 역할을 만들기 위한 실천이다(이정우, 2008).

'되기'의 실천은 교육에서도 중요한 함의가 있다. 교육은 기존 제도적 관점을 내면화하고 순종적인 삶을 사는 정착민적인 인간을 양성하는 것이 아니라, 새로운 삶의 방식과 가치, 사유를 찾아가는 유목민적 인간을 양성해야 한다. 교육에서의 '되기'는 창의적이고 변화적인 삶을 추구하는 과정으로, 학생들이 기존 규범을 넘어 새로운 관계와 가치 시스템을 구축하는 데 기여한다(목영해, 2010). 교육적 '되기'는 학생들이 다양한 삶의 가능성을 탐구하고, 새로운 주체성을 형성하는 데 중요한 역할을 한다.

들뢰즈에게 '되기'로서의 글쓰기는 정치적 함축을 지닌다. '되기'의 글쓰기는 지배적인 코드를 그대로 따르는 것이 아니라, 거기에 탈주선을 만드는 것이다(이정우, 2003). 들뢰즈가 말하는 생성의 정치학은 배치를 통해 탈영토화의 힘을 이끌어낼 때 이루어지는데, 여기서 주체의 동일성에 환원되지 않는 타자의 타자성은 동일성 속에서 차이를 생산하는 절대적 탈영토화로 사유된다(김지영, 2004).

요컨대, 들뢰즈에게 글쓰기란 '되기'이다. '나-타자'의 되기의 블록을 이루어서 '나이면서 타자'인 그런 차원을 지향할 때, 기존에 없던, 어떤 사람도 아닌 사람이 될 수 있다. '되기'를 통한 창조적 생성에서는 삶 속에서 만나고 접하는 것들을 어떻게 콜라주(=혼효면) 하여 '나(개체성)'를 만들어 나가는지가 중요하다고 들뢰즈는 말한다(이정우, 2005). 글쓰기도 마찬가지로 자기 나름의 방식으로 콜라주를 거듭해서 만들어지는 것이 자신의 스타일이다.

이러한 '되기'의 과정은 외부 세계와의 끊임없는 상호작용을 통해 새로운 의미와 가능성의 영역을 여는 과정이다. 이 상호작용은 고정된 경계를 허물고, 각 요소들이 서로 영향을 주고받으며 끊임없이 변형되고 확장된다. 따라서 글쓰기는 '되기'의 창조적 과정으로, 끊임없는 해석과 재구성을 통해 자신을 변화시키고 확장하는 방법이 된다. 이러한 관점에서 교육과정도 단순히 지식을 전달하는 것이 아니라, 학습자와 교사가 함께 창조해 나가는 동적 텍스트로 이해할 필요가 있다. 이어지는 글에서는 교육과정을 어떻게 텍스트로 구성하고 발전할 수 있는지를 살펴본다.

〈텍스트〉

- 기호학적으로, 세상에 존재하는 모든 문화적 가공물과 사건은 텍스트로 간주된다(이정우, 2004). 바르트는 '텍스트'라는 개념의 범위를 확장하여, 몸짓, 대화 등 의미를 읽어낼 수 있는 모든 사건과 사물을 텍스트로 보고 이를 독서의 대상으로 삼았다. 후기구조주의와 포스트모더니즘의 관점은 세계를 텍스트로 보는 은유에 기반한 세계관이다.

6-4. 작가적 텍스트(writerly text)로서의 교육과정

주어진 현상이나 사태를 작품으로 볼 것인지, 텍스트로 볼 것인지의 문제는 해석학적 읽기와 해체적 읽기의 차이를 의미한다. 작품은 잘 만들어진 것, 즉 특정한 의미가 이미 내재된 상태를 의미한다. 전통적인 해석학적 접근은 텍스트에 내재된 고정된 의미를 찾는 것을 목표로 한다. 하지만 후기구조주의 이후, 글쓰기와 읽기, 텍스트의 개념은 과거의 해석학적 읽기와는 전혀 다른 접근을 요구한다.

바르트(R. Barthes)는 현대사회를 언어로 구축된 코드화된 사회, 즉 권력 사회로 정의한다. 그는 기표와 기의의 의미 시스템이 철저히 코드화되어 있으며, 이러한 코드들이 특정 사회적 코드 시스템을 형성한다고 주장한다. 바르트에 따르면, 우리가 말을 한다는 것은 바로 이러한 코드 시스템을 행사하는 것이며, 따라서 이 코드 시스템은 권력 시스템으로 작용한다고 본다. 즉, 우리는 말을 하면서 이미 권력 행위를 수행하고 있으며, 기호를 통해 이 코드 시스템을 반복적으로 재생산하고 있다. 또한, 바르트는 우리가 말을 하면서 코드 시스템에 속하지 않은 타자성을 밀어내는 행위를 한다고 강조한다(강신주, 2010). 결국, 권력은 언어의 내용에 담기는 것이 아니라, 언어 행위 자체에 내재하게 된다.

푸코(M. Foucault)는 언어 행위가 특정 코드 시스템을 반복적으로 재생산하며 억압적 권력을 행사한다고 설명한다(강신주, 2010). 모든 텍스트나 연구물에 대한 해석은 당대의 담론권력 내에서 이루어지며, 이는 해당 시대의 학문적, 사회적 맥락을 반영한다. 즉, 언어는 단순히 의사소통의 도구가 아니라 권력 행위로 작용하며, 우리는 그 안에서 기호를 통해 의미를 반복적으로 재생산한다. 이러한 관점은 기존의 권력 구조를 분석하고, 이를 탈코드화하여 새로운 의미를 창출할 가능성을 제시한다.

바르트는 기존 코드 시스템에 복종하기보다는 이를 해체함으로써 탈권력화하고, 새로운 가능성을 열 수 있다고 주장한다. 그는 해체를 기존 코드 시스템의 틀을 부정하고, 그 틀 안에서 배제된 타자성을 사유 속으로 끌어들이는 방법으로 본다. 즉, 기존 코드 시스템이 구축하는 질서를 넘어서서 차이를 강조하고, 그 차이를 드러내는 방식으로 새로운 사유와 경험을 창출할 수 있다는 것이다. 해체는 권력에 의해 질서 지어진 기존 사물의 질서에서 벗어나 차이를 인정하고, 다른 것을 보려는 시도이다. 이러한 해체 과정을 통해 기존 코드 시스템을 훼손하고 와해시킬 때, 우리는 새로운 가능성을 창출하고 경험할 수 있게 된다.

〈작품과 텍스트〉

유사(resemblance), 해석학적 읽기	상사(similitude), 해체적 읽기
• 작품(work): 저자 중심의 완결된 의미 구조를 지닌 조직체 • 작가의 쓰기(The Writing) 중심: 해석을 통해 작품 안에 이미 들어있는 진리를 드러냄 • 해석학적 읽기: 읽을 수 있는 텍스트(readerly text)에 담긴 일관된 의미 해석 • 의미작용(signification): 코드 체계에 따른 고정된 의미 재생산 • 동일성의 반복: 기표-기의 관계에 기반한 재현 중심의 교육	• 텍스트(text): 작품의 해체물로 고정되지 않은 열린 구조 • 독자의 읽기(The Reading) 중심: 독자의 능동적 참여를 통해 의미 생성이 이루어짐 • 해체적 읽기: 써질 수 있는 작가적 텍스트(writerly text)를 통한 의미 생산과 탈코드 운동 • 의미 생성(significance): 고정된 코드 체계를 벗어난 기표가 끊임없이 새로운 의미들을 생산해 내는 기호 운동 • 차이의 반복: 동일성을 벗어나, 차이 나는 반복에 기반한 생성 중심의 교육

바르트는 인간이 기호를 통해 의미를 만들어가는 과정을 의미작용(signification)과 의미생성(signifiance)으로 구분한다. 의미작용은 주어진 코드시스템 내에서 의미를 만드는 과정이다. 이는 기존의 패러다임을 따르며, 그 안에서 의미가 고정된 형태로 정의된다. 반면, 의미생성은 기존의 코드시스템을 벗어나 새로운 기호를 만들어내는 과정을 의미한다. 바르트는 인간을, 기호를 생산하는 존재(homo significans)로 보며, 인간은 사물이나 대상을 단순히 받아들이는 것이 아니라 의미를 부여하고 그것을 재구성한다고 주장한다.

의미생성은 기존의 경계나 패러다임에 얽매이지 않으며, 상황에 따라 무한히 새롭게 생성된다. 이러한 의미는 무한 재생산되는 가능성의 공간을 제공하며, 기존 코드시스템 안에서 갇혀 있는 것이 아닌, 지속적으로 변형되고 확장되는 것이다. 이에 대해 바르트는 독서 주체라는 개념을 통해 기존의 이데올로기를 전복하고, 인간 고유의 의미 생산의 자유를 복원하려 한다. 이는 기존 코드시스템 내에서 의미작용을 하는 것에서 벗어나, 각자가 고유한 개인성을 통해 새로운 보편성을 만들어가는 방식이다.

바르트의 관점에서는, 기존 코드시스템으로는 도저히 해석할 수 없는 대상이 존재할 수 있으며, 이럴 때 탈코드화를 통해 의미생성을 해야 한다. 즉, 텍스트 안의 모든 것은 무엇인가를 의미하지만, 그 의미는 고정되어 있지 않고 열려 있으며 그 조합은 무한히 가능하다. 새로운 의미의 생산은 항상 가능하며, 이는 곧 권력 비판으로 이어진다. 왜냐하면 권력은 의미 시스템을 통해 작동하기 때문에, 그 시스템을 벗어나는 행위 자체가 정치적 활동이기 때문이다. 따라서 바르트는 의미생성의 회복, 즉 인간 고유의 기호와 의미를 생산하는 자유를 회복해야 한다고 주장한다. 이는 단순한 언어적 차원을 넘어, 권력의 해체와 새로운 정치적 가능성을 여는 과정으로 이해될 수 있다.

바르트가 독자와의 상호작용을 통해 의미가 창출되는 장소로서의 텍스트, 즉 독자가 써나가는 텍스트를 강조한 것처럼, 들뢰즈 또한 텍스트를 포함한 모든 사물이 본질적인 의미를 지니지 않으며, 의미는 외부와의 '접속'을 통해 형성된다고 본다(이정우, 2008). 들뢰즈는 사물은 고정된 의미를 갖지 않고, 다른 사물들과의 관계를 통해 의미가 만들어진다고 주장한다. 텍스트 역시 마찬가지로, 독자의 접속 방식에 따라 전혀 다른 해석이 가능하다.

이러한 맥락에서 바르트의 '작가적 텍스트(writerly text)' 개념을 주목할 필요가 있다. 이는 독자가 읽는 과정에 적극적으로 개입하여 텍스트를 짜나가고(texture), 써 내려가며 의미를 창출하는 데 중점을 둔다(김진영, 2012). 다시 말해, 작가적 텍스트는 독자와 텍스트 사이의 역동적인 상호작용 속에서 끊임없이 의미가 재구성되는 열린 구조를 지닌다.

작가적 텍스트 개념을 교육과정에 적용하면, 교육과정은 독자와 텍스트의 상호작용을 통해 해석되고 다시 써 내려가야 하는 텍스트가 된다. 즉, 교육과정이나 교과서를 텍스트로 이해할 경우, 교사는 이를 단순히 수동적으로 받아들이는 것이 아니라, 다양한 해석과 의미를 창출하는 대상으로 접근할 필요가 있다(박순경, 1996). 들뢰즈의 '접속' 모델에 따르면, 같은 교육과정이라 하더라도 그 내용이 누구와 어떻게 접속하는지에 따라 전혀 다른 의미를 창출할 수 있다(이진경, 2001).

교육과정은 단순히 외부에서 주어지는 지식의 체계가 아니라, 학습자의 주관적 내면에서 출발하는 의미 생성의 과정이다(Pinar, 1975: 박순경, 1996 재인용). 학습자는 수동적으로 정보를 받아들이는 존재가 아니라, 이를 내면에서 해석하고 스스로 의미를 끌어내는 능동적인 과정에 참여해야 한다. 교육과정은 학습자가 자서전적 자아 성찰을 통해 자기 이해에 도달하고, 자신의 삶과 학습을 유기적으로 연결하도록 돕는 과정이어야 한다(이기언, 2014). 따라서 교육과정을 가르치는 행위는 단순히 정보 전달에 그치지 않고, 정보에 대한 해석과 해체의 과정으로 이해되어야 한다. 이 과정에서 교육과정은 외부에서 주어지는 것이 아니라, 학습자의 내면에서 끊임없이 '발견'되고 '구성'되며, 학습자가 능동적으로 그 의미를 창출해 나가는 과정을 지원해야 한다.

요컨대, 교육과정은 고정된 지식의 전달이 아니라, 지속적인 대화와 해석을 통해 의미가 생성되고, 학습자 개인의 성장과 발전을 돕는 역동적인 과정이어야 한다.

따라서 교육과정을 가르치는 행위는 단순한 정보 전달에 그쳐서는 안 되며, 정보에 대한 해석과 해체, 그리고 재구성의 과정으로 이해되어야 한다. 이때 교육과정은 외부로부터 고정된 형태로 주어지는 것이 아니라, 학습자의 내면에서 끊임없이 발견되고 구성되며, 그 의미가 새롭게 창출되는 열린 장으로 기능해야 한다. 요컨대, 교육과정은 정해진 지식을 전달하는 것이 아니라, 지속적인 대화와 성찰, 해석의 과정을 통해 의미를 생성하는 역동적 실천이어야 한다.

〈저자의 죽음과 글쓰기의 영도〉

"말하는 것은 언어이지 저자가 아니다. 글쓰기의 공간은 답사하는 것이지 꿰뚫는 것이 아니다. 글쓰기는 끝없이 의미를 상정하지만, 그러나 그것은 언제나 의미를 증발시키기 위해서이다. 글쓰기는 의미를 체계적으로 비워나간다. 독자의 탄생은 저자의 죽음이라는 대가를 치러야 한다." — 바르트(R. Barthes), 『텍스트의 즐거움』 중에서

- 바르트는 모든 작가가 특정한 언어 체계, 즉 지배적 랑그(langue) 안에 속해 있으면서도, 동시에 수평적으로는 자신만의 파롤(parole), 수직적으로는 독자적인 문체(style)를 통해 기존의 언어 질서에 저항한다고 본다. 작가는 기존 언어체계의 문화적 코드와 담론을 드러내고, 역사와 사회에 개입하며 변혁을 시도한다.

- 이 과정에서 중요한 개념이 바로 '글쓰기의 영도(零度, degree zero)'이다. 이는 기존 랑그를 해체하고 새로운 언어의 가능성으로 나아가는 출발점을 의미한다. 즉, 작가는 언제나 특정 언어 질서에 귀속되면서도, 제로의 지점, 다시 말해 의도와 형식이 최소화된 해체의 공간에서 새로운 글쓰기를 시도할 수 있다고 바르트는 말한다. 글쓰기의 영도는 고정된 이데올로기와 동일성의 철학을 해체하고, 새로운 담론을 창조해 나가는 가능성의 문을 여는 지점이다.
- 한편, 바르트는 텍스트와 작품(work)을 명확히 구분한다. 작품은 창조자인 저자(author)를 전제로 하며, 저자의 사유 속에 이미 존재하던 기의(signifie)의 총체를 기표(signifiant)로 재현하는 구조를 가진다(김상환, 2008). 반면에 텍스트는 저자의 죽음과 함께 등장하며, 저자의 의도와는 독립적으로 일탈적인 의미작용이 발생하는 공간이다. 텍스트는 독자의 읽기를 통해 끊임없이 새롭게 구성되며, 고정된 의미나 중심 없이 흩어지는 다성적 공간이다.
- 결국, 텍스트의 탄생은 '저자의 죽음'과 동시에 일어나는 사건이며, 이는 근대적 주체이자 휴머니즘의 중심으로 간주되던 저자 개념의 해체를 의미한다. 저자를 전제로 한 전통적 의미의 '작품'이 종언을 맞이함과 동시에, 그 자리를 독자와 텍스트가 차지하게 된다.

출처: 김진영(2012), 김상환(2008) 재구성

6-5. 리좀(rhizome)적 지식 추구

구조주의의 고정된 구조와 같은 초월적 법칙을 전제하지 않는 존재 방식을 들뢰즈는 '리좀(rhizome)'이라고 설명한다(이정우, 2008). 들뢰즈는 문화를 상징계의 고정된 체계로 바라보는 것을 비판하며, 이를 벗어나는 리좀적 존재 방식을 제시한다. 리좀은 동일성 철학의 수목형 구조와 이항대립을 넘어서, 위계를 허물고 새로운 접속을 통해 관계를 맺는 방식을 지향한다(이정우, 2011b). 따라서 리좀을 만들고 키운다는 것은 수목형 사고의 한계를 극복하는 과정이라 할 수 있다. 들뢰즈는 수목형 사유와 리좀형 사유를 대립시키며, "우리 삶을 이항대립적이고 동일성의 테두리 속에 가두는 방식이 아니라, 새로운 접속을 통해 새로운 관계와 삶의 방식을 찾는 논리를 추구"한다고 말한다(이정우, 2011b). 리좀은 아프리오리(a priori)한 법칙 없이 사물들이 전적으로 우발적 관계를 맺으며 형성되는 세계를 의미한다(이정우, 2011b).

이와 같은 리좀적 존재 방식은 교육에서도 중요한 의미를 지닌다. 교사와 학생은 끊임없이 창조하고 생성하는 리좀적 지식을 추구해야 한다. 리좀적 지식이란 고정된 질서 안에서 벗어나 "새로운 사유, 새로운 삶, 새로운 가치"를 창출하고, 궁극적으로 끊임없이 변하는 나를 만들어내는 과정을 의미한다(최명선, 2005). 따라서 리좀적 지식은 전통적인 수목형 사유와는 다른 방식의 사유를 요구한다.

수목형 사유는 항상 동일성의 테두리 안에 갇히게 된다. 즉, 수목형 지식은 중심 뿌리를 가진 동일성의 논리를 따르며, 이는 교육에서 지배적인 질서, 지식 탐구 방법, 학문적 관점을 재생산하게 만든다(최명선, 2005). 수목적 지식을 추구하는 경우, 교사나 학생은 서로를 자기 동일성의 영역으로 환원하려 하며, 서로 같은 이념과

〈리좀형(생성존재론) vs. 수목형(동일성의 존재론)〉

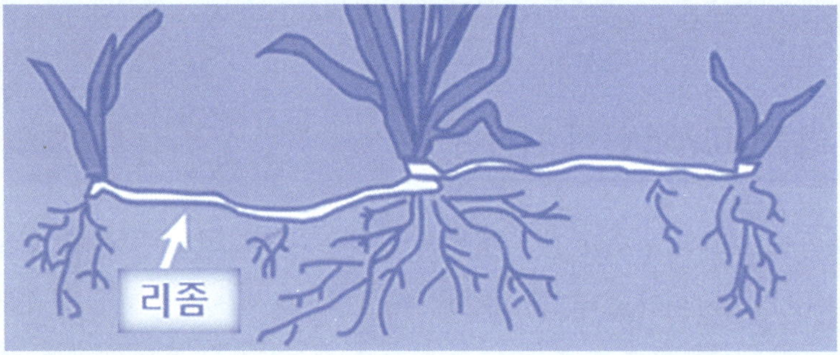

출처: 김숙경(2013)

- 들뢰즈의 생성존재론을 대표하는 개념은 '리좀'이다. 리좀이란 땅속의 뿌리줄기(덩이줄기)를 의미하며, 줄기 자체가 분기하여 독립적인 뿌리로 나아가는 구조로, 대개 수평적으로 퍼져나간다. 리좀은 무한히 분화되며, 각 분절점이 다시 그 자체로 뿌리 역할을 하므로 중심이 존재하지 않는다. 리좀형은 중심 없이 각 부분이 접속과 배치를 이루며 다양체를 구성해 가는 '생성존재론'의 원리를 드러낸다. 이 원리를 차용한 들뢰즈의 사유를 '리좀적 사유'라 부른다(이정우, 2012).
- 리좀과 대비되는 개념은 수목형의 중심 뿌리이다. 수목형에서는 중심 뿌리로부터 잔뿌리들이 뻗어나가지만, 잔뿌리가 아무리 다양하고 복잡하게 뻗어나가더라도 결국 중심 뿌리로 귀착된다. 모든 다양성이 하나의 중심으로 귀속되는 수목형의 중심 뿌리는 '동일성의 존재론'의 원리를 함축한다(이정우, 2012).

생각을 갖기를 요구한다(최명선, 2005; 조영달, 2015). 예를 들어, 교사는 학생을 자신의 동일성 영역에 맞추려 하고, 학생은 교사에게 익숙한 존재로 전환되기를 기대한다(조영달, 2015).

반면, 리좀형 지식은 위계적이고 고정된 수목형 지식체계를 허물고, 새로운 접속 가능성과 사유 방식을 모색하게 한다. 리좀형 지식을 추구하는 교사와 학생은 서로가 서로에게 기대어 존재함을 인식하고, 이를 통해 동일성의 테두리 안에 가두는 사고방식에서 벗어나 새로운 관계를 창출한다(최명선, 2006). 즉, 리좀형 지식은 기존의 질서에 의존하지 않고, 새로운 관계와 의미의 형성으로 나아간다.

리좀적 지식의 추구는 교육의 본래적 면모를 회복하는 데 중요한 역할을 한다. 교사와 학생은 기존의 중심적 질서에서 벗어나 차이와 다양성을 긍정하는 태도를 가져야 한다. 또한, 고정된 지식과 사상에 의문을 던지고, 창조적이고 생성적인 능력을 회복하는 것이 중요하다(최명선, 2005). 교사는 기존 체제에서 외부자의 역할을 수행하며, 기존 질서를 탈영토화하고 새로운 사고방식을 제시한다. 이는 기존 체제의 한계를 넘어 새로운 가능성을 여는 과정이다(최명선, 2005).

리좀적 지식은 기존 체제의 동일성에 갇히지 않고, 창조적이고 변화하는 지식으로 나아가는 것이다. 교사는 기존 체제가 동일화하지 못하는 새로운 사고방식을 제시함으로써 교육에 균열을 일으키고, 탈영토화의 과정을 통해 새로운 관계를 형성하게 된다(최명선, 2005). 들뢰즈의 표현처럼, 교사는 "관이나 종기를 터뜨리듯" 막힌 것을 새롭게 열어가는 역할을 해야 한다(이정우, 2003). 따라서 교사는 수목형 사고에서 벗어나 리좀형 사고를 지향해야 하며, 이를 통해 교육에서 차이와 다양성을 창출하고, 학생들이 창조적이고 변화를 주도하는 능력을 기를 수 있도록 도와야 한다.

요컨대, 들뢰즈의 되기, 차이생성, 그리고 리좀적 구조에 대한 철학은 창의성, 비판적 사고, 그리고 학습자 주체성을 촉진하는 교육을 재구성할 수 있는 중요한 틀을 제공한다. 이러한 들뢰즈의 개념을 IB 교육에 통합함으로써, 학습자가 변화를 받아들이고, 차이를 수용하며, 자신의 지적 여정에 대한 주체성을 갖도록 지원하는 교육환경을 만들 수 있다.

결국, 들뢰즈의 철학은 IB 교육의 목표와 밀접하게 연관된 변혁적 관점을 제시하며, '되기'와 글쓰기의 윤리를 통해 학생들이 창의적이고 반성적이며 능동적인 학습자로 성장하고, 나아가 세계시민으로서의 자질을 갖추도록 돕는 데 중요한 시사점을 제공한다.

제5장

왜 PLC인가?

1. 교사 책무성에서 학교 책무성으로의 전환
2. 교사 전문성 및 정체성 개발

[철학의 주름]

3. 교사전문성에 관한 네 가지 패러다임
4. 이론과 실천의 괴리, 그리고 실행연구
5. 왜 공동체인가: 잠재성의 정치학과 '무위'의 공동체
6. 함께-되기: 교사공동체의 존재론적 전환

제5장 왜 PLC인가?

"무(無)의 형이상학자인 류영모는 인간을 〈사이에-있음〉의 존재로 파악할 필요가 있다고 말한다. 인간의 '있음'은 '하늘과 땅 사이, 공간(空間)이라는 사이, 시간(時間)이라는 사이, 사람(人間) 사이'와 같은 다양한 사이들을 '잇는' 다양한 사이로서 '사이에-있음'이고, 다양한 사이를 다른 사이에 있는 것들과 나눔이다. 즉, 인간은 관계의 사이에서 사이를 이어주고, 사이를 나누고, 사이를 사는 '사이-존재'이다."

- 류영모/이기상(2001; 2008)

공동 행위주체인 인공지능과 더불어 살아가는 지금 우리는 교육의 전환점에 서 있다. 지식의 양이 폭발적으로 증가하고, 인공지능과 디지털 도구가 인간의 학습을 보조하거나 대체하는 시대에, 학교는 과연 무엇을 위해 존재하는지, 교사의 역할은 여전히 유효한지 등과 같은 질문 앞에서, IB 교육은 '어떤 인간을 길러낼 것인가'라는 근본적 질문을 던진다.

IB 교육 전인교육, 탐구 중심 학습, 글로벌 사고방식을 갖춘 학습자 양성을 핵심으로 하는 교육 패러다임을 제시해 왔다. 동시에, 교사들이 교육혁신의 주체로 기능하기 위해서는 단절된 개인이 아니라 공동체로 조직되어야 한다는 인식이 확산하였고, 그 중심에 바로 전문적 학습공동체(Professional Learning Community, PLC)가 자리 잡고 있다(DuFour & Eaker, 1998; Hord, 1997).

PLC는 단순한 교사 협의회나 모임이 아니다. PLC는 교사들이 학생 학습을 중심에 두고, 공동의 목적을 향해 협력하고, 데이터를 기반으로 수업을 반성하고 개선하는, 학교 조직의 철학적 구조이자 실천 체계이다(Vescio, Ross, & Adams, 2008). 학교가 PLC로 작동한다는 것은, 모든 교사가 함께 배우고, 서로를 지원하며, 교육의 본질적 가치를 학교 현장에 구현한다는 의미다.

이러한 맥락에서 PLC는 IB 교육의 이상을 학교 현장에서 구현하기 위한 실천의 토대이자, 교사들이 다시 교육의 주체로 서기 위한 공동체적 공간이다. IB 교육에서 PLC는 '지속가능한 교육'이라는 목표 아래, 학교를 하나의 살아 있는 학습공동체로 전환해 가는 핵심 기제로 작동한다. 이어지는 글에서는 IB 교육의 철학을 실현하고 확장하는 생태적 기반으로서 PLC의 역할과 가능성을 탐색하고자 한다.

1. 교사 책무성에서 학교 책무성으로의 전환

IB 교육은 전통적인 교사 중심의 모델을 넘어서, 학교 전체가 학생 학습에 대한 책임을 지는 공동체적 구조로 전환하게 된다. 이 과정에서 전문적 학습공동체(PLC)는 학교 책무성 전환의 촉매로 작용한다. IB 교육의 '학습자 중심'과 '공동체 중심' 철학은 교사들이 개별적으로 교육을 수행하는 것이 아니라, 전체 학교가 함께 학습과 학생 성장을 책임지는 구조를 형성하는 것을 의미한다(IBO, 2018b; 2019b).

공동체적 책무성을 핵심에 두는 IB 교육은, 개인 교사보다 '학교 단위'의 책무를 묻는 교사교육의 시스템 전환과도 맞닿아 있다. 2000년대 전후로 미국 등 주요국에서는 2001년 낙오자 없는 교육(No Child Left Behind Act) 도입 이후, '교사' 효과성보다는 '학교' 효과성에 초점을 맞추는 방식으로 체제를 전환하였다(EdWeek, 2022). 이는 학교 단위의 책무성 체계로, PLC의 기반 위에서 구현 가능하다. 즉, PLC의 도입은 교사 간 고립을 해소하고 공동의 목표를 공유함으로써, 학교 단위 교육의 질을 높이는 방향으로 교육 책무성을 전환한다. 효과적인 학교는 학습조직으로서의 모델을 수용해야 하며, PLC 중심의 학교문화 구축이 이를 가능하게 한다(DuFour et al., 2006). 이를 통해 학교 단위의 책무성이 교사 개인의 역량을 넘어서는 공동체 역량으로 확장된다. PLC는 교사들이 협력적 학습을 통해 학생 학습에 대한 공동 책임을 실현하는 핵심 메커니즘으로 기능한다.

IB 교육의 PLC 중심에서 학교 전체가 협력적으로 책무를 수행할 때의 특징을 살펴보면, 첫째로, 개별 교사 역량에서 공동체 역량으로의 전환이 이루어진다. IB 교육에서는 전통적인 교사 개인 중심의 전문성에서 벗어나, 학교 전체 학습공동체의 역량을 강조한다. 즉, 교실 내 한 교사에게 의존하기보다 학교 공동체 전체가 학생 학습에 공동 책임을 지는 구조를 지향한다(IBO, 2018b). 이러한 전환 속에서 교사들은 고립된 개인이 아니라 협력적 동료 집단의 일원으로서 지식을 공유하고 반성적 대화를 실천하게 된다. 이는 교사들이 전문적 학습공동체(PLC)를 통해 협력하며 성장할 때 자신감과 역량이 강화된다는 점을 보여준다. 다시 말해, IB 교육에서는 학생 학습의 책임이 개별 교사에 머무르지 않고 공동체로 확장되며, PLC는 이러한 공동 책무성을 실천하는 핵심 메커니즘이 된다.

둘째, '학교 효과성' 중심으로의 관점 전환이 이루어진다. PLC의 도입은 교사 간 고립을 해소하고 공동의 목표를 공유함으로써, 학교 단위 교육의 질을 높이는 방향으로 교육 책무성을 전환한다. DuFour 등(2006)의 연구에 따르면, 효과적인 학교가 되려면 학습조직으로서의 학교 모델을 수용할 필요가 있으며, 학생 학습에 집중하고, 협력적 문화와 성과 기반 개선을 특징으로 하는 PLC 중심의 학교문화를 구축해야 한다. 이때 PLC는 교사들이 공동의 학생 중심 목표를 향해 협업하고 성찰함으로써 학교 전체의 조직적 역량을 강화하는 중요한 장치이다. 따라서 IB 교육에서 PLC는 높은 교육의 질과 일관성을 담보하기 위해, 학교가 구성원 문화의 변혁을 추구해야 함을 의미한다.

셋째, IB 교육의 PLC는 '함께-배움' 문화를 강조한다. IB가 지향하는 핵심 가치들은 PLC의 원리와 긴밀히 연결되어 있다. PLC는 '끊임없는 탐구와 개선의 공동체'로, 교사들이 질문하고 배움을 탐색하는 문화가 지속될 때 교육혁신이 가능하며(Hord, 1997), PLC는 하나의 프로그램이 아니라 새로운 학교문화를 수립하는 과정이다(Fullan, 2016). 이러한 맥락에서 IB 철학의 실현은 지속가능한 공동체 문화를 기반으로 가능하며, IB가 강조하는 협력, 성찰, 학습자 중심 등의 핵심 가치는 PLC를 통해 교사들의 일상적인 수업전문성 개발과 학교문화 조성에 구체적으로 구현될 수 있다(IBO, 2023). 특히 PLC는 협력적 학습문화, 비판적 성찰, 지속적인 개선이라는 가치를 학교문화로 정착시켜, 학생들이 배움의 주체로 성장하는 IB 철학을 뒷받침한다(IBO, 2023).

실제로 국내의 IB 학교들에서는 모든 교원이 참여하는 PLC에서 수업의 설계-실행-성찰의 순환을 통해 수업 개선이 지속되고, 교사들은 공동 연구자로서 서로의 수업을 분석 · 피드백하면서 전문성을 함께 향상함으로써, IB가 지향하는 함께-배움의 공동체를 현실에서 구현하고 있다(KNUE, 2025).

1-1. 협력적 실천과 지속가능한 학교 공동체

전문적 학습공동체(PLC)는 교사 협력과 성찰을 통해 학생 학습을 극대화하려는 실천 체제이자, 교육을 공동체 기반의 학습으로 재정의하는 조직 문화이다(Hord, 1997; DuFour, 2004). IB 교육은 전인교육, 탐구 중심 학습, 국제적 소양, 학습자 중심을 핵심 가치로 삼으며, 교사를 전문적 학습공동체의 구성원으로 간주하고 이를 위한 전문성 개발과 네트워크를 제도적으로 지원한다(IBO, 2023). IB 교육에서 PLC는 교사들이 공동의 목표와 학생 중심 교육을 향해 협력하는 중추적인 공간으로 작용하며, 이를 통해 교사들 간의 지속적 성찰과 실천적 변화가 가능해진다. PLC는 IB 교육철학을 학교 현장에서 구체적으로 실천하는 핵심 메커니즘이 된다(Harris & Jones, 2010).

PLC는 Sene(1990)의 학습조직 이론과 듀이의 민주적 공동체 철학, 구성주의 학습관에 뿌리를 두고 발전하였다. Senge는 학교를 '배우는 조직'으로 보며, 공유된 비전, 팀 학습, 시스템적 사고를 강조하였다. 듀이는 경험의 공유와 반성적 사고를 민주적 교육의 핵심으로 간주하였다(Hellner, 2008). 이러한 이론적 기반 위에서 PLC는 교사 간 고립을 공동 탐구로 전환하며, 학교를 학습조직으로 변혁시킨다. PLC가 구현하는 학습 중심 문화는 학생 학습 성과의 향상뿐만 아니라, 학교의 지속가능한 혁신 문화와 깊이 연결된다(Fullan, 2016).

특히 IB 교육은 교사를 전문적 학습공동체의 구성원으로 간주하며, PLC를 통해 교육혁신을 위한 지속가능한 협력적 학습 문화를 조성한다. 이는 학교 전체의 교육

철학을 구체화하는 중요한 발판이 되며(IBO, 2015), 나아가 IB가 추구하는 전인적 성장, 국제적 태도, 성찰적 실천과 같은 핵심 가치를 학교문화와 교육 현장에서 구현하는 데 기여한다.

IB 교육이 지향하는 지속적 성찰, 문화 간 이해, 의미 구성 중심 학습 등은 PLC의 구조 속에서 실질적으로 구현될 수 있다(McLaughlin & Talbert, 2006). PLC 내에서 교사들은 공동 목표를 설정하고, 수업을 분석 · 피드백하며 집단적 책임을 공유한다. 이러한 민주적 실천은 IB 미션이 강조하는 "상호 이해와 존중을 통해 더 나은 세상을 만드는 인재 양성"과 직접 연결된다(IBO, 2025).

IB 교육과정(PYP, MYP, DP, CP)의 실행은 교사들의 협력적 계획(collaborative planning)을 전제로 한다. IB 기준은 교사들이 학년 · 교과 간 연계를 고려하여 정기적으로 협력 계획과 성찰을 수행하도록 요구하며, 이는 개별 교사의 고립된 노력이 아니라 집단적 역량을 통해 교육과정이 구현됨을 의미한다(IBO, 2014). PLC는 IB 교육과정의 질을 높이는 동력이 된다. 국내외 연구에 따르면 PLC를 통한 교과 통합수업 설계, 평가 기준 정교화, 공동 피드백은 수업의 일관성과 평가 신뢰성을 높인다(박영주 외, 2024; DuFour et al., 2006).

요컨대 PLC는 IB 교육철학을 학교 현장에서 구체적 실천으로 전환하는 핵심 구조이자 학교를 협력적 학습공동체로 재구조화하는 전략적 기반이다. 이는 교사 개인의 역량 개발을 넘어, 공동의 책임, 집단 성찰, 학교 조직화를 통해 시스템 수준의 변화를 가능케 한다. IB 교육이 지향하는 전인적 성장, 국제적 소양, 성찰적 실천은 PLC를 통해서만 지속 가능하게 구현될 수 있으며, 이를 통해 학교는 "지속적으로 배우는 공동체(Schools that Learn)"로 자리매김할 수 있다(Senge et al., 2012). 따라서 IB 교육의 내실화를 위해서는 PLC 운영을 체계적으로 정립하고, 지역적 교육 맥락에 맞게 유연하게 적용하는 노력이 필수적이다.

2. 교사 전문성 및 정체성 개발

전문적 학습공동체(PLC)는 교사들이 개별적으로 교육을 진행하는 기존 방식에서 벗어나 협력적 동료 학습자로 성장하게 만든다. PLC는 교사들로 하여금 자신을 단순한 지식 전달자가 아니라 학습 설계자이자 성찰적 동료 학습자로 인식하도록 이끈다(Atta et al., 2022). 이를 통해 교사들은 고립된 전문가의 역할에서 벗어나 공동체의 일원으로 성장하며, 협력과 경험 공유를 실천하게 된다. 이러한 변화 속에서 교사들은 지식을 나누고 반성적 대화를 이어감으로써 집단적 전문성을 확장한다(양성관 & 이현정, 2023). 결국 PLC는 교사 전문성 개발을 위한 강력한 기제로서, 개인의 역량 강화는 물론 학교 차원의 지속가능한 변화를 촉진한다.

PLC를 통한 교사 전문성 개발의 강점은 여러 측면에서 확인된다(Kwak, 2017). 첫째, 맥락성과 지속성이다. PLC 활동은 교사의 일상적 수업과 직결되는 실제 과제를 다루므로, 학습 내용이 곧바로 실천으로 이어진다. 교사들은 정기적인 모임을 통해 피드백과 수정을 반복하며, 학습 효과를 점점 더 심화한다.

둘째, 협력과 집단지성의 발현이다. 교사들은 동료의 수업을 관찰·분석하고, 자료와 아이디어를 공유하며, 상호 피드백을 주고받는다(Stoll et al., 2006). 이를 통해 교사들은 혼자서는 발견하기 어려운 대안을 모색하고, 심리적 지지와 동기 부여를 함께 얻는다. PLC의 협력적 환경은 교사들이 자기 주도적 학습을 실천할 수 있게 하며, 이를 통해 교사들 간에 지식의 공동 생성과 지속적인 개선이 가능하다.

셋째, 반성적 실천과 탐구 중심의 접근이다. PLC에서는 데이터와 증거에 근거해 수업을 분석하고 개선 방향을 모색하는 과정을 강조한다. 이를 통해 교사들은 연구자로서 자기 주도적 성장을 추구하며, 특히 실행연구(action research)를 통해 교사가 자신의 수업 문제를 규명하고 해결책을 탐색하는 과정에서 이러한 자기 주도성을 한층 강화한다(Atta et al., 2022).

PLC는 IB 교육에서도 중요한 역할을 한다. IB 교육은 교사를 학교 성공의 핵심

주체이자 전문적 학습공동체의 필수 구성원으로 정의하며, 비판적 사고, 자기 성찰, 지속적 개선을 위한 체계적 연수를 제공한다(IBO, 2023). IB 월드스쿨에서는 공식 연수와 학교 내 PLC 활동을 연계하여, 연수에서 배운 평가 기법이나 교수 전략이 실제 수업에 뿌리내리도록 지원한다. 이를 통해 교사들은 자신이 배운 이론을 실천에 적용하고, 그 효과를 지속적으로 개선하는 문화를 형성한다(IBO, 2023).

PLC 내에서 교사들은 전문성 개발뿐만 아니라 정체성 확립의 과정도 경험한다. 교사들은 PLC 활동을 통해 자기 주도적 학습을 실천하며, 자신을 학습하는 사람으로 재인식하게 된다. 이 과정에서 교사들은 자신의 역할을 전문적이고 자율적인 방식으로 정립하며, 학습하는 전문가로서의 정체성을 확립한다. PLC는 교사들에게 지식 전달자에서 학습 설계자이자 성찰적 동료 학습자로서의 정체성을 부여하며, 자기 개발의 주체로 성장할 기회를 제공한다(Kwak, 2017).

이러한 변화는 교사들이 단순히 학생들의 학습을 이끄는 지도자에서 자기 주도적 학습자로서 교육의 주체로 거듭나는 과정이다. 또한, PLC는 교사 리더십을 강화하는 데 중요한 역할을 한다. 교사들은 의제 설정과 문제해결에 주도적으로 참여하며, 이를 통해 행위주체성(agency)을 확립하게 된다(Fullan, 2016).

종합하면, PLC는 교사 전문성 개발의 핵심 장치로서, IB 교육 현장에서 그 가치가 더욱 두드러진다. 빠르게 변화하는 교육환경 속에서 PLC는 이러한 학습하는 교사상을 실현하는 데 최적화된 구조이다(Atta et al., 2022). IB 교육이 추구하는 협력적이고 성찰적인 교사는 PLC 활동을 통해 성장할 수 있다. 따라서 IB 교육을 포함한 미래 교육에서는 공식 연수와 더불어 교사 PLC를 활성화하여, 교사들이 현장에서 서로 배우고 성장하는 문화를 조성하는 것이 중요하다. 이러한 문화가 자리 잡을 때, 교사 전문성 개발은 학생들의 더 나은 배움으로 이어지는 교육혁신의 선순환을 이루게 될 것이다.

2-1. 학교문화 혁신

PLC는 단순한 교사 협의체를 넘어 학교의 문화적 변화를 이끄는 핵심 전략이다.

학교문화는 구성원들이 공유하는 가치, 신념, 관행의 총체로서 학교의 배움의 방식을 규정한다. 전통적으로 많은 학교에서 교사들은 고립적으로 일하며, 교사 간 협력은 제한적이었다. 그러나 PLC의 도입으로 학교는 협력적이고 개방적인 학습공동체로 전환되며, 교사 간 상호작용과 협력이 학교문화의 중요한 요소로 자리 잡는다(Atta et al., 2022). PLC는 이러한 변화를 촉진하며, 학생 중심 교육과 지속적 성찰을 실현하기 위한 학교 차원의 혁신적 메커니즘으로 기능한다(IBO, 2023).

PLC가 활성화된 학교에서는 교사들이 수업을 공개하고 서로 피드백을 주고받는 과정을 통해 신뢰와 존중의 분위기가 형성된다. 이는 교사들이 자신의 수업을 공개하고 동료의 조언을 받으며 지속적으로 전문성을 개발하는 문화를 만들어낸다. 교사들은 수업을 공유하고, 반성적 실천을 통해 전문성을 향상할 뿐만 아니라, 학교문화의 혁신적인 변화를 이끌어낸다(IBO, 2023). PLC는 교사들이 협력적 학습을 통해 학생 학습의 질을 높이고, 학교 차원의 교육철학을 구체화하는 중요한 기회를 제공한다.

PLC는 학생 중심 교육을 실현하는 데 중요한 역할을 한다. 교사들은 공동으로 수업을 설계하고, 학생들의 개별적인 학습 요구를 반영한 맞춤형 피드백을 제공함으로써, 학생들이 자기 주도적 학습을 할 수 있도록 지원한다(Fullan, 2016). PLC 내에서 교사들은 학생 학습의 중심에 두고 협력적 실천을 지속함으로써, 학생 중심 문화가 학교에 정착한다(IBO, 2015). 이에 따라 학교문화는 교사들만의 협업이 아닌, 학생의 전인적 성장을 지원하는 공동체로 재구성된다.

PLC를 통한 교사 전문성 개발은 학교 조직 전체의 학습문화 형성과도 밀접하게 연결된다. 교사들이 함께 배우는 문화를 갖춘 학교는 신규 교사도 자연스럽게 멘토링과 협력의 장에 들어오게 되어, 구성원 전체의 전문성 수준이 상승하는 선순환을 일으킨다. 이 과정은 학교문화를 지속가능한 학습공동체로 변화시키며, 결국 학생들의 더 나은 배움을 촉진하는 기반이 된다. PLC는 교사 협력과 성찰을 제도화하여 학교문화를 혁신하고, 학생들에게 더 나은 학습 환경을 제공한다(Kwak, 2017).

학교문화 혁신을 위해서는 학교 리더십의 지속적 지원이 필수적이다. 학교 리더는 교사들이 PLC 내에서 협력하고 자기 주도적으로 성장할 수 있도록 지원해야 하며, 리더십은 교사들에게 지속적인 피드백과 혁신을 위한 자율성을 제공해야 한다(IBO, 2015; Stoll et al., 2006). 이와 같은 리더십 지원은 PLC 활동이 단기적인 성과로 그치지 않고, 지속가능한 교육혁신으로 이어지게 만든다.

요컨대 PLC는 교사의 협력과 성찰을 제도화하여 학교문화와 교육혁신을 촉진하는 핵심 메커니즘이다. PLC를 통해 교사들은 전문성 개발을 넘어 학교 차원의 지속가능한 학습공동체로 발전할 수 있으며, 이는 학생들의 학습을 지원하는 강력한 기반이 된다. 따라서 PLC의 성공적인 운영을 위해서는 리더십 지원과 구조적 시간 확보, 협력적 문화 조성 등이 필수적이며, 이러한 전략들이 교육혁신의 촉매로 작용하게 된다(Kwak, 2017).

2-2. 교사 공동체의 존재론적 전환과 미래 전망

전문적 학습공동체(PLC)는 교사의 존재 방식을 근본적으로 변화시키는 강력한 교육적 장치이다. 교사들은 PLC 참여를 통해 고립된 전문가에서 협력적 학습자로 거듭나며, 학교문화와 교육 실천의 혁신을 이끌어낸다. IB 교육철학은 PLC가 이끄는 지속가능한 학습공동체와 긴밀히 맞물리며, 전인적 교육과 글로벌 역량을 구현하는 데 핵심적인 기반이 된다(IBO, 2023).

미래 교육은 디지털 전환과 글로벌 협력을 특징으로 하며, PLC는 그 중심에서 교사들이 국제적 교육공동체와 협력하여 지속적으로 성찰적 실천을 이어가도록 지원한다. 교육이 단순한 정보 전달을 넘어설수록, 인간 교사의 존재 이유는 더욱 명확해진다. 특히 AI 기술이 진단, 개인화, 피드백의 많은 부분을 자동화하는 오늘날, 교사는 단지 지식을 전달하는 존재가 아니라 학생의 성장 여정을 함께 탐색하고, 공동체 안에서 의미를 만들어 가는 동반자로 자리매김해야 한다(Fullan, 2006; Sahlberg, 2021). 교사의 역할은 단순한 "정보 제공자"에서 "탐구 설계자이자 관계적 촉진자"로 재정의되고 있으며, 이러한 전환을 구조적으로 뒷받침하는 것이 바로 전문적 학습공동체(PLC)이다(DuFour, 2004; Hargreaves & Fullan, 2012). PLC는 교사의 전문성과 감수성을 학교 차원에서 조직화하여 집단적 실천으로 확장하는 핵심 구조이다.

IB 교육의 미래는 PLC의 진화와 긴밀히 맞물려 있다. PLC의 미래는 물리적 학교의 울타리를 넘어, 디지털 네트워크 기반의 글로벌 교사 공동체로 확장하고 있다(IBO, 2023). 특히 팬데믹 이후 등장한 하이브리드 교육 방식은 교사들의 온라인 PLC 운영 역량을 높였고, 이는 물리적 한계를 넘어선 새로운 형태의 협업 기반을 가능하게 했다(Greene & Anyon, 2022). 앞으로 PLC는 단위 학교를 넘어 학교 간 초연결 네트워크, 지역사회 및 대학과 연계된 거버넌스 모델 등으로 진화할 것이다.

한국은 현재 IB 교육의 확산기에 있으며, 이 과정에서 PLC는 IB 교육철학을 국내 교육문화에 안착시키기 위한 핵심 전략으로 부상하고 있다. 실제로 여러 시도교육청에서는 PLC를 기반으로 한 IB 교사 연수, 수업 협의, 공동 평가계획 등을 활발히 운영하고 있다(KNUE, 2025). 향후에는 지역사회, 대학, 교육청, 국제기관이 함께 참여하는 '거버넌스로서의 PLC' 모델 구축이 요청된다. 이는 교육기관 간의 협력적 네트워크를 통해 교육혁신을 이끄는 중요한 기초가 될 것이다.

PLC는 단순히 실천 구조가 아닌, 교사를 하나의 철학적 실천 주체로 성장시키는 조직이다. 특히 IB 교사에게 요구되는 '탐구의 윤리', '문화적 감수성', '공동체적 리더십'과 같은 고유한 가치는 PLC라는 장(場) 안에서 구체화되고 심화된다(Wenger, 1998; Hord, 2004). 결국 PLC는 '학교를 다시 공동체로', '교사를 다시 탐구적 실천가로', '교육을 다시 사람을 위한 실천으로' 되돌리는 회복의 틀이 된다(Kwak, 2017). IB 교육과 PLC는 단지 교육의 형식을 바꾸는 데 머무르지 않고, 교육을 바라보는 철학과 존재론 자체를 전환하는 힘을 지니고 있다. 미래 교육은 인공지능과 더불어 살아갈 세대를 위한 배움이어야 하며, 그 속에서 교사는 공동체를 이끄는 '탐구적 실천가'로서의 정체성을 더욱 확고히 해야 한다. IB 교육이 제시하는 철학과 방향, PLC가 제공하는 실천의 틀을 결합함으로써, 미래 세대를 위한 교육의 새로운 패러다임을 형성해 나갈 필요가 있다.

[철학의 주름]

3. 교사전문성에 관한 네 가지 패러다임

4. 이론과 실천의 괴리, 그리고 실행연구

5. 왜 공동체인가: 잠재성의 정치학과 '무위'의 공동체

6. 함께-되기: 교사공동체의 존재론적 전환

PLC는 학교 책무성과 교사 공동체 문화를 전환하는 강력한 실천적 기제로 자리잡아 왔다. 교사들은 더 이상 고립된 개인이 아니라, 협력적 학습공동체의 일원으로서 전문성과 정체성을 새롭게 형성해 간다. 이 과정에서 PLC는 단순한 협력의 틀을 넘어, 지속가능한 학교혁신을 가능케 하는 구조로 기능한다. 다시 말해, PLC는 단순히 협력적 과제를 수행하는 장치가 아니라, 교사 전문성이란 무엇이며, 공동체는 어떤 방식으로 형성되는가 하는 근본적 철학적 질문과 맞닿아 있다.

이러한 맥락에서 제5장의 '철학의 주름'에서는 교사 전문성과 공동체를 새로운 시각에서 조망한다. 먼저, 교사 전문성을 바라보는 네 가지 패러다임—효과적 교사, 반성적 교사, 탐구하는 교사, 변혁적 교사—을 살펴보며 교사상(像)의 역사적 전개와 그 한계를 검토한다. 이어서 실행연구는 이론과 실천의 괴리를 넘어 교사를 자기 수업의 연구자이자 성찰적 실천가로 재정의하며, PLC와 결합할 때 교사 전문성의 집단적 성장을 이끄는 핵심 동력이 됨을 보여준다.

더 나아가 논의는 공동체의 본질에 다다른다. 낭시(J.-L. Nancy)가 말한 '무위의 공동체'는 완결된 상태로 고정되지 않고, 타자와의 접속 속에서 잠재성을 열어가는 공동체를 지향한다. 바틀비의 "하지 않을 수 있음(I would prefer not to)"이 드러내는 잠재성의 정치학은 기존 체제의 요구를 단순히 거부하는 데서 그치지 않고, 거부를 통해 새로운 삶의 형식과 공동체적 가능성을 창출하는 힘을 보여준다. 이는 PLC가 단순히 과제 수행 집단이 아니라, 타자와 함께-살기 속에서 도래하는 잠재적 공동체임을 시사한다. 끝으로, 들뢰즈의 '되기(becoming)'의 사유는 교사가 역할을 넘어 존재로, 개인을 넘어 공동존재로 나아가는 과정을 조명한다. 교사-되기와 학생-되기는 서로 분리되지 않고, 공동체적 존재 속에서 상호 형성된다. 이러한 사유는 PLC를 개인적 전문성 개발의 장을 넘어, 교사의 존재론적 전환과 공동체적 삶의 새로운 형식으로 이해할 수 있게 한다.

3. 교사전문성에 관한 네 가지 패러다임

교사 전문성에 대한 이해는 시대와 맥락에 따라 달라져 왔다. 특히 연구 패러다임의 전환에 따라 교사 전문성을 바라보는 네 가지 주요 관점이 제시되었는데, 이는 효과적 교사(the effective teacher), 반성적 교사(the reflective teacher), 탐구하는 교사(the enquiring teacher), 변혁적 교사(the transformative teacher)의 패러다임으로 구분할 수 있다.

효과적 교사 모델이 주로 정책적 · 외부적 요구에서 비롯된 것과 달리, 나머지 세 패러다임은 교직 내부에서 자발적으로 대두된 것이다. 효과적 교사 패러다임은 교수활동을 일련의 기술적 역량의 집합으로 간주하지만, 다른 패러다임들은 교사를 전문적 판단을 내리는 자율적 주체로 파악한다. 이러한 관점 변화는 교육철학적으로 중요한 함의를 지니며, 교사교육의 방향과 전문적 학습공동체(PLC) 실천에 서로 다른 영향을 미친다. 이어지는 글에서는 네 가지 패러다임의 핵심 개념과 이론적 배경을 정리하고, 각 패러다임이 지니는 교육철학적 함의와 현대 교육에서의 의미를 고찰한다. 또한 이를 IB 교육철학과 연계하여, 오늘날 PLC 맥락에서의 시사점을 논의하고자 한다.

네 가지 교사 전문성 패러다임을 교육에 대한 관점, 교사의 역할, 이론적 기반 등의 측면에서 살펴보면 다음과 같다.

〈교사 전문성 패러다임 개관〉

패러다임	핵심 관점 및 교육관	교사의 역할	이론적 기반
효과적 교사 (Effective Teacher)	• 교육을 경제 발전의 수단으로 보는 인적자원 관점. 최소 투입으로 최대 산출을 추구하는 효율성과 성과를 중시	• 지식 전달자이자 표준 이행자. 국가 교육과정 기준을 충실히 이행하여 학생을 미래 인적자원으로 준비	• (후기) 실증주의 기반 • 객관적 지표와 검증된 연구에 따라 교수 기술을 표준화하고 모범 사례를 따름
반성적 교사 (Reflective Teacher)	• 교육을 자율적 전문가의 반성적 실천 과정으로 인식. 이론과 실천의 연계와 교사의 지속적 성찰을 중시	• 자기성찰적 의사결정자. 수업 경험을 끊임없이 성찰하여 교수법을 개선하고 전문성을 신장	• 구성주의 · 해석학 기반 • 듀이(Dewey)의 경험주의와 숀(Schön)의 반성적 실천가 개념에 근거하여 교사의 경험적 지식을 중시
탐구하는 교사 (Enquiring Teacher)	• 교육을 교사 주도의 탐구와 지식 생산과정으로 봄. 현장 문제해결을 위한 연구 지향적 접근을 강조	• 연구자로서의 교사. 자신의 교실을 체계적으로 연구하고, 문제를 발견 · 해결하며, 동료와 지식을 공유하는 실천 연구자	• 비판이론+구성주의 후기 실증주의 복합 기반 • '교사 연구자' 전통과 실행연구 방법론에 뿌리를 둠
변혁적 교사 (Transformative Teacher)	• 교육을 사회적 정의 실현과 혁신의 장으로 인식. 기존 체제 개선을 넘어 새로운 현실 창조와 사회 변혁을 지향	• 실천적 행동가이자 변화 촉진자. 스스로 사회 개선에 참여하고 학생도 비판적 시민 · 변화 주체로 성장하도록 권한 부여	• 참여적 연구, 포스트모던 이론 기반 • 비판이론에 페미니즘, 다문화주의 등을 통합

3-1. 효과적 교사

효과적 교사(the effective teacher) 패러다임은 지난 30여 년간 정부의 공식 담론을 지배한 모델로, 교육을 국가 경제 성장에 기여하는 수단으로 보는 관점에서 출발했다. 이 관점에서 학교의 목표는 학생들을 국가의 경제적 성공에 필요한 인적자원으로 준비시키는 것이다. 교육에 대한 이러한 경제적·효율적 시각은 투입 대비 산출의 극대화, 모든 학생의 잠재력 극대화 등을 강조하며, “가치 있는 투자”로서 교육을 바라본다. 그 결과 효과적 교사 모델은 최소의 투입으로 최대의 성과를 내는 효율성 중심 태도를 대변하며, 이는 정치·경제적 입장에서 매력적인 모델로 간주되었다.

이 패러다임은 교육 연구에서 (후기)실증주의 패러다임에 뿌리를 두고 있다. 교수활동은 기술적 역량의 집합으로 규정되며, 과학적으로 검증된 객관적 연구 결과와 표준에 근거하여 가르치는 것이 중시된다. 즉, 교사는 자신의 경험적 직관에 의존하기보다는, “효과적이라고 검증된” 연구 기반 모범 사례를 참고하여 수업해야 한다는 입장을 취한다. 이러한 접근은 국가 수준의 중앙집중적 교육과정과 표준화된 평가 시스템과 잘 부합된다. 국가에서 정한 교육과정을 제대로 이행하고 있는지 전국 공통 시험 등을 통해 점검하고 책무를 묻는 구조, 곧 책무성과 수행성의 문화를 뒷받침하는 이론이다. 효과적 교사 패러다임 하에서는 표준 기반 수업(standards-based teaching)과 성과 평가가 교사의 전문성을 판단하는 주된 잣대가 된다.

즉, 교사는 자신의 경험적 직관에 의존하기보다 “효과적이라고 검증된” 연구 기반의 모범 사례를 참고하여 수업해야 한다는 입장이다. 이러한 접근은 국가 수준의 중앙집중적 교육과정과 표준화된 평가 체제와 긴밀히 맞물린다. 국가가 제시한 교육과정을 충실히 이행하고 있는지를 전국 공통 시험 등을 통해 점검하며 책무를 묻는 구조, 곧 책무성과 성과주의 문화를 뒷받침하는 이론적 토대가 된다. 효과적 교사 패러다임에서는 표준 기반 수업(standards-based teaching)과 성과 평가가 교사의 전문성을 가늠하는 핵심 기준으로 작동한다.

효과적 교사 모델은 실용주의적이고 목표 달성 중심의 교육관을 반영한다. 교육의 가치는 개인적 성장이나 민주적 경험보다 사회·경제적 산출로 환원되며, 교사는 지식 전달자이자 관리자 역할을 충실히 수행해야 한다. 이 패러다임은 교육을 경제 발전과 같은 외재적 목적에 종속시키며, 교육철학적으로는 강한 도구주의적 성격을 드러낸다. 교수 행위는 기술적 전문 기능으로 간주되고, 교사는 외부에서 규정된 기준에 따라 수행자로 자리매김한다. 효과적 교사 모델은 교육의 책무성을 강화하고 교수활동에 명확한 성과 지표를 도입함으로써 교사의 전문성을 관리 가능하고 측정 가능한 대상으로 재구성하였다. 이러한 영향은 오늘날에도 학업 성취도 평가나 교사 평가지표 등 다양한 교육 시스템 속에 여전히 남아 있다.

그러나 이 모델은 교사를 자율적 성찰자가 아니라 표준을 구현하는 수행자로 간주하였으며, 실증주의적 접근은 교수 행위를 분절된 기술로 환원함으로써 교육의 인간적 · 맥락적 측면을 간과하였다(Bogdan & Biklen, 1998). 변화하는 교육 환경과 교실의 복잡성을 고려할 때, 이러한 획일적 기준은 현장의 다양성을 충분히 반영하기 어렵다. 그 결과 효과적 교사 모델은 이론과 실천 사이의 간극을 확대하고, 창의적 교육활동과 교사의 자율성을 제약하는 한계를 드러냈다. 이러한 문제의식은 1980년대 이후 '반성적 교사' 패러다임의 등장을 촉진하였다. 즉, 교사를 실천적 지식과 맥락적 판단을 바탕으로 교육적 결정을 내리는 성찰적 실천가(reflective practitioner)로 보는 관점이 부상한 것이다.

3-2. 반성적 교사

반성적 교사(the reflective teacher) 패러다임은 효과적 교사 모델에 대한 대응 논리로서 등장했다. 1980년대 영국을 중심으로, "교직을 반성적 활동으로 보자"라는 주장이 확산하였는데, 이는 점차 강화되는 '교사 효과성' 담론이 교사 전문성을 오히려 제한한다고 본 데서 시작되었다. 기존 효과성 연구가 이론과 실천을 분리하고 학교 현실 개선에 기여하지 못한 채, 대학 연구(이론)와 교사 실천(현장) 사이에 위계만 만들었다는 반성이 일어났다. 이러한 문제의식 속에서, 교사를 수동적 기술자가 아니라 능동적 성찰자로 보는 새로운 패러다임이 제안되었다(Stronach et al., 2002).

이 패러다임은 듀이(J. Dewey)의 실용주의 교육철학에 맞닿아 있다. 20세기 초 듀이는 교사가 단순 지시를 따르는 존재가 아니라 적극적인 의사결정자가 되는 교사교육 모델을 주장하였다. 이후 숀(D. Schön)은 듀이의 사상을 발전시켜 교사의 의사결정 과정에서 이론과 가치, 성찰의 중요성을 역설하였다(Schön, 1983). 즉, 전문가의 실천 역량이 현장에서 "행위 속의 성찰(reflection-in-action)"을 수행하는 능력에 달려 있다는 것이다. 교사는 복잡한 문제상황에 직면할 때 직관적으로 행동하면서 동시에 성찰하고, 상황이 지나간 후에는 행위에 대해 다시 되돌아보는(reflection-on-action) 과정을 반복한다는 것이다(Schön, 1983). 이러한 이중적 성찰 과정을 통해 교사는 자신의 경험을 계속 재해석하고 학습하게 되며, 이로부터 실천적 지혜와 맥락적 지식이 형성된다.

반성적 교사 패러다임은 구성주의와 해석학적 연구 패러다임과 깊이 연관된다. 연구의 초점은 교사의 '행동'에서 '사고 과정과 인식틀'로 이동하였다. 해석학적 관점에서 교육 현상을 이해한다는 것은, 자연과학처럼 인과를 설명하는 것과 달리, 텍스트나 행위에 담긴 의미와 경험을 파악하는 것이다. 이 패러다임에서는 교사가 지닌 개인적 경험지식과 암묵지(tacit knowledge)의 가치가 인정된다.

반성적 교사 패러다임은 교육을 실천적 지혜를 연마하는 과정으로 본다. 교사는 자율적인 전문가로서 자신의 경험을 통해 실천적 지식을 형성하고, 거듭된 반성을 통해 계속 성장한다. 이는 프락시스(praxis)의 정신, 즉 이론과 실천의 통합을 지향한다. 듀이와 숀의 철학을 토대로, 반성적 교사 패러다임은 교사를 현장 연구자로 보는 관점을 포함한다. 교사가 자신의 수업과 학생들을 관찰·분석하여 사례연구를 만들고, 이를 통해 교육이론의 적용 가능성을 시험하거나 새로운 이론을 도출할 수 있다고 본다. 다시 말해, 실천(practice)과 연구(research)의 결합을 추구한다.

반성적 교사 패러다임은 현재까지 교사 교육과 전문적 학습공동체(PLC)의 이론적 토대를 제공하고 있다. 교사들이 동료와 함께 수업을 돌아보고 성찰하는 협력적 반성은 전문성 개발의 핵심 전략으로 자리 잡았다. 더 나아가서 교사도 지속적으로 학습하는 전문가임을 강조하면서 교사 학습(teacher learning)이라는 용어가 등장하였다. 특히 PLC에서는 교사들이 정기적으로 모여 수업 사례를 공유하고 성찰적 대화를 통해 공동 학습하는데, 이는 반성적 패러다임과 일맥상통한다.

한편, 반성적 접근에도 한계와 도전이 존재한다. 실천의 복잡성에 비해 이론이 직접적 지침을 제공하지 못하는 상황에서 교사는 스스로 길을 찾아야 하므로 부담이 크며, 시간과 여건의 제약으로 충분한 성찰의 기회를 갖기 어려운 경우도 많다(Pedder et al., 2008). 다시 말해, 학교 조직의 문화와 제도적 지원이 뒷받침되지 않으면 반성적 실천은 현장에 정착하기 어렵다. 그럼에도 불구하고 전문가로서 교사의 성찰이 전문성 개발의 핵심이라는 인식은 여전히 널리 공유되고 있다.

반성적 교사 패러다임은 효과적 교사 모델이 간과한 교사의 주체성을 회복하고, 교실 현장에서 생성되는 맥락적 지식의 가치를 부각했다는 점에서 의의가 크다. 이는 다음에 논의할 '탐구하는 교사' 패러다임의 토대이기도 하다. 반성적 성찰에서 한 걸음 더 나아가, 교사가 조직적 · 협력적 탐구를 수행하는 모델이 바로 탐구하는 교사 접근이다.

3-3. 탐구하는 교사

탐구하는 교사(the enquiring teacher) 패러다임은 교사가 자신의 업무에 대해 연구자적 태도를 갖고 지속적으로 탐구해야 한다고 주장한다. 반성적 패러다임이 개인적 성찰에 주로 초점을 두었다면, 탐구하는 교사 패러다임은 교사가 한 걸음 더 나아가 체계적이고 공동체적인 연구활동에 참여해야 함을 강조한다(조재식, 2002; Stenhouse, 1975). Stenhouse(1975)는 "연구하는 교사(teacher-as-researcher)" 개념을 통해, 교사가 교육과정 개발과 평가의 비판적 연구자의 지위를 가져야 한다고 주장하였다.

교사는 자신의 교실에서 발생하는 문제를 그 누구보다 정확히 파악할 수 있는 위치에 있으므로, 자신의 실천을 연구하고 개선하는 주체가 되어야 한다는 것이다. 이를 위해 교사는 질적연구 방법 등을 활용해 수업을 기록 · 분석하고, 동료와 결과를 공유함으로써 실천적 지식을 축적해 나가도록 권장된다. 이러한 연구활동은 교사의 전문성 개발의 핵심 의무로 간주되며, 교사 스스로의 성장을 가져올 뿐 아니라 협동과 참여를 통한 학습공동체의 형성에도 기여한다(조재식, 2002: 212). 특히 실행연구(action research)와 같은 접근은 교사가 자신의 교실에서 의도적이고 체계적인 탐구를 수행하도록 돕는 대표적 방법으로 주목받았다.

탐구하는 교사 패러다임에서는 교사의 탐구 능력 자체를 전문성의 핵심으로 본다. 교사가 자신의 행동과 그 행동을 둘러싼 맥락의 원인을 더 많이 알수록, 자신의 실천을 통제하고 개선할 수 있는 범위가 확대된다고 믿는다. 따라서 교사는 교육과정의 수동적 실행자가 아니라, 자신의 교실을 하나의 연구 현장으로 삼아 끊임없이 질문하고 자료를 수집하며 분석하는 능동적 탐색자가 된다. 탐구하는 교사 패러다임은 교사를 전문적 자율성과 비판적 식견을 갖춘 지식 창출자로 격상시킴으로써, 기존의 교사 역할을 근본적으로 재정의하였다.

탐구하는 교사 패러다임은 특정 연구 패러다임에 국한되지 않고, 구성주의, 비판적, 참여적 패러다임 등 다양한 질적연구 전통을 포괄한다. 분명한 것은, 이 패러다임이 실증주의적 모델과 양립할 수 없다는 점이다. 교사를 지식 소비자가 아니라 지식 생산자로 간주한다는 점에서, 이후 등장한 반성적 · 비판적 패러다임들과 가치 지향을 공유한다. 이러한 유연한 이론 기반 위에서, 탐구하는 교사 패러다임은 실행연구와 협동적 연구 문화를 핵심 수단으로 삼는다.

탐구하는 교사는 곧 실행연구를 수행하는 교사이다. 이들은 자신의 교실 수업이나 학교 활동을 대상으로 문제를 정의하고, 자료를 수집 · 분석하여 실천 가능한 해결책을 모색한다. 필요한 경우 동료 교사나 대학 연구자와 협력하여 공동연구를 수행하기도 한다. 이러한 연구 결과는 교사 개인의 실천 개선에 그치지 않고 동료들과 공유되어 학교 차원의 지식으로 확산된다. 그 결과 교사들로 이루어진 실천공동체(community of practice)가 형성되며, 학교를 지속적으로 혁신할 수 있다는 것이 이 패러다임의 핵심 전제이다.

'탐구하는 교사' 패러다임은 교직을 지식기반 전문직으로 재정립하고, 교사들이 교육 변화의 주체로서 행동할 수 있다는 가능성을 열어주었다(Stenhouse, 1975). 이는 단순한 개별 역량 강화에 그치지 않고, 교사 집단이 학교혁신의 핵심 동력임을 분명히 한 것이다. 이러한 관점은 '변혁적 교사' 패러다임과 자연스레 연결된다.

3-4. 변혁적 교사

변혁적 교사(the transformative teacher) 패러다임은 반성적 교사와 탐구적 교사 모델의 요소들을 통합하면서, 여기에 실천가(activist)로서의 교사 역할을 결합한 것이다. 이 패러다임의 핵심은 교사를 교육개혁과 사회변화의 주체로 간주한다는 점이다. 변혁적 관점에서는 교사 자신이 사회 변혁에 기여하고 동시에 학생들을 비판적 시민으로 성장시킬 책임이 있다고 본다. 이는 비판적 교육학과 맥을 같이하며, 프레이리(P. Freire)의 의식화와 해방 철학, 그리고 포스트모던 이론의 영향 아래 전개되었다(Freire, 1970; Lather, 1993).

변혁적 교사 패러다임은 참여적 연구 패러다임과 포스트모던 철학에 기반을 두고 있다. 참여적 패러다임에서는 실천과 행동 그 자체가 진리 인식의 중요한 수단이자 기준이 된다. 즉, 지식은 관찰자 입장에서 중립적으로 얻어지기보다, 참여하고 변화시키는 과정에서 구성된다는 신념이다.

참여적 · 포스트모던 패러다임에서는 지식의 진정성도 실천과 행동을 통해 검증된다고 본다. 근대적 권위나 보편 이론을 절대화하지 않고, 오히려 누가 지식과 규범을 결정하는지에 대한 권력관계의 해체에 주목한다(Denzin & Lincoln, 2000). Zeichner(2009)는 교사가 학교와 사회의 불평등 문제에 도전하여 더 정의로운 교육 시스템을 만들기 위한 실천적 지식인이 되어야 함을 역설한다.

변혁적 교사를 강조한 Sachs(2003)는 "지식인은 자신이 배운 것을 현실에 어떻게 구현할 것인지 고민하지 않으면 안 된다"라고 주장하며, 교사를 "실천적 전문직"으로 규정하였다. 이에 따르면 교사는 단순히 이론 탐구에 머무는 것이 아니라, 스스로 사회를 바꾸는 변혁의 도구로서 행동하는 연구자라는 새로운 책임을 받아들여야 한다는 것이다. 변혁적 교사 패러다임에서는 교사는 외부의 변화 요구에 수동적으로 따르는 존재가 아니라, 변화 과정의 주체로 성장하도록 요청된다. 이러한 문화에서 교사는 곧 교육개혁의 리더가 되며, 학교 안에서 리더십 역량을 개발할 수 있다(Sachs, 2003).

요컨대 변혁적 패러다임에서는 교사의 전문성이 수업 실천과 성찰을 통해 길러질 뿐만 아니라, 사회적 책무와 비판의식을 함양하는 데까지 확장된다. 교사는 자기 수업만 잘하는 데 머물지 않고, 교육정책과 제도에 비판적으로 참여하며 공동체와 사회를 개선하는 데 기여해야 한다. 이러한 변혁적 관점은 교사를 민주적 공동체의 리더로 격상시키며, 학교를 학생·교사 공동체가 함께 만들어가는 것으로 재인식한다. 궁극적으로 변혁적 교사 패러다임은 실천을 통해 개선될 수 있다는 희망(이혁규, 2009)을 바탕으로, 교사들이 교육 현실을 비판적으로 읽고, 행동을 통해 변화를 만들어낼 것을 요구한다. 이는 다음 장에서 다룰 실행연구의 철학과 일맥상통한다.

3-5. 교사전문성 패러다임 전환과 PLC의 역할

지금까지 살펴본 네 가지 패러다임은 상호 배타적이라기보다 연속선상에 있으며, 현대 교육 현장에는 다양한 모습으로 공존하고 있다. 요컨대, 효과적 교사 모델은 책무성과 성과 중심 문화를, 반성적 교사는 자기 성찰과 전문적 자율성을, 탐구하는 교사는 협력적 연구와 현장지식 창출을, 변혁적 교사는 사회 정의와 리더십을 강조한다. 전문적 학습공동체(PLC)는 이러한 요소들을 종합적으로 구현하려는 노력으로 볼 수 있다.

PLC에서는 학생 성과 데이터를 활용한 공동연구(효과적 교사의 증거 기반 접근), 교수 전략에 대한 성찰적 대화(반성적 교사), 액션 러닝이나 수업연구를 통한 문제해결(탐구하는 교사), 학교 개선과 학생 성장의 공동 목표 추구(변혁적 교사)의 활동이 조화를 이룬다. 즉, PLC는 교사들이 함께 배우고 실천함으로써 개별 패러다임의 약점을 보완하고 강점을 극대화하는 장이라고 할 수 있다.

IB 교육 철학과 관련지어 보면, IB는 학습자들에게 지식뿐 아니라 국제적 소양, 비판적 사고, 윤리적 책임을 함양하는 것을 목표로 한다. 이를 위해 IB 프로그램은 교사에게 탐구 중심의 교수법과 학생 주도적 학습을 요구하는데, 이는 교사를 반성적 실천가이자 탐구 촉진자로 기능하게 한다. 또한 IB는 교육의 궁극적인 지향으로 더 나은 세상에 이바지하는 인재 육성을 내걸고 있어, 교사는 학생들에게 사회적 참여와 행동을 장려하는 역할을 맡는다. 이는 변혁적 교사 패러다임의 가치와 상통한다. 한편, IB에서는 학습 성과에 대한 내부 평가와 외부 평가를 조합하여 사용하지만, 교사는 비교적 자유롭게 교육과정을 재구성할 수 있는 권한을 가진다. 이처럼 엄격한 기준(효과성)과 교사 자율성(전문성)을 조화시키려는 IB의 접근은, 네 가지 패러다임의 균형점을 찾으려는 시도로 해석할 수 있다.

따라서 교사 전문성에 대한 이들 관점을 통합적으로 이해하고 맥락에 따라 적용할 필요가 있다. 교사는 효과적 교수 전략을 활용하면서도 성찰적 태도를 견지하고, 현장의 문제를 연구하며, 더 나은 사회에 기여한다는 큰 그림 속에서 자신의 전문성을 계발해 나갈 필요가 있다. 전문적 학습공동체(PLC)는 이러한 통합적 접근을 가능하게 하는 유용한 틀이다. 교사들이 정기적으로 모여 학생들의 학습 증진을 위한 데이터를 검토하고(효과성), 서로의 수업을 관찰해 피드백을 주고받으며(반성적 실천), 공동의 교육 문제를 액션리서치로 해결하고(탐구), 학교의 비전과 가치에 비추어 혁신을 주도하는 과정(변혁)을 거칠 때, 진정한 전문가 학습공동체가 형성된다. 이러한 PLC 활동은 궁극적으로 IB가 지향하는 협력적이고 창의적인 학습 환경과도 맥을 같이한다.

요컨대, "왜 PLC인가"라는 질문에 대한 한 가지 대답은, PLC가 교사 전문성 신장의 철학적 주름들을 모두 아우를 수 있는 유연한 그릇이기 때문이다. PLC는 교사가 성찰하는 실천가이자 협력하는 연구자, 그리고 변화를 이끄는 리더로 성장하도록 지원한다. 이는 IB를 포함한 오늘날의 교육철학이 요구하는 교사상(像)과 부합한다. 교육의 복잡성이 증가하는 오늘날, 교사는 더 이상 한 가지 패러다임의 틀에 머물 수 없다. 다층적 전문성을 지닌 교사만이 학생들의 다양하고 예측 불허한 배움에 효과적으로 대응하고, 나아가 교육을 통해 사회를 개선하는 데 이바지할 수 있다. 이러한 이유로, PLC와 같은 공동체적 접근은 교사 전문성 개발의 필수 요소로 주목받고 있으며, 이는 앞서 논의한 네 가지 패러다임의 통합적 구현이라 할 수 있다.

4. 이론과 실천의 괴리, 그리고 실행연구

4-1. 교사의 전문 지식기반과 이론-실천의 괴리

교직은 오랫동안 다른 전문직과 달리 공통의 지식기반(knowledge base)을 체계적으로 구축하지 못한 채, 이론과 실천의 괴리 문제를 안고 있었다. 법률, 의학 등 여타 전문직은 세대를 거치며 축적된 실천적 지혜(智)를 이론적 지식(知)으로 정제하고, 이를 대학 교육을 통해 체계적으로 전수해 왔다. 그러나 교직에서는 교수활동의 성과나 기법이 개별 교사의 경험과 역량에 지나치게 의존해 왔으며, 이를 조직적으로 공유하거나 지식화하는 구조가 부족했다. 그 결과, 많은 교사들이 은퇴와 함께 오랜 실천에서 얻은 교육 경험과 암묵적 지식을 공유하지 못한 채 현장을 떠나고, 신규 교사들은 "매번 처음부터 다시 시작해야 하는" 상황을 반복해 왔다(Dewey, 1929).

듀이(1897)는 이미 100여 년 전에 교수활동에 수반되는 내용지식을 해석하는 과정에서, 교사가 누군가를 가르치는 데 필요로 하는 내용지식의 특수한 성격을 지적하였다. 이는 학문 분야의 연구자가 지식을 다루는 방식과 질적으로 다르다고 강조했다. 예컨대 과학을 가르치는 과학교사의 내용 지식은 과학자나 여타 전문가의 지식과는 다른 특수성을 지닌다. 그러나 이러한 교사 전문 지식의 독특성은 간과되어 1980년대까지 학계의 논쟁거리였다(Gess-Newsome & Lederman, 1999).

1980년대 미국을 중심으로 "교직의 전문직화" 움직임이 본격화되면서, 교직에도 다른 전문직처럼 체계적 지식기반이 존재한다는 전제가 주목받았다. 이는 교사를 전문직으로 격상시키고자 하는 개혁자들의 시도로서, 교사 교육에 활용할 지식기반을 정립하려는 다양한 노력이 전개되었다. 대표적으로 Shulman(1987)은 전문직으로서 교사가 지닌 교수(teaching)에 대한 고유한 지식기반을 논의하면서, 교과 내용과 교수법이 정교하게 맞물린 '교수법적 내용지식(pedagogical content knowledge,

PCK)' 개념을 제안하였다. 이는 특정 교과 내용을 효과적으로 가르치기 위해 교사가 반드시 갖추어야 할 교수법적 지식을 의미한다.

Shulman(1987) 이후, 내용교수지식(PCK)을 비롯한 교사의 실천적 지식에서 공통된 경향을 추출하여 이를 교사들의 집단지성으로 체계화하고, 나아가 교직의 지식기반으로 발전시켜 왔다. 이러한 지식기반은 교사의 전문성 향상은 물론 효과적인 교수 활동을 위한 교사교육의 토대이자, 교사 자격·인증 기준, 교사교육 입학 요건, 교사 교육기관의 질 관리 등 다양한 영역에서 핵심적 토대로 작용한다. 그러나 질 높은 실천에 대한 공유된 표준 없이는 교직을 지식기반 전문직으로 정립하기 어렵다. 다시 말해, 교사의 실천적 지혜를 공통의 지식기반으로 체계화하고 표준화하는 것이야말로 교수 활동의 질을 지속적으로 제고할 수 있는 가장 현실적인 해결책이다(Hiebert & Morris, 2012).

〈교사의 전문 지식기반: 이론에서 실천으로〉

	知		智
교사지식	이론적 지식(앎), 명제적 이해		실천적, 체화된 지식(함)
지식기반	명시적 지식기반		묵시적 지식기반
실천 양태	증거기반 실천		반성적 실천

교사의 전문 지식기반을 규명하려는 연구 목적을 공유하면서도, 지향하는 연구 패러다임에 따라 접근 방법이 달라진다. 예컨대 실증적 패러다임에 입각한 교사 지식기반 연구와 참여적 패러다임에 입각한 교사 지식기반 연구의 특징을 비교하면 다음과 같다.

〈교사의 전문 지식기반에 관한 연구 패러다임〉

실증적 패러다임에 입각한 교사 지식기반 연구	참여적/구성주의/비판적 패러다임에 입각한 교사 지식기반 연구
• 효과적 교사 • 축적 가능한 명시적 지식 체계를 강조 • 모든 교수 상황에 일반적으로 적용 가능한 목록형 지식 또는 범주 중심 지식 • 학계(교육과학, 대학)에서 정의한 이론적 지식 • 표준화, 수업의 일관성 확보, 성과 중심의 실천 안내 • 지식 사용자로서의 교사	• 반성적 · 탐구적 · 변혁적 교사 • 교사의 실천적 수행 속에 축적되는 암묵적 · 맥락적 지식을 중시 • 상황과 맥락을 반영한 실행 중심의 서사적 · 서술적 지식 • 현장 경험과 실천에서 생성된 경험 기반 지식 • 실천 속의 지식, 성찰과 재구성을 위한 기반 • 지식 생성자이자 실천가로서의 교사

교직을 전문직으로 정립하려는 초기 교사 지식기반 연구는 실증주의 패러다임에 입각하여, 교사가 갖추어야 할 전문 지식을 명시적이고 보편적인 규범이나 목록 형태로 제시하고자 하였다. 이러한 접근은 교사의 교수활동을 과학적이고 체계적인 지식으로 설명하고, 이를 토대로 표준화된 교수 지침을 구축하려는 시도였다. 그러나 교사의 지식은 암묵적이고 상황 맥락에 깊이 뿌리내린 실천적 성격을 지니며, 이는 계량화되거나 일반화된 범주로 환원되기 어렵다(부성희, 2007). 명시화된 지식기반은 실천 현장에서의 적용 가능성이 낮고, 실제 수업의 복잡성과 변화를 충분히 반영하지 못한다는 비판에 직면하였다.

이러한 한계를 인식한 후속 연구들은 실증주의 이외의 패러다임, 특히 참여적 패러다임에 주목하기 시작하였다. 참여적 패러다임은 교사의 지식을 외부로부터 주어진 것이 아니라, 실천의 맥락 속에서 생성되고 변화하는 '실천 속의 지식'으로 본다. 이에 따라 교사의 지식은 단순한 기술 목록이 아니라, 교사의 삶과 교수 행위, 맥락에 뿌리내린 내러티브와 경험적 이해를 통해 구성된다(Polkinghorne, 2009). 교사는 더 이상 외부 이론을 적용하는 지식 사용자에 머무르지 않고, 실천 속에서 지식을 창출하고 공유하는 전문가이자 연구자로 재정의된다.

특히 참여적 패러다임은 교사의 전문성을 개인의 직관이나 취향에만 의존하는 것이 아니라, 그 실천이 사회적 · 문화적으로 구성되고 공유될 수 있다는 점을 강조한다(손민호, 2011). 교사의 실천지(實踐智)는 공동체의 구성원들과 나눌 수 있는 집단적 지혜이며, 이를 포착하고 분석하기 위해서는 행위자의 의도와 계획뿐 아니라, 그가 속한 실천공동체의 상호작용을 함께 고찰할 필요가 있다.

이러한 문제의식 속에서 등장한 대표적 접근이 실행연구(action research)이다. 실행연구는 교사가 자신의 실천 현장을 탐구의 대상으로 삼아, 문제를 인식하고, 실천을 분석하며, 결과를 개선해 나가는 순환적이고 참여적인 탐구 방식이다. Lewin(1946)이 처음 제안한 이래, 실행연구는 실천과 이론의 분리를 극복하고 교사 스스로가 이론을 생성해 나가는 과정으로 발전해 왔다.

실행연구는 관찰-성찰-행동-계획의 나선형 사이클을 따르며, 이는 문제해결을 중심으로 한 전문적 학습공동체(PLC)의 구조와도 본질적으로 맞닿아 있다(Reason & Bradbury, 2001). 따라서 실행연구는 교사의 실천적 지식을 포착하고 재구성함으로써, 교사를 연구자로 전환하는 실천적 접근일 뿐 아니라, 교사전문성의 지식기반을 구성하는 핵심 도구로도 기능한다.

4-2. 실행연구의 주요 특징

실행연구는 교사가 자신의 실천 현장을 탐구의 대상으로 삼아 문제를 인식하고 대안을 실행함으로써, 실천의 개선과 이론의 생성을 동시에 추구하는 순환적 접근이다(Lewin, 1946; Reason & Bradbury, 2001). 다시 말해, 실행연구는 연구와 실행이 나선형 순환으로 결합된 현장 중심 연구로, 교육 현장의 당면 문제를 해결하면서 새로운 지식을 만들어내는 것을 목적으로 한다(Lewin, 1946; Reason & Bradbury, 2001).

실행연구의 철학적 기반은 크게 네 가지로 요약된다. 첫째, 프락시스(praxis) 개념을 바탕으로, 사고와 행동이 통합된 '생각하는 실천'을 통해 이론을 실천 속에서 생성하고 검증한다(Ginsburg, 1988). 둘째, 참여와 민주성을 중시하며, 연구자와 실천가가 수평적으로 협력하는 참여적 구조를 지향한다(Denzin & Lincoln, 2011). 교사는 지식 생산의 주체로서, 위계적 지식 전달 구조를 넘어선다. 셋째, 해방과 사회정의를 강조하는 비판적 실행연구는 억압적 구조의 변화를 지향하며, 참여자 모두의 목소리 회복과 역량 강화를 추구한다(Freire, 1970; Carr & Kemmis, 1986). 넷째, 실천적 지식의 가치를 중시하여, 추상적 이론보다 현장에 유용한 지식과 실천을 강조한다(Reason & Bradbury, 2001).

실행연구는 1940년대 레빈(K. Lewin)이 처음 제안한 개념으로, 사회문제해결을 위한 '발견-개입-평가'의 순환 주기를 통해 이론과 실천의 간극을 좁히려는 시도였다. 이후 1970년대 영국의 교사-연구자 운동(Stenhouse, Elliot)과 호주의 비판적 실행연구(Carr & Kemmis)에 영향을 받아 교육분야에서 확산하였으며, 오늘날에는 다양한 형태로 진화해 교육, 보건, 사회복지, 조직개발 등 여러 분야에 적용되고 있다. 실행연구의 주요 특징을 정리하면 다음과 같다.

〈실행연구의 주요 특징〉

- 현장성과 실천 지향성: 실행연구는 현장 문제의 해결과 실천 개선을 최우선 목표로 하며, 연구 결과는 논문이 아닌 실제 수업 전략이나 교육자료 등으로 구현된다.
- 순환적 · 반성적 과정: 관찰-성찰-행동-계획의 반복적 사이클을 통해 문제해결과 학습이 심화한다(Schön, 1983).
- 협력과 참여: 동료 교사, 외부 연구자와의 수평적 협력을 통해 공동의 문제를 해결하며, 학습 공동체를 형성한다(이혁규, 2009).
- 방법론의 융통성: 양적, 질적, 예술기반 방법 등을 자유롭게 조합하는 브리콜라주(bricolage)적 접근을 활용한다.
- 실천적 성찰의 산출: 실행연구는 구체적 실천의 변화뿐 아니라, 교사의 신념과 가치에 대한 성찰적 재구성을 통해 전문성의 성장을 유도한다.
- 평가 준거의 변화: 연구의 성패는 문제상황의 실질적 개선 여부에 따라 판단되며, '행동으로 입증된 앎'을 중시한다(조재식, 2002).

〈실행연구와 교사전문성 형성: 존재론적 전환〉

실행연구는 교사를 단순한 지식 소비자가 아닌 지식 창출자로 전환하며, 교사 전문성 형성에 깊은 영향을 미친다. 이는 단순한 역할 변화가 아니라 교사 정체성의 근본적 변화이며, 다음과 같은 측면에서 그 의의를 찾을 수 있다.

첫째, 교사는 실행연구를 통해 교육 현장의 문제해결자이자 이론 생산자가 된다. 외부 전문가의 이론을 수동적으로 수용하던 기존 역할에서 벗어나, 자신의 교실 문제를 탐색하고 그 과정에서 새로운 이론과 지식을 생성한다. 이를 통해 이론과 실천의 간극을 메우는 주체로 자리매김한다(조재식, 2002).

둘째, 교사의 암묵적 실천 지식이 명시화되어 공유된다. 교사는 수업 성찰과 동료와의 대화를 통해 자신의 내면적 지식을 서사적 지식 등으로 표현하고, 이를 동료들과 공유하며 집단적 전문성을 구축한다. 이는 교직 내 지식기반 축적에 기여하고, 세대 간 단절 문제를 해소하는 데도 의미가 있다(손민호, 2011).

셋째, 교사의 자기 성찰 역량과 전문적 자기효능감이 강화된다. 실행연구는 교사로 하여금 자신의 수업을 비판적으로 성찰하게 하고, 새로운 교수전략을 시도할 용기와 자신감을 부여한다(Liu, 2015; Edwards & Burns, 2016). 이를 통해 교사는 평생학습자로서의 정체성을 확립하게 된다.

넷째, 교사는 실행연구를 통해 민주적 리더십과 동료성과 연대의식을 함양한다. 문제해결을 위한 협력 과정에서 교사는 주도성과 소통 능력을 기르고, 공동체적 전문성을 경험한다. 이러한 경험은 고립된 개인에서 함께 성장하는 공동체 구성원으로의 인식을 형성하게 한다(Pine, 2008).

다섯째, 실행연구는 교사에게 비판적 사회의식과 변혁적 지향성을 부여한다. 교사는 단순한 교수 기술 개선을 넘어, 교육 불평등이나 사회문화적 구조에 대한 비판적 성찰을 통해 정의로운 실천을 지향하게 된다(Zeichner, 2009; 성열관, 2005; Sachs, 2003). 이는 교사의 전문직 윤리와 사회적 책무성을 강화하는 계기가 된다.

요컨대 실행연구는 교사에게 자율성과 자기효능감을 부여하고, 지식 창조자이자 성찰적 실천가로서의 정체성을 형성하게 한다(Cochran-Smith & Lytle, 2009). 복잡하고 예측 불가능한 교육 환경 속에서, 이러한 실행연구 기반 전문성은 교직의 본질을 재정의하고, 교사의 지속적 성장과 신뢰를 가능케 하는 핵심 기반이 된다.

4-3. 실행연구와 PLC를 통한 IB 교사전문성의 재구성

참여적 실행연구(Participatory Action Research, PAR)는 교사의 실천 현장을 중심으로 문제를 인식하고, 공동의 탐구를 통해 해결책을 모색하며, 교육의 질적 변화를 이끌어내는 실천 기반 탐구 접근법이다. 특히 PAR은 단순한 개인적 수업 개선을 넘어, 사회적 맥락에 뿌리내린 문제의식을 바탕으로 공동체 차원의 변화까지 목표로 삼는다는 점에서 전문성 함양의 새로운 패러다임을 제시한다. 이러한 실행연구는 전문적 학습공동체(PLC)와 결합할 때 더욱 강력한 동력을 지니며, 이는 IB 교육 철학과도 긴밀히 연결된다.

먼저, 전문적 학습공동체(PLC)는 교사들이 공유된 목표를 중심으로 지속적인 협력과 성찰을 통해 교육을 개선하는 공동체적 실천 구조이다. DuFour(2004)에 따르면, 효과적인 PLC는 단지 정보를 나누는 모임이 아니라, 문제해결을 위한 구조화된 탐구 과정, 즉 실천의 분석과 반성, 협력적 실행을 포함한다. 이 점에서 실행연구는 PLC의 핵심 실천이라 할 수 있다. 실행연구의 나선형 사이클—문제 인식, 실행, 성찰, 재계획—은 PLC가 지향하는 순환적 학습 구조와 본질적으로 동일하다. 교사들이 자발적으로 실행연구 프로젝트를 설계하고 동료와 함께 실천하고 성찰할 때, PLC는 단순한 협업을 넘어 전문적 성장의 실천 장(場)으로 변모한다.

PLC는 실행연구의 '지속가능성'을 담보하는 조직 기반을 제공하며, 실행연구는 PLC에 문제해결과 학습 혁신의 실질적 방법을 제공한다. 예컨대 교사들이 특정 학습 결손 문제를 공동으로 인식하고, 데이터를 수집·분석하여, 새로운 교수 전략을 설계·시행한 뒤, 그 효과를 성찰하는 과정을 반복하는 구조는 실행연구이자 PLC의 전형이다. 이러한 방식은 교사 개개인의 전문성 향상은 물론, 학교 조직 전반의 집단 역량을 높이는 데 기여한다. PLC 내에서 실행연구를 수행하는 교사는 더 이상 단독 실천가가 아니라, 공동 연구자이며 변혁의 주체이다.

둘째, IB는 학습자 중심 탐구, 반성, 그리고 행동을 핵심 교육 원리로 삼는다. 이는 단지 학생에게만 요구되는 것이 아니라, 교사에게도 똑같이 적용된다. IB는 교사를 '지식 전달자'가 아닌 '실천하는 탐구자'로 재정의하며, 교실 현장에서의 지속적 반성과 성찰, 그리고 학생과의 상호작용을 통해 지식을 공동 생성하는 존재로 바라본다(IBO, 2019b). 이런 점에서 실행연구는 IB 교사상과 자연스럽게 맞닿는다.

실행연구에 참여하는 교사는 곧 IB 교육이 추구하는 '탐구-성찰-행동'의 순환을 실천하는 주체이다. 예컨대 한 IB 교사가 "어떻게 하면 학생들이 더 자기 주도적으로 탐구하도록 이끌 수 있을까"라는 질문을 중심으로 실행연구를 시작했다고 하자. 이 교사는 다양한 학습자 주도 활동을 수업에 도입하고 그 반응을 관찰하며, 인터뷰와 설문을 통해 학생들의 목소리를 수집한 뒤 이를 바탕으로 수업을 다시 조정한다. 이러한 반복적 실천은 IB 교육이 요구하는 수업 설계와 개선의 핵심 논리를 구현하며, 실행연구는 이를 조직화된 탐구 체계로 구체화한다.

또한 IB는 교사들이 서로 협력하여 수업을 설계하고, 정기적으로 모여 교수 전략을 공유하는 협동계획(collaborative planning)을 장려한다. 이는 PLC의 전형적 활동이며, 동시에 실행연구의 집단적 실행을 가능하게 하는 구조이다. IB 학교에서 PLC와 실행연구가 결합할 경우, 교사는 동료들과 수업 문제를 공유하고, 함께 데이터를 수집하고 분석하며, 공동의 해결책을 설계하고 실행한다. 이 과정에서 교사는 "혼자 고군분투하는 존재"에서 "공동체의 연구자"로 거듭나며, 집단적 전문성의 실현이 가능해진다.

셋째, 이제 교사의 전문성은 이론 지식의 소유 여부보다 실천 속에서 이론을 생성하고 적용할 수 있는 능력, 곧 '지식의 실천적 활용 역량'으로 재정의되고 있다. 실행연구는 바로 이러한 실천적 지혜를 구조화하고 공동화하는 경로를 제공한다. 교사는 자신의 교실에서 데이터를 수집 · 분석하고, 이를 바탕으로 새로운 전략을 고안 · 시행하며, 그 과정을 성찰적으로 되짚는 탐구적 순환을 통해 실천 속에서 이론을 생성하고 검증한다. 이 과정은 교사 개인의 전문성 향상에 그치지 않고, 그 성과와 통찰이 동료들과 공유되고 조직 문화로 확산하면서 학교 전체의 혁신으로 이어진다.

이러한 구조는 교육개혁의 '현장 주도형' 전환을 가능하게 한다. 외부 전문가나 정책 주체가 아닌, 학교 내부의 교사들이 자율적으로 문제를 정의하고, 그 해결을 위해 실행연구를 수행하며, 집단적 반성과 실행을 통해 변화를 만들어가는 과정은 지속 가능하고 실효성 있는 개혁의 모델이다. 교육부(2020)와 같은 기관에서도 이를 반영하여 교사 연구회를 제도적으로 지원하거나 실행연구 중심 연수를 확대하고 있다. 이는 단지 교사의 개별 역량 강화가 아니라, 학교 조직의 구조적 성숙을 의미한다.

결과적으로 실행연구는 교사를 '이론을 소비하는 존재'에서 '실천 속에서 이론을 생성하고 재구성하는 주체'로 변화시킨다. 이는 교직을 진정한 의미의 지식기반 전문직으로 이끄는 핵심 전환이다. 의료 분야에서 임상 현장의 문제해결을 통해 의학 지식이 진화하듯, 교육 현장도 실행연구를 통해 교수학습 이론을 실천 속에서 갱신하고 있다. 특히 IB와 같은 국제 교육공동체에서는 이러한 실행연구 결과가 교사들 간의 경계를 넘는 협력을 통해 국제적 지식공동체로 확장될 수 있다. PLC는 이러한 실행연구를 일상화할 수 있는 실천공동체로 기능하며, 실행연구는 PLC가 학습조직으로 진화하는 데 결정적 촉진제가 된다. 교사들이 서로 다른 관점과 실천을 비교하고 반성하며, 실패와 성공을 모두 학습의 자원으로 전환할 수 있는 문화는 실행연구 기반의 PLC에서만 가능하다. 이것이 곧 교사 전문성의 미래이다.

끝으로, 실행연구는 교사를 단순한 기술자가 아닌 존재론적 주체로 변모시킨다. 교사는 더 이상 지시된 수업을 반복하는 전달자가 아니라, 교육의 의미와 목적을 능동적으로 재구성하는 행위주체가 된다. 이는 곧 실천 속에서 지혜를 형성하고, 미래 교육의 공동 행위자로서 '프로네시스를 살아내는 존재-되기'의 실현이다. 실행연구를 기반으로 한 PLC는 이러한 교사 전문성의 존재론적 전환을 일상화하는 장이자, IB 교육철학의 실천적 구현 공간이다.

요컨대, PLC는 단순한 협업을 넘어 현장 기반 탐구와 실천을 구조화하는 공동체이다. 실행연구는 그 안에서 이루어지는 문제해결, 성찰, 공동연구의 토대가 된다.

교사가 이론을 단순히 소비하는 존재가 아니라 실천 속에서 이론을 생성하고 갱신하는 주체로 재정의되는 순간, PLC는 비로소 진정한 의미의 전문성 공동체로 거듭난다. 이 점에서 실행연구는 IB 교육과 PLC를 매개하는 중심 축이라 할 수 있다.

5. 왜 공동체인가: 잠재성의 정치학과 '무위'의 공동체

교직에 대한 대표적인 오해 중 하나는, 교사가 가르치는 데 필요한 지식을 완비한 상태로 교단에 선다는 전제이다. 또 다른 오해는 교사의 '질'이 곧 교수활동의 질이며, 교사를 변화시키면 교수의 질도 향상된다는 도식이다(Hiebert & Morris, 2012). 하지만 실제 가르침은 단순한 개인적 기술이 아니라 문화적 실천이다. 교사들은 동료 교사들의 수업을 관찰하고 함께 이야기하며 배우고 성장한다. 지식은 공동의 장에서 공유되고 해석되어야 비로소 의미와 힘을 가진다.

특히 교사의 지식은 암묵적 경험과 맥락적 판단에 뿌리를 두고 있으며, 그것이 교육공동체 안에서 명시화되고 언어화될 때 교육적 성찰과 개선이 가능해진다. 개별 경험을 이론적 언어로 전환할 수 있을 때, 교사는 단순한 기능인이 아니라 타자와 의미를 주고받는 교육 전문가로 성장하게 된다(Polanyi, 1958). 이러한 공유와 전환을 가능케 하는 구체적 공간이 바로 전문적 학습공동체(PLC)이다. PLC는 지식을 관계 속에서 재구성하고, 교육을 다시 공공성과 사회성의 영역으로 회복시키는 기반이 된다.

오늘날 PLC는 단순한 현장 연수의 대안을 넘어, 지식의 공공성과 교육의 관계성 회복을 위한 철학적 기반으로 주목받고 있다. OECD(2012)는 교사 학습공동체가 교사의 전문성 개발은 물론, 학생 학습의 향상, 교사의 자기만족, 학교문화의 개선 등 교육 전반에 걸쳐 긍정적 영향을 미친다고 분석하였다. 이러한 맥락에서 PLC는 교사 전문성과 학교혁신을 연결하는 철학적 구조이자 실천적 장치로 인식되고 있으며, 교육정책 역시 교사 개인의 효과성보다는 학교 차원의 책무성과 공동 실천을 중시하는 방향으로 전환되고 있다(Darling-Hammond & Bransford, 2005; OECD, 2012).

학교는 더 이상 교사 개인이 "가라앉거나(sink) 헤엄치거나(swim)" 하며 모든 것을 혼자 감당해야 하는 공간이 아니다. 오늘날 교육의 변화는 학교 공동체 전체의 책임과 참여를 전제로 하며, 교사 개인에게 부과되던 개별 책무성을 넘어서는 공동체 기반의 실천적 전환을 요청한다. 이는 교육개혁의 성공이 정책의 일방적 전달이 아니라, 현장에서 출현하는 능동적 실천 주체, 즉 공동체 속에서 성장하는 교사 행위주체에게 달려 있음을 보여준다.

이러한 맥락에서, 이 장에서는 왜 PLC가 요청되는가, 그리고 신자유주의 교육체제를 넘어서는 철학적 대안으로서 PLC가 어떤 의미를 가지는가, 나아가 낭시(Nancy, 2010)의 무위(無爲)의 공동체 개념을 통해 우리가 상상할 수 있는 새로운 공동체의 가능성은 무엇인가를 탐색하고자 한다.

〈공동체란 무엇인가: 선물에 의해 결합되는 집합체〉

- 공동체(commune)란 '함께'를 뜻하는 cum과 '선물'을 뜻하는 munis가 결합된 개념이다(이진경, 2001). 즉, 공동체란 선물을 매개로 결합된 관계의 구조, 다시 말해 타자에게 주는 행위를 통해 형성되는 집합체를 의미한다. 이때의 선물은 되돌려받기를 전제하지 않는 타자에 대한 무조건적 배려이며, 주는 사람은 그 배려 행위 자체에서 기쁨을 얻는다. 이처럼 되돌림을 기대하지 않는 선물의 이동이야말로, 공동체를 연결하는 비대칭적 연대의 윤리를 만들어 낸다.
- 공동체는 이처럼 계산 없는 나눔, 일방적인 선물 주기, 그리고 타자에 대한 응답 가능성을 바탕으로 상생적 삶의 형식을 구성한다. 기존의 공동체가 정체성을 유지하려 외부에 닫힌 폐쇄적 형태였다면, 신자유주의 이후 요청되는 공동체는 오히려 외부를 향해 열려 있고, 그 열림을 통해 자기 자신도 끊임없이 변이하고 재구성된다.
- 공동체란 '함께 있음'을 위한 도구가 아니라, 타자를 위한 선물 그 자체에서 출발하는 존재방식이다. 그것은 "돌아올 것을 기대하지 않는 나눔", 즉 타자의 타자성을 존중하는 윤리적 공간이며, 신자유주의적 고립과 경쟁의 논리를 넘어 함께-살아가는 관계적 윤리의 기초가 된다.

출처: 이진경(2001) 재구성

5-1. 신자유주의 교육체제와 PLC의 요청

1970년대 이후, 케인즈주의적 복지국가 체제의 한계와 세계 자본주의의 구조적 위기 속에서 신자유주의는 국가 개입을 최소화하고 시장 기능을 극대화하는 새로운 이념 체계로 부상하였다. 이 이념은 공기업의 민영화, 복지의 축소, 노동의 유연화 등을 통해 국가의 통치 방식을 시장 중심으로 재편하는 데 결정적인 역할을 했다(김주환, 2016; 이근식, 2011).

1980년대 이후 세계 질서를 주도해 온 신자유주의는 단순한 경제 정책이나 시장 친화적 이념을 넘어, 사회 전반에 작동하는 하나의 통치 합리성(governmentality)으로 기능해 왔다. 신자유주의는 공공 영역의 민영화와 국가 책임의 축소를 통해 경쟁과 자기 책임의 원리를 사회의 핵심 가치로 정립하였으며, 개인을 자율적이고 독립적인 경제 주체로 구성하는 동시에 삶의 모든 영역—관계, 윤리, 교육—을 시장의 논리로 재구성하였다(Harvey, 2005).

교육 역시 이러한 흐름에서 벗어나 있지 않았다. 신자유주의 교육정책은 학교를 기업처럼, 교사를 노동자처럼, 학생을 소비자처럼 규정하며 교육의 패러다임을 근본적으로 변화시켰다. 이에 따라 학교는 시험 성적과 진학률 등 정량적 성과 지표로 평가되고, 교사는 '생산성'이라는 기준 아래 성과 중심의 노동자로 간주하였으며, 교육의 본질은 학습자의 전인적 성장보다는 시장 효율성과 수익성이라는 틀로 환원되었다. 그 결과 "누구도 남을 돌보지 말라"는 냉소적 윤리가 교육 현장에까지 침투하게 된 것이다(엄기호, 2009).

이러한 통치성 아래, 교사는 고립된 실행자로 전락하였다. 자기 교실에 갇힌 채 주어진 업무만 반복하며, 동료성과 성찰의 기회는 차단되었고, 학교문화 전반은 성과 경쟁과 표준화된 실적주의에 지배되었다. 교사의 전문성은 비판적 사고나 교육철학적 성찰이 아닌, 매뉴얼 수행 능력과 기술적 효율성으로 축소되었다. 이제 교사는 '왜 가르치는가, 무엇을 가르치는지'를 성찰하는 교육 주체가 아니라, 지침을 수행하는 소극적 수행자로 전락하였다.

〈신자유주의 교육체제와 한국교육〉

- 경제 논리의 전면화: 신자유주의는 단순한 경제 정책이 아니라, 사회 전반을 경쟁, 효율, 성과 중심으로 재편하는 통치의 합리성으로 작동함(Harvey, 2005).
- 시장 중심의 주체 구성: 국가는 최소 개입하고, 개인은 선택과 자기 책임을 지는 기업가적 존재로 설정됨(Rose, 1999; 김홍중, 2015).
- 공공성 축소와 개인화된 생존 책임: 교육 · 복지 등 국가가 맡아야 할 영역에 시장 논리가 도입되고, 개인은 자기 계발을 통해 생존해야 하는 구조에 놓임(신인영, 2002; 심성보, 2016).
- 학교의 시장화 및 성과 경쟁 구조 강화: 학교는 교육 '상품'을 제공하는 기업처럼 운영되고, 학업성취도 · 진학률 등 정량 지표로 경쟁하게 됨(김천기, 2012).
- 수요자 중심 교육의 제도화: '5.31 교육개혁'을 계기로 자율형 사립고, 특성화고, 방과후학교 등 시장형 모델이 제도화됨(한만길 외, 2007; 신인영, 2002).
- 교육의 계층 재생산 심화: 교육 선택권이 자본과 결합하며, 교육은 불평등을 고정하고 재생산하는 통로로 작동함(Apple, 2013; 이현, 2016).
- 교사의 노동 유연화 및 전문성 축소: 교사는 초빙제 · 계약제 등 유연한 고용 체제에 편입되고, 자기 계발의 주체로 전환됨(천보선, 1998; 김천기, 2012).
- 교육의 인간화 기능 약화: 교육은 인간적 만남과 공동의 성장 공간이 아니라, 성과 중심의 기술적 수행 체계로 변질됨(Freire, 2007; 이은성, 2015).
- 성과 평가 기반의 자기 통치 구조 강화: 학업성취도 · 교원능력평가 등 표준화 지표에 의해 자기 통제와 자기 감시 체계가 강화됨(서동진, 2011; KICE, 2015).

그러나 교육은 본질적으로 관계적이며 공동체적인 실천이다. 배움은 고립된 개인이 아니라, 교사와 학생, 교사와 교사, 학교와 지역사회 간의 상호작용 속에서 일어나며, 그 과정은 철저히 윤리적이고 실존적인 차원을 포함한다. 따라서 신자유주의 교육체제가 초래한 고립과 비인간화의 문제는, 교육을 다시 공동체적 가치와 관계 중심의 실천으로 재구성하려는 움직임을 낳았다.

그 대안으로 주목받는 것이 바로 전문적 학습공동체(PLC)이다. PLC는 신자유주의 통치성에 대한 철학적이고도 실천적인 저항이자 대안으로, 교사를 다시 공동체 속의 관계적 존재로 회복시키는 기반이 된다. 고립된 교사 문화를 넘어서, PLC는 협력, 성찰, 집단적 실천을 촉진하는 구조적 장치로 기능하며, 교육의 인간화와 공동체적 재구성을 위한 윤리적 실천의 장을 제공한다.

이때 '공동체'는 단순한 운영 단위나 조직 형태를 넘어, 교육의 본질을 회복하는 철학적 구조로 요청된다. 교육은 본래 관계적 행위이며, 가르침과 배움은 타자와의 접촉과 응답, 상호작용을 통해 발생하는 실존적 과정이다(Dewey, 1916). 이러한 관계적 접촉이 단절될 때, 교육은 생명력을 잃고 만다.

교사는 '고독한 전문가'가 아니라, 공동체적 실천의 주체이다(Hargreaves & Fullan, 2012). 동료 교사, 학생, 학부모와 함께 어울려 배우고 성장하는 존재로서, 교사는 공동의 맥락 속에서만 교육의 윤리적 의미를 실현할 수 있다. '왜 교사인가', '왜 가르치는가'에 대한 성찰 또한 개인의 내부가 아닌 공동체의 맥락 안에서 이루어져야 한다. 이러한 공동체적 실천의 정당성은 단지 교육의 효과성 차원을 넘어, 윤리적 기반 위에 놓인다. 교육 현장에서 교사는 학생과 동료의 타자성에 응답할 책임을 지닌 존재이며, 이 응답을 통해서만 진정한 교육적 윤리가 성립한다. 반면에, 신자유주의 체제는 교사와 학생을 성과의 대상으로 전락시키며, 교육의 윤리적 구조를 훼손한다.

결국 "연대만이 신자유주의의 폭주를 제어할 유일한 대안"이라는 통찰처럼, 교육에서도 협력과 상호 책임의 공동체 운동을 통해서만 경쟁 중심 체제의 폐해를 넘어설 수 있다(엄기호, 2013). 이러한 문제의식 속에서 전문적 학습공동체(PLC)는 단순한 교육기법이 아니라, 윤리적 재구성과 관계적 회복의 실천적 기반으로 주목받는다.

PLC는 교사들이 서로의 상처와 성찰을 공유하며, 함께 배우고 실천하는 과정을 통해 공동체적 교육을 실현하는 구조적 장치가 된다. 이는 교육을 다시 공동 삶의 과정으로 회복하고, 교사와 학생이 함께 성장할 수 있는 상생의 문화를 현실에서 구현해 가는 실천 가능한 대안이다. 이러한 맥락에서 신자유주의 교육체제에 대한 철학적 저항이자 실천적 기획으로서, PLC의 의의를 살펴보고자 한다.

〈푸코의 '통치성'과 신자유주의: 자율의 이름으로 통치되는 삶〉

- 통치성(governmentality)은 푸코(M. Foucault)가 제안한 개념으로, 권력이 더 이상 억압이나 명령을 통해 직접 작동하지 않고, 개인이 자기 삶을 스스로 통제하고 규율하도록 만드는 간접적 지배의 기술을 의미한다(Foucault, 2011). 푸코는 이를 "타자에 의한 지배 기술과 자기 자신에 대한 기술이 연결된 상태"로 설명하며, 권력-지식의 복합체로서 통치성이 작동한다고 보았다.
- 이러한 통치성은 신자유주의 체제에서 가장 강력하게 구현된다. 국가는 전면에 나서지 않으며, 대신 시장 원리를 내면화한 자율적 주체가 스스로 판단하고 행동하도록 유도된다. 이 과정에서 개인은 더 이상 외부로부터 억압받는 객체가 아니라, 성과를 관리하고 경쟁을 내면화하는 '기업가적 자기(self as enterprise)'로 재구성된다(Rose, 1999).
- 이러한 신자유주의적 주체는 자율, 선택, 효율, 자기계발이라는 덕목을 내면화하며, 자신을 시장에 맞춰 지속적으로 조율한다. 여기서 '자유롭게 선택하고 있다'라는 자기 인식은 가장 정교한 통치 방식이 된다. 비교, 자기 규율, 향상 욕망은 외부의 강제가 아닌, 내면에서 자발적으로 작동하는 통치성의 핵심 장치로 기능한다(Rose, 1999; Foucault, 2011).
- 신자유주의 교육정책은 이러한 통치성의 구조를 교사에게 그대로 적용한다. 교사는 성과 생산자이자 자기계발의 주체로 간주하며, 더 나은 수업, 성취, 행정 효율을 위해 스스로를 관리하고 성과를 책임지는 존재로 재구성된다. 이때 교사는 자율이라는 이름으로 내면화된 자기 감시 체계에 포획되며, 고립, 소진, 동료성과의 단절을 경험하게 된다. 교육은 점차 공동의 배움이 아닌, 성과 관리의 장으로 변질된다.
- 이러한 통치성의 역설, 즉 '자율'이라는 이름으로 행해지는 통치를 넘어설 가능성으로 PLC가 주목된다. PLC는 교사를 고립된 성과 수행자로부터 집단적 성찰과 협력의 관계적 주체로 전환하며, 자기 통치에 내몰린 교사에게 타자와 함께-있음(being-with)을 가능하게 하는 윤리적 공간을 회복한다. PLC는 단순한 교육기법이나 제도적 형식이 아니라, 신자유주의 교육의 통치성에 맞서는 교육적 저항이자 회복의 실천이 될 수 있다.

출처: 서동진(2009), 양운덕(2008) 재구성

5-2. 무위(無爲)의 공동체와 PLC: 낭시의 공동체론

전통적으로 '공동체'는 동일한 본질이나 정체성을 공유하는 폐쇄적 집단으로 이해되어 왔다. 낭시(Nancy, 2010)는 이러한 개념을 근본적으로 해체하며, 동일성 중심의 공동체가 타자에 대한 배제와 폭력으로 이어질 수 있음을 비판한다. 그는 '공동체'라는 표현 대신 '공동-내-존재(etre-en-commun)'라는 개념을 제안하며, 인간이 본질적으로 타자들과 함께 있음(being-with)의 존재론적 조건에 놓여 있다고 주장한다(Nancy, 2010).

낭시(J.-L. Nancy)에 따르면 인간은 고립된 자율적 개인으로는 존재할 수 없으며, 항상 타자와 함께 존재할 수밖에 없는 유한한 존재이다. 존재는 언제나 타자와의 관계 속에서만 드러나며, 주체는 자신 안에 타자성과의 구조를 내포한 채 살아간다. 그는 이를 '편위(dis-position)', '외존(ex-position)', '단독성(singularité)' 등의 개념으로 설명한다. 즉, 주체는 자기 완결적인 동일자가 아니라, 타자에게 열려 있고 관계 속에서 드러나는 편위된 존재, 곧 타자성의 열림 속에서 성립하는 단독성이다. 결국 우리 존재는 항상 외부에-있음(외존, ex-position)을 통해 실현되며, 각 개인은 타자와의 접촉 속에서 비로소 하나의 존재로 자리매김한다.

이러한 존재론에 기반해 당시는 '공동체'라는 말 대신 '공동-내-존재(êTER-en-commun)'라는 표현을 제시한다. 인간은 본래 타자들과 함께 존재하는 존재이며, 타자성과의 관계 속에서만 실존을 구성할 수 있다(Nancy, 2010). 따라서 공동체란 고정된 목적이나 본질을 공유하는 집합이 아니라, 타자와의 접촉 속에서 끊임없이 드러나는 역동적 사건이다(Nancy, 2010).

이 맥락에서 제시되는 핵심 개념이 바로 '무위(無爲)의 공동체'이다. 낭시가 말하는 '무위'는 아무것도 하지 않음을 뜻하는 소극성이 아니라, 공동체를 어떤 목적이나 결과물을 산출하기 위한 '작업(work)'으로 보지 않고, 이미 존재하는 관계성을 드러내고 응답하는 윤리적 태도를 의미한다. 그는 "공동체는 공통된 본질이 아닌, 함께 있음의 드러남 그 자체"라고 강조한다(Nancy, 2010).

이러한 공동체 안에서 소통이란 동일화나 통합이 아니라, 서로 다른 단독성들이 관계 속에서 마주치는 존재론적 접촉이다. 소통은 차이를 제거하는 것이 아니라, 차이 속에서 발생하는 열린 사건(event)이며, 공동체는 언제나 완결되지 않은 생성의 장으로 남는다(Nancy, 2010).

무위의 공동체는 실체화되거나 완결될 수 없는 공동체이다. 각 개인은 서로에게 열려 있으면서도 완전히 동일화되지 않는 차이의 간격을 유지하며, 바로 이 간격이 공동체 형성을 가능하게 한다. 낭시는 이러한 열린 구조와 대비하여, 폐쇄적 동일성에 기반한 기존 공동체 개념이 배제와 폭력의 기제로 작동해 왔음을 비판한다. 그는 역사 속 공동체들이 이질적인 존재를 이단자, 낙오자, 이방인 등의 이름으로 추방해 왔던 전체주의적 경향을 지적한다(허정, 2013).

이에 반해 낭시가 제안하는 '공동-내-존재'는 고정된 속성이나 본질을 전제하지 않는 열린 공동체를 지향한다. "'우리'란 동일한 속성을 공유하는 집단이 아니라, 각자의 유한성과 이질성을 인식한 단독자들이 서로를 향해 열려 있는 관계"라고 그는 말한다(Nancy, 2010). 이 공동체는 고정된 형태가 아니라, 끊임없이 생성되고 열려 있는 존재론적 사건이며, 이를 통해 윤리적 공동체의 가능성이 열리게 된다.

낭시의 사유는 공동체를 동일성 중심의 신화에서 해방하고, 존재들이 함께-있음 그 자체를 목적으로 하는 관계 윤리 속에서 공존할 수 있음을 보여준다(허정, 2013). 이는 인간이 본래부터 타자와의 관계 속에서만 실현될 수 있는 존재라는 통찰에 기반하며, 교육을 포함한 공동의 삶의 장에 중요한 시사점을 제공한다.

이러한 존재론적 공동체는 현실에서 완성될 수 없는 이상이라는 점에서, 칸트(I. Kant)의 '통정적 이념(regulative idea)'과 맞닿아 있다. 가라타니 고진(柄谷行人)은 공동체를 "결코 완전히 실현될 수 없지만, 끊임없이 목표로 삼음으로써 서서히 다가가게 하는 통정적 이념"에 비유하며, 공동체는 마치 칸트의 이념처럼 현실에서 완벽히 구현되지는 않더라도, 항상 지향되어야 할 이상적 방향으로 존재한다고 본다(가라타니, 2005; 허정, 2013). 이러한 맥락에서 공동체는 고정된 형식이 아니라, 지속적으로 도래하며 스스로를 갱신하는 하나의 과정이자 윤리적 실천으로 이해된다.

전문적 학습공동체(PLC) 역시 이러한 이념적 공동체로 파악할 수 있다. 그것은 언제나 실패하거나 불완전할 수 있지만, 그 실패를 계기로 다시 구성되고 도래하는 사건으로 존재해야 한다. 진정한 공동체는 완결된 정체성이 아니라 변화 그 자체이며, 구성원 각자가 자신의 유한성과 타자성을 인식하고, 서로에게 존재론적으로 열려 있을 때만 성립할 수 있다(이진경, 2001). 따라서 공동체는 동일성을 강요하는 체계가 아니라, 차이와 취약성의 공유를 통해 형성되는 윤리적 공간이어야 하며, 이는 교육 현장에서의 공동체 실천에 통찰을 제공한다(Butler, 2004: 허정, 2013 재인용).

이러한 맥락에서 들뢰즈(G. Deleuze)의 철학은 전문적 학습공동체(PLC)에 또 하나의 전환적 사유를 제공한다. 그는 전통 철학이 강조해 온 동일성과 고정된 구조를 비판하며, 삶을 끊임없는 생성과 탈영토화의 운동으로 이해한다. 들뢰즈는 '리좀(rhizome)' 개념을 통해 수직적 위계나 중심 없이 수평적으로 확장되는 유동적 연결망을 상상하며, 주체 또한 고정된 정체성이 아니라 '되기(becoming)'의 지속적 흐름 속에서 형성된다고 본다. 이러한 사유는 교육공동체, 특히 PLC의 조건을 재구성하는 데 깊은 통찰을 제공한다.

PLC는 정형화된 규범이나 획일적 실천 기준을 따르는 수목형 구조가 아니라, 교사들이 서로의 경험과 문제의식을 자유롭게 접속하고, 자율적으로 탈주하며 새로운 교육적 의미를 생성하는 리좀적 장(場)이어야 한다. 여기서 교사의 역할은 단순한 지식 전달자가 아니라, 학생과 동료 교사 속에 잠재된 가능성을 감지하고, 그것을 연결해 내며, 기존 체제가 억압해 온 가능성을 다시 드러내는 촉진자이자 동행자로 재정의되어야 한다(Deleuze & Guattari, 1987; 최진석, 2012).

5-3. 바틀비와 잠재성의 정치학: '하지 않음'의 윤리

허먼 멜빌의 단편소설 『필경사 바틀비』의 주인공 바틀비는 월가의 한 법률사무소에서 일하는 필경사로서, 상사의 모든 업무 지시에 "~하지 않는 편이 좋겠습니다(I would prefer not to~)"라고 응답하며 작업을 거부한다. 그는 업무뿐 아니라 먹는 것까지 거부한 끝에 결국 감옥에서 굶어 죽게 된다. 아감벤(G. Agamben)은 바틀비를 통해 이를 현실화하지 않은 '~하지 않을 수 있는' 잠재성의 표현으로 해석하며, 현실성에 종속되지 않는 순수한 잠재성(impotentiality)을 강조한다(Agamben, 1995: 245: 양운덕, 2009 재인용). 바틀비는 주어진 역할을 거부하고, 자신의 잠재성을 소진하지 않음으로써 기존 동일성의 틀을 중단시킨다.

그의 언어 행위인 "하지 않는 편이 낫습니다."는 단순한 거부가 아니라, 긍정과 부정의 경계를 흐리는 유예의 언어다. 들뢰즈(G. Deleuze)는 이를 통상적 언어체계를 해체하는 무문법적(agrammatical) 표현으로 해석하며, 기존 명령-복종의 언어질서에 균열을 낸다고 본다(윤교찬 · 조애리, 2009).

바틀비는 '비(非)실천'을 통해 체제 내의 외부로 존재하며, 주권적 권력에 포섭되지 않는 예외적 위치를 점한다. 그는 법과 역할, 노동의 틀을 거부함으로써 오히려 새로운 윤리의 가능성을 열어 보인다. 아감벤은 이러한 무위의 실천이야말로 "완전히 새로운 정치"의 출발이라 말한다(양운덕, 2009). 결국 바틀비는 지금의 세계를 멈춤으로써 "존재할 수도 있었지만 존재하지 않았던" 세계를 구원하려 온 메시아적 존재로 나타나며(양운덕, 2009), 우리에게 현재의 질서를 근본적으로 중지시키고 새로운 가능성의 공간을 열어야 할 필요성을 일깨운다. 이러한 아감벤의 메시지는 바틀비의 '하지 않음'이 그 자체로 미래의 공동체를 여는 행위임을 보여준다.

이러한 사유는 들뢰즈의 '되기(becoming)' 개념으로 확장된다. 바틀비는 반복 속에서 차이를 생성하며, 기존 질서를 벗어나 탈영토화를 시도하는 존재다(이보라, 2015). 그러나 그의 고용주인 변호사는 바틀비의 언행을 단순한 거부로만 이해하고, 끝내 바틀비의 잠재성과 우발성의 세계를 받아들이지 못한다. 변호사는 혼란을 겪지만, 바틀비에 감응하거나 변화하지 못한 채 '바틀비 되기'에 실패한다(윤교찬 · 조애리, 2009). 들뢰즈는 이러한 실패를 통해 새로운 삶으로의 전환이 기존 질서 안의 주체에게 얼마나 어려운지를 보여준다.

하트와 네그리(Hardt & Negri, 2004)는 바틀비의 거부를 해방정치의 출발점으로 간주한다. 단, 그들은 단순한 거절만으로는 사회적 자살에 이를 수 있기에, 바틀비 이후에는 새로운 삶의 방식과 공동체 건설로 나아가야 한다고 말한다(공진호, 2011). 지젝(S. Žižek)도 바틀비의 정지는 시작일 뿐이며, 새로운 공동체를 위한 공들인 실천이 뒤따라야 한다고 강조한다(Žižek, 2009: 한보희, 2009 재인용).

결국 바틀비는 잠재성의 가능성을 일깨우는 존재다. 그는 현 체제가 요구하는 부당한 삶의 방식에 "하지 않는 편이 좋겠다"라고 응답함으로써, 모든 것을 멈추고 절대적 잠재성의 상태로 되돌아가는 윤리적 결단을 보여준다. 이러한 멈춤은 새로운 공동체를 여는 출발점이며, 무(無)의 상태에서 비로소 무엇이든 다시 시작할 수 있다는 급진적인 통찰을 제공한다(한기욱, 2013; 양운덕, 2009). 바틀비는 그 철학적 가능성을 가장 극적으로 구현한 상징이다.

5-4. 어떤 공동체여야 하는가?

낭시의 윤리적 공동체, 칸트의 이념적 지향, 들뢰즈의 생성적 철학을 종합하면, 우리가 지향해야 할 PLC는 다음과 같은 철학적 특징을 지닌다.

첫째, 우리가 지향해야 할 PLC는 동일성의 기준이 아니라, 차이와 단독성의 열린 만남을 전제로 한다. 전통적으로 교육공동체는 '이상적인 교사상'이나 '모범적인 실천'에 따라 구성원을 규범화하고 정형화해 왔으나, 새로운 PLC는 그러한 틀을 벗어나 각 교사의 고유한 경험, 철학, 정체성이 존중받고 상호 교차하는 장이 되어야 한다. PLC는 어떤 일률적 기준이나 단일한 모범을 따르는 구조가 아니라, 다양한 목소리와 실천이 서로를 울리며 새로운 통찰을 생성하는 공간이다. 이는 곧 타자와의 마주침을 통해 윤리적이며 존재론적인 관계성이 열리는 장으로 PLC를 재구성하는 출발점이 된다(Nancy, 2010).

둘째, 공동체는 완결된 구조가 아니라, 끊임없이 실패하고 다시 도래하는 사건이며, 그 자체로 하나의 윤리적 실천이다. 공동체가 지속 가능하기 위해서는 완벽한 합일이 아니라, 차이와 실패를 끌어안고 다시 관계를 복원하는 윤리적 역량이 요구된다. 특히 교사 공동체에서는 타자의 고유성을 환대하고, 동료의 어려움에 공감하며 돌봄을 실천하는 태도가 핵심적이다(허정, 2013). 이러한 태도는 공동체를 단순한 기능적 협력체가 아닌, 타자성과 책임성 위에 세워진 윤리적 연대체로 전환한다.

셋째, PLC는 위계와 규범에 따라 조직된 구조가 아니라, 탈코드적 접속과 자율적 생성이 가능한 살아 있는 장으로 이해되어야 한다. 이는 정해진 목적과 형식을 반복하는 폐쇄적 모임이 아니라, 자율성과 자발성에 기반한 탐구와 실천을 통해 끊임없이 새로운 의미를 생성하는 공간이어야 한다. 예컨대 특정 교육 문제를 중심으로 교사들이 자발적으로 연구모임을 구성하고, 수업을 공유하며 상호 피드백을 나누는 과정에서, 기존의 틀을 넘어서는 새로운 실천과 교육적 통찰이 창출된다. 이때 모든 참여자는 단순한 수용자가 아니라, 학습자이자 기여자로서 리좀적 접속의 주체가 되며, PLC는 단일한 중심 없이 다중의 흐름이 생겨나는 참여적 운동의 장으로 탈바꿈한다.

따라서 PLC는 단순한 교사 협업 시스템이나 행정적 조직이 아니라, 존재론적 윤리와 교육적 실천이 교차하는 철학적 장이다. 그 안에서 우리는 타자에게 응답하고, 실패를 껴안으며, 새로운 가능성을 생성해 나가는 '되기'의 주체로 거듭난다. 요컨대 PLC는 학교라는 제도적 틀 안에서 교육을 실천하는 기술적 운영 방식이 아니라, 존재론적 책임성, 윤리적 응답성, 생성의 실천성 위에 세워진 지속적이고 열린 공동체의 형식이다. 우리는 그것을 현실에서 완전히 구현할 수는 없지만, 그 방향을 끊임없이 지향함으로써, PLC는 언제나 도래하는 공동체로 존재할 수 있다.

이러한 PLC의 철학적 기초는 협력적 전문성(collaborative professionalism)이라는 실천 개념과도 깊이 맞닿아 있다. 협력적 전문성이란 교사들이 고립된 기술자가 아니라, 동료와 지식을 공유하고 공동의 실천을 통해 전문성을 발전시켜 나가는 것을 의미하며, 이는 교육의 지속가능한 혁신에 실질적으로 기여한다(Darling-Hammond & Bransford, 2005; Hargreaves & O'Connor, 2018).

결국, 무위의 공동체 철학은 교사 학습공동체를 단순한 협력 구조나 정책 수단으로 환원하지 않고, 타자성과 관계성, 그리고 생성성을 존중하는 윤리적 실천의 장으로 전환한다. 이러한 공동체는 신자유주의적 성과주의와 도식화된 협력 모델을 넘어, 교육의 본질인 인간 성장과 상호 돌봄의 회복에 기여할 수 있는 강력한 대안이 된다.

〈공동체 윤리에 기반한 교육의 미래〉

신자유주의 이후의 교육은 더 이상 과거의 경쟁적이고 분절된 모델로 지속될 수 없다. 신자유주의 교육의 한계가 누적된 오늘날, 교육은 다시금 공동체라는 오래된 질문 앞에 서 있다. 교사 개인의 자율성과 책임을 강조하는 것만으로는 더 이상 학교 교육의 생명력을 회복할 수 없으며, 인간적인 배움과 관계의 윤리를 회복하려는 공동체적 상상력이 절실히 요청된다.

결론적으로, 미래의 교육공동체는 낭시(Nancy, 2010)가 말한 "공동-내-존재"의 원리가 구현되는 공간이 되어야 할 것이다. 거기서는 나와 타자의 경계가 폐쇄적으로 굳어지지 않고, 서로의 유한성과 다름을 껴안는 연대의 윤리가 작동한다(허정, 2013). 교사와 학생, 학교와 지역사회 사이에 수평적이고 참여적인 관계망이 형성되어, 학교는 진정한 공론의 장이자 배움의 공동체로 기능하게 될 것이다. 이러한 공동체에서는 교사들이 자기 삶의 방식에서 실천적 주체로 거듭나, 개인적 성찰에 머무르지 않고 공적인 의미 지평에 참여하여 행동하게 된다(김홍중, 2009 재인용). 이는 교사들이 교육 현실의 문제를 함께 분석하고 대안을 모색하며 실천하는 집단적 주체가 된다는 뜻이다.

PLC와 같은 형태를 통해 교사들은 학교 변화의 주역으로 자리매김하고, 그 과정에서 학생들의 성장과 학습도 공동의 책임 아래 개선될 것이다(한국교육과정평가원, 2015). 더 나아가, 이러한 교사 공동체의 연합이 지역과 국가, 나아가 전 세계의 교육공동체로 확대될 때, 우리는 진정한 "학습자들의 세계적 공동체"를 실현할 수 있을 것이다(IBO, 2015). 그것은 곧 인간다운 교육의 복원이며, 네트워크화된 공동체들 사이의 협력을 통해 새로운 교육 생태계를 구축하는 일이다.

낭시(Nancy, 2010)의 표현대로 공동체는 "끊임없이 도래하지만, 절대 완성되지 않는" 것이기에, 우리의 교육공동체 역시 한순간에 완전한 이상향에 도달할 수는 없다. 하지만 통정적 이념으로서의 공동체를 끊임없이 지향하며 나아갈 때, 교육은 조금씩이나마 더 인간적이고 정의로운 방향으로 변혁될 수 있다. 무위의 공동체가 지향하는 바와 같이, 함께-있음 그 자체를 목적으로 삼는 교육공동체가 곳곳에서 피어날 때, 우리는 비로소 교육을 통해 다른 삶의 가능성을 열어갈 수 있을 것이다.

IB 교육과 PLC에서 나타나는 실천들은 이러한 미래의 밑그림을 구체적으로 보여주는 사례들이다. 이 실천들은 교육을 단순한 수단적 체계가 아닌, 관계적 삶의 양식으로 회복하려는 윤리적 감수성의 표현이며, 경쟁에서 협력으로, 개별적 성과에서 공동선으로, 표준화된 주체에서 관계적 주체로의 전환을 요청한다. 그리고 이러한 전환의 길목에서, 공동체 윤리에 기반한 교사 전문성과, PLC 및 IB로 대표되는 공동체적 교육 실천은 미래 교육의 중요한 나침반이 되어줄 것이다.

PLC와 IB 교육의 만남은 교육을 다시 관계의 예술이자 윤리의 실천 장(場)으로 회복하려는 시도이다. 이는 경쟁과 고립이 아닌 연결과 공명 속에서 공동의 미래를 상상하고 창조하는 교육적 실험이자 실천이다. PLC는 단지 이념이 아니라, 행위하는 구조, 곧 교사가 현실 속에서 새로운 교육의 형식을 실험하고 창조할 수 있도록 열어주는 존재론적 발판이다. 학교 역시 고정된 제도나 정책이 아니라, 교사와 학생이 함께 의미를 생성해 나가는 살아 있는 공동체로 되어야 하며, PLC는 그 핵심 매개이자 촉매가 될 것이다.

결국, 우리가 지향해야 할 교육공동체는 기술적 숙련이나 제도적 효율성의 산물이 아니라, 타자에 대한 윤리적 응답과 실존적 접속을 통해 형성되는 관계적 실천이다. 공동체는 완성된 상태가 아니라 언제나 도래하는 사건이며, 교육의 미래 역시 단일한 모델이나 정답이 아니라, 공동체적 존재방식으로의 지속적인 접근으로 이해되어야 한다. PLC와 IB 교육에서 실천되고 있는 이러한 철학은, 인공지능 시대에도 결코 대체될 수 없는 교육의 핵심 가치를 담고 있다. 배움이란, 함께 존재하고 서로를 응시하는 가운데, 이전에는 없던 가능성을 발견하는 일이며, 그런 배움은 언제나 공동체 안에서만, 타자와의 접촉 속에서만 시작될 수 있을 것이다(Derrida, 1997; Wenger, 1998).

6. 함께-되기: 교사공동체의 존재론적 전환

6-1. 교사-되기(becoming-teacher): 역할에서 존재로

'교사-되기'란 단순히 교사 자격을 얻거나 직무만 수행하는 것을 넘어서, 한 인간이 교사로 존재하게 되는 과정을 의미한다. 교사는 경험과 성찰을 통해 끊임없이 변모하는 존재라는 것이다. 따라서 교사-되기는 현재 진행형이며, 이는 교사를 고정된 정체성(identity)으로 보지 않고 생성의 주체로 보는 존재론적 관점을 반영한다. 이는 들뢰즈적 의미의 되기(becoming) 개념을 교육 맥락에 적용한 것이다. 예컨대 좋은 교사란 어떤 불변의 요건을 갖춘 사람이 아니라, 항상 배우고 변하는 사람이다. 이때 교사 공동체(PLC)는 교사-되기의 장(場)이 된다. 동료 교사들과의 대화와 협업 속에서 교사는 자신의 수업을 반성하고 새로운 아이디어를 시도하면서 스스로를 재구성해 나간다. 들뢰즈의 말처럼 "지금의 '나'도 차이들의 결합으로 출현한 것에 지나지 않기에 타인과 접속하면 전혀 다른 나로 생성될 수 있다"라는 통찰은, 교사들이 동료와의 교류를 통해 성장할 때 현실화한다.

듀이(J. Dewey)와 숀(D. Schön)은 가르치는 활동은 매우 복잡해서 반성적 실천을 요구한다고 주장하였다(Hoffman-Kipp et al., 2003). 가르치는 업무의 복잡성으로 인해 교사교육을 통해 필요한 모든 지식과 기술을 준비시키기란 불가능하며, 따라서 교사는 현직에서 자신의 경험으로부터 지속적으로 배워나갈 필요가 있다(Korthagen, 2001). 이러한 교사의 자기 주도적, 독립적 학습에 요구되는 것이 반성적 실천 능력이다.

듀이 이래로 교사의 반성은 교사전문성을 향상하기 위한 주요 수단으로 간주되었다. 듀이는 교사의 자질 중에 가장 중요한 것은 비판적 반성이며, 교사교육의 궁극적인 목적은 비판적 수준에서 반성할 수 있는 역량을 갖춘 교사들을 길러내는 것이라고 주장하였다(KICE, 2009).

1980년대 초반 숀(D. Schon)의 연구로부터 반성이 교사교육의 목적 및 수단으로 다시 강조되었다(Sundi, 2007). 숀(1987)은 듀이의 반성적 사고를 반성적 실천으로 연계하였다. 숀의 연구는 1980년대 미국에서 교사 사유 운동(teacher-thinking movement)으로 연결되는데, 이는 이론이 지배하고 실천이 수동적인 입장을 취하던 기존 교육풍토에 대한 반동으로 나타난 것이다(곽영순, 2015).

숀의 반성적 실천은 실제상황에서 일어나는 교수활동에 초점을 맞춘다. 숀은 실천적 지식(knowing-how)과 명제적 지식(knowing-that)을 구분하고, 명제적 지식은 실천 속의 앎(knowing-in-action)으로, 즉 실천 속에서 구현될 때 그 이해 수준이 드러나게 된다고 주장하였다(Schon, 1987). 이렇듯 전문지식이 실천을 통해 드러나고 실천적 지식과 명제적 지식이 상응하므로, 실제 경험을 통한 학습이 중요해진다.

숀은 반성적 실천을 생각과 실천의 대화(Schon, 1987)라고 표현하였다. 마찬가지로 푸코(M. Foucault)는 실천하는 자의 영역에서 진리는 말해져야 한다고 주장한다(이정우, 1998). 이는 삶 속에서 이론이 그 의미를 찾을 수 있기 때문일 것이다.

또한 교사-되기는 이론과 실천의 간극을 메우는 과정이기도 하다. 일반적 지식(이론)은 상황적 지식(실천지)으로 통합하고 소통하기가 어렵다(부성희, 2007). 이론과 실천의 간극이라고도 불리는 이러한 전이의 문제를 극복하려면 실천을 통해 학습하는 역량을 기르도록 교사를 지원할 필요가 있다. 안내된 실습 경험을 통해 교사들에게 이론과 실천을 연계할 기회를 제공함으로써 교사들이 자신의 교수행동에 대한 근거를 개발할 수 있도록 해야 한다(Shulman, 1987).

교사가 주어진 상황을 나름대로 판단하여 이론을 재해석하고 적용하면서 실천적 지식을 개발해 나가는 과정에서 핵심이 되는 것은 실천 과정에서 일어나는 성찰과 숙고이다. 이러한 성찰 과정에서 이론이 참조점이 되며, 이렇게 터득한 실천적 지식은 이론적 지식과 달리 실천적 지혜(智慧)가 된다. "앎과 삶의 분리"를 극복하고 지(知)와 행(行)의 일치를 이루는 것이 교사-되기의 핵심 과제라는 것이다.

교사는 수업이라는 실천적 수행을 통해 자신의 내부에 통합된 형태로 존재하는 암묵적 지식기반을 발휘하여 외부로 드러내게 된다. 이러한 실천행위를 대상으로 교사 스스로 연구(참여)자가 되어 특정한 언어와 형식으로 명시화함으로써 이론적 지식으로 전환해 나간다. 그 과정에서 이론도 살아있는 것으로 재해석되고, 교사의 암묵적 경험도 개념의 언어로 명료화된다. 이러한 반성적 실천(reflective practice)을 통해 교사는 이론을 길어 올리는 실천가로 거듭나며, 자기 수업의 연구자가 된다. 반성적 실천을 특징으로 하는 교사의 연구역량 향상이나 실행연구자로서 교사 양성은 이론과 실천을 모두 변화시키려는 것이다. 반성적 실천가란 자신의 행위를 끊임없이 성찰하여 다음 행동을 새롭게 조정하는 순환적 배움을 지속하는 교사를 가리킨다(Schön, 1983). 교사 학습공동체는 동료 간 협의를 통해 이 반성적 실천을 촉진함으로써, 개별 교사의 전문성 형성을 가속화한다.

〈교사 반성적 실천의 특징〉

- 반성적 실천의 목적은 자기 자신, 자신이 가진 가정과 전제, 교수활동 선택과 실천 등에 대하여 비판적으로 사고하는 것이다(Cole & Knowles, 2000). 반성적 실천가로서 교사는 스스로를 변화의 주체로 인식하며, 주어진 상황을 이해할 뿐만 아니라, 바람직한 상황으로 개선하기 위해 노력하게 된다.
- 반성적 실천을 통해 교사는 자신의 경험으로부터 지속적으로 학습하며, 반성을 통해 경험을 재구성한다. 반성적 실천이란 교사가 실천 속의 앎(knowing-in-action)을 실천 속의 지식(knowledge-in-action)으로 전환하는 과정을 가리킨다(Schön, 1987).
- 반성은 현재 시점에 대한 반성, 과거 시점에 대한 반성, 미래를 위한 반성 및 자기반성을 포괄한다. 반성은 미래의 실천을 위한 지침을 도출하려는 실천을 위한 반성(reflection-for-action)을 주된 목적으로 하며, 가장 널리 알려진 반성 방법의 하나는 실행연구(action research)이다.
- 반성은 교사의 사고를 뒷받침하는 지식기반에 근거하여 일어난다. 반성적 사고가 가능하려면 교사는 이미 면밀한 신념과 전제들, 즉 포괄적인 이론인 지식기반을 가지고 있어야 한다(Schön, 1983).
- 반성적 실천은 교사의 실천을 뒷받침하는 지식기반을 계발하는 전략이다. 비판적 사고와 비판적 실천을 결합하는 프락시스(praxis)를 통해 반성적 실천가는 이론에 기초하여 실천할 뿐만 아니라, 실천을 통해 이론을 개선해 나간다(Ginsburg, 1988).
- 반성적 실천은 탐구를 통해 학습할 수 있다. 듀이(Dewey, 1938)는 생각하는 것은 자연스런 본성이지만, 반성적 사고는 탐구를 통해 가르쳐야 하는 습관이라고 주장하였다.

더 나아가 교사-되기는 윤리적 주체로 거듭남이기도 하다. 전통적으로 교사는 종종 지식의 전달자이자 위계적 권위를 지닌 존재로 인식되어 왔다. 하지만 인공지능 기반 사회로의 진입과 더불어, 교사상은 학습자의 공동참여자이자 촉진자(facilitator)로의 변화가 더욱 강조되고 있다. 이는 교사가 교육공동체의 이익을 자신의 기쁨으로 삼는 존재론적 헌신을 요구한다. 김형효는 이를 "존재론적 욕망"이라고 부르며, 교사의 즐거움이 학생들의 성장과 구분되지 않는 경지에 이를 것을 촉구한다. 쉽게 말해, 좋은 교사란 학생이 잘되면 진심으로 행복해하고, 학생의 아픔에 함께 아파할 수 있는 사람이다. 이러한 무아(無我)의 자세로 자신을 비울 때 교사는 비로소 학생 한 명 한 명의 존재 가능성을 온전히 바라볼 수 있다.

교사-되기는 그러한 인격적 성장의 과정이기도 하다. 초기에는 자신의 생존과 성공에 급급했던 교사가, 점차 교육의 의미를 깨달으며 타인을 위한 존재로 변모해 가는 것이다. 이는 영성(spirituality)의 차원까지도 포함하며, 많은 교사들이 현장에서 겪는 사명감의 형성과 맥을 같이한다. 궁극의 교사-되기는 교직을 하나의 삶의 형태(form-of-life)로 받아들이고 자기 삶과 가르침을 일치시키는 경지라 할 수 있다. 이때 교사는 더 이상 '일반 직장인'이 아니라, 삶으로 가르치는 사람이 된다. 이런 의미에서 교사-되기는 곧 새로운 삶의 양식으로 거듭나기이며, 아감벤(Agamben, 1993)이 말한 "새로운 동일성(form)과 새로운 삶"을 현실에서 구현하는 일이라 할 수 있다.

6-2. 공동존재로서의 교사-되기와 학생-되기

전통적 교육에서 학생은 지식을 전달받는 수동적 객체로 여겨지기 쉽다. 그러나 '학생-되기'의 관점은 학생을 단순한 수용자가 아닌 능동적 주체, 더 나아가 교사와 함께 성장하는 동반자로 본다. 학생-되기는 배움을 통해 자기 자신과 세계를 새롭게 구성하는 과정이며, 이는 교사-되기와 마찬가지로 존재론적 변화를 수반하는 여정이다.

학생-되기의 핵심에는 타자성(alterity)에 대한 자각이 놓여 있다. 학생에게 타자는 교사나 동료 학습자, 혹은 배움의 대상인 세계 자체일 수도 있다. 가르치는 자와 배우는 자의 만남은 대표적인 타자와의 관계이며(김홍중, 2016), 학생은 교사와 새로운 지식을 마주할 때마다 자신과 다른 것과의 조우 속에서 긴장과 확장의 기회를 동시에 경험한다. 모든 배움은 익숙한 세계관의 균열을 동반하며, 그 균열 속에서 새로운 통찰이 가능해진다. 학생-되기는 바로 이러한 자기 경계 확장의 모험이다.

이 과정에서 중요한 것은 질문하기의 윤리이다. 데리다(Derrida, 1995)가 지적하듯, 질문이 봉쇄된 곳에 미래는 없다. 따라서 참된 배움의 공동체는 학생을 질문하는 존재로 존중하며, 교사는 답을 주는 전달자가 아니라 질문을 촉발하는 촉진자로 기능한다. 학생-되기는 스스로 사고하고, 기존 지식에 이의를 제기하며, 표준화된 규범에 문제를 던질 수 있는 주체로 성장하는 과정이다.

들뢰즈의 관점에서 학생-되기는 끊임없이 새로운 배치(assemblage)를 통한 자기 재창조이다. 학생들은 교육을 통해 각자의 잠재태(virtuality)를 현실화하며, 그 잠재성은 획일적 동일성이 아니라 고유한 개성과 재능의 형태를 띤다. 교육의 이상은 '모든 학생을 있는 그대로 존재하게' 하면서 각자에게 맞는 앎과 삶을 가능하게 하는 데 있다. 결국 학생-되기는 각 학생 안에 잠재된 고유한 가능세계를 발굴하고 꽃피우는 과정이다.

공동존재(being-with)는 이러한 학생-되기와 교사-되기가 서로 교차하며 형성되는 관계적 존재 방식을 가리킨다. 공동존재-되기는 서로를 같게 만들지 않는 비(非)동일적 관계 위에서 성립하며, 차이를 존중하는 만남을 전제로 한다. 교사와 학생은 스승-제자의 위계를 넘어, 차이를 마주하는 동료로서 질문하고 탐구한다. 이 관계 속에서 교사는 학생에게서 배우고, 학생은 교사에게서 배우며 상호 주체성을 형성한다. 이러한 열린 관계성은 아감벤(G. Agamben)과 낭시(J.-L. Nancy)가 말한 본질이나 조건에 의해 한정되지 않는 열린 공동체의 성격을 지닌다(허정, 2013).

교사-교사 간의 공동존재 역시 교사 전문성 형성과 교육혁신의 핵심이다. 이상적인 교사 학습공동체(PLC)는 경쟁이나 서열 없이 상호 성장을 지원하는 네트워크이며, 각자의 고유한 개성과 교육철학을 유지한 채 수평적으로 연대한다. 이 '다름'은 협력의 장애가 아니라 지식 생태계를 풍요롭게 하는 자산이다. PLC 안에서 전문성은 일방적 전수가 아니라 상호 증여(gift)의 순환 속에서 집단적 역량으로 확장되며, 이 과정에서 협력적 책임감을 통해 학생과 교사 모두가 관계 속에서 성장한다.

요컨대 IB 교육은 '함께 배움'의 가치를 강조하며, PLC를 실천공동체(community of practice)의 구체적 형태로 구현한다(Wenger, 1998). PLC에서 교사들은 개별 지식을 넘어 집단지성을 형성하며, 이는 들뢰즈가 말한 "새로운 배치를 통한 생성"이 공동체 차원에서 이루어지는 사례라 할 수 있다.

교사 전문성 발달 패러다임의 변화는 기능적 효율성을 중시하는 초기 단계에서 반성적 탐구, 지식 생산자로서의 자기 인식, 그리고 실천공동체를 혁신하는 변혁적 패러다임으로 확장해 왔다. 이는 곧 PLC의 이상적인 모습이며, 교육이 점차 공동체적 학습과 실존적 변혁의 방향으로 나아가고 있음을 보여준다.

결국 교육은 더 나은 공동체를 만드는 일이며, 관계 맺음과 존재 변용 자체에 가치를 둔다. 공동존재-되기는 IB 교육철학과 PLC를 잇는 핵심 고리 역할을 한다. IB가 지향하는 세계시민(global citizen)은 단순히 지식과 기술을 갖춘 개인이 아니라, 미래의 공동체 구성원으로서 국제적 감각, 공감 능력, 그리고 타자에 대한 윤리적 책임을 지닌 인물이다. 이는 아감벤(Agamben, 1993)의 열린 공동체와 낭시(Nancy, 2010)의 공동-존재 개념과 맞닿아 있다. PLC와 IB 교육 모두 공동체를 '함께-있음'을 통해 지속적으로 생성되고 변형되는 관계적 실천의 장으로 파악한다.

참고문헌

가라타니 고진. (2005). 트린스크리틱(송태욱, 역). 파주: 한길사.

강미정. (2009). 습관과 의미: C. S. 퍼스의 해석체 이론 연구. 기호학연구, 25, 261-286.

강미정. (2014). 가추법과 강제 선택: 무의식의 논리에 대한 경험적 정당화. 한국기호학회, 41, 9-30.

강신주. (2006). 철학 삶을 만나다. 서울: 이학사.

강신주. (2010). 철학 대 철학: 동서양 철학의 모든 것. 서울: 그린비.

공진호. (2011). 필경사 바틀비. 파주: 문학동네.

곽영순. (2008). 과학과 초임교사 입문 프로그램: 중등 초임교사 수업컨설팅 자료집. 서울: 한국교육과정평가원.

곽영순. (2015). 교사 학습공동체의 발달 단계 탐색. 교육과정평가연구, 18(2), 83-104.

교육부. (2020). 전문적 학습공동체 활성화 방안. 교육부 보도자료.

교육부. (2022). 2022 개정 교육과정 총론. 세종: 교육부.

국립한글박물관(편). (2013). 훈민정음 해례본 [1446년 원저]. 서울: 국립한글박물관.

권두현. (2021). Agent “M”- ‘혐오’의 장치와 리빙 데드의 (비)인간. 대중서사연구, 27(1), 133-185.

김경훈. (2018). 철학사 편찬 중 [블로그 포스트]. Naver Blog. https://blog.naver.com/czech_love

김봉근. (2018). 케빈 밴후저의 성서해석학에 대한 비판적 고찰-현대 문학비평과 폴 리쾨르의 철학적 해석학의 수용을 중심으로. 신학과 학문, 20(3), 10-49.

김상환. (2008). 데리다의 텍스트. 철학사상, 27, 91-121.

김상환. (2011). 데리다의 글쓰기와 들뢰즈의 사건: 구조주의 수용의 두 양상. 기호학연구, 29, 9-44.

김상환. (2019). 왜 칸트인가: 인류 정신사를 완전히 뒤바꾼 코페르니쿠스적 전회. 서울: 21세기북스.

김성우. (2011). 비트겐슈타인과 치유의 철학. 의철학연구, 11, 3-28.

김승수. (2010). 신자유주의적 통치성과 개신교적 주체의 정체성 구성: 개신교 선교단체 청년들에 대한 심층 인터뷰를 중심으로[석사학위논문, 연세대학교].

김용규. (2007). 설득의 논리학. 서울: 웅진지식하우스.

김우재. (2010). 수사학과 논증 [블로그 포스트]. Heterosis. http://heterosis.net/archives/734

김재인. (2013). 들뢰즈의 비인간주의 존재론[박사학위논문, 한국교원대학교].

김재희. (2012). 베르그손에서 잠재성과 물질의 관계. 시대와 철학, 19(2), 9-44. 한국철학사상연구소.

김재희. (2014). 우리는 어떻게 포스트휴먼 주체가 될 수 있는가? 철학연구, 106집, 215-242.

김종욱. (2004). 하이데거와 불교 그리고 생태철학. 존재론연구, 9, 30-65.

김주환. (2016). 한국에서 사회적기업과 신자유주의 통치: 사회적인 것의 통치 메커니즘을 중심으로. 경제와 사회, 110, 164-200.

김지영. (2004). 들뢰즈의 타자 이론. 비평과 이론, 9(1), 49-80.

김진영. (2012). 애도 일기(롤랑 바르트 저, 김진영 역). 서울: 이순.

김진영. (2013). 슬픔의 철학: 롤랑 바르트의『애도 일기』를 읽으며. 아트앤스터디 강의록.

김천기. (2012). 한국교육의 신자유주의화 과정과 그 성격: 학교의 입시학원화와 '자율적 통치성' 강화. 교육종합연구, 10(1), 119-149.

김한식. (2012). 이야기의 윤리학을 위하여: 폴 리쾨르의 해석학을 중심으로. 해석학연구, 29, 199-246.

김한식. (2018). 상징과 은유의 해석에 대하여. 프랑스어문교육, 62, 175-214.

김형효. (1996). 메를로 뽕띠와 애매성의 철학. 파주: 철학과현실사.

김형효. (1999). 동-서 사상에 대한 어떤 철학적 독법. 철학연구, 12, 1-34.

김형효. (2001). 세상의 사실로서의 差延과 道: 데리다의 동양적 이해. 프랑스학연구, 21(12), 345-375.

김형효. (2004). 〈존재와 無〉의 문화적 상징과 철학적 의미. 기호학연구, 2(16), 101-145.

김형효. (2005). 포스트모더니즘과 무(無)를 닮으려는 사유. 철학과 현실, 3, 21-33.

김형효. (2006). 21세기의 철학적 세상보기. 동서사상, 1, 141-160.

김형효. (2007). 원효대사(元曉大師)의 화쟁(和諍)사상과 그 철학적 함의(含意). 천태학연구, 10, 190-205.

김형효. (2008). 원효, 레비-스트로스, 그리고 데리다. 기호학 연구, 24, 9-27.

김형효. (2011). 한국 도덕윤리의 기초정립을 향하여: 지능적 도덕교육에서 본능적 도덕교육으로. 신학전망, 175호, 40-72.

김혜숙. (2006). [서평] 정해창 지음, 『프래그머티시즘 퍼스의 미완성 체계』 청계. 철학, 86, 151-156.

김홍중. (2009). 육화된 신자유주의의 윤리적 해체. 사회와이론, 14, 173-212.

김홍중. (2015). 서바이벌, 생존주의, 그리고 청년세대. 한국사회학, 49(1), 179-212.

김홍중. (2016). 진정성의 수행과 창조적 자아에의 꿈. 한국사회학, 50(2), 199-229.

김환석. (2016). 사회과학의 '물질적 전환'을 위하여. 경제와 사회, 112, 208-231.

김환석. (2018). 사회과학의 새로운 패러다임, 신유물론. 지식의 지평, 25, 1-9.

김환석. (2020). 사회과학과 신유물론 패러다임: 사회학 분야를 중심으로. 안과 밖, 48, 121-142.

목영해. (2010). 들뢰즈의 유목주의와 그 교육적 함의. 교육철학, 48, 49-67.

박남희 외. (2008). 행복한 인문학. 서울: 이매진.

박순경. (1996). 교육과정 이해에 있어서의 '텍스트 읽기'의 의미. 교육학연구, 34(1), 209-229.

박연규. (2002). 퍼스 기호학의 이해. 네러티브, 5호.

박영주, 조현영, & 박진희. (2024). 교사의 행위주체성과 전문적 학습공동체 활성화를 위한 교육과정적 조건 탐색: IB의 탐구기반 교수학습의 특징을 중심으로. 한국교원교육연구, 41(3), 489-514.

박정자. (1991). 사르트르의 실존주의. 서울: 상명여자대학교출판부.

박정자. (2002). 그림 속에 감추어진 에피스테메 혹은 해체: 푸코와 데리다에 있어서의 회화의 은유성. 불어불문학연구, 52, 219-243.

박정자. (2011). 마그리트와 시뮬라크르. 서울: 기파랑.

박준영. (2021). 신유물론의 도착. 아트앤스터디 강의록.

박휴용. (2019). 포스트휴머니즘적 존재인식론에 기반한 질적 연구의 성격과 방법. 교육혁신연구, 29(2), 41-68.

백선기. (2007). 미디어: 그 기호학적 해석의 즐거움. 서울: 커뮤니케이션북스.

변경원. (2012). 리쾨르의 철학적 해석학과 그 여성 신학적 적용에 대한 연구[박사학위논문, 이화여자대학교].

부성희. (2007). 교사 지식기반에 관한 담론 분석. 교육연구, 45(1), 101-125.

비트겐슈타인, L. (2009). 철학적 탐구(이영철, 옮김). 책세상. (원저 출간 1953)

사공일. (2010). 들뢰즈 관점에서 본 푸코의 권력 이미지. 한국시민윤리학회보, 23(1), 17-36.

서동진. (2009). 신자유주의 분석가로서의 푸코. 문화과학, 3, 315-335.

서동진. (2011). 혁신, 자율, 민주화 … 그리고 경영: 신자유주의 비판 기획으로서 푸코의 통치성 분석. 경제와 사회, 89, 71-104.

성열관. (2005). 실행연구를 통한 교사의 신념 변화. 교육연구와 실천, 71, 57-75.

손민호. (2011). 교사의 실천적 지식에 대한 이해: 질적연구 방법론과 교육실천 연구. 교육방법연구, 23(1), 1-23.

신상규. (2004). 비트겐슈타인『철학적 탐구』. 철학사상, 별책 22(3), 서울: 서울대학교 철학사상연구소.

신상규. (2020). 포스트휴먼과 포스트휴머니즘, 그리고 삶의 재발명. Horizon[고등과학원 웹진].

신인영. (2002). 한국의 신자유주의 교육개혁 비판과 교육공공성 논리의 정당성 탐구[박사학위논문, 한국교원대학교].

심성보. (2016). 신자유주의 교육체제의 세계적 퇴조와 새로운 교육체제의 기본 방향. 새로운 교육체제 수립을 위한 2016 교육 심포지엄 자료집(pp. 20-55).

심세광. (2011). 주체이론의 역사적 재평가: 푸코에게 "주체"란 무엇인가? 실천이론으로서 푸코의 주체이론의 변모. 문화과학, 65, 89-125.

양명수. (1999). 은유와 구원. 기호학연구, 5, 24-39.

양석원. (2001). 욕망의 주체와 윤리적 행위. 라캉과 지젝의 주체이론. 안과밖, 10, 269-294.

양성관, & 이현정. (2023). 혁신학교의 IB 프로그램 공교육 도입에 대한 교사의 경험 사례분석. 교육종합연구, 21(4), 43-72.

양운덕. (2008). 미시권력들의 작용과 생명 정치: 푸코의 권력분석틀과 아감벤의 근대 생명정치학 비판. 철학연구, 36, 서울: 고려대학교 철학연구소.

양운덕. (2009). 침묵의 증언, 불가능성의 증언: 아감벤의 생명 정치의 관점에서. 인문학연구, 37, 83-113.

엄기호. (2009). 아무도 남을 돌보지 마라: 인문학의 눈으로 본 신자유주의의 맨얼굴. 서울: 낮은산.

엄기호. (2013). 교사도 학교가 두렵다. 서울: 따비.

오준영, & 김유신. (2009). Toulmin의 논증의 옹호와 교육적 적용에 대한 탐색. 범한철학, 55, 379-425.

유원기. (2014). 아리스토텔레스의 본성 개념과 공동체의 목적. 서양고전학연구, 53(1), 95-119.

윤교찬, & 조애리. (2009). '되기'의 실패와 잠재성의 정치학: 멜빌의 필경사 바틀비. 현대영어영문학, 53(4), 69-88.

윤유석. (2016). 후기 분석철학의 역사: 논리실증주의의 종말과 신실용주의의 출현 [블로그 포스트]. Naver Blog. http://blog.naver.com/1019milk.

이근식. (2011). 자본주의 경제 정책의 변천 6: 신자유주의. 서울: 프레시안.

이기상. (2001). 해석학의 적용: 존재에서 성스러움에로! 21세기를 위한 대안적 사상 모색 - 하이데거의 철학과 류영모 사상에 대한 비교연구. 해석학연구, 8, 245-301.

이기상. (2003). 하이데거의 존재사건학. 서광사.

이기상. (2008). 동서통합의 영성적 철학자 다석 류영모 사상의 철학적 의미. 한국철학과 씨알사상, 13-53.

이기상. (2011). 지구 살림살이를 위한 녹색성장: 녹색성장의 생명학적 토대 구축 시도. 한국환경철학회, 11, 1-38.

이기언. (2011). 비평에 관한 성찰. 불어불문학연구, 85, 249-269.

이기언. (2014). 『이인』의 이야기 정체성. 불어불문학연구, 98, 129-174.

이도흠. (2010). 예술을 바라보는 불교적 패러다임에 대한 연구. 우리 춤과 과학기술, 6(3), 105-146.

이도흠. (2017). 인간과 자연의 공존의 장애에 대한 불교적 대안. 인간연구, 34, 65-91.

이도흠. (2019). 기호와 현실 사이의 역동적 세미오시스에 대한 기호학과 맑스주의의 비교와 종합. 기호학연구, 58, 111-139.

이동성. (2009). 기호와 사물 그리고 존재. 동서언론, 12, 91-118.

이병주. (2003). 퍼스의 기호학과 라클라우: 지젝의 담론이론을 통해서 본 툴민의 논증이론. 스피치와 커뮤니케이션, 2, 108-148.

이보라. (2015). 차이와 반복, 운동성으로 드러내는 인간 삶의 진실. 국제언어문학, 32, 395-419.

이은성. (2015). 신자유주의 교육 비판으로서 프레이리 교육론의 재고찰[석사학위논문, 한국교원대학교].

이정우, 조정환, 김명주, 류종렬, & 신지영. (2007). 들뢰즈 사상의 분화 - 스피노자론에서 영화론까지. 서울: 그린비.

이정우. (1998). 들뢰즈와 사건의 존재론. 시대와 철학, 9(1), 139-167.

이정우. (2003). 사건의 철학. 서울: 철학아카데미.

이정우. (2004). 개념 뿌리들 2. 서울: 철학아카데미.

이정우. (2005). 베르그송주의자-되기: 들뢰즈「천의 고원」읽기. 아트앤스터디 강의록.

이정우. (2006). 철학사 입문코스 V: 현대 철학의 흐름: 구조주의란 무엇인가? 아트앤스터디 강의록.

이정우. (2008). 천하나의 고원: 소수자 윤리학을 위하여. 서울: 돌베개.

이정우. (2009). 주체란 무엇인가. 서울: 그린비.

이정우. (2011a). 객관적 선험철학 시론: 담론의 공간과 가로지르기. 서울: 그린비.

이정우. (2011b). 사건의 철학: 삶, 죽음, 운명. 서울: 그린비.

이정우. (2012). 개념 뿌리들. 서울: 그린비.

이준석. (2015). 새로운 기술-환경 거버넌스를 위한 고찰: 환경 현상학 및 행위자-연결망 이론의 접점에 대한 탐구. 한국과학기술학회 학술대회논문집, 6, 187-207.

이진경. (2001). 공동체주의와 코뮨주의. 문학과 경계, 1(3), 56-84.

이찬웅. (2020). 들뢰즈, 괴물의 사유. 서울: 이학사.

이혁규. (2009). 교육현장 개선을 위한 실행연구방법. 교육비평, 25, 196-213.

이현. (2016). 교육을 바로 세우기 위한 대학입시제도 개편 방안과 경로. 새로운 교육체제 수립을 위한 2016 교육 심포지엄 자료집(pp. 291-317).

장의준. (2017). 해석학의 이해. 아트앤스터디 강의록.

전경갑, & 오창호. (2003). 문화적 인간, 인간적 문화: 기호학과 문화이론. 서울: 푸른사상.

전경갑. (1992). 포스트모더니즘의 철학적 배경에 관한 학제적 연구. 부산수산대학교 논문집, 47, 00-00.

전경갑. (1993). Derrida와 Gadamer의 철학적 반근원주의 비교연구. 철학연구, 51, 145-173.

전경갑. (1997). 푸코의 역사적 구조주의와 지식이론. 교육사회학연구, 7(4), 95-108.

전경갑. (1998). 현대와 탈현대의 사회사상. 파주: 한길사.

전경갑. (1999). 미셸 푸코의 주체 형성과 윤리. 철학논집, 21, 285-311.

전경갑. (2017).『푸코의 권력 개념에 대한 재조명』. 사회과학연구, 43(1), 55-80.

조광제. (2004). 몸의 세계, 세계의 몸: 메를로-퐁티의『지각의 현상학』에 대한 강해. 서울: 이학사.

조광제. (2009). 충동으로서의 봄에 대한 고찰. 철학과 현상학연구, 40, 35-56.

조광제. (2022). 최근 이슈의 저작들로 살펴보는 인간의 마음과 과학기술. 아트앤스터디 강의록.

조선에듀. (2022). 대입 대안 부상하는 IB 프로그램, 한국어 수업 확대로 이어질까. 조선에듀(2022, 4월 1일).

조영달. (2015). 고통의 시대 희망의 교육. 서울: 조선뉴스프레스.

조재식. (2002). 교육과정 실행과 교사의 일: 현상학적 접근. 교육과정연구, 20(1), 229-252.

조주현. (2016). 과학적 실천이론과 페미니스트 과학기술학의 접점: 캐런 바라드의 경우. 한국여성철학, 25, 65-104.

진중권. (2003). 진중권의 현대미학강의: 숭고와 시뮬라크르의 이중주. 서울: 아트북스.

천보선. (1998). 신자유주의 교육개혁의 성격과 문제점. 진보교육, 1, 창간준비호.

최명선. (2005). 학교지식과 권력에 관한 교육사회학적 고찰: 들뢰즈와 가타리의 리좀학의 경우. 교육사회학연구, 15(1), 213-235.

최명선. (2006). Deleuze와 Guattari의 지식론에 대한 교육학적 고찰: 수목적 지식과 리좀적 지식을 중심으로. 교육학연구, 44(2), 161-185.

최문수. (2009). 행위로서의 언어와 의미: 들뢰즈와 퍼스의 화행론. 영어영문학, 55(1), 199-213.

최승현, 곽영순, & 노은희. (2011). 학습자의 핵심역량 제고를 위한 교수 · 학습 및 교사교육 방안 연구: 중학교 국어, 수학, 과학교과를 중심으로. 서울: 한국교육과정평가원.

최진석. (2012). 노자의 목소리로 듣는 도덕경. 고양: 소나무.

하병학. (2004). 학제적 의사소통학으로서의 수사학 재정립을 위한 고전수사학과 현대 신수사학 조명. 수사학, 1, 201-221.

하병학. (2016). 갈등의 사회와 에토스의 수사학. 한국수사학회 학술대회 자료집, 53-60.

하피터. (2021). 현존재의 실천적 행위와 실용주의의 실천 개념. 현대유럽철학연구, 60, 1-26.

한국교원대학교(KNUE). (2025). 한국교원대 IBEC 학위과정 (MYP, DP) 구축 연구. 청주: 한국교원대.

한국교육과정평가원. (2009). 수업전문성 제고를 위한 멘토링 체제 연구-국어, 사회, 과학교과를 중심으로. 서울: 한국교육과정평가원.

한국교육과정평가원. (2015). 교사의 학교 수준 교육과정 편성 · 운영 역량 강화 방안 (III): 교사 학습공동체 모델 개발 및 실행. 서울: 한국교육과정평가원.

한기욱. (2013). 근대체제와 애매성. 안과밖, 34, 314-342.

한만길 외. (2007). 5 · 31 교육개혁의 성과와 과제. 대통령자문 교육혁신위원회.

한보희. (2009). 바틀비의 無爲無: 네그리, 지젝 그리고 촛불의 바틀비. 『미네르바의 촛불』 출간 기념 토론회: 촛불 1주년과 한국 사회운동의 전망, 다중지성의 정원, 2009년 5월 23일.

허정. (2013). 유한성과 취약성이라는 공통성. 다문화콘텐츠연구, 14, 409-450.

홍찬숙. (2017). 물질적 전회를 통해서 다시 본 벡의 제2근대성 이론. 사회와 이론, 43, 43-78.

황규호. (2014). 2013 국가교육과정 포럼과 국가 교육과정 발전과제. In 황규호 외 (Eds.), 국가교육과정 포럼 운영 종합 보고서 (pp. 403-428).

Agamben, G. (1993). *The Coming Community* (M. Hardt, Trans.). Minneapolis: University of Minnesota Press(Original work published 1990)

Allen, M. (2014). Qualitative inquiry and arranged marriage. *Qualitative Inquiry, 21*(7), 645-647.

Althusser, L. (1971). *Lenin and Philosophy and Other Essays* (B. Brewster, Trans.). Monthly Review Press.

Ambrose, S. A., Bridges, M. W., DiPietro, M., Lovett, M. C., & Norman, M. K. (2010). *How learning works: Seven research-based principles for smart teaching*. San Francisco, CA: Jossey-Bass.

Anderson, L. W., & Krathwohl, D. R. (Eds.)(2001). *A taxonomy for learning, teaching, and assessing: A revision of Bloom's taxonomy of educational objectives*. Longman.

Atta, G. P., Acheampong, F., & Atta-Asiamah, E. (2022). Professional learning communities and democratic ideals: The influence of John Dewey. *Open Journal of Educational Research, 2*(6), 392-404.

Austin, J. L. (1962). *How to do things with words*. Oxford University Press.

Barad, K. (2003). Posthumanist performativity: toward an understanding of how matter comes to matter. *Signs: Journal of Women in Culture and Society, 28*(3), 801-831.

Barad, K. (2007). *Meeting the universe halfway: Quantum physics and the entanglement of matter and meaning*. Duke University Press.

Barthes, R. (1977). 텍스트의 즐거움(김희영, 역). 서울: 동문선(Original work published 1973)

Bereiter, C., & Scardamalia, M. (1987). *The Psychology of Written Composition*. Hillsdale, NJ: Lawrence Erlbaum Associates.

Biesta, G. (2015). *Good education in an age of measurement: Ethics, politics, democracy*. Routledge.

Bogdan, R. C., & Biklen, S. K. (1998). *Qualitative research for education: An introduction to theory and methods* (3rd ed.). Boston, MA: Allyn & Bacon.

Boyer, W., & Case, R. (2022). *The power of critical inquiry: Teaching and learning with critical questions*. Vancouver, Canada: The Critical Thinking Consortium.

Braidotti, R. (2013). *The posthuman*. Polity Press.

Brookhart, S. M. (2013). *How to create and use rubrics for formative assessment and grading*. ASCD.

Bruner, J. S. (1961). The act of discovery. *Harvard Educational Review, 31*(1), 21-32.

Burnard, P., & Younie, S. (2017). *Creativity, critical thinking, and pedagogy: A guide to creativity in education*. Routledge.

Butler, J. (1993). *Bodies that matter: On the discursive limits of "sex"*. Routledge.

Butler, J. (2008). 젠더 트러블[Gender trouble: Feminism and the subversion of identity] (조현준, Trans.). 파주: 문학동네. (Original work published 2007)

Chalmers, A. F. (2013). *What is this thing called science?* (4th ed.). Open University Press.

ChatGPT(GPT-5) & DALL · E. (2025a). AI-generated image of an abstract expressionist portrait in the style of Francis Bacon [AI-generated image]. OpenAI.

ChatGPT(GPT-5) & DALL · E. (2025b). 팝아트4분할(Portrait of Anonymity) [AI-generated image]. OpenAI.

ChatGPT(GPT-5) & DALL · E. (2025c). 숲속의 초현실 장면[AI-generated image]. OpenAI.

Cochran-Smith, M., & Lytle, S. L. (2009). *Inquiry as stance: Practitioner research for the next generation*. Teachers College Press.

Darling-Hammond, L., & Bransford, J. (2005). *Preparing Teachers for a Changing World: What Teachers Should Learn and Be Able to Do*. San Francisco, CA:

Jossey-Bass.

Deleuze, G. (1990). *The logic of sense* (M. Lester, Trans.). New York: Columbia University Press(Original work published 1969)

Deleuze, G., & Guattari, F. (1987). *A thousand plateaus: Capitalism and schizophrenia* (B. Massumi, Trans.). University of Minnesota Press.

Denzin, N. K., & Lincoln, Y. S. (Eds.)(2000). *Handbook of qualitative research* (2nd ed.). Thousand Oaks, CA: Sage.

Denzin, N. K., & Lincoln, Y. S. (Eds.)(2011). *The SAGE handbook of qualitative research* (4th ed.). Thousand Oaks, CA: Sage.

Derrida, J. (1976). *Of grammatology* (G. C. Spivak, Trans.). Johns Hopkins University Press.

Descartes, R. (1998). *Discourse on method* (D. Cress, Trans.). Hackett(Original work published 1637)

Dewey, J. (1929). *The sources of a science of education*. New York, NY: Liveright.

Dewey, J. (1938). *Experience and education*. New York, NY: Macmillan.

Dolphijn, R., & van der Tuin, I. (2012). *New materialism: Interviews & cartographies*. Open Humanities Press.

Dolphijn, R., & van der Tuin, I. (2021). 신유물론: 인터뷰와 지도 제작(박준영, 역). 서울: 교유서가(Original work published 2012).

Draganski, B., & Gaser, C. (2004). Neuroplasticity: Changes in grey matter induced by training. *Nature, 427*(6972), 311-312.

DuFour, R. (2004). What is a "Professional Learning Community"? *Educational Leadership, 61*(8), 6-11.

DuFour, R., & Eaker, R. (1998). *Professional learning communities at work: Best practices for enhancing student achievement*. Bloomington, IN: Solution Tree.

DuFour, R., DuFour, R., Eaker, R., & Many, T. (2006). *Learning by doing: A handbook for professional learning communities at work*. Bloomington, IN: Solution Tree.

EdWeek. (2022). Timeline: How federal school accountability has waxed and waned. Education Week.

Erickson, H. L. (2016). *Concept-based curriculum and instruction: Teaching beyond the facts*. Corwin.

Erickson, H. L., Lanning, L. A., & French, R. (2017). *Concept-based curriculum and instruction for the thinking classroom*. Thousand Oaks, CA: Corwin.

Foucault, M. (1972). *The archaeology of knowledge* (A. M. Sheridan Smith, Trans.). Pantheon Books.

Foucault, M. (1977). *Discipline and Punish: The Birth of the Prison* (A. Sheridan, Trans.). Pantheon Books.

Foucault, M. (1980). *Power/knowledge: Selected interviews and other writings, 1972-1977* (C. Gordon, Ed.). New York: Pantheon Books.

Foucault, M. (1998). 담론의 질서(이정우, trans-역). 서울: 나남(Original work published 1976)

Freire, P. (1970). *Pedagogy of the oppressed*. Continuum.

Freire, P. (2007). *Education for critical consciousness*. Continuum.

Freire, P. (2018). *Pedagogy of hope: Reliving pedagogy of the oppressed*. Bloomsbury.

Fullan, M. (2006). *Change theory: A force for school improvement* (Centre for Strategic Education Seminar Series Paper No. 157). Melbourne: CSE.

Fullan, M. (2016). *The new meaning of educational change* (5th ed.). Teachers College Press.

Gamble, C., Hanan, J. S., & Nail, T. (2019). *Berkeley Forum in the Humanities: Critical new materialisms*. University of California Press.

Gibbons, P. (2015). *Scaffolding language, scaffolding learning: Teaching English language learners in the mainstream classroom* (2nd ed.). Heinemann.

Giddens, J. F., Caputi, L., & Rodgers, B. (2014). *Mastering concept-based teaching: A guide for nurse educators*. St. Louis, MO: Mosby.

Ginsburg, M. (1988). Educators and the Struggle for Power: The Politics of Education. In M. Ginsburg (Ed.), *Teachers and ideology* (pp. 3?36). New York: Falmer.

Graff, G., & Birkenstein, C. (2014). *They say / I say: The moves that matter in academic writing* (3rd ed.). W. W. Norton & Company.

Greene, M., & Anyon, Y. (2022). Sustaining virtual professional learning communities for inclusive practices: Lessons from COVID-19. *Journal of Teacher Education, 73*(2), 133-147.

Griffin, P., Care, E., & McGaw, B. (Eds.)(2012). *Assessment and teaching of 21st century skills*. Dordrecht: Springer.

Hamilton, M. (2017). *Agency in educational research and practice*. New York: Routledge.

Hanks, W. F. (1991). *Referential practice: Language and lived space among the Maya*. University of Chicago Press.

Haraway, D. (1985). A manifesto for cyborgs: Science, technology, and socialist feminism in the 1980s. *Socialist Review, 80*, 65-108.

Haraway, D. (1988). Situated knowledges: The science question in feminism and the privilege of partial perspective. *Feminist Studies, 14*(3), 575-599.

Hardt, M., & Negri, A. (2004). *Multitude: War and democracy in the age of empire*. New York: Penguin Press.

Hargreaves, A., & Fullan, M. (2012). *Professional capital: Transforming teaching in every school*. Teachers College Press.

Hargreaves, A., & O'Connor, M. T. (2018). *Collaborative Professionalism: When Teaching Together Means Learning for All*. Thousand Oaks, CA: Corwin Press.

Harlen, W. (2013). *Assessment & inquiry-based science education: Issues in policy and practice*. Global Network of Science Academies.

Harman, G. H. (1965). The inference to the best explanation. *Philosophical Review, 74*(1), 88-95.

Harris, A., & Jones, M. (2010). Professional learning communities and system improvement. *Improving Schools, 13*(2), 172-181.

Harvey, S., & Daniels, H. (2015). *Comprehension & collaboration: Inquiry circles for curiosity, engagement, and understanding* (2nd ed.). Portsmouth, NH: Heinemann.

Harwood, N., Austin, L., & Macaulay, R. (2012). *Introducing academic writing*. Routledge.

Hattie, J., & Donoghue, G. (2016). Learning strategies: A synthesis and conceptual model. *npj Science of Learning, 1*(1), 1-13.

Hattie, J., & Timperley, H. (2007). The power of feedback. *Review of Educational Research, 77*(1), 81-112.

Hellner, J. (2008). The professional learning community: A fulcrum of change.

Kairaranga, 9(1), 50-54.

Hempel, C. G. (1966). *Philosophy of natural science*. Englewood Cliffs, NJ: Prentice Hall.

Heyworth, F. (2020). *Academic literacy and critical thinking in the IB Diploma Programme*. International Baccalaureate Organization.

Hiebert, J., & Morris, A. K. (2012). Teaching, rather than teachers, as a path toward improving classroom instruction. *Journal of Teacher Education, 63*(2), 92-102.

Hord, S. M. (1997). *Professional learning communities: Communities of continuous inquiry and improvement*. Austin, TX: Southwest Educational Development Laboratory.

Hord, S. M. (2004). *Learning together, leading together: Changing schools through professional learning communities*. Teachers College Press.

International Baccalaureate Organization. (2013). *Diploma Programme assessment: Principles and practice*. Cardiff, Wales.

International Baccalaureate Organization. (2014). *MYP: From principles into practice*. Geneva, Switzerland.

International Baccalaureate Organization. (2015). *Approaches to teaching and learning in the Diploma Programme*. Geneva, Switzerland.

International Baccalaureate Organization. (2016). *Philosophy guide*. Geneva, Switzerland.

International Baccalaureate Organization. (2017). *IB learner profile*. Geneva, Switzerland.

International Baccalaureate Organization. (2018a). *Assessment principles and practices: Quality assessments in a digital age*. Geneva, Switzerland.

International Baccalaureate Organization. (2018b). *Programme standards and practices*. Geneva, Switzerland.

International Baccalaureate Organization. (2019a). *Extended essay guide*. Geneva, Switzerland.

International Baccalaureate Organization. (2019b). What is an IB education? Geneva, Switzerland.

International Baccalaureate Organization. (2019c). *Theory of knowledge prescribed titles: May 2019 examination session*. Geneva, Switzerland.

International Baccalaureate Organization. (2020). *Theory of knowledge guide* (first assessment 2022). Cardiff, Wales.

International Baccalaureate Organization. (2022). *MYP: From principles into practice*. Geneva, Switzerland.

International Baccalaureate Organization. (2023). *Learning diversity and inclusion in IB programmes*. Geneva, Switzerland.

International Baccalaureate Organization. (2023, November 3). *Artificial intelligence in IB assessment and education: A crisis or an opportunity? IB News*. https://www.ibo.org/news/artificial-intelligence-in-ib-assessment

International Baccalaureate Organization. (2024). *Enhancing the MYP BETA*. Geneva, Switzerland.

International Baccalaureate Organization. (2025). *Diploma Programme assessment procedures 2025*. Geneva, Switzerland.

Korea National University of Education [KNUE]. (2025). *IB World Schools case report: PLC practices in Korean IB schools*. KNUE Press.

Krathwohl, D. R. (2002). A revision of Bloom's taxonomy: An overview. *Theory into Practice, 41*(4), 212-218.

Kuhlthau, C. C., Maniotes, L. K., & Caspari, A. K. (2015). *Guided inquiry: Learning in the 21st century* (2nd ed.). Santa Barbara, CA: Libraries Unlimited.

Kuhn, D. (2010). *Teaching and learning science as argument*. Science Education, 94(5), 810-824.

Kuhn, T. S. (2012). *The structure of scientific revolutions* (50th anniversary ed.). University of Chicago Press(Original work published 1962).

Kwak, Y. (2017). *Teacher learning communities: Beyond neoliberalism*. Paju: Kyoyook-Kwahak-Sa.

Kwak, Y. (2019). 교사를 위한 과학논술 [*Scientific writing for teachers*]. Paju: Kyoyook-Kwahak-Sa.

Kwak, Y. (2023). A phenomenological approach to the 2022 revised science curriculum development experience in the posthuman new materialism era. *Journal of Educational Science Research, 25*(1), 123-142.

Lanning, L. A. (2014). *Designing concept-based curriculum for English language arts: Meeting the Common Core with intellectual integrity, K-12*. Thousand Oaks, CA: Corwin.

Latour, B. (2017). *Facing Gaia: Eight Lectures on the New Climate Regime*. Cambridge: Polity.

Lave, J., & Wenger, E. (1991). *Situated learning: Legitimate peripheral participation*. Cambridge university press.

Lederman, N. G. (2007). Nature of science: Past, present, and future. In S. K. Abell & N. G. Lederman (Eds.), *Handbook of research on science education* (pp. 831-879). Routledge.

Lewin, K. (1946). Action research and minority problems. *Journal of Social Issues, 2*(4), 34-46.

Marchesano, L., & Overhoff, C. (2015). *Assessing for understanding across the IB continuum* [Conference presentation]. International Baccalaureate Organization.

Maybee, J. E. (2016). Hegel's dialectics. In The Stanford Encyclopedia of Philosophy. https://plato.stanford.edu/entries/hegel-dialectics/

McLeod, S. (2007). Vygotsky's sociocultural theory of cognitive development. Simply Psychology.

Medwell, J., Wray, D., Bailey, L., Biddulph, M., Hagger-Vaughan, L., Mills, G., Oliver, M., & Wake, G. (2019). *Concept-based teaching and learning: Integration and alignment across International Baccalaureate programmes*. International Baccalaureate Organization.

Nancy, J. L. (2010). 무위의 공동체(박준상, 역). 서울: 인간사랑(Original work published 1986, La communauté désœuvrée).

OECD. (2006). *Schooling for tomorrow: Personalising education*. Paris: OECD Publishing.

OECD. (2019). *Future of education and skills 2030: OECD learning compass 2030*. OECD Publishing.

Olesen, V. (2005). Early millennial feminist qualitative research: Challenges and contours. In N. K. Denzin & Y. S. Lincoln (Eds.), *The Sage handbook of qualitative research* (3rd ed., pp. 235-278). Sage.

Pawlak, R., Magarinos, A. M., Melchor, J., McEwen, B., & Strickland, S. (2003). Tissue plasminogen activator in the amygdala is critical for stress-induced anxiety-like behavior. *Nature Neuroscience, 6*(2), 168-174.

Pedder, D., James, M., & MacBeath, J. (2008). How teachers value and practice professional learning. *Research Papers in Education, 23*(3), 209-232.

Peirce, C. S. (1931-1958). *Collected papers of Charles Sanders Peirce* (C. Hartshorne, P. Weiss, & A. W. Burks, Eds.). Cambridge, MA: Harvard University Press.

Perkins, D. N. (1993). Teaching for understanding. *American Educator, 17*(3), 28-35.

Piaget, J. (1959). *The Language and Thought of the Child*. Routledge & Kegan Paul.

Polanyi, M. (1966). *The Tacit Dimension*. Garden City, NY: Doubleday.

Polman, J. L., & Scornavacco, K. (2022). Meanings and practices of inquiry-based teaching and learning in the International Baccalaureate (IBO Research Report). International Baccalaureate Organization.

Popper, K. (1959). *The logic of scientific discovery*. Hutchinson.

Rawls, J. (1971). *A theory of justice*. Harvard University Press.

Reason, P., & Bradbury, H. (Eds.)(2001). *Handbook of action research: Participative inquiry and practice*. London: Sage.

Ricoeur, P. (2012). 해석의 갈등[Le Conflit des Interprétations] (양명수, 역). 파주: 한길사(원서 출판 1969).

Sachs, J. (2003). *The activist teaching profession*. Buckingham, UK: Open University Press.

Sadler, T. D. (2010). Informal reasoning and socioscientific discourse: An overview of the field. *Research in Science Education, 40*, 291-300.

Sahlberg, P. (2021). In teachers we trust: The Finnish way to world-class schools. W. W. Norton & Company.

Salamone, J. D., & Correa, M. (2002). The mysterious motivational functions of mesolimbic dopamine. *Neuron, 76*(3), 470-485.

Schön, D. A. (1983). *The reflective practitioner: How professionals think in action*. New York, NY: Basic Books.

Schwab, J. J. (1964). Structure of the disciplines: Meaning and significance. In G. W. Ford & L. Pugno (Eds.), The structure of knowledge and curriculum (pp. 6-30).

Rand McNally.

Searle, J. R. (1969). *Speech acts: An essay in the philosophy of language*. Cambridge, UK: Cambridge University Press.

Selwyn, N., Pangrazio, L., & Perrotta, C. (2020). Education and AI: Futures and possibilities. *Learning, Media and Technology, 45*(3), 223-235.

Senge, P. M. (1990). *The fifth discipline: The art and practice of the learning organization*. New York: Doubleday.

Senge, P. M., Cambron-McCabe, N., Lucas, T., Smith, B., Dutton, J., & Kleiner, A. (2012). *Schools that learn: A fifth discipline fieldbook for educators, parents, and everyone who cares about education*. New York, NY: Crown Business.

Shulman, L. S. (1987). Knowledge and teaching: Foundations of the new reform. *Harvard Educational Review, 57*(1), 1-22.

Spencer, L. M., & Spencer, S. M. (1993). *Competence at work: Models for superior performance*. New York: John Wiley & Sons.

Stenhouse, L. (1975). *An introduction to curriculum research and development*. London: Heinemann.

Stoll, L., Bolam, R., McMahon, A., Wallace, M., & Thomas, S. (2006). *Professional learning communities: A review of the literature*. Journal of Educational Change, 7(4), 221-258.

Stronach, I., et al. (2002). Towards an uncertain politics of professionalism: Teacher and nurse identities in flux. *Journal of Education Policy, 17*(1), 109-138.

Sweller, J. (1988). *Cognitive load during problem solving: Effects on learning*. Cognitive Science, 12(2), 257-285.

Tokuhama-Espinosa, T. (2014). *Making classrooms better: 50 practical applications of mind, brain, and education science*. W. W. Norton & Company.

Toulmin, S. (2003). *The uses of argument* (Updated ed.). Cambridge, UK: Cambridge University Press.

UNESCO. (1996). *Learning: The Treasure Within*. UNESCO Publishing.

Van de Ven, A. H. (2007). *Engaged scholarship: A guide for organizational and social research*. Oxford University Press.

Vanhoozer, K. (1990). *Biblical narrative in the philosophy of Paul Ricoeur: a study in hermeneutics and theology*. Cambridge: Cambridge University Press.

Vygotsky, L. S. (1978). *Mind in society: The development of higher psychological processes*. Harvard University Press.

Vygotsky, L. S. (1986). *Thought and language* (A. Kozulin, Ed. & Trans.). MIT Press.

Walvoord, B. E., & McCarthy, L. P. (1990). *Thinking and writing in college: A naturalistic study of students in four disciplines*. National Council of Teachers of English.

Wenger, E. (1998). *Communities of practice: Learning, meaning, and identity*. Cambridge University Press.

Wiggins, G., & McTighe, J. (2005). *Understanding by design* (Expanded 2nd ed.). Alexandria, VA: ASCD.

Willis, J(2010). *Learning to love math: Teaching strategies that change student attitudes and get results*. Alexandria, VA: ASCD.

Wittgenstein, L. (2009). *Philosophical investigations* (4th rev. ed., G. E. M. Anscombe, P. M. S. Hacker, & J. Schulte, Trans.). Wiley-Blackwell. (Original work published 1953)

Wolfe, C. (2009). *What is posthumanism?* Minneapolis, MN: University of Minnesota Press.

Zeichner, K. M. (2009). *Teacher Education and the Struggle for Social Justice*. New York, NY: Routledge.

찾아보기

[인명]

[내용]

저자 소개

곽영순

서울대학교 사범대학 지구과학교육과 및 同 대학원 졸업

서울지역 고등학교 교사

미국 오하이오 주립대학교(The Ohio State University) 과학교육 Ph. D.

한국교육과정평가원 선임연구위원

(현) 한국교원대학교 지구과학교육과 교수

왜 IB인가? IB교육과 철학의 주름
Why IB? The Fold of IB Education and Philosophy

2025년 11월 15일 1판 1쇄 인쇄
2025년 11월 20일 1판 1쇄 발행

저　자 • 곽영순
발행인 • 한정주
발행처 • 교육과학사

경기도 파주시 광인사길 71
전화 • 031)955-6956~8 / 팩스 031)955-6037
Home-page • http://www.kyoyookbook.co.kr
E-mail • kyoyookbook@daum.net
등록 • 1970년 5월 18일 제2-73호

정가 23,000원
ISBN 978-89-254-1952-7

낙장 · 파본은 교환해 드립니다.
Printed in Korea.